누가신학의 제자도와 청지기도

| 김경진 지음 |

솔로몬

Stewardship and Almsgiving in Luke's Theology

By
Kyoung-Jin Kim

Dissertation Presented for the Degree of Doctor of Philosophy at the University of Glasgow

Solomon Press
Seoul, Korea
1996

머리말

본서는 본인이 영국 글라스고 대학교(University of Glasgow)에서 약 5년 동안의 독자적인 연구 끝에 제출하여 통과된 철학 박사 학위(Ph.D.) 논문을 약간 수정하여 우리말로 옮겨 놓은 것이다. 나의 논문의 원 제목은 "누가 신학에서의 구제와 청지기도"(Stewardship and Almsgiving in Luke's Theology)로서, 성경신학 분야의 단행본을 시리즈로 발행하고 있는 세계적인 출판사인 영국의 Sheffield Academic Press에서 1998년 출판되었다. 영문판은 출판 편집자의 요청에 따라 논문의 내용을 좀더 수정하였다.

1987년 9월 영국을 향하기 위해 한국을 떠나면서 내가 가졌던 숙제는 '한국 교회는 수천 년 동안 불교, 유교 및 무속 신앙에 찌들어 있던 한국에서 세계 교회 역사상 유례가 없는 고성장을 이루며 부흥 발전한 결과 전체 인구의 약 25%가 기독교인이 되었음에도 불구하고, 어찌하여 아직까지 진정한 의미에서 사회의 빛과 소금이 되지 못하고 있는 것일까?' 하는 것이었다. 이 문제에 대한 나 나름대로의 해답은 교회 안에서의 경건이 교회 밖으로 이어지지 못하는 한국 교인들의 신앙과 생활의 이원론적 의식 구조가 그 한 뿌리라고 생각하였다. 이런 까닭에 나는 비록 성경신학에 관심을 가지고 있으면서도 이론신학에만 집착할 수가 없게 되었다. 결국 생활로서의 신앙과 분리된 신학은 실제적으로 별 의미가 없다고 믿었기 때문이다. 따라서 신약 성경신학을 연구하면서도 특별히 그리스도인의 윤리적인 문제에 깊은 관심을 갖게 되었고, 이로 인해 박사 학위 연구 주제를 누가 신학 가운데 '재물 문제와 관련된 구제와 청지기도(제자도)'를 선택하게 되었다.

사실 이제까지 기독교에서 윤리 문제는 주로 조직신학의 한 지류로서의 '기독교 윤리'에서 다뤄져 왔다. 교회와 그리스도인의 생활과 관련된 여러 가지 윤리적 주제들에 대하여 성경 말씀을 근거로 하여 그 문제들을 풀어 나감으로써 기독교 윤리는 신앙과 신학을 연결시켜 주는 참으로 유익한 도구로서 활용되어 왔다. 그러나 조직신학이 그러하듯이, 기독교 윤리에서 주제를 설명하기 위해 인용된 말씀들은 성경 각 권의 전체적 구조와 문맥 속에서 이해되기보다는, 또한 성경 저자의 사상과 신학의 전체적 안목에서 이해되기보다는 다분히 의도적인 목적에 따라 발췌·선택됨으로써 성경 자체의 증거라기보다는 신학자 자신의 논리를 합리화시키는 도구로서 이용되었던 것으로 보인다. 그러나 이제 우리는 신약성경에서 윤리 문제를 다룰 때 더 이상 해설자로서 사람(신학자)이 중심이 되는 것이 아니라, 성경 저자 자신의 사상과 신학이 중심이 되어 성령 하나님의 감동을 받아 하나님의 말씀을 기록한 성경 저자들로 하여금 말하도록 해야 할 것이다.

이런 관점에서 나는 누가복음과 사도행전을 기록함으로써 신약의 28% 이상을 저술한, 참으로 위대하지만 (적어도 한국 교회 내에서는)

그 위대함이 제대로 인식되지 못해 왔던 누가의 신학을 접근하되, 특별히 최근 들어 누가 신학의 주요한 이슈 가운데 하나인 재물 문제에 대하여 각별한 주의를 집중하였다. 그리고 이를 누가 신학에서 이제까지 유력하게 주목받지 못해 왔던, 제자도의 또 다른 패러다임인 청지기도 주제와 연결시킴으로써 재물의 청지기도를 누가 신학의 중요한 특징으로 부각시켰다. 결론적으로 누가 신학에 있어서 재물에 관한 청지기도는 누가와 누가가 속했던 공동체 자체 내에서도 중요한 문제였지만, 오늘날 우리가 속해 있는 한국 사회 내에서도 역시 중요한 문제로 남아 있기 때문에, 누가가 성령의 감동을 입어 전한 그 메시지는 여전히 유효하게 우리를 회개시키고 각성시키면서 그리스도인의 올바른 윤리적 생활의 안내자가 되고 있다고 나는 믿는다. 이런 맥락에서 이 작은 책자가 누가 신학 연구에 있어 하나의 디딤돌이 되기를 바라며, 동시에 한국 교회의 신앙과 생활의 이원론적 의식 구조를 치유하는 하나의 대안이 될 수 있기를 기대한다.

오늘의 내가 있기 위해서는 참으로 많은 사람들이 이런저런 모습으로 5년 반 동안의 스코틀랜드에서의 나의 유학 생활을 도와주었다. 무엇보다도 먼저 목표를 달성하기 위해 길고 힘들고 외로운 여정을 무사히 통과할 수 있도록 힘을 주신 하나님의 사랑에 감사드린다.

5년 반 동안의 연구 생활 동안 부족하고 어리석은 나를 이끌어 준 나의 지도 교수인 글라스고 대학교 신학부의 존 바클레이(John M.G. Barclay) 박사의 사랑과 도움을 나는 결코 잊을 수 없을 것이다. 바클레이 박사는 나의 무지를 인내하면서 참으로 성심성의껏 나의 논문을 지도해 주었다. 그의 날카롭고 유익한 비판으로 인해 많은 실수와 허물로부터 벗어날 수 있게 되었음을 참으로 나는 감사한다. 케임브리지 대학교 출신의 바클레이 박사는 현재 영국 신약학회의 바울 분과위원회의 위원장으로 활동 중인데, 특히 바울의 윤리 신학 분야에서 주목 받고 있는 소장 학자다. 주요 저서로는 갈라디아서를 중심으로 바울 신학의 윤리 문제를 다룬 *Obeying the Truth*(Edinburgh: T. & T. Clark, 1991)가 있다. 다음으로 에든버러 대학교(University of Edinburgh)의 데이빗 밀랜드(David L. Mealand) 박사에게 감사를 드린다. 밀랜드 박사는 바클레이 박사가 안식년으로 일년 간 미국에 가 있는 동안 나를 지도해 주었다. 이 논문의 9장과 10장을 나는 밀랜드 박사의 매우 유익한 지도를 받으며 집필할 수 있었다. 날카로우면서도 따뜻한 밀랜드 박사는 나에게 독자적인 연구 방법을 가르쳐 주었고, 또한 성경 연구에 있어 고전 문헌의 중요성을 일깨워 주었다. 글라스고 대학교 성경학과의 정교수인 존 리치스 교수(John K. Riches)에게도 감사드려야 한다. 리치스 교수는 특히 행정적인 면에서 나를 많이 도와주었고, 또 매년 성탄절 때마다 우리 가족을 성탄절 정찬에 초대하여 이국(異國)에서의 외로움을 달래 준 인정이 넘치는 분이다.

5년 반 동안의 성공적인 유학 생활은 다른 분들의 도움이 없었다면 참으로 불가능했을 것이다. 우선 횃불 선교 재단의 약 3년 반 동안의 장학금은 경제적, 정신적으로 내게 참으로 큰 도움이 되었다. 또한 틴데일 하우스의 장학금(Tyndale House Research Grant)과 글라스고 대학교의 윌리엄 바클레이 기념 장학금(William Barclay Memorial Scholarship) 역시 내게 경제적으로 큰 힘이 되었다. 또한 내게는 모교회와도 같은 창신교회의 당회장이며 현재는 예수교장로회(합동) 부총회장이신 신세원 목사님의 장학금은 가뭄에 단비같이 힘이 되었고, 아울러 가장 힘들었을 때 약 일년 간 우리의 생활비를 도와주신 창신교회의 장성원 장로님께도 감사드린다. 한편, 약 2년 동안 자신의 부족한 선교비를 기꺼이 가난한 후배 유학생을 위해 나눠 주셨던, 현재 아프리카의 남미비아에서 활동 중이신 조현신 선교사님께 감사를 드린다. 그리고 참으로 모자라고 부족한 사람을 흔쾌히 불러 주셔서 후학을 가르치고 학문을 연구할 수 있는 기회를 허락하신 백석학원의 설립자 장종현 목사님께 진심으로 감사를 드린다.

5년 반 동안 가난한 유학 생활을 묵묵히 견디며 나를 도운 사랑하는 아내 金臣子와, 내 생활의 기쁨과 즐거움의 원천인 사랑하는 나의 세 딸 혜연, 지연, 찬미에게도 고마움을 표하고 싶다. 그들의 인내와 격려와 기도가 없었다면 이 책은 결코 세상에 나올 수 없었을 것이다.

끝으로, 큰아들을 타국에 보내 놓고 6년여 동안 노심초사하며 밤낮으로 기도해 주신 사랑하는 나의 부모님, 金國聖 집사님과 趙順女 권사님의 평생의 사랑에 감사드리면서 아버님의 七旬과 어머님의 還甲에 즈음하여 이 책을 봉헌하고자 하는 바이다.

1996년 11월
방배동 연구실에서
김경진

목 차

머리말 / 3

제1장 서론 ∞ 13

1. 기존 연구의 개관 ···15
2. 논문의 개요 ···46
3. 본 연구의 방법론 및 한계 ··49

제2장 누가-행전의 삶의 정황 ∞ 53

1. 누가-행전의 청중(독자) ··55
2. 누가 공동체의 사회적 상황 ······································67

제3장 마가복음의 제자도 ∞ 81

1. 마가복음의 삶의 정황(Sitz im Leben) ··························83
2. 방법론과 절차 ···102
3. 마가복음의 제자도: 예수님의 길을 따름 ······················107
4. 제자들에 대한 마가의 묘사 ·····································120
5. 결론 ··136

제4장 누가복음의 제자도 ∞ 139

1. 제자들에 대한 보다 긍정적인 묘사 ····························141
2. 제자들에 대한 비종파적 묘사 ··································150
3. 두 종류의 제자직(弟子職) ······································158

제5장 누가복음에 나타난 주종(主從)관계 모티프 ∽ 173

1. 용어의 용례 분석 ···175
2. 다른 복음서에 나타난 중요한 모티프 ·····················182
3. 주종관계 모티프와 관련된 자료 ······························186
4. 요약과 결론 ···202

제6장 누가의 청지기도 ∽ 205

1. 청지기의 역할 및 기능 ···207
2. 신실하고 지혜로운 청지기 비유(12:41-48/마 24:45-50) ·····213
3. 불의한 청지기 비유(16:1-13) ···································229
4. 열 므나의 비유(19:11-27; 마 25:14-30) ·····················251
5. 요약 및 결론:
   세 비유의 전략적 중요성과 재물 자료와의 관계 ···········259

제7장 재물에 대한 올바른 청지기도 ∽ 263

1. 세례 요한의 윤리적 교훈(3:10-14) ···························265
2. "무릇 네게 구하는 자에게 주며"(6:27-38) ················269
3. 갈릴리 여자들의 헌신(8:1-3) ···································274
4. 선한 사마리아인의 비유(10:29-37) ···························278
5. "오직 그 안에 있는 것으로 구제하라"(11:41) ············282
6. 어리석은 부자의 비유와 뒤이은 말씀(12:13-34) ········284
7. 큰 잔치의 비유(14:21-24) ··289
8. 부자와 나사로의 비유(16:19-31) ······························295
9. 부자 관원과 삭개오의 사건(18:18-19:10) ·················299
10. 요약과 결론 ···307

제8장 재물에 대한 그릇된 청지기도[부(富)의 오용(誤用)] ∽ 313

1. 서론: 부자들이 받을 화(禍)(6:24-26) ···315
2. 재물에 대한 집착 ···321
3. 재물의 낭비 ···326
4. 재물의 축적: 어리석은 부자의 비유(12:13-21) ·······························336
5. 결론 ···338

제9장 사도행전의 구제 모티프 ∽ 341

1. 사도행전의 구제의 실례들 ···343
2. 요약 구절들(행 2:43-47; 4:32-35) ··350
3. 누가복음과 사도행전의 연속성 문제 ···365
4. 부기(附記): 예루살렘 공동체와 쿰란 공동체 사이의
   유사점과 상이점 ··366

제10장 그리스-로마 세계의 자선 제도 ∽ 393

1. 가난한 자들의 궁핍: 그리스-로마 세계에서의
   가난한 자들에 대한 태도 ··395
2. 국가 구제 및 그 한계 ··400
3. 사적(私的)인 구제 ···409
4. 클럽, 조합 및 장례 단체 ···422
5. 공동체 생활 ···427
6. 유대교의 구제 ···429
7. 결론: 사회적 맥락 속에서 본 누가의 구제 ···435

제11장 결론: 청지기도와 구제-누가 신학의 재물관 ∽ 439

SELECT BIBLIOGRAPHY / 447
색 인 / 473

서 론

1

제 1 장

본 논문은 재물과 제자도의 관계에 대한 누가의 신학에 대해 질문을 제기함으로써 시작된다. 지난 30여 년 동안 누가 신학 연구자들 가운데 이 문제를 규정하고 해결하려는 시도가 여러 차례 있었지만 본 주제와 관련된 문제점들을 해소하기에 충분한 해답은 아직 제시되지 않은 것으로 보인다. 우리는 이 같은 기존의 실패를 거울 삼아 이 문제에 대한 올바른 해답을 얻기 위해 누가 신학에서 본 주제를 새로이 탐구하고자 하는 것이다.

본 장(本章)에서 우리는 우선 이 주제와 관련된 몇 가지 중요한 연구 업적들을 개관하고자 한다. 이는 우리가 누가복음 연구에서 본 주제를 다룸에 있어 과거에 이루어진 연구 수준과 장차 더 진척시켜 나가기 위한 현재의 좌표를 인식하는 데 도움이 될 것이다. 둘째로, 누가 신학 연구에서 더욱 발전시킬 필요가 있는 분야를 설정한 후 본 논문의 개요를 제시할 것이다. 셋째로, 우리는 이 연구를 진행함에 있어 사용할 방법에 관해 논의하고, 또한 누가-행전에 나타난 자료들을 다룸에 있어 직면하게 될 한계가 무엇인지를 소개하고자 한다.

1. 기존 연구의 개관

지난 30여 년 동안 누가-행전을 연구하는 학자들의 관심은 "재물" 내지는 "가난한 자와 부자"라는 주제에 지나치게 편중되어 있었다.[1] 따라서 우리가 이 주제를 본격적으로 논의하기에 앞서[2] 누가 신학의

---

1) 이 주제는 20세기 초에 한때 연구 대상이 되었으나 충분한 연구 성과를 거두게 된 것은 편집비평이 도입되면서부터였다.
　금세기 초에 이루어진 업적에 관해서는 D. L. Mealand, *Poverty and Expectation in the Gospels*(London: SPCK, 1980), 103-104; J. R. Donahue, "Two Decades of Research on the Rich and the Poor in Luke-Acts", in *Justice and the Holy*(ed., by D. A. Knight & P. J. Paris[Atlanta: Scholars Press, 1989]), 130. 참조. L. Wm. Countryman, *The Rich Christian in the Church of the Early Empire: Contradictions and Accomodations*(New York: Edwin Mellen Press, 1980), 서론, 1-45를 보라.
　1950년부터 1983년까지 누가행전의 빈부의 주제에 관한 연구 업적들을 개관하려면 F. Bovon, *Luke the Theologian: Thirty-Three Years of Research*(1950-1983)(Alison Park, PA: Pickwick Publications, 1987), 390-400을 보라.
2) 도나휴는 이 주제에 관해 간략하지만 최신의 참조문헌을 제공해 주고 있으며,

맥락에서 제자도와 관련된 재물 문제의 분야가 어떻게 연구되어 왔는지 개관하는 것은 대단히 유익할 것이다.

1) H.-J. 데겐하르트: 가난한 자들의 복음서 기자 누가
  (H.-J. Degenhardt: Lukas Evangelist der Armen, 1965)[3]

데겐하르트는 누가-행전의 재물에 관한 기사의 해석에 편집비평을 적용한 점에서 선구적이었고 또한 뒤이어 재물의 주제를 제자도의 주제의 견지에서 연구하는 방법을 개척했는데, 이것이 이 분야에서 그가 이룩한 주된 공적으로 생각된다. 그의 저서에서 데겐하르트의 연구는

또한 1987년까지 나온 주된 업적들의 내용을 요약해 주고 있다("Two Decades", 130-1).
내가 아래에서 비교적 상세하게 개관하게 될 도나휴의 저서에 소개된 업적들과는 별도로, 필요할 때마다 참조하게 될 본 주제와 연관된 저서로는 다음의 책과 논문들이 있다: R. J. Karris, "Poor and Rich: The Lukan *Sitz im Leben*", in *Perspectives on Luke-Acts*(ed., by C. H. Talbert, [Edinburgh: T & T Clark, 1978]), 112-125; Mealand, *Poverty*, 1980; J. A. Fitzmyer, *The Gospel according to Luke*, 2 vols. [The Anchor Bible](New York: Doubleday, 1981), 서론, 247-251 및 *Luke the Theologian*(London: Geoffrey Chapman, 1989), 117-145; T. E. Schmidt, *Hostility to Wealth in the Synoptic Gospels* (Sheffield: JSOT, 1987); H. Moxnes, *The Economy of the Kingdom: Social Conflict and Economic Relations in Luke's Gospel*(Philadelphia: Fortress Press, 1988); B. E. Beck, *Christian Character in the Gospel of Luke*(London: SPCK, 1989); D. M. Sweetland, *Our Journey with Jesus: Discipleship according to Luke-Acts*(Collegeville: The Liturgical Book, 1990); D. J. Ireland, *Stewardship and the Kingdom of God: An Historical, Exegetical, and Contextual Study of the Parable of the Unjust Steward in Luke 16:1-13*(Leiden: E. J. Brill, 1922).
3) H.-J. Degenhardt, *Lukas Evangelist der Armen*(Stuttgart: Verlag Kath. Bibelwerk, 1965)

한편으로 재물의 완전한 포기를 요구하는 구절들과 다른 한편으로 소유의 올바른 사용을 가리키는 구절들 간의 명백한 모순에 대한 관심으로부터 출발하였다.

저서는 세 부분으로 나누어진다. 제1부에서 데겐하르트는 콘첼만(Conzelmann)이 주창하고 있는 누가 신학의 "구속사(Heilsgeschichte)"[4] 개념을 소개하면서 이를 그의 저서 전체의 기초로 받아들이고 있다. 그는 이를 바탕으로 하여 구약 시대에는 가난한 자를 어떻게 이해했는가를 서술하고, 그 당시 가난한 이방인이 아닌 가난한 유대인 이웃들에게 선행과 구제를 베푸는 일에 대한 유대교적 견해를 제시한다. 이 같은 역사적 개관에 뒤이어 누가-행전의 $\mu\alpha\theta\eta\tau\alpha\acute{\iota}$(제자) 개념을 도입함으로써 데겐하르트는 그의 저서 전체의 토대를 구축하고 있다. 그는 여기서 누가복음 6장 17절, 12장 1절과 20장 45절에 나타나는 누가의 독특한 표현에 의거하여 $\mu\alpha\theta\eta\tau\alpha\acute{\iota}$와 $\lambda\alpha\acute{o}\varsigma$(백성)를 구분하려고 하며, 대체로 재물에 관한 기사를 $\mu\alpha\theta\eta\tau\alpha\acute{\iota}$에 국한시켜 적용시키고 있다.[5]

제2부 "누가복음에 나타난 소유와 소유 포기(Besitz und Besitzverzicht nach dem Lukasevangelium)"에서 데겐하르트는 누가복음에 나오는 재물에 관한 거의 모든 기사를 제자도와 관련지어 다루고 있다. 여기서 그는 예수님의 재물관과, 이방 그리스도인들만으로 이루어진 것으로 추정하는 누가 공동체에 누가가 이를 적용한 내용을 구별하려

---

4) H. Conzelmann, *The Theology of St. Luke*(London: Faber & Faber, 1961)
5) 그러나 데겐하르트가 예수님과 세례 요한의 모든 윤리적 교훈들을 오직 $\mu\alpha\theta\eta\tau\alpha\acute{\iota}$에게만 적용한 것은 아님을 고려에 넣어야 하겠지만, $\mu\alpha\theta\eta\tau\alpha\acute{\iota}$에 대한 그의 과도한 강조는 그의 저서 전체를 통해 자주 나타나고 있다.

고 한다.6) 전자에 대해 데겐하르트는 재물에 관한 예수님의 원래의 사상은 영적 구원과 관련된 것이었다고 누가가 간주했다는 주장을 견지한다. 즉 예수님은 재물을 영적 구원을 얻는 데 주된 장애물로 생각했다는 입장을 견지한다.7) 그는 후자에 대해서는 누가가 예수님의 윤리적 교훈의 원래 핵심을 놓치지 않으면서 예수님의 근본적인 재물관을 자기의 공동체 신자들, 특히 교회 지도자들에게 적용하려고 했다고 주장하고 있다. 데겐하르트가 그의 복음서 전승에 대한 철저한 연구를 통해 행하고 있는 이 같은 구별은 중요하며, 우리는 누가가 부자 관원과 삭개오 사건 기사 속에 표현되어 있는 재물과 영적 구원 간의 관계성 사상을 전승 내지는 심지어 역사적 예수로부터 그대로 물려받았다고 추측할 수 있을 것이다.

제3부 "사도행전에 나타난 소유와 소유 포기(Besitz und Besitzverzicht nach der Apostelgeschichte)"에서 데겐하르트는 주로 사도행전의 요약 기사 속에 표현되어 있는 내용에 근거하여 재물과 재물 포기에 대한 초대 교회의 입장을 서술하고 이를 쿰란 공동체의 입장과 비교하려고 한다. 초대 교회의 입장을 다루면서 그는 기독교는 유대교로부터 기원되었기 때문에 분명히 자선과 구제에 대한 높은 존경심을 포함하여 기독교 공동체의 신앙 관습의 많은 부분이 유대교로부터 물려받은 것이었지만, 차이점은 양자의 동기에 맞추어져 있다고 주장하고 있다.

"초대 교회는, 비록 사랑의 행위의 근거가 다르기는 하지만, 구제에 있

---

6) Degenhardt, *Lukas*, 221.
7) Ibid., 210.

어서 대체로 유대교의 내용과 형식을 따르고 있었다. 그리스도교의 형제 사랑은 그리스도의 말씀에 근거한 것이었다."[8]

사도행전의 요약 기사를 설명할 때 나타나는 그의 매력적인 견해는, 누가가 여기서 유대교의 구제 개념과 그리스 로마의 κοινωνία(친교) 개념을 혼합시킴으로써 그의 독자인 이방 그리스도인들이 그들에게는 전혀 생소한 기독교적 구제 방식에 대해 어색함을 느끼지 않게 하려 했다는 것이다.[9]

데겐하르트의 논지의 대략을 살펴볼 때, 우리는 대체로 그의 전 논지는 μαθητής와 λαός 내지 ὄχλος 사이의 예리한 구분에 근거하고 있다는 것과,[10] 그가 이로써 예수님의 제자 집단은 제한된 숫자의 추종자들이었고 사도들은 그 내부 핵심 세력이었다고 주장하고 있다고 말할 수 있을 것이다.

"누가는 그의 복음서에서 좁은 범위의 예수님의 추종자를 위하여 μαθητής를 사용하고 있는 것으로 나타나고 있다. 예수님의 말씀을 듣고 어떤 방식으로든지 예수님 가까이에 있으면서 그를 따랐던 모든 사람들은 λαός와 또는 불특정적인 용어인 ὄχλος로 불려졌다…누가는 사도(使徒)를 그의 시대의 교회의 견지에서 μαθηταί라는 보다 큰 무리의 내부 핵심 그룹으로 간주하고 있다"(눅 6:13; 6:17).[11]

---

8) Ibid., 184.
9) Ibid., 182-3.
10) Ibid., 27-33.
11) Ibid., 31, 33.

따라서 이 같은 기초에 의거하여 누가복음에서 모든 제자들은 소유의 포기를 요구받았지만, 사도행전에서는 μαθηταί라고 칭해지는 예루살렘 기독교 공동체의 모든 구성원들이 자기 재산을 버리도록 요구받지는 않았다는 사실에 주목하면서 데겐하르트는 이원적(二元的)인 제자도 개념을 전개시켜 나간다. 즉 재물을 문자 그대로 포기하는 것은 선교사와 순회 설교자를 포함하여 누가 당대의 교회 지도자들에게만 요구되는 것임에 비해, 평신도들은 이 같은 엄격한 요구를 면제받는 대신 자발적으로 자기 재산을 포기할 수 있었다는 것이다.[12]

여기서 우리는 그의 논지의 모순을 감지할 수 있다. 우선, 제자 집단을 소규모인 것으로 묘사하려 한 그의 노력과는 상반되게 누가복음 6장 17절(ὄχλος πολὺς μαθητῶν αὐτοῦ: 그 제자의 허다한 무리, 참조. 13절, 5장 30절)과 누가복음 19장 37절(ἅπαν τὸ πλῆθος τῶν μαθητῶν: 제자의 온 무리)의 본문은 그들이 작은 집단이 아니었음을 분명하게 보여주고 있는데, 데겐하르트는 이 같은 명백한 모순점을 해소할 만큼 충분히 이 구절들을 숙고하고 있지 않다. 둘째로, 비록 예수님은 자신을 따르려는 사람들에게 일체의 소유를 포기하도록 명령했지만 누가복음에는 상당수의 제자들이 자기 재산을 전부 다 포기하지 않았음에도 불구하고, 예수님은 그들이 순회 전도하는 제자들처럼 자기 명령을 엄격하게 지키지 않았다는 이유로 책망하지 않고 있는 그대로 받

---

[12] Ibid., 166: "독신으로 지내며 직업과 가정 그리고 재산을 포기한 채 유랑하는 소그룹이었던 예수님의 제자들은 초대 교회 그리스도인들의 삶과는 다른 형태의 삶을 선택하였다. 이 점에 있어서 두 그룹은 거의 관련되어 있지 않았다. 또한 초대 교회 그리스도인들 전체가 제자들 그룹의 실천적 삶을 모방할 수도 없었을 것이다."

아들였음을 보여주는 기사가 많이 나오고 있는 것이다.13) 요컨대, 그가 자신의 전체 논지를 구축하기 위해 $\mu\alpha\theta\eta\tau\acute{\eta}s$의 용례에 지나치게 의존한 점이 그의 논리의 취약성의 원인이 된 것으로 보인다.

2) L. T. 존슨: 누가-행전에서의 재산의 문학적 기능(L. T. Johnson: The Literary Function of Possessions in Luke-Acts, 1977)14)

존슨은 그의 저서를 사도행전 4장 32절 이하의 본문에 관한 두 가지 질문으로 시작한다: "누가-행전에서 재산 공동체를 묘사하는 구절은 왜 하필 두 군데-겨우 두 군데-에 불과한가? 왜 그 곳에 그 구절들이 나타나는가?"15) 이 같은 질문 제시에 뒤이어 그는 이 질문에 답하여 "예언과 성취"라는 그 나름의 공식을 만들어 내면서,16) 이런저런 방식으로 누가-행전에 등장하는 재물 소유와 관련된 거의 모든 기사와 구절들을 논함으로써 이를 증명해 보이려고 노력하고 있다.

존슨은 자기 논지의 지배적 원리를 설정하고 누가의 저작(著作)들의 일반적인 범주를 이야기(Story)로 보면서 누가-행전은 이야기로서 주요 등장 인물과 줄거리를 갖는다고 주장하고 있다.17) 따라서 우리는

---

13) 이 사람들 중에 일부는 예수님을 문자 그대로 레위(눅 5:27-29)나 갈릴리 여인들(눅 8:1-3)처럼 따랐음에 비해 다른 사람들은(마르다와 마리아[눅 10:38-42], 삭개오[눅 19:1-10], 아리마대 요셉[23:50-54]) 그렇지 않았다. 우리는 이 같은 측면을 4장에서 상세하게 논의하고자 한다.
14) L. T. Johnson, *Literary Function of Possessions in Luke-Acts*(Missoula: Scholar Press, 1977).
15) Ibid., 9.
16) Ibid., 16. 참조. 15-21.
17) Ibid., 21-2.

저자의 등장 인물 및 그들의 행위에 관한 묘사에 주목해야 하는데, 왜냐하면 그것이야말로 "줄거리를 움직여 만족스러운 결말을 맺게 만드는 힘"이기 때문이다.[18] 존슨은 누가가 자기 저작의 주요 등장 인물로서 예언자(the Prophet)의 역할을 담당했던 예수님과 그 사도들을 선택했으며, 그들에 대한 백성들의 태도는 영접과 거부의 방식으로 나타나고 있다고 주장한다. 존슨은 누가-행전 전편에 걸쳐 일관되게 관찰되는 백성들의 예언자들에 대한 이 같은 반응은 주목할 만한 문학적 패턴을 형성하고 있다고 주장한다. 이 점에서 존슨은 이 같은 패턴을 재물의 모티프와 관련지어 "누가는 재물을 수용과 거부의 역할을 표현하기 위해 이용하고 있으며, 재물에 관한 용어는 긍정적이거나 부정적인 반응을 보이는 인간의 내적 성향을 보여준다"고 주장하고 있다.[19] 그는 이 같은 관점에 준하여 누가-행전에서 재물은 백성들이 예언자를 거부할 경우에는 소외의 표시로, 영접할 경우에는 회심의 표시로서 기능하였다고 주장한다.[20] 그의 이 같은 주장으로부터 다음의 사실이 분명해진다.

> "그[누가]는 재산과 관련된 용어를 상징적으로 다음의 내용을 표현하기 위해 사용하고 있다. a) 하나님의 백성들의 정체성, b) 하나님의 백성들에 대한 영접과 거부, c) 하나님의 백성들에 대한 권위, d) 하나님의 백성들 중에서 권위의 전달."[21]

---

18) Ibid., 22.
19) Ibid., 144.
20) Ibid., 148.
21) Ibid., 126.

비록 존슨은 그가 여기서 기술하는 문학적 패턴은 오직 누가의 글에서만 의미를 가진다고 주장하지 않지만, "재산과 관련해 누가가 사용한 용어들의 상당 부분은 명료하고 설득력 있는 문학적 역할을 담당하고 있다"[22]는 그의 주장은 문학적 패턴을 단순히 일개 이론에 불과한 것으로 무시해 버릴 수만은 없다는 인상을 주고 있다.

존슨의 저서에 관한 우리의 관심 역시 가난한 자와 부자의 주제를 그가 어떻게 다루고 있는가에 있다. 이 주제에 대한 그의 주장은 곧 소유물은 그가 저서 서두에서 제기했던 예언자와 백성이라는 그의 문학적 패턴을 강화해 주는 문학적 모티프로서 사용된다고 하는 것이다: "부자와 가난한 자에 관한 주제적 진술은 예언자와 백성이란 패턴에 대응된다."[23] 그는 이러한 도식적 진술로부터 자기 목적에 적합한 명제를 도출해 내고 있다: "이 가난은 경제적 용어가 아니라 영적 신분의 용어다."[24] 따라서 우리는 이 점을 놓고 그 타당성을 논의해야 할 것이다.

우리는 누가가 누가복음 4장 18절에서 이사야 61장 1절의 구절을 인용할 때 "마음이 상한 자를 고치며"를 누락시킨 사실을 반드시 주목해야 한다. 그 이유는 누가에게 그 구절은 자신의 저술 목적에 맞지 않는데, 왜냐하면 그것은 문자적, 경제적인 신분보다는 영적 신분을 표현해 주는 것이기 때문이다.[25] 만일 누가가 존슨의 주장처럼 누가복음 4

---

22) Ibid., 221.
23) Ibid., 138. 참조. 131.
24) Ibid., 139.
25) P. F. Esler, *Community and Gospel in Luke-Act*(Cambridge : University Press, 1987), 180-1.

장 18절에서 영적 의미를 강조하려 했다면 이 같은 누가의 누락은 그의 복음서 저작 의도를 심각하게 손상시켰을 것이다. 따라서 우리는 이들 본문을 근거로 하는 존슨의 논지를 받아들이기 어려운 것이다. 이뿐 아니라, 평지 설교(6:20-23)와 그에 대한 마태복음의 평행 구절을 대조해 보아도 역시 "$πτωχός$"(가난한)와 "$πλούσιος$"(부유한) 같은 용어들의 실제적이고 문자적인 의미에 관한 누가의 각별한 관심을 명확하게 엿볼 수 있는데, 왜냐하면 마태복음 5장 3절과 6절에 나오는 "$τῷ\ πνεύματι$"(심령이)와 "$τὴν\ δικαιοσύνην$"(의에) 같은 구절이 누가복음에는 나오지 않기 때문이다.[26]

우리는 또한 가난한 자를 사회로부터 소외된 자로 보는 존슨의 일방적인 범주 설정에 대해서도 의문을 제기할 수 있다.[27] 그는 예언자를 영접하지만 다른 사람들에 의해 배척당하는 가난한 자들은 소외된 자들로 간주되어야 하며, 반면에 예언자를 거부하되 사회적인 존경과 권세를 향유하는 부자들은 이스라엘 백성들의 지도자로 보아야 한다고 주장한다. 이 같은 정식화는 일견 타당성이 있어 보이지만, 우리는 그의 주장에 정면 배치되는 몇 가지 경우들이 있음을 간과해서는 안 될 것이다.

첫째로, 누가복음 23장 50절 이하에 나오는 아리마대 사람 요셉은 산헤드린 의원이며 자신의 무덤을 소유할 정도의 재산가였다. 따라서 존슨의 이론에 의하면 그는 비유적 의미에서 부자로 간주되어야 하며,

---

[26] C. F. Evans, *Saint Luke*[TPI NTC](London: SCM, 1990), 270; Fitzmyer, *Commentary*, 532.
[27] Johnson, *Literary Function*, 139.

그가 백성들의 지도자였으므로 의당 예언자를 거부해야 한다. 그러나 애석하게도 요셉은 예수님의 시신을 자기 무덤에 매장함으로써 예언자를 영접하였다.

둘째로, 누가복음 8장 1-3절에 나오는 갈릴리 여인들 역시 이 같은 범주에 속하는 것이다. 우리가 만일 존슨의 공식을 따른다면 그들도 마찬가지로 예언자를 거부했어야만 한다. 왜냐하면 헤롯의 청지기 구사의 아내로서 지도층에 속하는 요안나와 다른 여자들 역시 예언자와 그 제자들을 부양하기에 충분한 재력을 갖추고 있었기 때문이다. 그러나 실상 그들은 예언자와 사도들을 영접했을 뿐 아니라 그들을 자기 재산으로 도와주기까지 했다. 여기서 우리가 주목해야 할 것은 이 이야기의 초점은 존슨이 강조하려는 것처럼 재물의 공유가 아니라 무일푼의 유랑 설교자들에게 구제를 실천한 점에 있었다는 점이다. 누가복음 7장 2-10절에 나오는 백부장의 경우도 이 같은 범주에 속한다.

셋째로, 우리는 또한 누가복음 8장 41-48절의 회당장 야이로를 지적할 수 있는데, 왜냐하면 그는 명백히 백성의 지도자들 중 하나였고 그 자신 필시 부유했을 것이기 때문이다. 존슨이 자기 공식을 입증하기 위해서라면 야이로가 예언자를 거부하게 했어야 하겠지만, 야이로가 예수님을 영접한 것은 분명하다. 따라서 그의 주장에 대해 심각한 의문이 제기되는 것이다.

넷째로, 존슨의 주장에는 자기 모순이 엿보인다. 부자와 나사로의 비유를 논하면서 그는 "그(=부자)의 재물이 가난한 자를 구제하라는 율법과 선지자의 요구를 외면하게 만들었다"고 말한다.[28] 여기서 존슨이

---

28) Ibid., 142.

사용하는 "가난한 자"라는 표현은 문자 그대로 너무나 빈곤하므로 생존하기 위해 타인들의 금전적 도움을 필요로 하는 사람들을 지칭하기 위해 사용되고 있다. 따라서 이는 존슨이 자기 논제에서 $πτωχός$와 $πλούσιος$를 사용함에 있어 자기 모순에 빠졌음을 보여주는 증거가 된다.

결론적으로, 우리는 누가의 재산에 관한 단어 사용을 예언적 패턴의 견지에서 이해하려 하는 존슨의 신중한 관찰력은 인정할 만한 가치가 있다고 결론내려야 할 것이다. 그러나 앞서 지적했듯이 그가 증명하려고 하는 문학적 패턴은 그의 주장처럼 본문 자체로부터 나온 것이 아니라[29] 누가-행전의 재산에 관한 구절들을 다루면서 그가 무리하게 도출해 낸 것이다.

3) W. E. 필그림: 가난한 자들을 위한 복음(W. E. Pilgrim: Good News To the Poor, 1981)[30]

누가 신학 연구에서 필그림의 관심사는 재물 문제와 관련된 난제, 곧 성경에서 재산의 완전한 포기를 지지하는 구절들과 이를 하나님의 선물로 받아들이는 개념을 지지하는 다른 구절들 간의 명백한 모순에 있었다.[31]

이 문제와 씨름하면서, 재산이란 주제를 누가가 어떻게 설명하고 있는지 이해하기 위해 필그림은 먼저 빈부에 관해 누가복음에 나오는 예

---

29) Ibid., 121.
30) W. E. Pilgrim, *Good News to the Poor: Wealth and Poverty in Luke-Acts* (Minneapolis: Augsburg Publishing House, 1981).
31) Ibid., 11.

수님의 가르침의 배경을 구약성경과 신구약 중간기의 문헌에 나오는 이 주제에 관한 구절들을 개관함으로써, 그리고 예수님이 지상 사역 동안 밀접하게 접촉했던 사람들 곧 세리, 죄인, 창녀, 거지 및 가난한 자들(עניים)이 살던 시대의 정치, 사회적 분위기를 고찰함으로써 탐구하고 있다.

이 같은 탐구의 결론은 누가의 저작에 나오는 가난한 사람은 영적이 아니라 사회·경제적 의미로 인식해야 하며, 그들에 대한 복음은 "육체적, 사회적, 경제적 해방"을 의미하는 것이로되 영적 차원에 대한 시각도 상실하지 않고 있다는 것이다.[32] 제2부에서 필그림은 누가-행전의 재산에 관한 자료들을 직접 다루고 있는데, 다양한 전승들을 재산의 완전한 포기에의 요청, 부(富)의 위험성 및 재산의 올바른 사용이란 세 가지 범주로 대충 분류하고 있다. 그런 후에 그는 "누가복음에 나타나는 빈부에 대한 누가의 태도는 초대 교회의 생활에 대한 누가의 묘사에서 가장 완전하게 확인되고 있다"[33]는 가정 하에 이 주제와 연관된 사도행전의 기사를 다루고 있다.

필그림의 저서에서 주목해야 할 장점들 중 하나는 재물의 주제를 제자도의 주제와 연결시키려는 그의 노력이다. 즉 신실한 제자도는 가난한 자들을 위해 재물을 기꺼이 사용하려는 자세를 의미하는 것이다. 그의 표현대로 하면, "재산은 근본적으로 기독교적 제자도의 수행을 위해 봉사하는 위치에 놓여야 한다"는 것이다.[34] 따라서 필그림의 견

---

32) Ibid., 82-4.
33) Ibid., 147.
34) Ibid., 146.

해로는 재산에 관한 기사에 나타난 누가의 의도는 그의 공동체 안의 부유한 그리스도인들을 권면하여 자기 재산의 절반을 가난한 자들을 위해 내놓은 삭개오의 모범을 본받게 하려는 것이었다. 그러나 여기서 필그림은 이를 문자적이거나 엄격한 직무로서가 아니라 그 관대한 행위의 정신 면에서 받아들여야 한다고 주장하고 있다. 따라서 필그림은 삭개오의 사례를 재산에 관한 누가의 가르침의 전체 핵심을 집약적으로 보여주는 조명등으로 삼고 있음이 분명해진다. 그러나 삭개오에 대한 이런 주장은 아무런 의문 없이 받아들일 수는 없다. 왜냐하면 삭개오는 단지 가난한 자들을 구제하겠다고 약속만 했을 뿐이며, 본문 자체로는 그가 자기 약속을 실행했는지 알 수 없기 때문이다(비록 삭개오의 약속을 들은 예수님이 그의 구원을 선언한 것은 이를 함축적으로 암시해 주는 것으로 볼 수도 있겠지만). 여기서 내가 지적하려는 것은 필그림이 갈릴리 여인들(8:1-3)이나 마르다와 마리아(10:38-42)나 아리마대 요셉(23:50-54)의 일화와 같이 재물의 사용과 관련해서 충성된 제자도를 보여주는 다른 중요한 구절들은 무시하면서, 유독 이 한 가지 사건을 극단적으로 중시하여 그 자체만으로는 분명한 증거로 간주될 수도 없는 삭개오의 기사를 충성된 제자도의 최고 모범으로 삼고 있다는 사실이다.

둘째로, 완전한 재물 포기에 관한 필그림의 사상 역시 문제시되어야 한다. 그는 기본적으로는 쇼트로프(Schottroff)와 쉬테게만(Stegemann)의 견해를 따르면서,[35] 누가에게 있어 모든 것을 버리라는 요구와 청

---

35) L. Schottroff & W. Stegemann, *Jesus and the Hope of the Poor*(New York: Orbis Book, 1986). 본서는 원래 1978년에 독일어로 출판되었다. 필그림이

빈에의 요청은 "예수님 당시의 지상적 제자들"36) 곧 열두 사도에게만 국한된 것으로 보아야 한다고 주장하고 있다. 이 같은 주장의 배후에는 제자들을 두 계층, 곧 열두 사도라는 제한된 제자들과 이보다는 더 넓은 제자층으로 보는 그 나름의 관점이 도사리고 있다. 이 같은 제자 구분과 함께 필그림은 좀더 나아가 완전한 재물 포기에의 요구는 오로지 열두 사도에게만 적용되었으며,37) 이에 비해 더 광범위한 제자들은 예수님의 이 같은 엄격한 명령으로부터 면제되었다고 주장한다.38) 그렇다면 우리는 누가복음 14장 33절의 무리들에게 재산을 전적으로 포기하라고 한 예수님의 명령을 어떻게 이해할 수 있을 것인가? 이 점에 관하여 우리는 필그림이 제자들의 범위를 설정함에 있어 일관성이 결여되어 있음을 알 수 있는데, 왜냐하면 그가 한 경우에는 70인 제자들을 제한된 열두 사도들과 동일시하지만 다른 경우에는 이를 더 광범위한 제자층에 포함시키고 있기 때문이다. 그러므로 전체적으로 볼 때 제자들을 두 계층으로 보는 그의 가설은 완전히 확립되기에는 불충분해 보인다. 따라서 결과적으로, 재물의 완전한 포기 요청을 열두 사도

그의 저서에서 시인했지만 그의 논제의 기본 뼈대는 쇼트로프와 쉬테게만의 것을 본뜬 것으로 보인다.
예를 들면, 재물의 완전한 포기를 오직 열두 제자들에게만 국한시킨 점, 삭개오의 사례를 그의 공동체의 부유한 그리스도인들이 문자 그대로가 아니라 정신적으로 본받도록 권유되는 모범으로 특히 강조한 점, 그리고 빈부에 관한 누가의 교훈은 우선적으로 부자들을 향한 것이며, 최초의 제자들의 모범(模範)은 부유한 그리스도인들에 대한 하나의 비평적 기능을 했다는 그의 주장 - 이 모든 것들은 주로 쇼트로프와 쉬테게만에게서 비롯된 것이다.

36) Pilgrim, *Good News*, 101.
37) Ibid., 94, 97.
38) Ibid., 90.

에게만 국한시켜 적용하려는 것 역시 의문시되어야 하는 것이다.39)

셋째로, 부자 관원의 사례를 다루는 그의 방식 역시 문제시되어야 한다. 필그림은 주장하기를, 그 부자 관원은 자기의 모든 소유를 포기하지 못했는데, 왜냐하면 완전한 포기에의 요청은 오직 열두 사도들에게만 국한된 것이었고, 따라서 부자 관원은 열두 사도처럼 전임 제자직을 맡도록 부름받지 않았다고 볼 수 있기 때문이라는 것이다. 이 사실을 필그림이 어떻게 안단 말인가?40) 이에 대한 그의 판단 기준은 무엇인가?

넷째로, 이러한 완전한 재물 포기의 주제에 관해서 필그림은 매우 흥미롭게도 레위가 모든 소유를 포기하고 예수님을 좇았으므로 열두 사도의 제한된 범위 안에 가입했다고 주장하고 있다. 그러나 그의 이 같은 주장은 잘못되었는데, 왜냐하면 바로 그 다음 문맥을 보면(눅 5:29) 레위가 모든 것($πάντα$)을 버린 후에 예수님과 그 제자들을 위해 큰 잔치를 베풀었다고 하고 있기 때문이다. 이 두 사실이 어떻게 서로 조화될 수 있는가? 만일 레위가 모든 것을 버린 것이 사실이라면 적잖은 규모의 잔치를 베풀 돈과 그 장소가 되는 집은 어디서 나왔는가? 따라서 문맥을 신중하게 고려한 후(눅 5:27-30) 누가가 보기에 레위는 열두 사도에 들지 않았다는(눅 6:14) 결정적 요소를 놓고 본다면(필그림은 이를 근거 없이 당연시하고 있다), 필그림의 주장은 받아들이기가 힘들다고 생각한다.

---

39) 우리는 이 질문에 대해 4장에서 누가복음의 제자도에 관해 논의하게 될 때 답변할 수 있을 것이다.
40) Ibid., 89-90.

이상의 주된 문제점들 외에 사소한 단점들도 있다. 우선, 재물에 관한 예수님과 그 제자들의 관습의 역사적 배경에 대한 필그림의 재구성은 빈부에 관한 누가의 신학을 연구하려는 그의 노력에 걸맞지 않는다. 왜냐하면 누가 자신이 살았던 시대적 정황은 역사적 예수님의 정황과는 매우 다를 수 있기 때문이다. 둘째로, 예수님 시대의 다양한 집단들에 대한 필그림의 개략적인 범주 설정에 문제가 있다. 누가-행전에서 가난한 자에 관한 그의 관념은 통상 사회적, 경제적인 의미로서 정의되고 있으며, 이 같은 기본적 개념과 더불어 그는 또한 이를 소외된 자(세리)나 죄인들과 동일시하려 하고 있는 것이다.[41] 그렇다면 그의 논리대로라면 세리장 삭개오와 값비싼 향유를 허비할 만큼 분명히 부유했던 누가복음 7장 36-50절에 나오는 죄인인 여자도 경제적으로는 가난했어야 한다. 그러나 실제로 그러했던가? 셋째로, 필그림은 제자라는 용어의 사용에 있어 일관성을 상실하고 있다. 그는 일반적으로 제자를 열두 사도를 의미하는 것으로 사용하면서 그들은 사회적·경제적으로 가난했다고 주장한다. 이 같은 특징은 그가 평지 설교에서 제자들을 다룰 때 분명하게 나타난다.[42] 그러나 제자들이 모든 소유를 팔아서 구제하도록 권면받는 누가복음 12장 33절의 내용을 다룰 때 그는 여기서는 편리하게 제자들을 좀더 광범위한 범주의 제자로 간주해 버린다.[43] 따라서 필그림은 그 같은 문제를 결정짓기 위한 확고한 잣대를 가지고 있지 않음이 분명하다. 뿐만 아니라, 필그림이 누가복음

---

41) Ibid., 80.
42) Ibid., 74-77.
43) Ibid., 94.

12장 33절을 재물을 완전히 포기하라는 요청으로 보는 것 역시 잘못된 것이다. 왜냐하면 누가복음의 이 구절을 마태복음의 병행 구절과 비교해 볼 때(6:20; 참조. 19:21) 그 구절의 주된 특징은 구제에 있음이 명백하기 때문이다.

4) D. P. 세쿰: 누가-행전에서의 재물과 가난한 자(D. P. Seccombe: Possession and the Poor in Luke-Acts, 1982)[44]

세쿰의 저서는 누가-행전의 외관상 모순되는 두 측면을 인정하는 것으로 출발한다.

> "[왜냐하면] 일면 가난을 미화하고 부자들을 정죄하며 모든 소유를 포기하라고 요구하는 듯이 보이는 대목들이 많이 있다. 그러나 다른 일면으로는 부유한 사람들이 예수님으로부터 호의를 입는 것으로 보이며, 사도행전에서는 기독교 운동이 사회·경제적으로 혜택받은 사람들 가운데서 진척되어 나가는 것으로 묘사되고 있는 것이다."[45]

이 문제를 해결하기 위해 그가 착수한 첫 번째 과업은 신약의 πτωχοί와 구약, 특히 시편, 이사야 및 신구약 중간기의 문헌에 나오는 עניים(가난한 자들)을 정의하는 것이었고, 그 결과 그는 누가-행전의 πτωχοί란 경건한 자들도, 특수한 사회 집단도, 자발적으로 재산을 포기한 사람들도 아니라, 하나님의 구원을 필요로 하는 전체 민족으로서

---

44) D. P. Seccombe, *Possession and the Poor in Luke-Acts*(Linz: SUNT, 1982).
45) Ibid., 12.

의 이스라엘에게 적용된 명칭이었다는 결론에 도달하였다.46) 이것을 기본적인 논지로 하여, 그는 이를 토대로 자신의 논문 전체를 전개시켜 나가고 있다. 세쿰은 이 같은 전제에 맞추어 "우리가 고찰한 구절들을 놓고 볼 때 누가가 사용한 '가난'에 관련된 용어의 용례에는 사회·경제적이거나 사회·종교적인 의미가 전혀 없다…가난한 자란 곧 이스라엘 민족이며 그들의 가난에 대한 해답은 메시아의 왕국인 것이다"라고 주장하였다.47)

소유의 포기에 관해서 세쿰은 자기를 따르려는 사람들을 향한 예수님의 명령(눅 14:25-35)과 부자 관원의 일화(눅 18:18-30)와 삭개오의 일화(눅 19:1-10) 등 세 군데 기사를 검토하면서 이 구절들은 "극한 상황(즉 제자도에 제한이 없을 때)에서 제자도가 무엇을 의미하는가"를, 곧 예수님의 참된 제자들은 그 같은 극한 상황이 닥칠 때 모든 것을 기꺼이 포기할 태세가 되어 있어야 함을 보여준다고 주장한다.48) 여기서 우리는 소유의 포기에 관한 그의 논지의 핵심을 알 수 있는데, 곧 중요한 것은 "소유의 포기에 대한 일반적인 요구"가 아니라 "제자도의 무제한적 성격에 대한 한 가지 모범"이라는 것이다. 그래서 세쿰은 이들 구절이 "그리스도인의 지속적인 재물의 사용"에 대해 진술하고 있는 것임을 부정하려고 한다.49)

재산의 포기에 대한 세쿰의 논지에서 발견되는 한 가지 문제점은 이

---

46) Ibid., 21-43.
47) Ibid., 95. 세쿰의 이 같은 주장은 누가-행전에 사회-편집비평(socio-redaction criticism)을 적용하는 에슬러에 의해 논박될 수 있을 것이다.
48) Ibid., 133.
49) Ibid., 134. 참조. 132.

주제에 대한 그의 상황적인 접근 방식으로서, 여기서 그는 죽음으로 끝나는 예수님의 예루살렘으로의 여행에 초점을 맞추고 있다. 나의 생각으로는 비록 그가 박해를 이들 기사의 삶의 정황(Sitz im Leben)으로 가정하고 있지는 않아도 예수님이 직면한 상황은 너무나 극한적인 것이어서 일종의 박해로 생각할 수 있을 것이다.[50] 여기서 이 문제와 관련하여 두 가지 문제점이 제기된다. 우선 세쿰이 누가의 신학을 연구하려는 것인지 아니면 역사적 예수님의 신학을 연구하려는 것인지가 분명치 않다는 것이다. 둘째로, 제2장에서 살펴보겠지만, 누가복음의 삶의 정황을 박해적 배경으로 정의하기에는 난점이 있다.

무엇보다도, 세쿰의 논지에 대한 가장 심각한 반론은 $πτωχοί$와 $πλούσιοι$의 용법의 애매성인데, 왜냐하면 그는 이들 용어를 해석함에 있어서 전혀 일관성을 보이고 있지 않기 때문이다. 그는 어떤 경우에는 이를 영적 의미로 사용하는가 하면,[51] 다른 경우에는(그의 저서의 3, 4장) 문자적인 빈부를 뜻하는 것으로 사용하고 있다.

5) L. 쇼트로프 & W. 쉬테게만: 예수님과 가난한 자들의 희망(L. Schottroff. & W. Stegemann: Jesus and the Hope of the Poor, 1986)

쇼트로프와 쉬테게만은 그들의 저서를 제1세계의 교회들과 성경 학계는 성경을 영적으로 해석하는 경향이 있으며, 이는 특히 빈부 문제

---

50) Ibid., 93. 참조. 107.
51) 즉 가난한 자는 구원을 필요로 하는 이스라엘 백성이며, 부자는 "6장 22절 이하를 고려해 볼 때 멸시받는 인자와 관련 맺기를 거부하는 비(非)이스라엘 사람들"이다(Ibid., 90-91; 참조. 24-43, 66, 87-92).

에 있어서 그러하다는 사실을 인정하는 것에서 출발하고 있다. 그래서 그들은 "복음을 우리를 위한 약속, 곧 부유한 자들을 위한 약속이 되도록 해석함으로써 가난한 자들로부터 그들의 복음을 박탈하는 것은 부당하다"고 언명한다.[52]

세 부분으로 된 저서에서 우리의 관심을 끄는 것은 누가복음에 나오는 가난한 자와 부자의 주제를 다루고 있는 제3부다: "부유하고 존경받는 그리스도인들과 가난하고 멸시받는 그리스도인들 간의 연대로서의 그리스도의 제자도". 저서에서 우리의 관심을 끄는 요점들 중 하나는 누가복음에서 소유의 완전한 포기는 오직 제자들에게만 요구되었으며, 이는 제자도의 기본적인 요구 사항이라는 것이다. 다시 말해서 제자들은 자기를 따르라는 예수님의 명령에 부응하여 자발적으로 그들의 전 재산을 포기했는데, 이는 누가의 시대에는 되풀이될 수 없는 "과거의 현상"이라는 것이다. 제자들이 실천한 이러한 자발적인 청빈과 함께, 견유 학파(犬儒學派)나 스토아 학파의 철학자들에 비견될 만한 제자들의 단순한 생활 양식은 누가 공동체의 부유한 그리스도인들에 대한 하나의 비판 기능을 하고 있다.[53]

이러한 제자들의 자발적 청빈 사상은 평지 설교 장면에서 제자들과 무리들을 첨예하게 구별한 데 근거를 두고 있다(눅 6:20-7:1). 쇼트로프와 쉬테게만은 27절 상반부 "그러나 너희 듣는 자에게 내가 이르노니"에 주목하면서 (평지 설교의) 전반부(20-26절)는 오직 제자들을 위한 것인데, 왜냐하면 그들은 예수님을 좇기 위해 모든 것($πάντα$)을

---

52) Schottroff & Stegemann, *The Hope*, v.
53) Ibid., 80-86.

버린 결과 가난해졌기 때문이며, 반면에 후반부(27절-7:1)는 "제자들의 공동체 곧 교회" 된 무리를 가리켜 설교한 것이라고 주장한다.54) 쇼트로프와 쉬테게만은 이 같은 구별이 누가복음 12장에서도 나타난다고 주장하는데, 13-21절까지는 명백하게 무리를 향한 것임에 반해 1절 후반부-12절까지는 제자들에게 한 설교라는 것이다.

이 같은 주장에 대한 주된 반론은 제자들과 무리를 가르는 구별이 몇 가지 측면에서 타당하지 않는다는 것이다. 우선 같은 문맥에서(눅 6장) 예수님은 제자들로부터 열두 사도를 선택했는데 그 제자들은 17절에서 허다한 무리로 묘사되고 있으며, 이 같은 제자들의 수적인 다수성은 누가복음 19장 37절에서 확인되고 있다(6:17=ὄχλος πολὺς μαθητῶν αὐτοῦ: "그 제자의 허다한 무리", 19:37=ἅπαν τὸ πλῆθος τῶν μαθητῶν: "제자의 온 무리"). 그 결과 둘째로, 우리가 ἀπόστολοι(사도)와 μαθηταί(제자) 같은 전문적 용어들이 동일한 문맥에서 사용되고 있다는 사실을 받아들인다면, 여기서 누가에게 중요한 것은 제자와 무리의 구별이 아니라 사도와 제자 사이의 구별임이 분명해지는 것이다. 셋째로, 만일 우리가 그들의 주장을 받아들인다면 29절처럼 예수님의 계명들 중 좀더 급진적인 것들이 특별히 선택된 제자가 아닌 일반 제자들에게 적용되고 있다는 사실을 어떻게 이해할 수 있겠는가? 그러므로 이상의 세 가지 반론을 놓고 볼 때 누가복음 6장 20-26절에 나오는 제자를 누가가 특별히 ἀπόστολοι라는 용어로 호칭하고 있는 제한된 예수님의 추종자들에만 국한시키는 것은 불합리한 일일

---

54) Ibid., 71.

것이다.55) 그러므로 제자들과 무리를 구별하는 쇼트로프와 쉬테게만의 방식은 내가 보기에는 거의 정당화될 수 없는 것이며, 이것이 그들의 논지의 기초를 이루고 있으므로 그들의 저서는 마치 사상누각(砂上樓閣)과 같다고 할 것이다.

구제에 관한 쇼트로프와 쉬테게만의 생각은 본 연구와 관련해 볼 때 매력적인 주제가 되므로 여기서 상세하게 논의할 필요가 있다. 구제에 관한 그들의 입장은 누가가 "무차별적인 '구제'의 윤리를 제시한 것이" 아니라 "'구제'에 관해 훨씬 포괄적인 사상을" 가지고 있었다는 것이다.56) 구제에 대한 이 같은 기초적인 언명을 토대로 그들은 누가가 구제를 비그리스도인들을 향한 자선을 가리키는 것으로 보았으며, 구제란 궁핍한 사람에게 자선을 베푸는 것이기 때문에 누가 공동체에는 궁핍한 사람이 없었다고 주장한다.

이러한 쇼트로프와 쉬테게만이 옹호하는 구제 개념에 반대하여 우리는 이 논리 속에 내포된 몇 가지 문제점을 지적하고자 한다.

(1) 그들은 자신들이 저서 서두에서 표명했던 방법론의 적용에 있어서 일관성을 결여하고 있는 것으로 보인다. 그들은 처음에는 성경을 문자적 의미로 해석하려 했지만 큰 잔치의 비유를 해석하면서 이를 은

---

55) 누가복음의 사도들에 관해 더 지식을 얻으려면 다음을 참조하라. G. Schneider, "Die zwölf Apostel als 》Zeugen《 : Wesen, Ursprung und Funktion einer lukanischen Konzeption", in *Lukas, Theologie der Heilsgeschichte*(Könnigstein: Peter Hanstein Verlag, 1985), 61-85; K. Haacker, "Verwendung und Vermeidung des Apostelbegriffs im Lukanischen Werk", *NovT* 30(1988), 9-38.
56) Schottroff & Stegemann, *The Hope*, 109.

유적으로 해석하려는 경향을 보이고 있다. 즉 누가복음 14장 13절, 21절에 나오는 네 그룹의 사람들을 "하늘 나라(heavenly basileia) 잔치에 원래 초청받았던 자들을 종말론적으로 대신하는 자들"로 간주하고 있기 때문이다.57)

(2) 왜 그들은 누가복음 16장 20절, 22절에 등장하는 거지(ὁ πτωχός) 나사로에 대해서는 침묵을 지키는가? 그 거지는 나사로라는 구체적인 이름을 받고 등장하지만 부자는 그렇지 못한 것은, 이 기사가 비유이든 아니든 그 여부에 상관없이, 단순히 우연한 일만은 아닌 것이다. 따라서 본문에서 누가가 특별히 거지의 이름을 거명하는 이유는 그의 공동체에 나사로와 비슷한 사람들이 있었기 때문이라고 볼 수 있는 것이다.

(3) 누가복음 4장 18절과 7장 21절에서 예수님의 사명은 가난한 자에게 복음을 전파하는 것으로 표현되어 있다. 만일 가난한 사람이 누가의 공동체에 전혀 없었더라면 누가는 왜 가난한 자들이 예수님께서 전하는 복음의 일차적인 대상이라고 주장했는가? 또한 누가복음은 왜 마가복음과 마태복음보다 πτωχός가 나오는 자료를 더 많이 포함하고 있는가?

(4) 그들은 마가복음 14장 6절의 "가난한 자들은 항상 너희와 함께 있으니"가 누가복음에는 누락되어 있는 것에 주목하면서 누가가 "이

---

57) Ibid., 110.

구절을 빠뜨린 것은 다름 아니라 그의 공동체에는 가난한 사람이 없었기 때문임이 분명하다"고 주장한다.58) 그러나 이는 정반대의 논리도 가능하다. 누가는 부유한 그리스도인들에게 가난한 자들을 위해 재물을 사용하라고 권면한 것으로 알려지고 있기 때문에, 죄 많은 여자가 값비싼 향유를 가난한 자들을 위해 소비하지 않은 것은 누가의 명분을 저해하는 요인이 될 것이다. 아마도 그래서 누가는 문제의 구절을 쇼트로프와 쉬테게만이 주장하듯이 그의 공동체에 가난한 사람이 전혀 없었기 때문이 아니라, 재물의 올바른 사용에 관한 그의 입장의 일관성을 고수하기 위해 제외시키려 했던 것인지도 모른다.

(5) 사도행전에는 $\pi\tau\omega\chi\acute{o}\varsigma$가 안 나오는 대신 $\acute{\epsilon}\nu\delta\epsilon\acute{\eta}\varsigma$(핍절한 사람)가 나온다(행 4:34)는 그들의 주장 역시 그릇된 결론으로 이끌고 있는 것으로 보인다. 우리는 사도행전에서는 $\acute{\epsilon}\lambda\epsilon\eta\mu\sigma\sigma\acute{v}\nu\eta$(구제)가 복음서의 경우보다 더 빈번히 나오는 것을 알고 있는데,59) 이는 누가 공동체 내에 가난한 자들이 없었다는 말이 절대 아니며, 실상은 그 공동체에 구제의 수혜자들이 존재했다는 사실을 가리키는 것일지 모른다. 뿐만 아니라 사도행전에 $\pi\tau\omega\chi\acute{o}\varsigma$가 나오지 않는다는 사실에 대해서 우리는 예루살렘의 초대 교회는 예수님의 구제 가르침을 충실하게 실천했기 때문에 $\pi\tau\omega\chi\acute{o}\varsigma$가 의미하는 극단적인 가난은 불식되었고, 그 결과 $\pi\tau\omega\chi\acute{o}\varsigma$ 대신 $\acute{\epsilon}\nu\delta\epsilon\acute{\eta}\varsigma$가 사용되었다고 말할 수도 있을 것이다.

결론적으로, 재물에 대한 제자들의 태도에 관한 쇼트로프와 쉬테게

---

58) Ibid., 111.
59) 눅 11:41; 12:33=2회; 행 3:2, 3, 10; 9:36; 10:2, 4, 31; 24:17=8회.

만의 논지 역시 우리가 목하 누가복음에서 다루고 있는 중요한 문제에 대한 적절한 답변을 제공해 주지 않는 것으로 보인다: 제자가 되려는 사람들에게 모든 소유를 포기하도록 명령한 예수님(예를 들면 14:33)이 자기 재산을 포기하지 않은 추종자들을 책망하지 않고 있는 그대로 받아들였다는(8:1-3; 10:38-42; 19:1-10; 23:50-56) 명명백백한 모순을 우리는 어떻게 이해할 수 있을 것인가?

6) P. F. 에슬러: 누가-행전에서의 공동체와 복음(P. F. Esler: Community and Gospel in Luke-Acts, 1987)

에슬러의 저서는 그가 "사회적 편집비평(socio-redaction criticism)"이라고 명명한 누가-행전 연구에 대한 사회과학적 접근의 풍성한 결실로 간주될 수 있다. 에슬러는 누가 공동체를 헬레니즘 도시의 한 가운데 자리잡고 있으며 유대인과 이방인으로 구성되어 있는 것으로 본다.[60] 그리고 이 같은 혼합된 공동체 자체로부터 그는 공동체 내의 양대 집단 사이에 갈등이 있었고, 또한 공동체 외부로부터 심각한 압력이 가해지고 있었다고 추론한다. 이 같은 맥락에서 에슬러는 "정당화(legitimation)"라는 사회학적 개념을 이용하면서, 그리고 누가의 신학은 사회・정치적인 현실에 근거하고 있다고 가정하면서,[61] 누가의 일차적인 저작 목표는 그들의 새로운 신앙의 "정당화"를 얻기 위한 그 자신의 공동체의 필요의 충족이라고 주장한다.

---

60) Esler, *Community*, 31.
61) Ibid., 1-2.

"누가의 두 책은 한 분파 운동의 정당화를 위한 시도, 곧 그의 공동체 성원들이 사회·정치적인 압력에 직면하여 충성심이 흔들리고 있을 때 그들에게 기독교를 설명하고 정당화하려는 세련된 시도로서 묘사될 수 있다."62)

저서는 식탁 교제, 율법, 성전, 가난한 자와 부자, 로마와의 관계 등의 항목으로 나누어 연구되고 있다.

우선, 공동체 외부로부터의 압력은 "그들의 신앙적 결속의 축(軸)"에 연계되어 있는데, 이는 공동체 구성원들의 혼합된 구성으로부터 기인된 것이었다. 이와 관련된 전형적인 문제는 "식탁 교제"였다. 이 문제에 직면하여 누가는 초대 교회사를 실제 역사와는 상반되게 재집필하고 기존 전승을 재해석함으로써,63) 즉 누가의 시대에도 여전히 큰 권위로 간주되었던 베드로와 야고보가 식탁 교제를 인정하게 만들고 예루살렘 공의회(행 15장)가 이를 다시금 공인하도록 꾸밈으로써 해결지으려 했다. 그의 공동체에서 유행했던 식탁 교제를 정당화하기 위하여64) 누가는 또한 그의 독자들에게 그들의 주 예수님이 율법과 성전에 대하여 취한 행동과 태도로부터 또 다른 확신을 제공하려 했다. 율법과 성전에 대해 에슬러는 율법과 성전을 다루는 일이야말로 식탁 교

---

62) Ibid., 222.
63) Ibid., 97, 106. "누가는 자기 목적을 달성하기 위해 역사를 변조했다"는 이 같은 생각에 대한 반론으로는 에슬러의 책에 대한 마샬(I. H. Marshall)의 서평을 참조하라. *JTS* 39(1988), 566.
64) 여기서 에슬러는 이 당시 유대인들은 이방인들과 같이 식사하지 않았다는 던의 주장을 반박한다(76-7; 83-4). 참조. J. D. G. Dunn, "The Incident at Antioch(Gal. 2:11-18)", *JSNT* 18(1983), 3-75.

제의 정당화에 필수적이었음을 지적하고 있는데, 이는 후자가 유대교의 일부분으로서 전자(율법과 성전)와 혼합되어 있었기 때문이다. 율법과 성전에 대한 예수님의 태도를 상술하면서, 누가는 율법과 모세의 전승에 참으로 충성된 자는 예수님을 따르는 그리스도인들이며, 사실상 이를 범한 자는 예수님을 거부한 유대인들이었다고 제시함으로써 공동체의 신앙을 정당화하려 했다.[65]

둘째로, 공동체 내부로부터의 문제점은 "사회·경제적 축"에 연계되어 있는데, 에슬러에 의하면 이는 부자와 가난한 자들 간의 계급 갈등에서 연원한 것이었다. 누가 공동체의 구성 – 즉 부자와 가난한 자의 혼합 – 에 대한 에슬러의 입장은 주목할 만한데,[66] 왜냐하면 바울 연구에 동일한 사회학적 방법론을 적용하고 있는 타이센(Theissen)과 믹스(Meeks)는 바울의 공동체는 대체로 중산층으로 구성되어 있고 사회의 최하층민들은 없었다고 주장하고 있기 때문이다.[67] 이 같은 맥락에서 볼 때 주후 1세기 로마 제국 동부 지방의 부자와 가난한 자들의 사회·경제적 지위에 관한 에슬러의 연구는 누가 시대의 가난한 자들의 비참함과 부자들의 오만과 이기주의를 제대로 이해할 수 있게 해주는 매우 가치 있는 작업이라 할 수 있다.

이 주제는 본 연구와 직결되는 것이므로, 우리는 이 문제에 관한 에슬러의 논지를 좀더 상세히 짚고 넘어가고자 한다. 에슬러의 저서에서 정말 우리의 주의를 사로잡는 것은 가난한 자와 부자의 주제를 사회·

---

65) Esler, *Community*, 129.
66) Ibid., 183-7.
67) 우리는 나중에 누가-행전의 정황적 배경(Sitz im Leben)을 다룰 때 이 문제를 다시 살펴보게 될 것이다.

경제학적 관점에서 다루고 있다는 점으로서, 그의 말에 의하면 이는 누가 신학 연구에 이제까지 진지하게 적용된 것이 없었다. 에슬러의 이러한 연구는 주후 1세기 헬레니즘 문화에 깊이 물들어 있었던 누가 공동체의 사회·경제적 배경에 대한 우리의 이해를 풍부하게 하는 데 이바지하는 새로운 노력으로 인정될 수 있을 것이다.

그럼에도 불구하고, 그의 논지에 대하여 두 가지 반론을 제기할 수 있다. 첫째로, 에슬러는 사도행전의 자료를 다룸에 있어서 공정하지 못한데, 왜냐하면 그는 부유한 그리스도인들이나 교회가 재물을 올바로 사용할 바에 관해 말하고 있는 중요한 몇몇 기사들에 관해 논의하지 않고 있기 때문이다 - 예를 들면 다비다(행 9:36-43), 고넬료(행 10:1-48), 안디옥 교회(행 11:27-39)의 일화와 사도행전 20장 35절에서 바울이 인용한 예수님의 명령이 그것이다. 또한 요약 구절들을 다루는 그의 방식 역시 어떠한 중요한 의미를 가지기에는 미흡하다. 사도행전을 누가의 저서 제2부로 보아 누가가 복음서에서 강조하고자 했던 주제가 사도행전에 연결되어 있다고 추론하는 것은 합리적이다. 그러나 에슬러가 사도행전의 자료를 빈약하게 다루고 있는 점은 그의 논지 전체의 타당성을 의심하게 만들고 있다. 이 같은 사도행전에 대한 편파적인 연구 태도는 그가 자기 주제의 명칭을 잘못 붙인 데서 기인한 듯하다. 그는 누가 공동체의 부유한 신자들이 누가가 관심을 가졌던 가난한 신자들을 도와야 했던 실제적인 방법에 관해서는 적절한 주의를 기울이지 않는 듯하다. 그것이 바로 구제인 것이다.[68] 이러한 구

---

68) 눅 12:33(마 6:20; 참조. 19:21)과 눅 11:41(마 23:26)과 같은 구절들의 비교에서 누가복음이 차이나는 점에 주목하라. 이는 구제에 대한 누가의 특별

제의 모티프는 위에 언급한 구절들에 분명하게 나타나고 있으며, 따라서 이는 누가가 그의 책 제2권에서 이러한 모티프를 계속 강조하기를 원했다는 사실의 증거로서 간주될 수 있는 것이다.

둘째로, 에슬러는 복음서에서 재산의 전적 포기 문제를 제대로 다루고 있지 않음이 분명한데, 이 문제는 누가가 마가와 마태보다도 자기 복음서에서 훨씬 더 강조하고 있음이 명백하다.[69] 에슬러는 이 문제를 사도행전 5장 1-11절의 아나니아와 삽비라의 사건과 관련지어 답변하려 하는데, 곧 이를 예루살렘의 초대 교회에서 일어났던 실패 사건으로 보고 이는 누가의 공동체에서도 적지않게 발생했을 것으로 보고 있다.

> "그러나 혹자는 아나니아와 삽비라의 이야기를 제외한 초기 기독교에 관한 누가의 묘사가 동시대인들에게 그들이 얼마나 이상에 미달하고 있는지를 상기시켜 주는 이상형 구실을 하지 않았는지 추측한다. 그렇지 않을 경우 그(누가)가 자신의 원 자료 가운데 구제의 필요성과 소유의 포기를 강조하는 자료를 강화하고 여기에다 새로운 말씀과 구절들을 추가하려 한 그의 관심을 설명하기 어려운 것이다."[70]

한 관심을 보여준다. 이뿐 아니라, 이 구제의 모티프는 눅 3:10; 6:30, 35, 38; 10:33-35; 14:13, 21; 18:22; 19:8에서도 찾아볼 수 있다.
에슬러는 구제의 모티프에 대해 분명히 언급하고 있지만 단지 지나가면서 언급하며(195), 그래서 이를 강조하지 못한 것으로 보인다. 그러므로 그는 여전히 이 모티프에 대한 누가의 특별한 관심을 인식하지 못하고 있다고 말하는 것이 옳다고 생각한다.

69) 우리는 다음의 구절들에서 누가가 $πάντα$를 삽입한 점을 주목해야 할 것이다: 눅 5:11/ 막 1:18, 20; 눅 5:28/ 막 2:14; 눅 14:33; 눅 18:22/ 막 10:21; 눅 6:30/ 마 5:42.
70) Esler, *Community*, 196.

그렇다면 우리는 에슬러에게 한 가지 질문을 던질 수 있을 것이다. 누가가 사용한 재산의 완전한 포기를 뜻하는 이들 자료는 단지 독자들에게 그들이 이상으로부터 얼마나 미달하고 있는지를 보여주기 위한 목적으로 이용되었다는 말인가? 분명히 가혹했을 예수님의 이 명령에 직면하게 된 누가 공동체의 부유한 제자들의 반응은 어떠했을까? 에슬러는 이 같은 문제와 대면하기를 회피하려는 것으로 보이며, 이 같은 맥락에서 볼 때 그가 절대로 제자도를 빈부의 주제와 연관시켜 언급하지 않고 있음을 보게 되는 것은 놀라운 일이 아니다. 한마디로 말해서, 에슬러는 누가복음의 예수님이 그 제자들에게 요구했던 완전한 포기의 문제를 충분히 깊이 있게 연구하지 않은 것으로 보인다.

셋째로, 일반적으로 볼 때 누가-행전에 나오는 부자와 가난한 자의 주제에 관한 그의 결론은 정확한 것으로 보인다. 누가는 "자기 공동체와 사회 일반의 가장 가난한 사람들에 대한 비상한 동정심에서"[71] 그의 공동체의 부유한 그리스도인들에게 가난한 자들을 위하여 돈과 음식을 나누어 주도록 권면하였다. 이 같은 누가의 강조는 그것이 "지배 엘리트들이 하층 계급민들을 부당하게 취급하고 멸시할 뿐 아니라 그같이 행하는 자신들을 옳게 생각하는 헬레니즘적 환경에 깊숙이 뿌리박은 신념들에 도전한다는 점에서" 급진적이었다.[72] 그러나 에슬러가 제자로서 자기를 따르려는 자들에게 모든 것을 포기하라고 했던 예수님의 명령의 급진적 성격에 관해 다루지 않고 있는 것은 유감이다. 우리는 나중에 에슬러가 답변할 수 없는 누가복음 연구의 이 같은 곤혹

---

71) Ibid., 199.
72) Ibid.

스러운 문제에 대한 해답을 제시하고자 한다. 어쨌든 1세기 헬레니즘 문화의 역사적, 경제적, 사회적 요인들에 대한 에슬러의 신중한 관심은 대단히 유익한 것이며, 나는 본서의 2장과 10장에서 이 같은 통찰력을 폭넓게 이용하였다.

2. 논문의 개요

지금까지 살펴보았듯이 누가-행전의 빈부 주제의 분야에 관해서는 이미 다양한 방식으로 다수의 연구가 이루어졌다. 그러므로 빈부에 관한 누가 신학에 관한 학술적 성과는 이미 과잉 상태인 것으로 보일지 모른다. 그러나 앞서의 논의를 통해 누가 신학의 이 분야에서 아직도 중요한 논점들에 관해 몇몇 미진한 부분이 남아 있음이 드러났다.

(1) 누가는 두 가지 유형의 제자를 염두에 두고 있는가?
(2) 소유의 완전한 포기는 모든 제자들에게 요구되는가? 아니면 열두 사도에게만 요구되고 있는가? 그리고 그 같은 전적인 포기에 대한 누가의 의도는 무엇이었는가?
(3) 재물과 제자도의 관계를 논함에 있어 "제자도(discipleship)"라는 용어로 충분한가? 아니면 누가복음을 이해하는 데 도움되는 다른 용어가 있지 않을까?
(4) 누가는 재물 사용의 실천적인 방식에 있어서 무엇을 특별히 강

조하고 있는가?

최근 들어 도나휴(Donahue)도 지난 20여 년 간 누가-행전에서 부자와 가난한 자의 주제 분야에서 이루어진 몇 가지 주된 연구 업적들을 개관한 후에 누가의 신학에서 이 문제가 가진 불확실성을 인정하고 있다.

> "소유의 중요성에 관해서는 거의 보편적으로 의견들이 일치하고 있지만 누가-행전 내의 해석상의 주된 쟁점들에 관해서는 아무런 의견의 일치도 이루어지지 않고 있으며, 또한 어떠한 일관성 있는 시각도 제시되지 않고 있다. 복음서는 제자도의 조건으로서 소유의 전적인 포기를 강조하고 있는 데 비해, 누가복음과 좀더 강력하게 사도행전에서는 자기 재산을 포기하기보다는 제자들을 돕는 데 사용하는 사람들을 칭찬하고 있다. 재산의 포기, 공동 소유 및 구제가 한결같이 칭송되고 있다."[73]

그러므로 나는 이 같은 불확실성과 도나휴의 문제 제기에 자극받아 이 문제를 새로운 시각으로 누가 신학에서 재물과 제자도 사이의 관계에 초점을 맞추어 다시금 연구하고자 하는데, 왜냐하면 나로서는 제자도 개념이 누가-행전의 빈부 문제를 다루기에는 불충분한 중심 개념이라고 여겨지기 때문이다. 따라서 이 문제를 해결할 수 있는 또 다른 개념을 찾아야 할 필요성이 생겨난다. 이 같은 맥락에서 볼 때, 누가 신학 연구에서 아직까지 제대로 연구되지 못한 한 가지 주제가 있는데

---

73) Donahue, "Two Decades", 135.

그것은 곧 "청지기도(stewardship)"이다. 이 주제는 소위 청지기 비유로 불리는 누가복음 12장 42-48절, 16장 1-13절 및 19장 11-27절 등의 중요한 대목에서 주로 등장하고 있으며, 또한 누가가 이 주제를 누가-행전의 빈부의 주제와 연관된 자료들에 실제적으로 적용시키려 했던 대목에서 찾아볼 수 있다.[74]

이 같은 청지기도의 주제를 제대로 연구하기 위해 내가 취하려는 절차는 다음과 같다.

(1) 누가-행전의 삶의 정황이 검토되어야 하는데, 우리는 이로써 누가 공동체의 상황적 배경을 올바로 이해할 수 있게 될 것이다(제2장).
(2) 마가복음이 누가복음의 주요 전거로 사용되었으므로, 제자도와 제자에 관한 상이한 개념들을 강조하기 위해 제자도와 제자에 대한 마가의 견해를 누가의 견해와 비교할 것이다(3, 4장).
(3) 앞의 장들의 결론을 염두에 두면서 우리는 누가복음에서 하나님과 그리스도인들의 관계를 규정하는 특출한 주제, 곧 주종(主從)관계 주제를 고찰하고자 한다(5장).
(4) 우리는 누가의 청지기도 사상을 구성하는 주요 개념들을 도출해 내기 위해 세 개의 청지기 비유를 고찰하고자 한다(6장).
(5) 우리는 청지기도에 근거하여 재물의 올바른 청지기도로서의 실천적인 구제 요구들뿐 아니라 재물의 잘못된 청지기도의 몇 가

---

[74] 누가-행전에 나오는 이에 관한 광범위한 자료를 확인하려면 7, 8, 9장을 보라.

지 측면들을 올바로 평가하기 위하여 누가-행전에서 빈부의 주제를 설명해 주는 다수의 기사들을 검토하고자 한다(7, 8, 9장).
(6) 끝으로, 누가 공동체의 사회적 배경을 규명하기 위해 우리는 주후 1세기경 그리스-로마 사회에서 유행했던 자선(慈善) 제도를 살펴보고 누가의 구제 사상을 동시대의 다른 자선 형태들과 비교해 보고자 한다(10장).

3. 본 연구의 방법론 및 한계

내가 본 연구에서 사용하고자 하는 주된 도구는 편집비평이다. 이 방법은 공관복음서의 차이와 유사점을 조명할 수 있다는 점에서, 재산과 제자도의 주제에 관한 누가의 독특한 사상들을 밝혀내기에 유용하다. 그러나 마가복음과 Q자료의 두 자료설(two-source hypothesis)을 전제로 하고 있는 다수 학자들의 일반적 가정과는 달리, 나는 Q자료를 누가가 그의 복음서를 저술할 때 사용했을 주요 자료들의 하나로 받아들이는 것이 무리하다고 생각한다. 왜냐하면 Q자료의 존재 여부와 그 범위 설정 문제가 아직도 논란의 대상이 되고 있으며, 공관복음 연구 분야에서는 증명되지 않은 하나의 가설로 남아 있기 때문이다.[75] 그러

---

75) 이 두 문서설은 끊임없이 맹렬한 공격을 받아 왔다. 이 문제에 관해서는 다음의 책들을 참조하라. B. C. Butler, *The Originality of St. Matthew*(Cambrid-

나 우리가 마가복음을 누가복음의 주된 전거의 하나로 간주하는 것은 적절하다. 그 이유는 마가복음은 논란의 여지없는 완전한 형식의 복음서로서 우리 수중에 있기 때문이다. 학자들은 누가복음의 가능한 전거로서 마가복음과 Q자료 외에도 누가만이 이용 가능했을 자료로 간주되는 L자료를 거론해 왔는데, 예를 들면 (예수님의) 탄생 기사나 여행기사의 많은 부분이 그것이다. 이 L자료는 중요하지만 이 역시 누가복음과 비교할 만한 별도의 독립된 자료로서 복원될 수는 없는 것이다.76)

누가복음의 주된 전거 자료로서 마가복음 외에도 우리는 간혹 병행 구절들을 비교하고 양자의 유사점과 상이점을 조명하기 위해 마태복음을 참조할 것이다. 그러나 이 경우에 나는, 양 복음서는 저자들이 제

---

ge: University Press, 1951); A. Farrar, "On Dispensing with Q", in *Studies in the Gospels*, 55-88; N. Turner, "The Minor Verbal Agreements of Mt. and lk. against Mk.", *Studia Evangelica* I, 223-234; W. Farmer, *The Synoptic Problem*(New York: The Macmillan & Co., 1964); M. Goulder, "A House Built on Sand", *Alternative Approaches to New Testament Study*(ed., by A. E. Harvey, [London: SPDK, 1985]), 1-24; *Luke: A New Paradigm*(Sheffield: JSOT, 1989), D. A. Carson, D. J. Moo, & L. Morris, *An Introduction to the New Testament*(Grand Rapids: Zondervan publishing House, 1992), 26-38.

76) 참조. B. H. Streeter, *The Four Gospels: A Study of Origins*(London: Macmillan & Co., 1953). 199-272; V. Taylor, *Behind the Third Gospel*(Oxford: Clarendon Press, 1926); L. Gaston, *No Stone on Another: Studies in the Significance of the Fall of Jerusalem in the Synoptic Gospels*, Novum Testamentum Supplements 23(Leiden: E. J. Brill, 1970), 244-256; J. M. Creed, *The Gospel according to St. Luke*(London: Macmillan & Co., 1950), lvi-lxxv; B. S. Easton, *The Gospel according to St. Luke*(Edinburgh: T & T Clark, 1926), xiii-xxx; W. Grundmann, *Das Evangelium nach Lukas*[ThHK] (Berlin: Evangelische Verlagsantalt: 1974), 7-17; E. E. Ellis, *The Gospel of Luke*[The Century Bible](London: Nelson, 1966), 27-30.

각기 고유한 상황적 배경을 반영하여 독립적으로 구성, 저술했으며, 따라서 한쪽이 다른 쪽에 의존하고 있는 증거는 전혀 없다고 생각한다.

주된 연구 도구로 사용되는 편집비평과 함께 최근 들어 신약학 연구에 진지하게 적용되고 있는 문학비평 내지 서사비평(literary or narrative criticism)도 여러 곳에서 사용할 것인데, 왜냐하면 그것은 저자가 하나의 스토리로서 복음서를 저술해 가는 과정에서 어떻게 자신의 주제를 전개하는지 이해함으로써 복음서 속에 나타나는 중요한 주제들의 흐름과 구조를 식별하는 데 도움을 주기 때문이다.[77] 끝으로, 우리의 목표는 누가 신학 전체의 모든 측면을 완전히 분석하는 것이 아니라 재물의 청지기도에 기초한 구제의 모티프를 인식하는 데 있으므로 누가-행전의 자료들을 다루는 우리의 방식은 선택적이 될 수밖에 없을 것이다.

---

[77] 탈버트와 태니힐은 누가 신학 연구에 문학비평을 진지하게 적용한 선도적인 학자들로 여겨진다. 그들은 이 같은 부류의 탁월한 주석서를 저술했는데, 우리는 본 연구를 진행시켜 나가면서 이를 부단히 참조할 것이다: C. H. Talbert, *Reading Luke: A Literary and Theological Commentary on the Third Gospel*(New York: Crossroad, 1982); R. C. Tannehill, *The Narrative Unity of Luke-Acts*, 2 vols.(Philadelphia: Fortress, 1986).

누가-행전의 삶의 정황   2

누가-행전의 삶의 정황
제 2 장

누가의 재물 신학을 좀더 잘 이해하기 위해서는 본 연구의 기초로서 누가-행전의 삶의 정황에 대해 아는 것이 유용할 것이다. 누가-행전의 삶의 정황을 탐구하기 위해서는 두 가지 요소가 반드시 함께 참작되어야 할 것으로 생각한다. 첫째, 누가가 우선적으로 그의 저작(著作)의 대상으로 염두에 두었던 청중들과, 둘째 누가가 누가-행전을 저술했던 사회적 배경이 바로 그것이다. 따라서 아래에서는 이 두 가지 요소를 차례로 살펴보기로 하겠다.

1. 누가행전의 청중(독자)

누가가 의도했던 청중은 누구일까? 여기서 '청중'이란 예수님께서 그 지상 사역 중 베푸셨던 가르침과 교육의 구체적 대상을 뜻하는 것이 아니라 누가가 염두에 두고 그 저작을 저술했던 누가 당대의 동료 그리스도인들을 뜻하는 것이다. 따라서 누가-행전의 삶의 정황을 보다 잘 이해하기 위하여 누가 저작의 청중이 누구인지를 파악하는 것은 우리에게 유용할 것이다.

누가 공동체를 구성했던 누가-행전의 독자가 누구인지를 파악하기 위하여, 먼저 우리는 누가복음의 서문(序文)을 참고해야 할 것이다. 그 이유는, 누가의 두 권의 저작이 공식적으로 "데오빌로"라 이름하는 사람에게 헌정되었기 때문이다.[1] 신약의 다른 책들과 누가의 두 권의 저작을 비교할 때 우리는 누가가 그의 저작의 초두(初頭)에 서문을 기록했다는 것이 매우 독특하다는 것을 발견하게 된다. 우리는 누가가 단지 당대의 문학적 관습을 좇아 그로 하여금 이들 두 권의 책을 저술할 수 있도록 보호와 재정적 지원을 베풀어 주었을 그의 후견인(後見人; patron)에게 그 저작을 헌정했을 것으로 이해할 수 있을 것이다. 그렇다면 데오빌로는 그저 단지 하나의 후견인에 불과한 인물이었는

---

1) NEB(신영역 성경)의 누가복음은 공식적인 문학적 헌정사로 시작하고 있는데 이는 매우 흥미로우면서도 타당한 해석이라 생각된다 ; THE AUTHOR TO THEOPHILUS. Cf. R. E. O. White, *Luke's Case for Christianity*(London : The Bible Reading Fellowship, 1987), 20(이 책은 필자에 의해서 『누가 신학 연구』라는 제목으로 그리심출판사에서 1995년에 한국어로 번역되었다).

가? 아니면 누가의 저작의 대표적 수신자였는가? 이 질문에 답하기 위해, 무엇보다도 먼저 데오빌로가 실제 인물이었는지 아니면 단지 가상(假想)의 인물이었는지를 알아보는 것이 필요한 절차라고 생각한다.

1) 데오빌로: 실제 인물인가? 아니면 가상의 인물인가?

일부 학자들은 데오빌로가 "하나님을 사랑하는 자" 또는 "하나님의 사랑을 입은 자"를 뜻하는 인위적으로 조작된 이름이며, 상징적인 방법으로 "보통의 그리스도인" 또는 "전형적인 개종자"를 가리키는 은밀한 은어라고 주장해 왔다.[2] 그러나 만일 우리가 모든 역사적 진정성을 포기한 채 데오빌로를 단지 인위적으로 조작된 이름으로 받아들인다면, 여기에는 세 가지 의문점이 생겨날 것이다.

첫째로, 누가가 데오빌로에게 부여한 직위($κράτιστε:κράτιστος$: 각하)는 가상의 인물에게 사용하기에는 너무도 인위적인 것으로 보인다. $κράτιστος$는 누가-행전에서 모두 네 번 사용되고 있는데, 그렇다면 우리는 저자인 누가에게 용어 사용의 일관성을 기대할 수 있을 것이다. 공식적인 서신에서(행 23:26) 이 단어는 "각하"(벨릭스 총독)로 쓰여졌고, 개인의 연설에서는(행 24:3) "벨릭스(총독) 각하"로, 그리고 사도행전 26장 25절에서는 "베스도 각하"로 사용되었다.[3] 사도행전에서의 이 단어의 이런 용례를 통해 우리는 누가-행전에서 $κράτισ$-

---

2) Cf. White, *Luke's Case*, 20-24: F. F. Bruce, *The Book of the Acts*[NICNT] (London: Marshall, Morgan & Scott, 1972, 31).
3) NEB는 세 곳 모두에서 눅 1:3에서처럼 이 단어를 "Your Excellency"라고 번역하고 있다.

τος가 로마 정부에서 기사(equestrian) 계급 또는 그 이상의 공직(公職)을 가진 실제 인물에게 붙혀진 직위로서 사용되고 있음을 알게 된다.4) 누가의 이러한 용어 사용의 견지에서 볼 때, 쉬바이쳐가 주장하는 대로 κράτιστος를 단지 "친애하는(dear)"의 의미로 해석할 수는 없을 것으로 보인다.5) 만일 우리가 κράτιστος를 로마 관리의 직위로 받아들인다면, 데오빌로를 로마 정부의 높은 공직을 가진 인물이거나,6) 또는 보다 일반적으로 말해서 "사회적으로 존경받는 그리고 아마도 부유한 사람, 혹은 누가가 접근할 수 있었던 사회에서 높은 지위를 누리고 있는 사람"7)으로 간주하는 것은 자연스럽다고 여겨진다.

둘째로, 우리는 누가 당대의 그리스-로마 사회의 귀족들에게 책을 헌정하는 관습을 참작해야 할 것이다.8) 이런 서책 헌정의 관습은 고대 세계에서 널리 유행했으며, 서책의 발간과 반포(頒布)를 가능케 했던 후견인의 도움과 밀접하게 연결되어 있었다.

---

4) Bruce, Acts, 31; White, Luke's Case, 21.
5) E. Schweizer, The Good News according to Luke(London: SPCK, 1984), 12-13. 쉬바이쳐에 대한 반론으로는 에반스의 주석, 134쪽을 참조할 것.
6) White, Luke's Case, 21.
7) Fitzmyer, Commentary, 300.
8) W. Schmithals, Das Evangelium nach Lukas(Zürich: Theologischer Verlag, 1980), 17: "당시에는 친구나 후견인에게 책을 헌정하는 일이 널리 퍼져 있었다". 아울러 아래의 책들을 참조하라: D. Guthrie, New Testament Introduction(Leicester, IVP, 1978), 95; G. B. Caird, The Gospel of St Luke[Pelican GC](London: A & C Black, 1968), 14, 44; N. Geldenhuys, The Gospel of Luke[NICNT](Grand Rapids: Eerdmans, 1977), 54; L. Morris, The Gospel according to St Luke[Tyndale NTC](Leicester: IVP, 1986), 66; Fitzmyer, Commentary, 299; Creed, Commentary, 5.

"누가는 존경받는 그리스도인 데오빌로에게 그 작품을 헌정했는데, 고대 세계의 관습에 따르면 데오빌로는 그 책의 반포를 책임졌다"[9].

이런 관습을 고려해 볼 때, 누가가 그의 책들을 데오빌로에게 헌정한 사실로부터 우리는 데오빌로가 누가로 하여금 그의 책들을 쓸 수 있도록 재정적 지원을 베풀어 준 후견인이었으며, 누가는 그런 자비에 보답하여 데오빌로에게 그의 책을 헌정했을 것이라고 생각할 수 있을 것이다. 결과적으로 이로써 우리는 데오빌로가 실제 인물이라는 사실은 비합리적 결론이 아님을 깨닫게 된다.

셋째로, 책 헌정에 관한 논의와 함께 고려되어야 할 또 다른 문제는, 누가복음의 서문이 보통의 헬라어가 아니라 "가장 정교하게 꾸며진 문장 구조를 지닌 빼어난 헬라어"[10]로 쓰여졌다는 사실이다. 이런 특징을 지닌 서문은 그 이하의 헬라어와 분명하게 구별되고 있다.[11] 어찌하여 누가는 서문을 이처럼 다른 방식으로 기록하게 되었을까? 이 질문에 답하기 위해 여러 종류의 시도가 있어 왔는데, 그 중 가장 설득력 있어 보이는 것은, 누가가 그리스-로마 세계의 분위기 속에서 교육받고 교양을 쌓은 그의 후견인의 사회적 지위에 합당하도록 하기 위해 잘 구성된 문장 구조를 가진 뛰어난 헬라어를 사용했다는 주장이다. 이 주장은 데오빌로가 실제 인물이라는 점은 말할 것도 없고, 그가 로마 제국의 정부 관리였거나 또는 이와 유사한 사회적 지위를 지녔던

---

9) Schmithals, *Lukas*, 17.
10) I. H. Marshall, *Commentary on Luke*[NIGTC](Exeter: Paternoster, 1989, 39. Cf. Fitzmyer, *Commentary*, 287-9; Morris, *Commentary*, 65; Schweizer, *Luke*, 10; Caird, *Commentary*, 43.
11) Geldenhuys, *Commentary*, 54-5.

인물이었을 것이라는 우리의 가정을 확증하는 것이다.[12] 이제 결론을 내리자면, "각하"라는 직위, 헌정의 형태, 서문의 문학적 헬라어 등은 누가의 두 권의 저작이 아마도 로마 제국의 정부 관리로서 당대 헬라 사회의 교육과 교양을 갖추었던 실제 인물에게 헌정되었을 것임을 밝혀 주고 있는 것이다.[13]

---

12) 최근에 알렉산더는 흥미 있는 논문, "헬라적 서문 기술(記述)의 맥락에서 바라본 누가의 서문"(L. Alexander, "Luke's Preface in the Context of Greek Preface-Writing", [*NovT* 28, 1986; 48-74])을 발표했는데, 그녀의 주장은 이제까지 대체로 받아들여져 왔던, 누가-행전의 서문을 이해하는 전통적인 방식에 직접적인 도전을 던지고 있다.

첫째로, 다른 고전 헬라 문헌과 비교할 때 누가의 서문은 "실제로 매우 성공적인 수사법"이 아니며, 따라서 누가의 문학적 탁월성은 인정될 수 없다. 둘째로, 누가 서문의 형식, 즉 "호칭이 있는 인사말"은 다른 고전 헬라 문헌에서는 발견되지 않고, 고대의 "과학적 문헌"이나 "기술(技術)적 산문"에서 발견되고 있다(60). 셋째로, 위의 두 요소로부터 우리는 누가가 "(교양이나 지적인 면에서) 중류층"에 속한 인물이었을 것으로 추정할 수 있을 것이며 (60), 이는 바울 공동체의 회중의 일반적인 모습과 대체로 일치하는 것으로 보인다. 요컨대, 그녀의 논점은 다음과 같이 요약될 수 있을 것이다. "우리가 누가-행전의 사회적, 문학적 측면과 또한 저자 자신과 그의 저작의 성격을 연구할 수 있는 통로는 바로 과학적 전승인 것이다"(70).

사실, 이런 발견은 "우리의 문헌에 대한 정의를 넓혀 준다, 즉 신약성경 책들이 합당하게 비교될 수 있는 당대의 문헌의 표준을 넓혀 주고 있는 것이다"(61). 그러나 우리 주제와 연결지어서 고려할 때, 내가 받은 인상은 알렉산더가 주로 서문 형식의 독특성에만 집착했지 서문의 문학적 표현에 대해서는 그다지 크게 신경을 쓰고 있지 않다는 것이다. 그렇다면 서문의 문학적 특성은 여전히 그 자체로서 인정될 수 있을 것이다(Evans, *Commentary*, 122; F. O. Fearghail, *The Introduction to Luke-Acts: A Study of the Role of Lk 1,1-4, 11 in the Composition of Luke's Two-Volume Work*[Rome: Editice Pontificio Istituto, 1991], 10-11). 만일 그녀의 논지를 그대로 받아들인다고 할지라도, 우리는 여전히 누가가 "그 상황에 매우 적절한, 그가 알고 있는 유일한 스타일에 의존하여 기술함으로써" 그의 후견인에게 경의를 표하고자 최선의 노력을 기울였다고 말할 수 있을 것이다.

13) Marshall, *Commentary*, 39; Schweizer, *Luke*, 10; Caird, *Commentary*, 43.

2) 데오빌로: 그리스도인인가, 아닌가?

우리가 다뤄야 할 다음 문제는 데오빌로가 그리스도인인가, 아닌가, 또는 그리스도인들과 어떤 관계를 맺고 있었기에 누가가 그의 저작을 그에게 헌정하게 되었을까 하는 점이다. 데오빌로가 이미 그리스도인 인지 아닌지 하는 문제는 부분적으로 누가복음 1장 4절의 $κατηχήθης$ ("배운")의 의미에 달려 있다고 여겨진다. 따라서 우리는 누가복음에 나타나는 이 특별한 단어를 연구해 볼 필요를 갖게 된다. 이 단어는 '보고하다, 알리다' 또는 '교육시키다' 등의 의미를 가지고 있다.[14] 그러나 이 단어의 해석에는 다양한 견해가 있으므로 우선 그 다양한 견해들을 논의해 볼 필요가 있을 것이다.[15] 일반적으로 말할 때, $κατηχήθης$는 두 가지 의미로 해석될 수 있다. 첫째는, $κατηχέω$의 수동태로서 "교육 또는 가르침을 받다"는 뜻으로, 이는 이 단어가 기독교 개종자나 초보자의 교육을 가리키는 데 종종 사용되고 있기 때문이다

---

14) F. Bovon, *Das Evangelium nach Lukas*[EKKNT], Lk 1,1-9, 50(Zürich: Benziger Verlah, 1989), 41. 본래 이 단어는 "귀에 들리게 하다"는 뜻으로, 여기서 "입의 말로 가르치다"는 의미가 생겨나게 되었다. 그러나 때때로 또한 (수동태로) "소문을 통해 전해 듣다"는 뜻을 갖기도 한다(행 21:21; 참조. 18:25; 롬 2:18; 고전 14:19; 갈 6:6; Geldenhuys, *Commentary*, 57).
15) Cf. F. Mussner, "$καθεξῆς$ im Lukasprolog", in *Jesus und Paulus: Festschrift für W. G. Kümmel*(Göttingen: 1975), 253-5; M. Vögel, "Exegetische Erwägungen zum Verständis des Begriffs $καθεξῆς$ im lukanischen Prolog", *NTS* 20(1973/4), 289-299; G. Schneider, "Zur Bedeutung von $καθεξῆς$ im lukanischen Doppelwerk"(1977), in *Lukas, Theologie der Heilsgeschichte*(Könnigstein: Verlag Peter Hanstein, 1985; R. J. Dillon, "Previewing Luke's Project from His Prologue(Luke 1:1-4)", *CBQ* 43(1981), 219-223; and R. J. Karris, *Luke: Artist and Theologian*(New York: Paulist Press, 1985), 8-10.

(행 18:25; 고전 14:19). 그렇다면 데오빌로가 기왕에 받은 기독교 신앙 교육을 가리킨다고 볼 수 있을 것이다.16) 이 경우에 우리는 데오빌로가 이미 그리스도인이었다고 말할 수 있을 것이로되, 예수님과 그의 복음에 대한 데오빌로의 지식이 부족하고 불충분하므로 누가는 데오빌로가 확실하게($ἀσφάλεια$17); 눅 1:4) 진리를 배울 수 있게끔 하기 위해 두 권의 책을 그를 위해 저술했다고 말할 수 있을 것이다.

둘째로, $κατηχήθης$는 "보고받다"는 뜻을 갖고 있는데, 이런 용례는 사도행전 21장 21절과 24절에서 찾을 수 있다. 거기서 누가는 "좋지 못한 보고(소식)를 받다"는 의미로 이 단어를 두 번 사용하고 있다. 이 경우에 데오빌로는 여전히 국외자(局外者) 즉 불신자이로되, 기독교에 관심을 가진 사람일 수 있을 것이다.18) 어떤 경우든 $κατηχήθης$는 복음 기사에 대한 데오빌로의 지식의 부족을 가리키고 있으며, 따라서 누가가 데오빌로의 이런 부족을 채워 주고자 했던 것으로 볼 수

---

16) Creed, *Commentary*, 5; Fearghail, *Luke-Acts*, 113. Cf. H. Schürmann, *Das Lukasevangelium*[HTKNT], Erster Teil(Freiburg: Herder, 1969), 15.

17) Geldenhuys, *Commentary*, 54; Marshall, *Commentary*, 43; Schweizer, *Luke*, 13. 거쓰리(D. Guthrie, *Intorduction*, 96)와 피츠마이어(J. Fitzmyer, *Commentary*, 300)는 이 단어를 "교리문답적 교육"이라고 해석하고 있다. 반면에 쉬미탈스(Scmithals, *Lukas*, 17)는 "누가는 기독교 신앙 안에서 이미 교육받은 그런 사람들을 위하여 저술한다(4절). 따라서 그리스도인들이 누가-행전의 독자인 것이다"라고 주장한다.

18) W. Manson, *The Gospel of Luke*[MNTC](London: Hodder & Stoughton, 1930), 3; R. Maddox, *The Purpose of Luke-Acts*(Göttingen: Vandenhoeck & Ruprecht, 1982), 12; W. E. Bundy, *Jesus and the First Three Gospels* (Cambridge, Mass.: Harvard University Press, 1955); Morris, *Commentary*, 67; Caird, *Commentary*, 44. Cf. Geldenhuys, *Commentary*, 54. 이런 맥락에서, 바이어는 데오빌로가 소문을 통해 예수님에 관해 배웠을 것이라고 주장한다(H. W. Beyer, $κατηχέω$, *TDNT*, 3:638-640).

있는 것이다.

데오빌로에 관한 정보를 얻고자 하면서 오직 κατηχήθης만 논의하는 것은 충분치 못한 것으로 보인다. 따라서 우리는 κατηχήθης 또는 데오빌로 자신과 직접 혹은 간접으로 관련이 있을지 모르는 서문의 다른 용어들을 살펴볼 필요가 있을 것이다. 이런 상황에서, 우리의 관심을 끄는 첫 번째 단어는 누가복음 1장 4절의 λόγοι("[배운] 바")이다. 그 이유는 문맥에서 λόγοι가 예수님의 삶, 죽음과 부활을 뜻하는 것으로 사용되고 있는 1절의 πράγματα("사실")와 연결되면서[19] "데오빌로가 이미 받았을 여러 가지 다양한 종류의 교육"[20]을 가리키는 것으로 해석될 수 있기 때문이다. Λόγοι와 함께 ἐπιγινώσκω("알게 하려") 또한 4절을 이해함에 있어서 대단히 중요하다. 사전적 의미에 의하면 ἐπιγινώσκω는 "인식하다" 또는 "깨닫다"라는 의미로 쓰이는데, 이는 이미 얻은 지식을 확증하는 데 종종 사용된다.[21] 그렇다면 여기서 데오빌로가 인식하거나 깨달아야 하는 것은 이미 얻은 교육이나 정보의 확증 혹은 확실함(ἀσφάλεια)인 것이다.[22] 결과적으로, 우리가 κατηχήθης와 함께 ἐπιγινώσκω, λόγοι 등의 단어들을 아울러 참작할 때, 비록 κατηχήθης 그 자체는 중립적 의미로 사용되었다고 할지라도, 문맥에서 κατηχήθης를 데오빌로가 이미 받은 기독교 교육을 가리키는 것으로 이해하는 것은 결코 무리는 아닐 것이다. 이상의 논의를 요약하면, 누가가 데오빌로를 위하여 그의 저작을 저술하고 헌정했을 때,

---

19) Bovon, *Lukas*, 35; Fitzmyer, *Commentary*, 292.
20) Marshall, *Commentary*, 44. Cf. Schweizer, *Luke*, 13.
21) Bovon, *Lukas*, 40. Cf. Geldenhuys, *Commentary*, 57.
22) Maddox, *The Purpose*, 13.

아마도 데오빌로는 이미 어떤 방식으로든지 공식적인 기독교 교육을 받은 그리스도인이었을 것이며, 따라서 기독교에 관심을 가지고 있었을 것이다. 그러므로 누가는 예수님과 그의 복음에 관해 지식이 부족한 데오빌로를 돕기 위해, 즉 그 부족한 지식을 보완(補完)시키기 위해 두 권의 책을 그에게 헌정했던 것이다.

3) 누가 공동체의 문화적 배경

이제까지 우리는 로마 관리를 가리키는 데오빌로의 직위 κράτιστος 를 근거로 하여 데오빌로가 이방인이었다고 추정하였다. 그러나 누가가 구약성경과 유대 역사에 대한 지식을 전제로 하고 있고, 게다가 예수님께서 "인자" 칭호나 "하나님의 나라"란 용어를 통해 의미하는 바가 복음서에서 전혀 아무런 설명 없이 쓰여지고 있음을 놓고 볼 때,23) 우리는 누가-행전의 독자가 유대 그리스도인들을 포함하고 있었을 것이란 가능성을 배제할 수 없게 된다. 이런 주장은 이방인 데오빌로가 누가-행전의 대표적인 독자일 것이라는 위에서의 결론과 상충되는 것으로 보인다. 이런 요소를 근거로, 에슬러는 다음과 같이 주장하고 있다.

> 누가 공동체는 "유대인과 이방인의 혼합체로서, 그 내부에서 각 그룹은 소외되지 않는다…누가 공동체 내의 대부분의 이방인들은 우상 숭배로부터 기독교로 개종하지 않았고, 이전에 유대교 회당과 관련을 맺고 있

---

23) Ibid., 14-5.

었던 것으로 생각된다".24)

그러나 우리가 이 분야의 대다수의 학자들에 의해 중요하게 간주되고 있는 누가-행전의 "보편주의" 주제(즉 누가-행전은 이방인 전도를 위해 기록된 것이다)를 감안할 때,25) 에슬러의 타협적 결론은 우리 문제의 해결책이 되지 못한다.

누가-행전의 두 개의 상이한 요소, 즉 한편으로 구약과 유대교적 분위기, 다른 한편으로 보편주의적 분위기를 함께 고려할 때, 우리는 다음과 같이 결론내릴 수 있겠다: 데오빌로는 본래 이방인이었는데 기독교 신앙에 관해 듣게 되었고, 이어서 기독교에 대한 여러 가지 정보와 교육을 받게 된 결과 마침내 본래 유대적 개념이었던 이런 것들을 이해할 수 있게 되었을 것이다. 달리 말하면, 누가가 그의 저작의 대상으로 삼았던 이방 그리스도인 독자들은 구약과 유대 역사에 대한 광범위한 지식을 포함하고 있었을 기독교 교육을 이미 받았기 때문에, 누가는 그의 독자들이 기독교 신앙의 보다 분명한 이해를 위해 필수적인 기본적 모티프들, 즉 하나님의 나라, 인자, 구약성경에 기초한 이스라엘 역사 등에 대한 지식을 이미 알고 있었을 것이라고 전제하고 누가-행전을 기록했을 것으로 생각된다.

---

24) Esler, *Community*, 31. Maddox, *The Purpose*, 15.
25) 누가-행전이 이방인 독자를 대상으로 한 것임을 지지하는 충분한 증거를 우리는 발견할 수 있다. 이에 대한 가장 중요한 증거는 바로 누가의 보편주의인 것이다; 2:14, 32; 3:4-6; 4:25-27; 9:54; 10:33; 17:16; 24:47. 이방인 그리스도인들에 대한 누가의 관심에 대해 좀더 알고자 하면 아래의 책들을 참조하라: Fitzmyer, *Commentary*, 58; Morris, *Commentary*, 36-37; Guthrie, *Introduction*, 90; R. H. Gundry, *A Survery of the New Testament* (Grand Rapids: Zondervan, 1981), 92-3.

4) 데오빌로: 누가-행전의 대표적 독자인가?

　데오빌로의 신분에 대해 연구한 결과, 우리는 데오빌로가 누가의 후견인이로되 그 이상은 아니라고 결론지을 수 있을지 모른다. 달리 말하면, 데오빌로는 그의 가신(家臣) 누가에게 돈을 대주고 여러 가지 편의를 돌봐줌으로써 누가-행전을 저술할 수 있도록 도와는 주었으되, 누가-행전 그 자체와는 아무런 관계가 없다고 말할 수도 있을 것이다.
　그러나 특별히 누가복음의 내용을 주의 깊게 살펴보게 되면, 우리는 누가복음에서만 발견되는 매우 중요한 한 가지 특징, 즉 누가복음에는 그 대부분의 경우 재물 문제 혹은 재물의 바른 사용 및 그릇된 사용과 이런저런 방식으로 관련된 자료들이 상당히 많이 담겨 있음을 목도하게 된다.26) 만일 데오빌로가 실제 인물이었다면, 그의 직위를 참작할 때 그는 분명히 매우 부유했을 것이다. 그렇다면 부자로서 데오빌로는 누가복음에서 소개되고 있는 이런 주제들에 관심을 가졌을 것이고, 바로 이것은 누가가 그의 책을 부자 후견인을 위해 저술하고 헌정함에 있어서 지녔던 본래의 저작 의도와 관련된 것이다. 그러므로 이런 결과를 근거로 하여 우리는 아래와 같이 결론지을 수 있을 것이다. 그의 책을 데오빌로에게 헌정할 때 동시에 누가는 그 대상 독자들 속에 데오빌로와 유사한 사회적 지위를 지닌 다른 사람들을 포함했을 것이다.27) 이 말은 데오빌로가 부유하고, 헬라의 문화와 교육을 받았으며, 그리고 기독교 신앙에 대해 얼마를 알고 있었을 누가-행전의 대상 독

---

26) 이 주제는 이 책의 8장과 9장에서 다뤄질 것이다.
27) D. C. Allison, "Was there a 'Lukan *Community*'?", *IBS* 10(1988), 70; Cf. 66.

자의 대표적 인물임을 뜻하는 것이다.28)

5) 요약 및 결론

데오빌로의 신분에 초점을 맞춰 누가복음의 서문을 검토한 결과 우리는 데오빌로가 누가의 저작의 출판과 반포를 가능하게 만들어 주었던 누가의 후견인이었을 뿐만 아니라, 또한 누가의 정보의 수신인으로서 누가가 그의 저작을 저술할 때 염두에 두었던 대상 독자를 대표하는 인물임을 알게 되었다.

데오빌로에 관한 이런 결론이 우리의 주목을 끄는 이유는 그것이 누가-행전의 삶의 정황에 대한 이해와 관련이 있는 것으로 보이기 때문이다. 즉 데오빌로에 관한 상기의 결론에 따르면, 누가-행전의 삶의 정황은 데오빌로가 누가-행전의 대상 독자를 대표한다는 가정 하에서 연구되어야 할 것이다. 이 말은 누가가 그의 저작의 대상으로 삼았던 누가 공동체는 아마도 부유하고 교양 있는 이방인들로서 구약에 근거한 기독교 복음에 대한 기본적 개념에 대해 알고 있었을 뿐만 아니라, 또한 기독교의 기원(起源)에 대한 역사적 설명에도 진지한 관심을 가졌던 사람들을 포함하고 있었음을 뜻하는 것이다. 이제 끝으로, 우리는 누가의 대상 독자들은 "주로 이방적 배경을 지닌 이방 그리스도인들이며, 데오빌로는 그들 가운데 하나"29)일 것이라고 결론내릴 수 있

---

28) 데오빌로의 대표성에 대해서 쉬나이더는 이렇게 말한다: "십중팔구 역사적 인물이었을 데오빌로는 당대 그리스도인들의 대표적 존재다"(G. Schneider, *Das Evangelium nach Lukas*[Würzberg: Echter Verlag, 1977], 1:42).
29) Fitzmyer, *Commentary*, 59.

겠다.

2. 누가 공동체의 사회적 상황

이제까지 우리는 주로 데오빌로에 관해 얻어진 정보를 근거로 하여 데오빌로가 단지 누가의 후견인이었을 뿐만 아니라, 또한 누가-행전의 수신인이었고, 이런 자격으로 데오빌로는 누가가 대상으로 삼았던 독자들의 대표적 인물로 간주될 수 있다는 가정 하에 누가 공동체의 삶의 정황을 살펴보았다.

누가 공동체에 관한 이런 가정을 지지할 만한 보다 견고한 증거를 추구하기 전에,30) 여기서 우리는 누가 공동체와 비교될 만한 다른 초

---

30) 알리슨은 그의 소논문 "'누가 공동체'란 것이 과연 존재했는가?"에서 누가 공동체를 찾고자 하는 노력에 회의를 제기하였다. 누가를 순회 선교사 바울과 함께 동행한 유랑하는 사람으로 묘사하면서, 알리슨은 소위 누가 공동체라는 것은 존재할 수 없다고 주장한다. 그 이유는 바울과 함께 누가는 지리학적 의미에서 어떤 특정한 공동체에 속하지 않았으며, "보편적 교회"를 마음에 두고 있었기 때문이라는 것이다(63). 이런 입장의 맥락에서 그는 계속하여 누가 공동체에는 어떤 특정한 문제들이 없었으며, 만일 있었다면 "어떤 명백한 형태로 드러나 있었을 것"(67)이라고 자신 있게 주장한다.

이런 도전에 답하여, 우리는 알리슨에게 이런 질문을 하고자 한다. "다른 복음서 기자들(특히 마가)과 비교할 때 누가의 독특한 특징으로 드러나고 있으며, 또한 계속하여 그 복음서 내에서 일관성 있게 발견되고 있는 누가복음의 빈부 주제를 당신은 과연 어떻게 설명하고자 하는가?" 오히려 만일 우리가 누가-행전에서 발견되는 빈부 문제에 대한 상당한 분량의 자료를 솔직하게 직면하게 될 때, 알리슨의 주장과는 반대로 "명백한 형태로" 분명하게 드러나 있는 빈부 주제와 관련된 문제가 누가 공동체 내에 존재했음을 인정

기 도시 기독교 공동체를 살펴봄이 바람직하리라 여겨진다. 특별히 누가 공동체의 삶의 정황과의 비교를 위해서는 믹스(Meeks)와 타이센(Theissen)이 사회학적 분석을 통하여 얻어낸 바울 공동체에 관한 정보를 참조하는 것이 유용할 것이다.

1) 바울 공동체들의 사회적 상황

타이센과 믹스는 이제까지 널리 알려졌던 이론, 즉 초대 교회는 사회의 낮은 계층 혹은 프롤레타리아로 구성되었고, 아울러 기독교는 가장 신분이 낮은 계층의 운동이었다는 이론을 반박하기 위해[31] 사회학적 방법론을 이용하여 바울 공동체(타이센[32])와 헬라 초기 기독교(믹스)의 사회 계층 구조를 분석하였다. 보수적 이론을 옹호하는 사람들은 고린도전서 1장 26-29절을 그 증거로 제시하고 있다. 그러나 바로 그 같은 구절들을 근거로 타이센은 다른 해석을 내리고 있는데, 즉 고린도 교회 안에는 지혜롭고 능력이 많으며 부유한 이들이 있었다는 것이다. 그런데 이들은 비록 수적으로는 소수였지만 그 공동체 내에서

할 수 있을 것이다. 그러므로 누가 공동체에 대한 알리슨의 도전은 보기보다는 심각한 도전이 되지 못한다는 것을 깨닫게 된다.
31) 이 일반적 견해의 출처로서 믹스는 오리겐이 저술한 「셀수스에 대한 반박」(3:44)에 기록된 셀수스의 진술을 인용하고 있다: "셀수스는 그 종교가 어리석고 비열하며 바보 같은 사람들, 노예와 여자들과 어린아이들에게만 매력적이었기 때문에 교회는 의도적으로 백성들을 외면하였다고 주장했다"(W. A. Meeks, *The First Urban Christians*[New Haven: Yale University Press, 1983], 51).
32) 비록 그의 분석의 결과가 당대 로마 제국 내의 다른 교회들에도 적용이 가능했지만, 타이센의 주장은 고린도 교회에 국한되어 있다: *The Social Setting of Pauline Christianity*(Philadelphia: Fortress Press, 1982).

영향력이 큰 "우세한 소수"였다는 것이다.[33]

그들의 이론을 입증하기 위해 타이센과 믹스는 바울 서신, 주로 고린도전후서와 로마서에 등장하는 모든 인물들의 사회·경제적 지위를 분석하고 있다. 그 결과 타이센은 바울 공동체 내에서 다수의 부유한 신자들을 찾아내게 되었다: 에라스도, 가이오, 루디아, 브리스길라와 아굴라, 디도 유스도, 그리스보, 뵈뵈, 소스데네, 스데바나, 글로에집 사람들. 믹스는 이 명단에 바나바, 마가(행 12:12), 빌레몬과 아볼로 등을 더 추가한다. 이들 인물들을 분석하는 데 사용된 기준이 우리의 주목을 끈다. 타이센은 높아진 사회적 지위를 파악해 내는 기준으로서 "공직(公職)이나 집을 소유했거나, 성도들을 도왔다거나, 여행을 했던 것에 관한 진술들"을 제시했는데,[34] 이는 이런 형태의 분석에 매우 효과적인 것으로 생각된다. 믹스는 "현대 사회에 대한 관찰로부터 경험적으로 생성된 이론을 고대 사회에 적용함에 있어서"[35] 신중해야 할 것을 염두에 두고서, 바울 공동체를 분석함에 있어 도움이 될 만한 주요 인물 65명을 뽑아낸다. 그들의 사회·경제적 지위를 분석한 후 믹스는 바울 공동체가 당대의 중간 계층 사람들로 구성되어 있었다고 결론을 내린다.

> "그리스-로마 사회 계층 구조의 최상층과 최하층이 그림에서 빠져 있다. 우리가 (바울 공동체 내에서) 지주(地主) 귀족들, 원로원 귀족들, 기사 계급과 지방 귀족(에라스도가 해당되지 않는다면)들을 찾을 수 없다는

---

33) Theissen, *Social Setting*, 70-73; cf. Meeks, *Urban Christians*, 51-53.
34) Theissen, *Social Setting*, 73.
35) Meeks, *Urban Christians*, 55.

것은 놀라운 일이 아니다. 그러나 또한 매우 궁핍한 사람들, 예를 들면 품꾼이나 인부(人夫) 등이 존재했었다는 구체적 증거도 발견할 수 없다. 더욱이 가난한 자들 중 가장 가난한 자들, 예를 들면 소작 농부, 경작(耕作) 노예, 경작 품꾼 등 역시 도시 배경의 바울 공동체에서 발견되지 않고 있다."[36]

타이센의 결론 역시 믹스의 결론과 유사하다: "결론적으로 헬라적 초대 기독교는 사회의 하류 계층의 프롤레타리아 운동도 아니었고 상류 계층의 사건(事件) 또한 아니었다고 말할 수 있을 것이다."[37]

이에 덧붙혀, 믹스가 기술(記述)한 바울 기독교의 도시적 환경은 바울 공동체의 사회·경제적 상황을 이해함에 있어서 매우 유익하다는 점이 지적되어야 할 것이다.[38] 특별히 믹스가 로마 제국주의, 헬레니즘 그리고 도시화를 한데 묶어 연결시키고 있는 것은 예수님의 복음을 전파하기 위하여 바울이 여행한 지방들을 이해하는 데 크게 기여하고 있다.[39] 바울이 활동한 동부 로마 제국의 주요 장소들이 도시였다는 점은 대단히 중요하며, 또한 그것은 바울의 선교와 그가 속했던 당대의 상황 사이의 관계를 잘 설명해 주고 있다.

---

36) Ibid., 73.
37) Theissen, *Social Setting*, 106.
38) Meeks, *Urban Christians*, 9-50.
39) Ibid., 13.

2) 누가 공동체는 바울 공동체와 같은가, 다른가?

타이센과 믹스가 바울 공동체를 사회학적으로 연구, 분석하여 얻은 결론에 대해 우리가 관심을 갖는 이유는, 그것이 우리의 주제인 누가 공동체의 배경과 관계가 있는지 없는지를 알기 위함이다.

이 질문에 대해 적절한 답변을 제시하기 전에, 누가 공동체의 삶의 정황을 파악함에 있어 도움이 될 만한, 누가복음에 나타나는 특별한 측면들을 발견하기 위해 누가복음과 마가복음을 비교하는 것이 필요할 것으로 보인다. 일례를 들면, 누가는 마가보다 πόλις(도시)를 네 배나 더 많이 사용하면서 예수님의 사역을 대체로 도시 중심의 사역으로 묘사하고 있다.[40] 이런 특징을 근거로 하여 우리는 최소한 누가는 χώρα(지방, 시골)보다 πόλις에 더 많은 관심을 가지고 있다고 말할 수 있을 것이며, 이것은 누가-행전이 도시적 환경 및 상황 속에서 쓰여졌다는 우리의 주장을 더욱 굳게 만들고 있다.[41]

이런 특징과 관련하여, 우리는 누가 공동체가 바울 공동체와 함께 공유(共有)했을 것으로 보이는 또 다른 특징을 고려해 보고자 한다. 그것은 누가 공동체 내에 바울 공동체 내에서도 그런 것처럼 상당수의 부자들이 존재했다는 사실이다. 누가 공동체 내에 부자들이 존재했다는 증거로서, 첫째로 우리는 복음서 서문(눅 1:1-4)과 사도행전 27장의 항해 및 난파 기사에서 발견되는 누가의 문학적 기법(技法)을 언급

---

40) 마가 9번; 누가 39번; 눅 4:29, 31, 43; 5:12; 7:11, 12, 37 등
41) H. J. Cadbury, *The Style and Literary Method of Luke*(Cambridge, Mass.: Harvard University Press, 1920), 245-249.

할 수 있을 것이다. "헬라적 도시에서의 문학적 교육은 하류 계층의 사람들에게는 접근이 불가능했기"42) 때문에, "저자가 그리스-로마 사회의 상류층 출신이었을"43) 것이라고 추정하는 것은 가능한 일이다. 또한 누가가 분명히 이해되고 납득되도록 그 저작을 저술했기 때문에 이로써 우리는 누가 공동체 내에 누가와 같은 배경을 가진 다른 신자들이 있었을 것으로 추정할 수 있을 것이다. 이런 사실을 통해 우리는 누가가 헬라 문화가 강한 로마 제국의 어느 한 도시가 그 배경이었을 도회지 기독교 공동체 안에서 또 그 공동체를 위하여 두 권의 저작을 기록했다는 사실을 확인하게 된다.44) 둘째로, 우리가 누가-행전에 등장하는 인물들, 예를 들면 예수님과 그 제자들 일행을 위해 잔치를 배설(排設)할 만큼 부유했던 것으로 보이는 레위(눅 5:27-29), 헤롯의 청지기 구사의 아내 요안나(눅 8:3), 아리마대 사람 요셉(눅 23:50), 삭개오(눅 19:1-10), 에디오피아 내시(행 8:26-39), 분봉왕 헤롯의 젖동생 마나엔(행 13:1), 구브로의 총독 서기오 바울(행 13:7), 베뢰아의 귀부인과 남자들(헬라인, 행 17:12) 그리고 바울의 친구로 소개되고 있는 아시아의 관원들(행 19:31) 등을 참작할 때, 이런 인물들에 대한 누가의 관심은 아마도 이런 부유한 인물들과 상응하는 사람들이 누가 공동체 내에 존재했을 것임을 가리키고 있다고 하겠다.

여기에 추가하여, 예수님이 그리스도인답게 재물을 사용하는 법을

---

42) A. H. M. Jones, *The Greek City from Alexander to Justinian*(Oxford: Clarendon Press, 1940), 285.
43) Esler, *Community*, 186.
44) Cf. Cadbury, *The Style*, 245-9; Esler, *Community*, 30; Marshall, *Commentary*, 33.

가르치기 위하여 부자들에 대한 격려와 경고로서 이용하고 있는 누가복음의 자료들도 누가 공동체 내의 부유한 신자들이 있었다는 사실을 증거하고 있다. 이 자료에는 다음과 같은 비유 및 기사들이 포함된다: 선한 사마리아인의 비유(10:30-37), 어리석은 부자 비유(12:13-21), 불의한 청지기 비유(16:1-13), 부자와 나사로 비유(16:19-31), 큰 잔치 비유(14:16-24) 그리고 삭개오 기사(19:1-10) - 이들은 모두 누가만의 특별 자료다 - 마지막으로, 부자 청년의 기사(18:18-30). 이 밖에 구제하라는 명령(12:33; 11:41)과 아무 것도 가진 것이 없는 자들과 함께 음식과 옷을 나눠 가지라는 명령(3:10-11) 역시 누가 공동체 내에 부유한 신자들이 존재했다는 증거로 지적될 수 있을 것이다.

이들 기사 가운데 큰 잔치 비유와 부자 청년 기사가 특별히 우리의 관심을 끈다. 첫째로, 큰 잔치 비유와 이에 연결된 예수님의 말씀에서 (14:1, 12-24), 자신을 식사에 초대한 부유한 바리새인에게 한 예수님의 명령은 누가 공동체 내에 그 바리새인처럼 다른 사람, 즉 사회적 신분이 비슷한 사람들로서 남의 호의를 되갚을 수 있는 부자들이 존재했음에 대한 증거로 간주될 수 있을 것이다(12절).[45]

둘째로, 부자 청년의 기사에서 마가복음(10:22) 및 마태복음(19:22)과 비교할 때 그 관원에 대한 누가의 묘사가 다름을 발견하게 되는데, 그 이유는 누가복음에서 그 청년은 마가나 마태복음에서처럼 그 장면으로부터 떠나가지 않기 때문이다. 누가의 이런 변화는 우리로 하여금 누가 공동체 내에 부유한 신자들이 야기시켰을 법한 문제들이 있

---

45) Cf. Karris, "Poor and Rich", 120-121.

었을 것이라는 추정을 가능케 한다.46)

누가 공동체가 도시적 배경을 가지고 있었으며, 이런 점에서 바울 공동체와 매우 유사했다는 사실을 확인한 이후, 이제 우리는 이 점과 관련하여 다음과 같은 질문을 던질 수 있을 것이다: "바울 공동체로부터 얻어진 사회학적 분석의 결과를 누가 공동체의 상황에 조금의 가감(加減)도 없이 그대로 적용하는 것이 가능할까?" 이 질문에 바로 답하기 위해서는, 비록 누가복음에 구제에 대한 명령과 재물의 그릇된 사용에 대한 경고와 관련하여 $πλούσιοι$(부자들)에 관한 자료들이 상당히 많이 발견되기는 하지만,47) 또한 구제의 명령과 관련하여 $πτωχοί$(가난한 자들)에 관한 자료들 역시 적지 않게 발견되고 있다는 사실이 기억되어야만 할 것이다.48) 여기서 특별히 우리의 주목을 끄는 것은 누가복음에 등장하는 가난한 자들이 보통의 가난한 자들이 아니라 스스로 자립할 수 없는, 따라서 남의 도움이 없으면 굶주려 죽을 수밖에 없는 불구자, 소경, 문둥병자들이라는 사실이다.49) 이러한 절대적 빈곤

---

46) Cf. Esler, *Community*, 185; Karris, "Poor and Rich", 123. 마샬은 다른 복음서 기자들의 기록을 참조하여 가정하기를, 그 부자 관원은 그 자리를 떠나갔다고 주장한다(*Commentary*, 683). 그러나 이 주장은 본문에 대한 주의 깊은 관찰에서 비롯된 것이 아니다. 사실 그 청년은 계속 남아 예수님의 가르침을 듣고 있는 것으로 누가복음에는 기록되어 있다(눅 18:24 이하).

47) 눅 6:24-25; 12:16 이하; 16:19 이하; 18:23 이하; 19:2 이하; 21:1 이하.

48) 눅 14:13, 21; 16:20, 22; 18:22; 19:8; 21:3. 비록 구제와 관련된 명령이 나타나고 있지는 않지만, 4:18, 6:20, 7:22과 같은 구절에서도 οἱ πτωχοί는 언급되고 있다. 그리고 12:33과 11:41 또한 누가 공동체 내에 가난한 자들이 존재했음에 대한 증거로 지적될 수 있을 것이다.

49) 눅 7:22; 14:13, 21; 16:20-22. 이들 기사에 덧붙여, 에슬러(*Community*, 186-7)는 누가 공동체 내에 가난한 자들이 존재했음을 가리키는 증거를 세 가지 추가하고 있다. 가) 제자들이 날마다($καθ' ἡμέραν$) 양식을 위하여 기도하도록 명령받고 있는 주기도문(11:1-4), 나) 잃어버린 드라크마 비유

자들은 바울 서신에는 나타나지 않고 있다. 이로 인해 믹스는 사회의 최하층이 바울 공동체 내에는 없었다고 결론을 내린 바 있다. 만일 그 공동체에 가난한 자들이 없었다면, 그리고 있다 해도 그 숫자가 너무 적어 무시(無視)할 만했다면, 어찌하여 누가복음에는 가난한 자들에게 구제하라는 명령이 그렇게 자주 나타나고 있는 것일까?(다른 복음서보다 상대적으로 많이 나타나고 있는 이런 구제 명령으로 인해 누가복음은 "가난한 자들을 위한 복음"이라고 불리고 있다). 따라서 사회학적 견지에서 누가 공동체의 사회 계층 구조를 분석함에 있어서 이런 요소를 무시하는 것은 온당치 못하다고 생각한다. 결론적으로, 우리는 누가 공동체 내에는 나사로(16:20)와 비견될 만한 가난하고 궁핍한 사람들이 존재했다고 말할 수 있는 것이다.

그러므로 누가 공동체와 바울 공동체 사이에는 차이점이 있음이 드러나게 되었다. 그 결과 우리는 타이센과 믹스에 의한 바울 공동체의 사회학적 분석의 결과를 무조건 채택하여 주저없이 누가 공동체 분석에 적용하는 것에는 무리가 따름을 깨닫게 되는 것이다. 이를 달리 표현하면, 만일 우리가 누가 공동체 내의 두 계층(빈자와 부자)의 존재를 고려한다면, 믹스의 주장에 따르면 사회의 최하층이 빠져 있다는 바울 공동체와는 달리 누가 공동체는 부자와 가난한 자들이 혼합되어 섞여 있는 사회라고 특징지을 수 있을 것이다.[50] 요컨대, 누가 공동체

(15:8-10) - 이 비유에 등장하는 여인은 "열흘치 노동의 대가"에 해당하는 열 드라크마가 그녀의 전 재산인 것으로 묘사되고 있다. 다) "예수님의 모친이 성전에서 결례 예물을 드릴 때 가난한 자의 예물"을 드릴 만큼 예수님의 부모가 가난했던 것으로 소개되고 있는 탄생 기사(2:24).
50) Karris, "Poor and Rich", 124.

내에는, 비록 당대 사회 계층 구조의 최상층은 존재하지 않는다 할지라도, 당대 사회의 최하층은 존재했다고 결론내릴 수 있을 것이다.[51]

빈부 주제를 통하여 누가 공동체의 삶의 정황을 찾고자 하는 카리스(Karris)의 노력은 이 분야에서 매우 소중한 결과를 산출해 냈다. 이 주제에 대한 카리스의 견해는 "일반적인 그리스-로마 문화적 배경"[52]에 초점을 맞추고 있는데, 이는 사도행전 2장 41-47절과 4장 31-35절에서 우선적으로 발견되었고, 이 주제 연구를 위해 선택된 누가복음의 구절들을 검토하면서 확증되고 있다. 나는 원리적 측면에서 카리스의 견해를 받아들인다. 그러나 동시에 내가 흔연하게 그의 주장 전체를 받아들일 수 없도록 만드는 한 가지 요소가 있다. 그것은 누가 공동체의 핍박적 요소로서, 카리스는 이에 대한 증거로 누가복음 4장 18절, 6장 20-23절, 7장 22절 등을 거론한다. 이 주장에 대한 반박으로 나는 두 가지 요소를 지적하고자 한다. 첫째는 $\kappa\alpha\theta'\ \eta\mu\epsilon\rho\alpha\nu$(날마다)의 해석이고, 둘째는 구제하라는 예수님의 명령이다.

첫째로, 누가복음에는 모두 다섯 번에 걸쳐 $\kappa\alpha\theta'\ \eta\mu\epsilon\rho\alpha\nu$이 나타나

---

51) 에슬러(*Community*, 183-4)는 타이센의 저서를 참조하여 누가 공동체를 고린도 공동체와 비교하고 있으나, 이 시도는 적절치 못한 것으로 보인다. 그 이유는 에슬러가 고린도 교회 내에 사회의 매우 낮은 계층이 존재하지 않았다는 타이센의 주장을 간과(看過)하고 있기 때문이다. Cf. Meeks, *Urban Christians*, 73. 가난한 자와 부자의 주제는 이 책의 9장에서 본격적으로 다뤄질 것이다.

52) 누가-행전의 삶의 정황에 관한 이런 결론은 카리스(Karris)의 주장과 매우 유사한 것으로 보인다. 따라서 누가-행전에 대한 나와 카리스의 주장을 서로 비교해 보는 것이 유익하리라고 생각한다. Karris, "Poor and Rich", 117. 듀퐁(J. Dupont, *Les Béatitudes*[Paris: J. Gabalda, 1973])과 쉬미탈스(W. Schmithals, *Lukas*)도 누가복음의 삶의 정황의 한 요소로서 핍박을 제시하고 있다. Cf. Seccombe, *Possessions*, 14-16; Karris, "Poor and Rich", 115.

고 있는데,53) 이 가운데 우리의 관심을 끄는 것은 누가복음 9장 23절이다. 왜냐하면 이 구절에서 누가가 καθ' ἡμέραν를 추가함으로 인해54) 핍박과 결부될 수 있는 십자가는 더 이상 문자적으로 해석될 수가 없게 되었기 때문이다.55) 만일 누가 공동체가 임박한 핍박에 노출되어 있었다면, 누가가 여기서 καθ' ἡμέραν을 추가한 것은 매우 어색한 일이 되고 마는데, 그 이유는 καθ' ἡμέραν이 십자가의 위협적 의미를 크게 손상시키고 있기 때문이다. 여기에 추가하여, 사도행전의 일곱 번의 용례와 함께 누가복음 11장 3절과 16장 19절에서의 καθ' ἡμέραν은 가까운 미래에 다가올 핍박을 기대하기보다는 현 상황의 지속적인 유지에 대한 암시로 간주될 수 있는 것이다. 둘째로, 만일 누가 공동체가 재물의 완전한 손실을 가져올 수 있는 핍박에 직면해 있었다고 하면, 그 공동체의 부자들에게 구제하라고 명령하는 것은 대단히 어색한 일이 아닐 수 없는 것이다.56)

그러므로 이상에서 언급한 두 가지 이유로 인해, 나는 누가-행전의 삶의 정황에 대한 카리스의 견해 전체를 받아들일 수는 없고, 거기서 핍박적 요소를 제(除)한 이후 받아들이고자 한다.

---

53) 눅 9:23; 11:3; 16:19; 19:47; 22:53. 참조. 행 2:46, 47; 3:2; 16:5; 17:11, 17(κατὰ πᾶσαν ἡμέραν: 날마다) ; 19.9
54) 마가복음(8:34)과 마태복음(10:38)에서는 καθ' ἡμέραν이 빠져 있다.
55) Cf. Beck, *Character*, 100; Evans, *Commentary*, 409; J. L. Houlden, *Ethics and the New Testament*(London: Mowbray, 1987), 57.
56) Cf. 히 10:32-39; Karris, "Poor and Rich", 121.

3) 상이한 요인

누가 공동체의 사회 계층 구조와 관련하여 위에서 얻은 결론에 대하여 이런 반박이 있을 수 있을 것이다. "동부 로마 제국 내의 유사한 도시 배경을 가진 두 공동체의 구성원들이 어떻게 그렇게 다를 수 있을까?" 이를 달리 표현하자면, 만일 우리가 수리아의 안디옥을 누가 공동체의 가능한 지리적 위치라고 생각하는 일반적 견해를 따른다면[57] 이와 같은 질문이 제기될 수 있을 것이다. "수리아의 안디옥의 환경적 상황은 바울 공동체의 환경적 상황과 다른가?"

바울이 갈라디아서를 제외하고는 그의 서신에서 수리아의 안디옥을 결코 언급하고 있지 않기 때문에, 그리고 안디옥 교회에서 베드로와의 다툼 사건 이후에 바울은 주로 갈라디아, 아시아, 마게도니아, 아가야 등지에서 사역을 했기 때문에, 수리아 안디옥의 상황과 바울이 여행하며 사역했던 지역의 상황과는 충분히 다를 가능성이 있다. 이런 가능

---

[57] Ellis, *Commentary*, 54; Schweizer, *Luke*, 6. Cf. A. H. McNeille, *An Introduction to the Study of the New Testament*(Oxford: Clarendon Press, 1927), 39. 유세비우스의 책(H. E. 3.4)에서 발견되는 「반마르시온 서문」과 제롬(*De Viris Illustribus*, 7) 또한 누가를 수리아의 안디옥 출신 혹은 안디옥 주민(住民)으로 간주하고 있다. 이런 맥락에서 Western Text의 한 증거인 베자 사본을 인용하면서, 겔덴하우스(Geldenhuys, *Commentary*, 21)는 "누가는 아마도 안디옥 출신 본토박이였을 것이다"라고 주장한다. 여기서 누가가 그 저작에서 안디옥을 13번 언급하고 있으며 그 곳 교회를 생생하게 묘사하고 있다는 사실은 또한 매우 흥미롭다(행 11:19-27; 13:1 이하; W. Manson, *Luke*, xxix; White, *Luke's Case*, 11). 누가-행전의 기록 장소에 대한 최근의 논의에 대해서는 아래의 책들을 참조하라: W. G. Kümmel, *Introduction to the New Testament*(London: SCM, 1972), 151; Fitzmyer, *Commentary*, 57; W. Marxsen, *Introduction to the New Testament*(Oxford: Basil Blackwell, 1968), 161.

성을 구체화하기 위하여, 우리는 고대 사회의 사회-경제적 상황에(특히 가난한 자들의 형편에) 대단히 큰 영향을 미쳤던 특징적 현상 중 하나인 기근(饑饉)의 요인을 지적하고자 한다.58) 팔레스타인은 1세기 당시와 또 그 이후에도(참조. 행 11:28) 잦은 기근으로 많은 고통을 받은 것으로 알려져 있다. 따라서 팔레스타인의 바로 북쪽에 위치한 수리아가 팔레스타인에서 발생한 기근으로 인해 전혀 영향을 받지 않았을 것이라고는 상상할 수 없는 것이다.

이런 역사적 측면과 함께, 우리는 누가의 저작에서 누가가 기근에 대해 각별한 관심을 갖고 있다는 사실을 발견하게 된다. 이는 누가의 $λιμός$(기근) 사용에서 찾아볼 수 있다.59) 누가가 $λιμός$를 이처럼 언급한 것은 누가 공동체 전체의 배경을 설명함에 있어서 직접적인 단서가 되지는 못할 것이다. 그러나 누가가 그의 저작에서 $λιμός$를 다섯 번씩이나 사용하고 있다는 사실은 결코 우연한 일만은 아닌 것이다. 따라서 누가의 $λιμός$ 사용과 누가 공동체의 역사적 배경을 한데 묶어서 고려할 때, 우리는 누가-행전이 누가 공동체가 속했던 지역에 심각한 영향을 미쳤을 기근적 상황 아래에서 기록되었을 것이라고 제안할 수 있을 것이다. 만일 우리가 이런 견해를 받아들인다면, 위에서 제기된 문제 즉 누가 공동체와 바울 공동체 사이의 현저한 차이점의 문제는 해결될 수 있을 것으로 생각된다.

---

58) 이 특징에 대해서는 이 책의 제10장에서 좀더 심도 있게 다뤄질 것이다.
59) $Λιμός$는 누가-행전에서 5번 사용된다. 3번은 누가복음에서(4:25 - 사렙다 과부의 이야기; Cf. Esler, *Community*, 182; 15:14, 17 - 탕자의 비유), 2번은 사도행전에서(7:11; 11:28) 나타난다. 반면, 마가복음과 마태복음에서 이 단어는 단 한 번 사용되고 있다.

이제까지 위에서 논의한 내용을 간추린다면, 우리는 다음과 같이 결론지을 수 있겠다. 누가가 살고 활동했던 당대의 사회에 심각한 영향을 미쳤을 것으로 여겨지는 기근이나 흉작과도 같은 자연적 재난과 이로 인한 가난한 자들의 증가(增加)의 문제에 직면하여,[60] 누가는 다른 동기와 함께 그의 회중들, 특히 부유한 그리스도인들에게 그리스도인으로서 재물을 어떻게 다뤄야 하며 또 어떻게 처신해야 할 것인지에 대하여 적절한 윤리적 가르침을 주기 위하여 그의 두 권의 책, 즉 누가-행전을 저술하고자 했던 것이다.

---

60) Theissen, *Social Setting*, 118.

마가복음의 제자도

마가복음의 제자도
제 3 장

본 연구를 개진함에 있어서 필요한 도구와 방법론에 대하여 서론에서 언급한 바 있는 나의 전제를 따라서 누가복음의 제자도와 청지기도를 연구하기 이전에, 먼저 마가의 제자도를 검토한 다음에 그 결과를 갖고 그것을 누가의 제자도와 비교 연구하는 것이 적절한 절차라고 생각한다. 그리하여 본 장에서 우리의 작업은 누가가 그 복음서 저술 시 마가복음을 참고했을 것이라는 가정을 근거로 시작하게 되며,[1] 이에 따라서 우리는 먼저 마가복음의 제자

---
[1] Cf. 눅 1:1-4. 왜 마가만이 누가복음의 주요 자료로서 간주되는지에 대한 이

도 주제를 살펴보고 그 후에 마가의 제자도를 누가의 제자도와 비교할 수 있게 될 것이다. 이렇게 함으로써 우리는 제자도 주제에 있어 누가의 독특한 기여가 무엇인지를 밝혀낼 수 있을 것이고, 이것은 마침내 본 연구의 주제인 누가의 청지기도를 이해하는 데 도움이 될 것이다.

그러나 마가의 제자도를 고찰하기 이전에 우선 마가복음의 삶의 정황, 즉 사회적 배경을 검토하는 것이 필요하다고 여겨진다. 왜냐하면 마가의 제자도는 마가복음의 사회적 배경과 매우 긴밀한 관계에 놓여 있기 때문이다.

1. 마가복음의 삶의 정황(Sitz im Leben)

마가복음의 역사적 배경을 알기 위해서는 무엇보다도 먼저 마가복음이 언제, 어디서 기록되었는지를 파악하는 것이 필요하리라고 생각된다. 마가복음의 배경 연구에 필요한 기록 연대와 장소에 대해서는 이제까지 많은 학자들이 여러 종류의 견해들을 제시해 왔다. 이제 여기서 나는 이들 학자들의 다양한 견해 및 이론들을 비교, 분석함으로써 이 문제에 대한 합리적인 결론을 도출하고자 한다.

유는 제1장에서 이미 답변된 바 있다.

1) 저작(著作) 장소

마가복음이 기록된 장소 문제에 있어서, 마가복음을 연구하는 대부분의 학자들은 안디옥이나 갈릴리보다는 로마를 더 선호(選好)하고 있다.[2] 여기서 우리는 로마를 기록 장소로 당연시하기 전에 먼저 왜 안디옥과 갈릴리가 부적당한지 그 이유를 살펴보는 것이 좋으리라고 생각된다.

마가복음이 안디옥에서 기록되었다고 하는 학설은 알렌(W. C. Allen)에 의해 제기되었다. 그의 주장에 따르면, 마가복음은 처음 아람어로 예루살렘에서 기록되었다가 후에 요한 마가가 바울 사도의 선교 여행에 동참했던 지역인 안디옥에서 헬라어로 번역되었다는 것이다.[3] 이 이론에 반대하여, 헹겔(M. Hengel)은 "이 학설은 주후 66년부터 69년까지의 유대 지방의 상황에 대한 철저한 무지(無知)에서 비롯되었다"

---

[2] A. E. J. Rawlinson, *The Gospel according to St. Mark*[Westminster Commentary](London: Macmillan, 1960), xxx; V. Taylor, *The Gospel according to St. Mark*(London: Macmillan, 1952), 32; A. H. McNeille, *An Introduction to the Study of the New Testament*(Oxford: Clarendon Press, 1953), 37-39; W. G. Kümmel, *Introduction to the New Testament*(London: SCM, 1972), 70; R. P. Martin, *Mark: Evangelist and Theologian*(Exeter: Paternoster Press, 1972), 62; W. L. Lane, *The Gospel of Mark*[NICNT](Grand Rapids: Eerdmans, 1978), 24-25; D. Guthrie, *New Testament Introduction*(Downers Grove, Ill.: IVP, 1978), 62-63; 그리고 D. A. Carson, D. J. Moo, and L. Morris, (ed.), *An Introduction to the New Testament*(Grand Rapids: Zondervan, 1992), 95.

이 밖에도 John Chrysostom이 주장한 이집트 기원설이 있으나, 충분치 못한 증거로 인정받지 못하고 있다(Guthrie, *Introduction*, 62; M. Hengel, *Studies in the Gospel of Mark*[London: SCM, 1985], 137; Carson, *Introduction*, 96).

[3] W. C. Allen, *The Gospel according to St. Mark*(London: Macmillan, 1915), 5-6. Cf. Martin, *Evangelist*, 62.

고 공격하고 있다.4) 즉 주후 66년부터 69년 사이 팔레스타인이나 인접한 수리아 지방에서는 최소한 마가복음 13장에 나타나고 있는 종말론적 징조들을 상기시킬 만한 사건들이 발생하지 않았다는 것이다.5) 안디옥을 반대하는 두 번째 증거로 헹겔은 두로 지방에서 예수님께로 나아온 수로보니게 여인을 들고 있는데(막 7:26), 그 이유는 "마가복음의 기원이 수리아에 있다고 한다면, 지리적으로 애매모호한 $\Sigma\upsilon\rho o\phi o\nu i\kappa\iota\sigma\sigma a$(수로보니게)란 말은 무의미할 것"이기 때문이라는 것이다.6)

갈릴리는 마르크센(W. Marxen)에 의하여 마가복음의 기록 장소로 대두되었다.7) 마르크센은 마가가 예루살렘을 떠나 주님을 재회할 장소인 갈릴리의 펠라로 가도록 기독교인들을 설득하기 위하여 그 복음서를 기록했다고 주장한다. 이 이론을 수용하기 어렵게 만드는 점은 그러면 왜 마가가 아람어로 기록된 표현들을 헬라어로 번역했으며, 또 왜 그가 그 복음서에서 유대 관습을 풀어 설명했는지 그 이유를 설명하기 힘들다고 하는 점이다.

안디옥과 갈릴리가 위에서 지적된 이유로 기록 장소에서 제외된다고 하면, 이제 우리는 로마가 마가복음의 기록 장소라는 이론을 좀더 구체적으로 살펴보아야 할 것이다. 만일 이 학설이 옳다고 하면, 비록 이 이론이 유력하다 할지라도, 우리는 이를 실제로 증명해 보일 수 있어야 할 것이다. 이 학설을 증명하기 위해서는 두 종류의 증거가 요구된다. 하나는 성경 외적인 증거이고, 다른 하나는 성경 내적인 증

---

4) *Studies*, 21-28.
5) Hengel, *Studies*, 28-9.
6) Ibid., 29.
7) W. Marxsen, *Mark the Evangelist*(London: SCM, 1969), 102ff.

거이다.

(1) 기록 장소에 관한 성경 외적인 증거

기록 장소 문제에 있어 우리가 의존하고 있는 성경 외적인 증거에 있어서, 무엇보다도 먼저 고찰될 수 있는 것은 반(反) 마르시온 서론(序論; the Anti-Marcionite Prologue)에 기록된 마가에 관한 단편적 서술이다. "마가는 '뭉뚝한 손가락'이라 불려졌는데, 이는 그의 손가락이 그 신장(身長)에 비해 약간 짧았기 때문이다. 마가는 베드로의 통역자였다. 베드로 사후(死後) 마가는 이탈리아 지방에서 이 같은 복음서를 기록하였다."[8] 성경 외적인 증거의 두 번째는 유세비우스가 인용한 복음서 기자(記者) 마가에 대한 알렉산드리아의 클레멘트의 진술이다. "베드로가 로마에서 성령에 이끌려 공공연히 그 말씀을 설교하고 전파할 때, 그 곳에 있었던 이들 중 여러 사람들이 마가에게 베드로가 전한 말씀들을 기록해 달라고 요청하였다. 왜냐하면 마가가 오랫동안 베드로를 따라다녔을 뿐만 아니라 그가 전한 말씀들을 기억하고 있었기 때문이다."[9] 이 두 가지 증거 모두 마가가 그 복음서를 저술한 장소로, 또 그가 그 복음서의 대상으로 삼았던 지역으로 이탈리아를 지적하고 있다.

이 점과 아울러, 이 분야의 대다수의 학자들이 주장하고 있는 바대로, 베드로가 네로의 핍박 동안에 로마에서 순교했다고 하는 이론이

---

8) Taylor, *Commentary*, 3. 테일러는 그의 마가복음 주석 서론에서 마가와 베드로의 관계와 제이복음서의 저자 문제와 관련하여 교부들이 저술하여 남긴 문헌들을 잘 수집하여 정리해 놓고 있다(ibid., 1-8).
9) *Hist. Eccl.*, 6.14.6ff.

옳다면, 아마도 우리는 마가복음 기록 장소 문제에 있어서 다음과 같이 결론지을 수가 있을 것이다. 파피아스의 증거에 따르면 베드로의 통역자였던 마가는[10] 로마 교회의 요청에 따라 베드로가 살아 생전 예수님의 말씀과 사역에 관하여 증거했던 것을 보존하고자 그 복음서를 기록했을 것이다.[11]

(2) 기록 장소에 관한 성경 내적인 증거

마가복음이 로마에서 기록되었다는 사실에 대한 성경 내적인 증거는 많이 있다. 편의상 여기서 우리는 이를 크게 두 종류로 구분하여 살펴보도록 하겠다. 첫째는 마가복음의 배경이 팔레스타인 밖임을 가리키는 증거이고, 둘째는 그 배경이 로마임을 가리키는 증거이다.

가) 복음서의 배경이 팔레스타인 밖임을 가리키는 증거

이 증거에 있어서, 첫째로 우리가 지적(指摘)할 수 있는 것은 마가가 라틴어화(化)된 단어들을 선호하여 이를 복음서를 기록하면서 적지 않게 자주 사용하고 있다는 점이다. 그 몇 가지 예를 들어 보면 다음과 같은 것들이 있다. ① 군대와 관련된 용어들 – $\lambda \epsilon \gamma \iota \acute{\omega} \nu$(군대=le-

---

10) Eusebius, *Hist. Eccl.*, 3.39.15. Cf. Irenius(ca. 175 AD), Adv. Haer., 3.1.2: "And after the death of these(Peter and Paul), Mark, the disciple and interpreter of Peter, also transmitted to us in writing the things preached by Peter".
11) 그러나 이 결론적 진술은 베드로의 죽음이 복음서를 기록하게 만들었던 유일한 "촉진제적인 동기(precipitating cause)"라는 의미는 아니다. 물론 이것이 하나의 주요한 동기가 되었을는지도 모르나, 결정적인 동기로 간주되어서는 안 될 것이다. 아마도 **페루시아**의 연기 또한 그 촉진제적인 동기가 되었을지도 모른다. Cf. E. Best, *Mark: The Gospel as Story*(Edinburgh: T & T Clark, 1988), 28.

gio; 5:9, 15), πραιτώριον(브라이도리온=praetorium; 15:16) 그리고 κεντυρίων(백부장=centurion; 15:39, 44), ② 법정 용어로서 라틴어를 헬라어로 음역(音譯)한 단어들 – σπεκουλάτωρ(시위병=speculator; 6:27), φραγελλόω(채찍질하다=flagellare; 15:15), ③ 상업적인 용어들 – δηνάριον(데나리온=denarius; 12:15), κοδράντης(고드란트=quadrans; 12:42). 이 밖에도 μόδιος(modius; 4:21), ξεστής(루발=sextarius; 7:4)12) 그리고 κῆνσος(세금=census; 12:14) 등의 용어들 또한 이러한 경향을 드러내는 단어들이다. 이들 용어 중 특별히 우리의 관심을 끄는 것은 마가가 그의 이방인 독자들을 위하여 설명을 덧붙여 놓은 quadrans과 praetorium인데, 그 이유는 이들 단어들이 특별히 마가 당시 동부 로마 제국에서 널리 사용되었던 것으로 알려지고 있기 때문이다.13)

둘째로, 헬라어 표현 배면에 숨겨진 라틴어적인 표현들이 있다.14) 14:65 – verberibus eum acceperunt(손바닥으로 치더라)15); 15:15 – satisfacere(만족을 주고)16); 15:19 – genua ponere(꿇어 절하더라).

---

12) ξεστής는 외래어로서 랍비 문헌에 등장하는 라틴어 sextarius의 전와(轉訛)라고 알려져 있는데, 본래는 액체의 양을 의미하는 것으로 대강 반 리터를 가리킨다. 이러한 본래의 의미에서 이 단어는 담겨진 액체의 양을 가리킴 없이 단지 액체를 담는 "단지" 내지는 "주전자"를 가리키는 단어가 되어 버렸던 것으로 추정된다(C. E. B. Cranfield, *The Gospel according to Saint Mark* [Cambridge: University Press, 1963], 234; Cf. Taylor, *Commentary*, 336.
13) W. M. Ramsey, "On Mark iii 42", *ExpTim 10*(1898-99), 232, 336.
14) Rawlinson, *Commentary*, xxxiii; H. Anderson, *The Gospel of Mark* [NCB] (London: Oliphants, 1976), 27; Martin, *Evangelist*, 64.
15) Cranfield, *Commentary*, 446.
16) Taylor, *Commentary*, 583-4; Cranfield, *Commentary*, 452.

셋째로, 마가는 규칙적으로 아람어로 된 용어들과 표현들을 헬라어로 번역하고 있는데, 이 또한 마가복음이 팔레스타인 지역 밖의 독자들을 염두에 두고 있다는 증거로 지적될 수 있을 것이다(3:17; 5:41; 7:11, 34; 14:36; 15:22, 34).[17]

넷째로, 마가는 시간 측정에 있어 밤을 삼경(三更)으로 구분하는 유대주의적 관습을 좇지 않고 사경(四更)으로 구분하는 로마의 측정법을 이용하고 있다(6:48; 13:35).[18]

다섯째로, 마가가 문화적 차이 때문에 이해에 어려움이 있을 이방인 독자들을 위해서 유대인들의 관습을 소상하게 설명하고 있다는 것은 매우 중요한 사실이다(7:3-4; 14:12; 15:42).

여섯째로, 마가가 서부 로마 제국에서 유행하고 있던 법률적 상황을 반영해 주는 로마의 결혼법을 당연시하고 있다고 하는 것 또한 중요한 발견이라 할 수 있을 것이다(10:12).[19]

---

17) 라틴어화된 표현과 아람어의 헬라어역(譯)을 의지하여 로마를 마가복음의 기록 장소로 간주하려는 입장에 반대하는 사람들은 이렇게 주장한다. 즉 이러한 것들은 라틴어를 약간 선호하는 두 개의 언어를 사용하는 공동체를 가리키는 것으로, 따라서 로마 제국 중 어느 한 지역이되 반드시 로마일 필요는 없다고 하는 것이다. 여기서 우리가 한 가지 주목할 필요가 있는 것은, 주후 약 170-210년 경에 기록된 *The Shepherd of Hermas*에서 라틴어적인 용어와 표현들이 많이 발견되고 있다는 점이다. 그리하여 헹겔은 이 점을 유의하면서, "마가복음에서 발견되는 수많은 라틴어법은 단지 팔레스타인 지역에서의 로마 통치를 가리키는 것으로만 가볍게 취급될 수는 없다"고 주장하며 이 반대 이론을 반박하고 있다(*Studies*, 29).
18) 밤 시간을 구분하는 로마의 관습은 아침, 제삼시, 제육시 그리고 저녁이다(F. C. Grant, *The Gospels: Their Origin and their Growth*[London: Faber & Faber, 1957], 114).
19) 유대법에 의하면 여자가 이혼하는 것은 허락되지 않았다. 그래서 막 10:12은 "로마나 혹은 로마 제국 어느 곳에서 유행했던 법적인 상황에 대한 예수의

나) 기록 장소가 로마임을 가리키는 증거

첫째로, 우리는 마가가 알렉산더와 루포를 언급하고 있다는 사실에 주목해야 할 것이다(15:21). 그 이유는 루포가 로마서 16장 13절에서 로마 교회의 일원으로 소개되고 있기 때문이다. 따라서 우리는 마가가 여기서 그의 형제의 이름과 함께 루포를 소개한 것은,[20] 그들이 로마 교회 교인들에게 잘 알려진 인물들이었을 것이기 때문이라고 추정할 수 있을 것이다.[21]

둘째로, 베드로전서 5장 13절은 이 문제와 관련하여 중요한 정보를 제공해 주고 있다. 이 구절에서 우리는 로마 교회와 제이복음서 저자(著者) 사이의 어떤 유대 관계를 발견할 수 있을 것이다. 일반적으로 베드로서는 핍박의 역경에 직면해 있는 소아시아의 그리스도인들을 격려하고 그들의 믿음을 굳건히 하게끔 하기 위해 기록되었다고 알려져 있다.[22] 그리고 베드로전서 5장 13절의 "바벨론"은 로마를 지칭하는 일종의 암호(code word)로 사용되고 있는 것으로 보인다.[23] 그러

말씀을 번안(飜案)한 것"으로 설명되어져 왔다(Lane, *Commentary*, 358). Cf. Taylor, *Commentary*, 420; Martin, *Evangelist*, 65; F. J. Matera, *What are they saying about Mark?*(New York: Paulist Press, 1987), 15.

20) 이들의 이름은 마태복음과 누가복음에는 나타나지 않고 있다.
21) Taylor, *Commentary*, 588; Martin, *Evagelist*, 64; Lane, *Commentary*, 563.
22) C. Bigg, *Commentary of St. Peter and St. James*[ICC](Edinburgh: T & T Clark, 1969), 24-33; F. W. Beare, *The First Epistle of Peter*(Oxford: Basil Blackwell, 1947), 6-8; J. N. D. Kelly, *A Commentary on the Epistles of Peter and Jude*[Black's NTC](London: A & C Black, 1969), 5-11; C. E. B. Cranfield, *I & II Peter and Jude*[Torch Bible Commentary](London: SCM, 1960), 17-18; E. Best, *1 Peter*[NCB](London: Oliphants, 1971), 13-14. 베드로전서에 나타나는 핍박 모티프는 1:6; 3:13-17; 4:12-19; 5:9 등에서 발견되고 있다.
23) 이 분야의 대다수의 주석가들은 "$\hat{\eta}\ \dot{\epsilon}\nu\ B\alpha\beta\upsilon\lambda\hat{\omega}\nu\iota\ \sigma\upsilon\nu\epsilon\kappa\lambda\epsilon\kappa\tau\hat{\eta}$"(함께 택하심

므로 이 구절에서 나타나고 있는 마가와 로마 교회 사이의 관계는 로마를 제이복음서의 기록 장소로 결정짓는 데 커다란 기여를 하고 있다고 여겨진다.[24]

이제까지 논의한 내용을 정리해 보면, 위에서 열거한 성경 내적, 외적인 증거를 종합해 볼 때 우리는 마가복음의 기록 장소로서 로마가 안디옥이나 갈릴리보다 더 적합한 장소이며, 마가는 로마에 있는 이방

을 받은 바벨론에 있는 교회)를 풍유적으로 해석하여 이를 로마 교회와 일치시키고 있다: Beare, *Commentary*, 183; Cranfield, *Peter & Jude*, 139; Best, *1 Peter*, 178-9; Lane, *Commentary*, 15.

그러나 여기서 이 주해를 한 번 점검하는 것도 의미 있는 일일 것이다. ① …ἡ συνεκλεκτή(함께 택하심을 받은 여자)는 베드로의 아내일 가능성이 있다. 그러나 만일 그렇다면 본문이 속한 맥락에서 그녀를 소개하는 것은 매우 어색한 일이 아닐 수 없다. 그리하여 베스트는 "그녀는 이러한 애매모호한 표현으로 인지될 수 있을 만큼 그 지역에 널리 잘 알려진 인물이라고 생각할 수가 없다"라고 말하며 이런 가능성을 일축하고 있다(*1 Peter*, 177). ② 바벨론을 로마를 가리키는 암호적 단어로 간주하면서, 켈리(*Commentary*, 218-9)는 당대와 후기 유대주의 문헌에서 발견되는 이런 현상을 나타내 주는 여러 종류의 자료를 그 주석에서 제공하고 있다(2 Baruch 11:1f.; 67:7; 2 Esdras 3:1f., 28; Sibylline Oracles, 5:143, 157ff.; Cf. Rev 14:8; 16:19-18; 24).

한편 이 점과 관련하여, 빅은 그 주석에서 "시내 사본(א)은 Βαβυλῶνι 뒤에 ἐκκλησία를 첨가하고 있고, 벌게이트역에는 '바벨론에 있는 교회'(ecclesia quae est in Babylone)라고 되어 있으며, 또 같은 전승이 Peshito, Armenian, Theophylact 그리고 Oecumenius 등에서도 발견되고 있다"고 말하고 있다 (*Commentary*, 197).

24) "파피아스에서 비롯된 유력한 전승"에 의지하여, 이 분야의 학자들은 마가가 최초의 복음서를 쓴 베드로의 통역이었다는 사실에 동의하고 있다. "그리하여 마가는 베드로 학파로부터 유래된 작품에 걸맞는 이름이다"(Best, *1 Peter*, 179). Cf. H. B. Swete, *The Gospel according to St Mark*(London: Macmillan, 1902), xx-xxi; Taylor, *Commentary*, 30-31; Kelly, *Commentary*, 220; A. R. C. Leaney, *The Letters of Peter and Jude*[Cambridge Bible Commentary](Cambridge: University Press, 1967), 72-73; Lane, *Commentary*, 21.

인 그리스도인들을 위하여 그 복음서를 저술했다고 결론 내릴 수 있을 것이다.25)

2) 저작 시기(時期)

일반적으로 마가복음은 주후 64-70경, 즉 주후 64년 7월 로마 시(市)에서 발생한 대화재 사건 이후 야기된 네로의 핍박 이후, 그러나 주후 70년의 예루살렘 성전 멸망 이전에 기록되었다고 알려져 있다.26) 마가가 그 복음서를 언제 기록했는지를 결정하는 데 있어서도, 위에서 언급한 반(反) 마르시온 서론(序論)과 파피아스와 이레니우스의 진술은 외부적 증거로서 대단히 중요하다고 생각된다. 다시 말하자면, 마가는 베드로의 통역자로서 네로의 핍박 동안에 순교했다고 추정되는 베드로의 사후(死後) 그 복음서를 기록했다고 하는 것이다. 그렇다고

---

25) Rawlinson, *Commentary*, xxx; D. E. Nineham, *Saint Mark*[The Pelican Gospel Commentaries](Harmondsworth: Penquin, 1963), 42-43; Hengel, *Studies*, 28-30; R. E. Brown & J. P. Meier, *Antioch and Rome*(London: Geoffrey Chapman, 1983), 197; Best, *Story*, 35; C. D. Marshall, *Faith as a Theme in Mark's Narrative*(Cambridge: University Press, 1989), 6; 그리고 Matera, *What are they*, 15.

26) 마가복음의 저작 시기를 결정함에 있어서, 한 번 짚고 넘어가야 할 잘 알려진 학설이 있다. 이는 브랜던(S. G. F. Brandon)에 의해 제기된 것인데, 마가복음은 주후 71-72년경, 즉 플라비우스가 유대 지방의 소요를 제압한 이후에 기록되었다고 하는 것이다(*Jesus and the Zealots*[Manchester: University Press, 1967], 221-282). 브랜던이 저작 시기를 이 때로 잡는 이유는 마가복음이 변증적인 목적으로, 즉 로마 정부 당국이 새로 탄생한 기독교 종교에 대해 호의적인 태도를 가질 수 있도록 하기 위한 목적으로 로마 정부에 대하여 기독교를 옹호하기 위해 저술되었다고 주장하고 있기 때문이다. 이 이론에 대한 반론(反論)에 대해서는 Martin, *Evangelist*, 75-78과 Best, *Story*, 31-34를 참조할 것.

하면, 마가복음은 주후 64년 이후에, 그러나 마가복음 13장 14절의 예수님의 성전 멸망에 대한 예언으로 인해 주후 70년 이전에 기록되었다고 보는 것이 옳다고 생각된다.

마가복음 13장 14절의 해석과 관련하여, 헹겔은 주장하기를 이 구절은 마가복음 13장 2절과 함께 역사적으로 성취된 어떤 실제적 사건에 대한 묘사로 간주되어서는 안 된다고 말하고 있다. 자신의 이러한 주장의 근거로, 헹겔은 먼저 외부적 증거로서 헤로디아와 마사다 요새를 제외하고는 유대 지방의 다른 도시들은 (예루살렘까지를 포함하여) 갑작스런 점령과 멸망을 당한 흔적이 없다고 주장한다.[27]

둘째로는, 내부적 증거로서 헹겔은 마가복음 13장 14절의 ἑστηκότα (남성 완료 분사: 서 있는 것)를 지적하며 말하기를 이는 "구체적인 인물과[28] 관련된 어떤 영원한 상태의 일의 시작을 가리킨다"고 주장한다.[29] 이러한 추론으로부터 헹겔은 마침내 다음과 같은 결론을 내리고 있다. "그러므로 결정적인 구절인 마가복음 13장 14절의 주후 70년에 발생한 디도(Titus)에 의한 성전의 포위 및 파괴와는 아무런 관계가 없다."[30] 따라서 헹겔의 견해에 의하면, 마가복음 13장 14-20절은 "실제적인 역사적 상황"을 반영하는 것이 아니라, "마카비 반란 이래 사람들 사이에 퍼져 있었던 공포, 즉 타국의 침략으로 인해 그 나라 백성

---

27) *Studies*, 16.
28) 헹겔의 주장에 따르면 이 인물은 같은 구절에서 "τὸ βδέλυγμα τῆς ἐρημώσεως(멸망의 가증한 것)"라고 표현되어 나타나고 있는 [적(敵) 그리스도]이다.
29) *Stduies*, 18.
30) Ibid.

들이 겪게 될 두려운 경험을 뜻하는 그러한 종류의 종말론적 공포의 초기의 모습을 재현하고 있는 것"이라고 말할 수 있을 것이다.[31] 결과적으로 헹겔은 마가복음 13장 14절이 역사적으로 이미 발생했다는 견해에 동조하지 않는다.[32] 이런 주장의 근거에 의거하여 헹겔은 마가복음이 주후 70년 이후에 쓰여졌다고 하는 견해를 배척한다. 오히려, 타키투스, 수에토니우스, 유세비우스 등의 경외(經外) 자료와 요한계시록을 근거로 마가복음은 아마도 주후 69경에 기록되었을 것이라는 견해를 주장한다: "(마가복음은) 아마도 네로와 갈바의 사후, 그러나 디도가 연루된 제이차 유대 전쟁 이전의 정치적으로 매우 혼란스러운 시기, 즉 주후 68/69년 겨울이나 69/70년 겨울 사이에 기록되었을 것이다."[33]

마가복음 저작 시기를 이처럼 정확하게 제시할 수 있는 근거로 헹겔은 다음과 같은 역사적 상황을 언급하고 있다. 비록 주후 64년 로마 대화재가 로마의 그리스도인들에 대한 무서운 핍박을 불러일으켰지만, 당시 로마 제국의 광활한 영토를 고려해 볼 때 그것은 대단히 큰 사건은 아니었다고 볼 수 있다고 헹겔은 주장한다. 그는 계속하여, 주후 68년까지 전(全) 로마 제국은 상대적으로 평온한 상태에 있었는데, 이 평화가 주후 68년 네로의 자살 사건 이후 급작스럽게 바뀌었다고 진술하고 있다. 다시 말해, 주후 68년 이후 지진, 기근 그리고 대화재 등과 같은 사건들이 연속적으로 전(全) 로마 제국에 걸쳐 발생되었다고 기

---

31) Ibid., 17.
32) Ibid., 20.
33) Ibid., 28.

록되어 있다고 헹겔은 말하고 있다.34)

또한 고대 역사가들에 의하면, 네로 사후 로마 제국에는 한 가지 풍문이 유포되었다고 한다.35) 그 소문이란 네로가 "예루살렘 왕국"을 통치하기 위해 되돌아오리라는 것인데, 헹겔은 이 소문이 그리스도인들에게 대단히 큰 충격을 주었을 것이라고 주장한다. 그리하여 이러한 역사적 증거와 데살로니가전서 2장 3-5절, 요한계시록 12장 6절 그리고 요한복음 11장 48절 등의 성경 내적 지지(支持)를 이용하여 헹겔은 마가복음 13장 14절의 $τὸ\ βδέλυγμα\ τῆς\ ἐρημώσεως$를 가까운 미래에 "서지 못할 곳에 서게 될" 재생(再生)한 네로(Nero redivivus), 즉 "적(敵)그리스도"라고 못 박는다.36) 그러나 헹겔은 마가복음 본문 내에서 예루살렘 성전 멸망에 대한 구체적인 언급이 결여되어 있음을 들어 마가복음이 주후 70년 이전에 기록되었다고 결론내리고 있다.37)

3) 마가복음의 사회적 상황

마가복음의 저작 시기에 대한 이러한 우리의 견해를 견지하기 위해

---

34) Ibid., 23.
35) Suetonius, *Nero*, 40.2; *Vespasian*, 4.5; Josephus, *Jewish War*, 6.312; Tacitus, *Histories*, 5.13.2.
36) *Studies*, 28.
37) 막 13:2에 나타난 성전 멸망에 대하여 헹겔은 "이모저모로 볼 때 성전의 멸망은 하나님의 심판의 표현이었다"고 말하면서 이 구절은 마가 이전의 이러한 전승(傳承)과 그 맥(脈)을 같이 하고 있다고 주장하고 있다(*Studies*, 15). 이와 아울러 헹겔은 예수님이 성전을 파괴하려 한다고 고소한 자들이 거짓 증인으로 등장하고 있는 막 14:58과, 막 13:2과 그 병행 구절인 눅 19:41-44 사이의 현저한 차이를 지적하면서, "막 13:2이 vaticinium ex eventu로서만 이해될 수 있다"고 하는 견해를 배척한다(ibid., 14).

서는 마가복음의 사회적 배경을 참작하는 것이 유익하리라고 생각된다. 마가복음의 사회적 상황은 핍박 모티프와 관련되어 있는데, 그 성격상 외부적 증거와 결부된 내부적 증거라고 말할 수 있겠다. 만일 이 모티프가 자주 복음서에서 발견된다고 하면, 이는 우리가 마가 공동체의 사회적 배경을 핍박적 상황으로 추정하는 데 도움이 될 것으로 여겨진다.

마가복음에서 핍박 모티프를 찾음에 있어 먼저 우리가 고려해 볼 수 있는 것은 이 복음서에서 "수난 기사"(受難 記事; the Passion Narrative)가 차지하고 있는 비중(比重)인데, 바로 이 요소는 마가복음을 마태, 누가복음과 뚜렷하게 구별짓는 역할을 하고 있다. 마가의 "수난 기사"는 마가복음 8장 27절에서부터 시작되어,[38] 마가복음 전체 자료 중 약 56%(전체 16장 중 9장)를 차지하며 복음서의 마지막까지 계속

---

[38] 마가복음에서 "수난 기사"가 어디서부터 시작되는지에 대해서는 이의(異意)가 있을 수 있을 것이다. 엄격하게 따지자면, "수난 기사"는 막 14:1, 즉 예수께서 예루살렘에 입성(入城)한 직후부터 시작된다고 보인다. 그러나 마가복음에서 주목할 필요가 있는 한 가지 사실은 예수님의 수난과 죽음에 대한 최초의 예언이 기록된 막 8:27 이후부터, 막 8:27을 포함하여 세 번에 걸쳐 반복되고 있는 예수님의 수난과 죽음이 마가의 제자도 개념에 있어 매우 중요한 주제가 되고 있다는 점이다. Cf. Best, *Story*, 66, 44; M. D. Hooker, *The Gospel according to St Mark*[Black's NTC](London: A & C Black, 1991), 88; M. Kähler, *The so-called Historical Jesus and the Historical Biblical Christ*(Philadelphia: Fortress Press, 1970), 80.
이런 맥락에서 내가 주장하고자 하는 것은 예수님의 수난과 죽음에 대한 예언을 "수난 기사"의 범주 속에 포함시키고자 하는 것이다. 그 이유는 그 예언을 복음서 후반부에 나타나는 그 예언의 성취와 분리시키는 것이 비합리적으로 보이기 때문이다. 결과적으로, 여기서 나는 "수난 기사"라는 용어를 광의적(廣義的)으로 이해하고자 하는 것이며, 예루살렘 입성 후 펼쳐진 마지막 일주일 간의 예수님의 사역을 기록한 부분은 별도로 "예루살렘 기사"라고 명명(命名)할 수 있다고 생각한다.

되고 있다.39) 한편, 마태의 "수난 기사"는 마태복음 16장 12절에서 시작되어 끝까지 계속되고 있는데, 마태복음 전체 28장 중 역시 9장을 포함하고 있으나 전체 자료 중에서는 약 46%를 차지하고 있다. 반면, 누가복음의 경우는 이와는 약간 다르다. 비록 누가의 "수난 기사"가 누가복음 9장 18절에서 시작되고 있기는 하지만, 우리는 여기서 아홉 장을 제외시켜야만 할 것이다. 왜냐하면 이 부분에 대체로 마가와 마태복음에서는 발견되지 않은 소위 "여행(旅行) 기사"가 포함되어 있기 때문이다. 이럴 경우 "수난 기사" 그 자체는 전체 24장 중 8장을 차지하게 되는데, 이는 누가복음 전체 자료 중 약 33%를 차지하는 분량이다. 이와 같은 비교를 통하여 드러나는 것은 비율적으로 볼 때 마가복음에서 "수난 기사"가 차지하고 있는 비중이 다른 복음서에서보다 더 크다고 하는 것이다.

둘째로, 우리는 이 핍박 모티프와 관련된 몇 개의 구절들을 제시할 수 있을 것이다: 8:31, 34-38; 9:31; 10:30, 33, 45; 13:9-13.40) 이 중에서 특별히 10장 30절은 마가복음에서 핍박 모티프를 직접적으로 증거하고 있는 중요한 구절이다. 여기서 마가만이 간직하고 있는 표현인 $\mu\epsilon\tau\grave{\alpha}\ \delta\iota\omega\gamma\mu\hat{\omega}\nu$(핍박을 겸하여)은41) 무서운 핍박의 위협 아래 있는

---

39) 이 점과 관련하여, 켈러는 "마가복음은 조금 연장된 서론을 가진 수난 기사다"라고 말함으로써, 약간 정도에서 지나칠 만큼 마가복음에 있어서의 "수난 기사"의 중요성을 강조하였다(*Historical Jesus*, 80). 한편, 건드리(R. H. Gundry) 또한 마가복음은 "서론을 가진 수난 기사"라고 불릴 수 있다고 말하고 있다(*A Survey of the New Testament*[Grand Rapids: Zondervan Publishing House, 1981], 77).
40) Cf. Taylor, *Commentary*, 31-2; Martin, *Evangelist*, 65-66; Hengel, *Studies*, 23, 134.
41) 마태, 누가복음에서는 이 표현이 나타나지 않고 있다.

마가복음의 Sitz im Leben을 드러내 보여주는 하나의 분명한 증거라고 여겨진다.42)

셋째로, 그리스도인들이 환란($\theta\lambda\hat{\iota}\psi\iota\varsigma$)과 핍박($\delta\iota\omega\gamma\mu\acute{o}\varsigma$)으로 인해 그들의 신앙에서 이탈할지도 모른다는 사실을 일러 주고 있는 마가복음 4장 17절을 우리는 주의 깊게 보아야 할 것이다.43)

넷째로, 마가복음 13장 9-13절은 그리스도인들이 예수님 때문에 핍박을 당할지도 모를 운명에 대하여 언급하고 있다.44)

다섯째로, 마지막으로 핍박 모티프와 관련하여 이상에서 언급한 구절들을 마태복음과 누가복음의 병행 구절과 비교하는 것 역시 마가의 Sitz im Leben을 이해하는 데 도움이 될 것이다.

먼저 누가복음의 경우를 살펴보면, 누가가 마가복음에 나타난 핍박 모티프를 약화(弱化)시키는 경향을 띠고 있다는 사실을 우리는 발견하게 된다. 예를 들어 보면, ①누가복음에는 마가복음 4장 17절에 나타나고 있는 환란($\theta\lambda\hat{\iota}\psi\iota\varsigma$)과 핍박($\delta\iota\omega\gamma\mu\acute{o}\varsigma$)이 빠져 있다(눅 8:13).45)

---

42) T. Baumeister, *Die Anfänge der Theologie des Martyriums*(Münster: Aschendorff, 1980), 99; Hengel, *Studies*, 134; Best, *Story*, 53.
43) Baumeister, *Die Anfänge*, 89; Hengel, *Studies*, 134; Best, *Story*, 53.
44) 막 13:9의 "$\H{\epsilon}\nu\epsilon\kappa\epsilon\nu$ $\epsilon\mu o\hat{\upsilon}$(나를 인하여)"가 막 8:35과 10:29에서도 다시 나타나고 있다는 사실에 유념하면서, 바우마이스터는 이를 핍박 모티프와 관련된 마가 자신이 추가한 표현이라고 간주하고 있다(*Die Anfänge*, 87). 또한 바우마이스터는 막 13:12이 분명하게 "핍박적 상황(eine Verfolgungssituation)"을 드러내 주고 있다고 주장하고 있다. Cf. Best, *Story*, 23; Hengel, *Studies*, 23; Anderson, *Commentary*, 294-5.
45) 일부 학자들은 주장하기를, 누가복음의 $\pi\epsilon\iota\rho\alpha\sigma\mu\acute{o}\varsigma$(시험)가 마가복음의 $\theta\lambda\hat{\iota}\psi\iota\varsigma$나 $\delta\iota\omega\gamma\mu\acute{o}\varsigma$와 별로 큰 차이가 없다고 말한다(Marshall, *Commentary*, 326; B. H. P. Thompson, *The Gospel according to Luke*[New Clarendon Bible][Oxford: Clarendon Press, 1979], 135; A. Plummer, *St. Luke* [ICC] [Edinburgh: T & T Clark, 1922], 221). 그러나 누가의 이 $\pi\epsilon\iota\rho\alpha\sigma\mu\acute{o}\varsigma$가 마

② 마가복음 8장 34절의 병행 구절인 누가복음 9장 23절에는 마가복음에는 없는 καθ' ἡμέραν(날마다)이 기록되어 있는데, 여기서 우리는 마가와 그의 독자들에게 실제적인 의미로 인식되었을 "십자가 짊"의 의미를 누가가 풍유화(諷喩化)시키고 있음을 보게 된다.46) ③마가복음 13장 9-13절과 누가복음 21장 12-19절에 기록되어 있는 대환란의 징조(徵兆)와 관련하여, 누가복음에는 마가복음에는 없는 "너희 머리털 하나도 상치 아니하리라"(눅 21:18)는 말씀이 기록되어 있는데, 이는 미래에 다가올 무서운 고통의 위협을 약화시키는 예수님의 긍정적인 확신의 말씀인 것이다.47) ④ 누가는 또한 마가복음 15장 34절에 기록된 예수님의 십자가 상에서의 마지막 말씀인 "$Ελωï\ Ελωï\ λεμα\ σαβαχθανι$"(엘리 엘리 라마 사박다니)를 기록하고 있지 않다. 예수님께서 십자가 위에서 마지막으로 하신 이 말씀은 핍박에 노출되어 있는 마가 공동체에게는 대단히 큰 의미를 주었을 것이다. 이런 예수님의 말씀이 누가복음에는 나타나고 있지 않다는 사실은 바로 앞서 살펴보았던 누가복음 21장 18절의 의미와 연결되고 있다고 하겠다. 이제 핍박 모티프와 관련하여 위에서 살펴본 마가복음과 누가복음 사이의 비교를 종합해 보면, 우리는 결과적으로 누가 공동체는 마가 공동체와는 달리 무서운 핍박에 직면하지 않았을 것이라고 말할 수 있을 것이다.

가복음의 $θλίψις$나 $διωγμός$보다 더 일반적인 표현이라는 사실 또한 경시(輕視)되어서는 안 될 것이다(Evans, *Commentary*, 375; Ellis, *Commentary*, 129).
46) Cf. Evans, *Commentary*, 409; Marshall, *Commentary*, 373-4.
47) Creed, *Commentary*, 256. 이와 관련하여, 플러머는 이 구절은 문자적으로 이해하기보다는 영적으로 이해해야 한다고 주장하고 있는데(*Commentary*, 480), 마샬도 이 견해에 동조하고 있다(*Commentary*, 769).

둘째로, 마태복음의 경우를 살펴보면, 핍박 모티프에 관한 한 우리는 그 상황이 마가복음의 그것과 유사하다는 것을 발견하게 된다. 즉 마태복음 19장 29절(참조. 막 10:30)을 제외하고는 핍박 모티프와 관련하여 마가복음에 나타나고 있는 모든 구절들이, 비록 그 구절들이 위치한 맥락이 항상 똑같지는 아니하다 할지라도,[48] 마태복음에 그대로 기록되어 있다. 물론 이런 차이가 경시되어서는 안 되겠지만, 동시에 지나치게 강조되어서도 안 되리라고 생각된다. 전체적으로 볼 때, 양 공동체가 직면해 있었을 핍박의 정도에 있어 약간의 차이는 있다고 할지라도, 분명한 것은 양 공동체가 이런저런 형태로 핍박에 노출되어 있었을 것이라고 하는 사실이다.[49] 그러므로 마태복음에서 핍박 모티프가 분명하게 발견된다고 하여 이로써 마가 공동체가 무서운 핍박에 노출되어 있었을 것이라는 견해를 배척할 수는 없다고 하는 것이다. 한마디로, 이는 대립적인 증거라기보다는 양립 가능한 증거로서 이해되어야 할 것이다.

---

[48] 이에 대한 예를 들어 보면, 마태는 마지막 날에 되어질 종말론적 징조 가운데 하나를 묘사하고 있는, 그리하여 핍박 모티프를 밝히 드러내고 있는 막 13:9의 말씀을 예수께서 전도 여행차 제자들을 파송하실 때 그들에게 주신 말씀의 일부로서 기록하고 있다(마 10:17-18). 두 복음서 사이의 이러한 차이는 우리로 하여금 마가 공동체의 경우는 그 구성원 전체가 핍박에 직면해 있는 반면에, 마태 공동체의 경우는 그 구성원 중 일부, 특별히 유랑 설교자들만이 핍박에 직면해 있었을지도 모른다는 가정을 할 수 있게끔 만든다.
[49] 일반적으로 마태 공동체는 회당으로부터 심각한 핍박을 받았을 것이라고 알려져 있다. 마태복음의 핍박 모티프에 대한 보다 자세한 내용은 바우마이스터의 저서, *Die Anfänge*, 90-107을 참조할 것.

4) 요약 및 소결론

이제까지 위에서 논의한 내용을 종합해 볼 때, 이제 우리는 다음과 같은 결론을 내릴 수 있을 것이다. 마가가 염두에 두고 예수 그리스도의 복음을 썼던 공동체는 아마도 그들의 선생이신 예수께서 그러하셨던 것처럼 무서운 핍박, 수난, 순교 등의 상황에 직면해 있거나, 혹은 그런 핍박이 곧 그들에게 일어날 수 있는 절박한 상황에 놓여 있었을 것이다.[50] 이와 아울러 마가의 공동체는 지리적으로는 로마에 위치했을 가능성이 높고, 시기적으로는 네로의 박해 이후, 그러나 예루살렘 성전 파괴 이전, 대체로 주후 65년에서 69년경 사이에 기록되었을 것이라고 우리는 추정할 수 있을 것이다. 결과적으로, 우리는 마가가 그 복음서를 쓸 때 염두에 두었을 기록 목적 중의 하나는 무서운 박해의 절박한 상황 아래 놓여 있는 그리스도인들을 위로하고 격려하기 위함이었고, 다른 하나는 이와 동시에 이런 위기적 상황에서 생겨날 수 있는 배교자들을 경고하기 위함이었다고 말할 수 있을 것이다.[51]

이와 관련하여, 마가는 이런 목회적 관심의 목적을 달성하기 위하여 사용된 어휘 면에서 그리고 복음서의 전체적 구조 면에서 매우 현저하

---

50) 네로의 박해 이후 상당 기간 동안 로마 정부의 그리스도인들에 대한 핍박은 "당연지사(當然之事)"가 되었다. 따라서 마가가 그 복음서를 쓸 당시 로마에 있는 그리스도인들은 네로의 무서운 박해를 겨우 벗어나기는 했지만, 여전히 로마 정부에서 행사하는 온갖 종류의 핍박에 시달리고 있었을 것이라고 보인다(Hengel, *Studies*, 23-4).
51) 이런 의미에서 마가복음은 이 분야의 여러 학자들에 의하여 "목회적(牧會的)"인 복음서라고 일컬어져 왔다(Best, *Story*, 51, 93; M. D. Hooker, *The Message of Mark*[London: Epworth, 1983], 21; Lane, *Commentary*, 15).

게 강조되어 나타나고 있는 "제자도 주제"를 아주 적절하게 이용하고 있음을 우리는 발견하게 된다. 그리하여 이제 우리는 여기서 마가복음 이해에 있어 매우 중요한 핵심적 주제 중 하나인 이 "제자도 주제"를 보다 자세하게 살펴볼 필요가 있을 것으로 생각된다.

2. 방법론과 절차

1) 방법론

마가복음의 제자도를 논함에 있어서, 우리는 다양한 종류의 방법론을 감안해야만 할 것이다. 왜냐하면 이것이 이전(以前)의 자료와 비교하기가 어려운 첫 번째 복음서이기 때문이다.[52] 따라서 우리는 편집비평이 누가복음과 마태복음에 적용된 후에야 비로소 마가복음에 적용되었음을 알고 있다. 편집비평이 마가복음에 이처럼 뒤늦게 적용된 이유 중 하나는 마가 이전 자료의 확인의 어려움 때문이다. 즉 어떤 것이 마가에 의해 사용된 자료인지, 어떤 것이 마가의 편집이고 아니면 전승에 속한 것인지, 그리고 마가복음에 보존된 자료 중 가라지에서 알

---

[52] 둘째 복음서에 대한 편집비평의 독점적 경향에 의문을 제기하면서, 블랙은 마가복음의 더 나은 이해를 위해서는 편집비평과 함께 다른 방법론적 도구들, 예를 들면 역사비평, 전승비평, 문학비평 그리고 독자반응 비평 등이 활용되어야 할 것이라고 주장하고 있다(C. C. Black, *The Disiciples according to Mark*[Sheffield: JSOT, 1989], 241-8). Cf. Matera, *What are they*, 1-3; C. Marshall, *Faith*, 14.

곡을 추스리는 기준이 무엇인지 등의 문제를 해결하기가 쉽지 않았던 것이다.53)

많은 학자들이 마가의 제자도 주제를 연구함에 있어서 편집비평의 기준을 이용하여 이제까지 상당한 결실을 거두었지만, 위에서 제기한 방법론적 문제로 인하여 그들이 얻어낸 연구 결과는 편집비평적 탐구에 대한 비판의 견지에서 조심스럽게 재고(再考)되어야만 할 것이다. 이런 이유로 인해 우리는 이 분야의 선구자들이 편집비평을 적용하여 거둔 결과들을 무조건 당연시할 수는 없을 것이다.

편집비평 대신에 최근 들어 많은 학자들은 문학비평 혹은 서사비평(narrative criticism)을 마가의 제자도 주제를 연구하는 적절한 방법으로 발전시키고 있다. 이로 인해 우리는 귀중한 결과들을 얻게 되었고, 계속해서 얻게 될 것으로 안다.54) 그러나 그렇다고 서사비평 혹은 문학비평이 편집비평을 완전하게 대체했다고 말하는 것은 아니다. 이 문제는 이같이 손쉽게 평가될 수 있는 것은 아니다. 왜냐하면 갓 태어난 이들 비평들이 마가복음 연구에서 제기된 모든 문제들을 적절하게 대처할 만큼 성숙했다고 볼 수는 없기 때문이다. 이 말은 이들 비평이 복음서 연구에서, 특별히 마가복음 연구에서 만날 수 있는 모든 문제

---

53) 킹스베리는 마가복음의 편집비평을 다음과 같이 비판하고 있다. "편집자로서의 마가의 독창성에 대한 논의는 대체로 학자들 사이에서 편집과 전승을 분리시키는 골치 아픈 문제에 대한 일치가 없기 때문에 비롯된 것이다"(J. D. Kingsbury, "The Gospel of Mark in Current Research", *RelSRev* 5[1979], 104). 마가복음의 문학적·신학적 통일성의 문제를 다룸에 있어서 발견되는 편집비평의 약점을 논하면서, 마샬은 이제 문학비평이 특히 미국에서 (편집비평의) 유망한 대안으로 부상(浮上)했다고 주장한다(C. Marshall, *Faith*, 8-14). Cf. C. Black, *Disciple*, Introduction, 17-22.
54) C. Marshall, *Faith*, 14.

에 대한 해답을 제공할 수 없음을 뜻하는 것이다.

이런 상황에서는, 즉 마가복음 연구에 있어 올바르게 그리고 자신 있게 활용할 수 있는 방법론이 분명치 않은 상황에서는 절충이 최선의 선택인 것처럼 보인다. 다시 말하면, 마가의 신학을 탐구함에 있어서, 제기된 문제를 해결하기 위한 방법론적 도구를 선택함에 있어서 우리는 어느 한쪽으로 치우치지 않아야 할 것이다. 이런 까닭에 방법론에 대한 나의 입장은 편집비평과 함께 마가복음의 본래의 역사적 상황에 대해 관심을 갖기는 하되, 마가복음과 마가 이전의 자료를 구분짓는 편집비평의 시도에 대해서는 회의적이라고 말할 수 있겠다.

따라서 이하에서 우리는 편집비평과 서사비평 양쪽으로부터 도출된 결과들을 활용하되, 아울러 그들의 약점 또한 염두에 두면서 마가의 제자도 주제를 연구하고자 한다. 양 비평에 똑같이 공통적인 가장 중요한 특징은 텍스트(본문) 자체다. 비록 편집비평이 마가 이전 자료를 또한 탐구하고자 하지만, 그럼에도 불구하고 편집비평은 텍스트에서 시작해서 마침내는 텍스트로 되돌아가야 하는 것이다. 그러므로 우리로서는 어떤 방법론이 활용되든지 간에, 무엇보다도 텍스트 자체에 강조점을 두는 것이 올바른 절차라고 생각한다.

2) 절차

최근 들어 제자도 주제는, 둘째 복음서 내에 보존된 중요한 신학적 주제로서 그 역할이 강조되면서 이 분야의 많은 학자들에 의해 집중적으로 연구되어 왔다. 그리하여 이 방면의 학자들, 예를 들면 베스트

(Best), 쉬바이쳐(Schweizer) 그리고 스톡(Stock) 등은 제자도 주제의 견지에서 일관성 있게 마가복음을 해석하고자 했고, 이들 학자들과 별도로 일단의 다른 학자들, 예를 들면 메이(Meye), 위든(Weeden), 타이슨(Tyson), 태니힐(Tannehill), 멜본(Melbourne), 호킨(Hawkin), 켁(Keck) 그리고 블랙(Black) 등은 마가복음의 제자들에게 특별한 관심을 갖고 연구하였다. 이들은 "왜 마가가 제자들을 부정적으로 묘사하고 있는지"를 설명하기 위해 남다른 노력을 기울였다.[55] 결과적으로, 이제 제자도 주제는 해석자들의 관심을 집중시키면서 마가 신학의 중

---

55) 이들 가운데 타이슨과 위든은 마가복음이 역사적 제자들을 공격하기 위한 논쟁적 문헌이라고 강조하는 것으로 잘 알려져 있다; J. Tyson, "The Blindness of the Disciples", *JBL* 80[1961], 261-8; T. J. Weeden, "The Heresy that Necessitated Mark's *Gospel*", *ZNW* 59[1969], 145-158; *Mark-Traditions in Conflict*[Philadelphia: Fortress, 1971].

먼저, 타이슨의 주장은 다음과 같다. 마가의 제자 묘사는 팔레스타인에 있는 보수적인 유대 그리스도인들, 즉 예수님의 죽음에 긍정적 의미를 두지 않으며, 오랫동안 준수되어 왔던 유대 관습에 붙잡혀 있고, 이방 선교의 필요성을 거절한 예수님과 제자들에 대한 공격적 논쟁을 표현하기 위한 문학적 방법이다. 그러므로 타이슨은 마가가 그 복음서를 기록한 이유 중 하나는 복음서에서 제자로서 대표되고 있는 종교 지도자들과 반동적 그룹의 입장을 공격하고자 했던 것이라고 주장하였다.

둘째로, 마가를 독창적인 신학자로 간주하면서 그리고 편집비평을 능숙하게 활용하면서, 위든은 제자들의 부정적 이미지를 다른 종류의 논쟁, 즉 공동체의 신앙을 위협하는 이단적 그룹을 대표하는 열두 제자들을 공격하기 위한 수단으로 이용했다고 설명하고 있다. 따라서 그의 대적들을 공격하기 위하여 마가는, 위든에 따르면, 가능한 모든 방법으로 열두 제자를 공격하는 것이다. 이를 위해 제자들의 부정적 이미지는 적절하게 활용되었던 것이다.

이들 학자들의 주장의 결정적 약점은 마가복음의 삶의 정황을 전혀 고려하지 않고 있다는 점이다. 복음서의 독자들이 직면하고 있는 핍박과 같은 위기적 상황 아래에서, 지도자들로서 공동체를 위로하고 격려했을 법한 제자들을 공격하는 것이 무슨 소용이 있을 것인가? 그러므로 마가를 목회자라기보다는 논쟁론자로 간주하는 이런 주장은 적절한 해석이라고 보기 어려운 것이다.

요한 주제가 되어 버렸다.

이런 폭넓은 논의를 염두에 둔 채, 내가 이 주제를 다룸에 있어서 추구하고자 하는 것은 제자도 주제와 핍박의 주제를 연결시키고자 하는 것이다. 복음서의 중요한 신학적 주제 중 하나가 복음서가 헌정된 공동체의 역사적·사회적 상황을 적절하게 반영하지 않는다고 주장한다면 이는 매우 어색한 일이 될 것이다. 따라서 마가복음의 제자도 주제를 연구함에 있어서 마가복음의 삶의 정황(Sitz im Leben)에 대한 연구 결과를 고려하는 것은 필수적이라고 생각된다.

앞에서 언급한 바와 같이 마가의 제자도 주제는 마가복음의 가장 두드러진 특징 중 하나, 즉 제자들의 영적인 어두움과 관련되어 있는 것으로 일반적으로 알려져 있다. 스탠턴의 지적처럼,[56] 만일 우리가 마가복음을 주의 깊게 살펴본다면, 마가복음에서 제자들이 부정적으로 묘사되고 있음을 놓칠 수 없을 것이며, 이것은 다른 복음서와 비교할 때 더욱 두드러진 것을 발견하게 된다. 그러므로 이런 근거를 바탕으로 하여, 마가의 제자도 개념을 찾고자 하는 우리의 논의를 발전시키는 것이 적절한 절차라고 생각한다.

무엇보다도 먼저, 우리는 제자와 제자도에 대해서 마가가 기록한 것에 유념하면서 텍스트를 연구할 것이다. 둘째로, 우리는 마가복음의 까다로운 문제 중 하나인 제자들에 대한 부정적 이미지의 문제를 다루게 될 것이다. 이와 함께 마가복음에서 제자들이 예수님에 의해 얼마나 호의적으로 대우받고 있는지에 대해서도 연구할 것인데, 그 이유는

---

56) G. N. Stanton, *The Gospels and Jesus*(Oxford: University Press, 1989), 46.

이것이 제자들을 부정적으로 묘사함으로써 마가가 얻고자 의도했던 효과를 배가(倍加)시킬 것이기 때문이다.

3. 마가복음의 제자도: 예수님의 길을 따름

마가복음은 대체로 세 부분으로 나누어질 수 있다. 첫 번째와 두 번째 부분은 가이사랴 빌립보 사건에 의해 분명하게 나누어지며(8:27 이하), 세 번째 부분은 예루살렘에서의 예수님의 마지막 행적을 주로 다루고 있다(11:1-16:8).

첫째 부분은(1:1-8:21) 세 번에 걸쳐 반복된 예수님의 사역에 대한 일반적인 묘사로 시작된다(1:14-15; 1:32-34; 1:39). 그 다음에는 열두 제자의 부르심이 나오고(3:13-19), 이어서 제자들의 파송 장면이 등장한다(6:7-13). 마가복음의 첫 번째 부분은 바리새인들과 서기관들의 어두움(2:6-7, 16, 24; 3:1-6, 22-30)뿐만 아니라 심지어 예수님의 제자들의 어두움까지도(4:40-41; 6:52; 7:17-18; 8:14-21) 여실하게 드러내 보여주고 있다. 마가복음의 두 번째 부분(8:22-10:52)은 예수님의 기적적인 행동으로 그 눈을 고침받은 소경들의 치유 사건으로 시작하고 끝난다(8:22-26; 10:46-52). 이 부분을 특이하게 만드는 것은 다가오는 자신의 수난과 죽음에 대한 예수님의 예언들과 제자도에 대한 가르침이다. 마가복음에서 예수님의 가르침의 대부분은 가이사랴 빌립보에서의 베드로의 고백 후에 이어지는 이 두 번째 부분에

몰려 있으며, 그 교훈의 주된 내용은 바로 제자도다.57)

셋째 부분은 예루살렘 기사와 부활절 사건으로 구성되어 있으나(11:1-16:8), 예수님의 수난과 죽음에 초점을 두고 있는 예루살렘 기사가 좀더 두드러진다. 마가복음의 가장 흥미 있는 특징 중 하나는 복음서의 끝부분에서 발견된다. 복음서는 여인들에게 "가서 예수님의 제자들에게 예수님이 그들보다 먼저 갈릴리로 가실 것"이라고 말하도록 분부한 젊은 청년의 명령과 그 명령을 들은 여인들의 예상 밖의 두려움과 놀라움으로 끝난다(16:7-8). 그러므로 시작부터 마지막까지 마가복음은 전체적으로 볼 때 "제자도의 복음서"라고 묘사될 수 있는 것이다.58)

1) 제자도의 전조: 준비의 단계

위에서 언급된 대로, 제자도에 관한 가장 중요한 가르침은 복음서의 중앙 부분에 나타나고 있다. 그러나 이 부분은 성격상 복음서의 나머지 부분과 분리되어 있지 않다. 따라서 복음서의 첫 번째 부분에서부터 우리는 이 제자도 개념을 발견할 수 있다. 그러나 여기서 주목해야 할 것은 첫 번째 부분에서의 제자도 개념은 그 자체가 주요 주제로 다뤄지기보다는 후에, 즉 중앙 부분에 나타나게 될 주요한 교훈을 시사하는 역할을 하고 있다는 것이다.

---

57) 이런 이유로 인하여 쉬바이쳐는 "마가복음의 두 번째 부분은 제자도 개념이 지배하고 있다"고 지적하고 있다: E. Schweizer, *Jesus*(London: SCM, 1971), 131.
58) Matera, *What are they*, 38.

이 준비 단계에 속하는 첫 번째 사건은 예수님의 첫 번째 제자들과 세리인 레위에 대한 부르심이다. 예수님의 첫 번째 제자들(베드로, 안드레, 야고보, 요한)의 부르심(1:16-20)이 예수님의 공적 사역을 시작하는 첫 번째 사건으로 소개되고 있다는 것은 복음서 기사의 전체 구조적 시각에서 바라볼 때 대단히 의미 깊은 일이라고 생각된다. 제자들의 부르심은 예수님의 사역의 우선 순위 중 첫 번째로 보이며, 이런 사실은 또한 제자들과 제자도에 대한 마가의 특별한 관심을 우리에게 상기시켜 준다. 2장 13-14절에서 예수님은 또한 세리인 레위에게 자기를 따르도록 부르신다. 이런 예수님의 부르심에 응하여 레위는 즉시 그의 세속적이나 수지맞는 직업을 버리고 주님을 좇는다. 이 두 번에 걸친 제자들의 부르심 장면에서 드러나는 제자도의 요소는 예수님을 따르고자 하는 자는 가족이나 재산 등의 옛 관계를 끊어야 한다는 것이다. 왜냐하면 그 추종자는 선생으로서의 예수님과 새로운 관계를 맺도록 초대되었기 때문이다.[59]

이러한 "단절"의 주제는 예수님의 열두 제자 선택의 목적에서 다시 등장한다(3:14-15; 특히 14절, ἵνα ὦσιν μετ' αὐτοῦ: "자기와 함께 있게 하시고"). 이 구절이 누가복음이나 마태복음의 병행 구절에는 안 나타나고 마가복음에만 유독 등장하는 독특한 표현이라는 사실은 이것이 제자도와 관련하여 마가의 특별한 관심을 드러내 주고 있음을 뜻한다고 볼 수 있다. 제자도와 관련하여 이 특징이 제시하는 교훈은 예수님의 추종자들은 어떤 형편과 상황 중에서라도 주님과 함께, 즉 그

---

[59] E. Schweizer, *Lordship and Discipleship*(London: SCM, 1986), 13, 20; G. Bornkamm, *Jesus of Nazareth*(London: Hodder & Stoughton, 1984), 146.

분 곁에 있어야만 한다는 것이다. 그러므로 예수님과 함께 있다는 것은 사실 어떤 다른 관계와의 단절을 수반하는 새로운 관계를 뜻하는 것이다. 요컨대, 이 두 사건(제자들의 부르심과 열두 제자의 선택)은 예수님을 따르고자 하는 자들이 가져야 할 준비의 단계를 나타내 준다. 즉 예수님과 새로운 관계를 맺기 위하여 옛 관계와 단절해야 하는 것이다. 이런 주제는 후에 중앙 부분에서 제자도의 중요한 요소 중 하나로 다시금 등장하게 된다: 10:28-30[60]; 10:21-22.

새로운 관계에 참여하기 위하여 옛 관계를 끊어야 한다는 이런 주제는 마가 공동체의 구성원들에게는 상당히 의미 깊은 교훈이었을 것이다. 왜냐하면 핍박과 같은 상황에서 그리스도인들은 가족(10:9-13; 13:12)이나 재산(10:17-22) 등의 옛 관계에 집착한 나머지 예수님을 따르지 못할 수가 있었을 것이기 때문이다. 그리고 $\mathit{\text{ἵνα ὦσιν μετ'}}$ $\mathit{\text{αὐτοῦ}}$와 같은 독특한 표현에 의해 마가는 그 공동체 교인들에게 어떤 상황에 놓이든지, 즉 그리스도에 대한 신앙 때문에 고난이나 죽음을 맞게 될 정도로 상황이 악화된다 할지라도, 주님과 함께 동행해야 하며 주님을 포기하거나 배신해서는 안 된다는 사실을 일깨워 주고 있는 것이다.

---

60) 베드로의 고백(10:28) 중 $\mathit{\text{ἀφήκαν}}$(부정과거)과 $\mathit{\text{ἠκολουθήκαμεν}}$(완료)의 시제에 유념하면서 쉬바이쳐는 이렇게 말하였다: "이는 또한 옛 관계와의 단절이 후자(지속적인 따름)의 결정적인 행동을 위한 예비적 조치임을 보여준다"(*Lordship*, 15).

2) 예수님의 길을 따름

제자도와 관련하여 마가복음의 중앙 부분(8:22-10:52)은 제자도를 위하여 세심하게 구성되어 있다고 일반적으로 인정되고 있다.[61] 이 부분은 주로 예루살렘과 십자가를 향한 예수님과 그 제자들의 여행을 묘사하고 있는데, 서두와 말미에 위치한 두 차례의 소경 치유 사건에 의해 괄호 안에 묶여 있다. 이 부분은 또한 대체로 세 단원으로 나누어지는데, 각 단원은 자신의 수난, 죽음, 부활에 대한 예수님의 예언으로 시작되고, 이는 제자도의 성격에 관한 가르침으로 이어진다.[62] 따라서 각 단원에서 제자도는 "십자가와 부활"과 관련되고 있다고 말할 수 있겠다.[63] 그러므로 제자도에 대한 적절한 이해는 십자가와 부활에 대한 이해로부터 시작되어야 한다고 여겨진다.

마가복음의 중앙 부분은 소경의 치유 사건으로 시작된다(8:22-26). 여기서 마가만이 이 기사를 기록하고 있음이 우리의 눈길을 끄는데, 이는 이 기사가 누가복음과 마태복음에서는 등장하지 않기 때문이다. 이 특징과 함께 많은 학자들은 이 부분에서의 마가의 자료 배열이 의도적이라고 보고 있는데, 왜냐하면 이 사건이 문맥상 가이사랴 빌립보에서의 베드로의 고백과 자신의 수난에 대한 예수님의 예언과 바로 연결되고 있기 때문이다(8:27-31).[64] 이런 자료의 배열은 마가가 의도

---

61) Baumeister, *Die Anfänge*, 81; E. Best, *Disciples and Discipleship*(Edinburgh: T & T Clark, 1986), 2; Lane, *Commentary*, 292; A. Stock, *Call to Discipleship*(Wilmington: Michael Glazier, 1982), 140; Matera, *What are they*, 47.
62) 막 8:27-9:29; 9:30-10:31; 10:32-52.
63) Baumeister, *Die Anfänge*, 81; Rawlinson, *Commentary*, xvii.
64) "마가복음의 저자는 예수님의 사역에 대한 전승을 수난 역사와 결합시킨 최

하고 있었을 제자도의 요건(要件)을 보여준다고 생각된다. 즉 소경의 육체적인 어두움은 제자들의 영적인 어두움과 은유적으로 조화를 이루고 있는 것이다.65)

이를 좀더 자세하게 말하자면, 베드로의 고백으로부터 우리는 베드로가 오직 그리스도로서의 메시아적 성격만을 인정하고는 고난당하는 인자(人子)로서의 예수님의 운명, 즉 예수님께서 십자가의 길을 거쳐 영광에 이르러야 한다는 사실을 인정하지 못했음을 발견한다(8:32). 따라서 베드로의 고백은, 소경 치유의 첫 번째 단계처럼(8:23-24), 단지 반쪽 진리일 수밖에 없는 것이다. 꾸짖음의 형태로 나타나는(8:33)66) 베드로의 예수님의 사명에 대한 몰이해는 예수님의 사명의 길

초의 인물이었다"는 가정(假定) 하에 바우마이스터(Baumeister, *Die Anfänge*, 81)는 다음과 같이 주장한다: "마가는 예수님의 행위를 묘사함에 있어서 본래의 고난 역사 앞에 수난 주제를 기록하고 있으며, 또한 예수님의 길을 고난으로 향하는 길로서 소개하고 있다." 이런 주장으로부터, 그는 마가복음의 특징을 십자가 중심의 신학이라고 보고 있다: "Das Kreuz nimmt einen zentralen Platz in der Theologie des Mk ein"(81). 한편, 마가복음 8장 31절의 $\delta\epsilon\hat{\iota}$(~해야만 한다)는 예수님의 수난과 죽음의 신적(神的) 필연성(必然性)을 가리킨다.

65) 앤더슨(Anderson, *Commentary*, 204)은, 소경의 이러한 점차적인 치유는 자신에 관한 진리에 대한 제자들의 이해의 눈을 점차적으로 뜨게 하시는 예수님의 노력과 상징적으로 조화를 이루고 있다고 주장한다. Cf. E. Best, *Following Jesus*(Sheffield: JSOT, 1981), 201. 바우마이스터(*Die Anfänge*) 역시 이런 점을 다음과 같이 지적하고 있다: "마가의 기독론은 제자도에 대한 이해를 결정한다(81) … 제자들의 몰이해 주제는 메시아 비밀 주제와 마찬가지로 마가 신학의 독특한 특징이다"(82-83).

66) RSV와 NIV는 "베드로가 예수를 붙들고 간하매"(막 8:33)에서 "간하매" ($\epsilon\pi\iota\tau\iota\mu\acute{\alpha}\omega$)를 rebuke로 번역하고 있다. 그러나 우리 말 개역 성경은 감히 제자인 베드로가 스승인 예수님을 꾸짖을 수 있겠느냐는 동양적 정서로 인해 이를 약간은 애매모한 "충고할 諫"으로 번역하여 놓았다. 그러나 사실 이 諫 역시 바로 이해하기보다는 한글 성경인 경우 대체로 "간청할 懇"으로 이해하

을 인정하기를 꺼려하는 제자들의 잘못과, 예수님께서 그들 앞서 가신 길을 따르기를 못마땅해 하는 제자들의 그릇된 태도를 잘 반영하고 있다. 이런 상황에서, 예수님은 그의 추종자들에게 요구되는 조건들을 언급하면서 제자도에 관한 자신의 견해를 밝히신다. 즉 자신을 부인하고 자기 십자가를 지며 예수님과 복음을 위하여 자기 목숨을 포기할 것을 요구하신다. 그러므로 예수님의 이러한 말씀에 의해 제자도는 정의된다. 참 예수님의 제자가 되기 위해서는 예수님께서 고난당하고 죽으신 것처럼 고난과 죽음을 각오해야 하는 것이다.[67] 그러나 이러한 제자도의 요건은, 베드로의 반쪽 고백이 드러내고 있듯이, 예수님을 따르고자 하는 자들에게는 받아들이기에 대단히 어렵고 힘든 것이다. 마가는 이런 제자도의 조건들을 무서운 핍박 아래 놓인 고통당하는 공동체를 염두에 두고 기록했을 것으로 보인다. 즉 로마 교회의 성도들이 이들 구절들을 듣고 읽을 때, 이들 구절들은 문자적 실재(文字的 實在; a literal reality)로서 그들에게 이해되었음이 분명하리라고 생각된다.[68]

고 있다. 그러나 원문에는 예수님께서 베드로를 꾸짖을 때(8:33) 사용했던 것과 같은 단어가 사용되고 있다.

67) Rawlinson, *Commentary*, xvii; Nineham, *Commentary*, 33; Anderson, *Commentary*, 55; W. H. Kelber, *The Kingdom of Mark: A New Place and a New Time*(Philadelphia: Westminster Press, 1977), 6; Baumeister, *Die Anfänge*, 83; Best, *Following*, 13; Stock, *Call*, 141.
68) 베스트는 이들 구절들에 나타나 있는 십자가에 대해 다른 견해를 갖고 있다. 그는 십자가를 문자적 실재로서가 아니라 상징적으로 보고자 한다. 이에 대해 그는 다음과 같이 말한다: "네로의 박해 아래에서 십자가형(刑)은 항상 죽음의 수단을 뜻하지는 않았다. 9:1은 마가가 예수께서 재림하실 때 약간의 그리스도인들이 여전히 살아 있을 것이라고 기대하고 있음을 의미한다"(*Story*, 86).

다른 말로 하면, 마가는 그의 동료 그리스도인들에게 그들이 예수님의 참 제자가 되고자 한다면 자신을 부인하고 자기 십자가를 지며 예

이런 주장과 관련하여 첫째로, 비록 십자가형이 네로가 그리스도인들에게 부과했던 유일한 처형의 수단은 아니었다 할지라도, 그럼에도 불구하고 그것은 분명히 처형의 수단이었으며, 따라서 베스트 자신 역시도 "십자가는 무서운 처형의 수단이었으며, 마가복음의 독자들 중 다수는 틀림없이 이를 목도하였을 것"이라고 인정하고 있다(86).

십자가형과 관련된 이 점은 로마의 그리스도인들이 AD 64년 로마의 대화재의 범인으로 네로에 의해 지목되어 여러 가지 다양한 방법으로(그 중 하나가 십자가형이었다) 고통당하고 죽임당했다고 기록한 타키투스에 의해 확인될 수 있을 것이다: "그들은 야생 동물의 가죽이 입혀진 채 개들에 의해 갈기갈기 찢겨졌고, 십자가형으로 처형되거나 해가 진 후 햇빛 대용으로 불을 밝히기 위해 횃불처럼 불태워졌다"(*Annals*, 15.44).

누가는 *καθ' ἡμέραν*(날마다)을 삽입함으로써 십자가의 의미를 상징화하고 있음이 분명하다. 따라서 이 부분에 해당하는 누가의 구절은 베스트가 말하고자 의도하는 바를 정확하게 표현하고 있다: "그러므로 십자가로의 부르심은 반드시 문자적인 십자가형을 수반하는 것이 아니라 제자들이 각오해야 할 계속적인 죽음을 항상 포함하는 것이다"(86). 그러나 마태복음은, 비록 누가복음과 같이 마가복음보다 후대에 기록되었지만, *καθ' ἡμέραν*을 삽입하고 있지 않다. 이로부터 우리는 마태가 그의 자료에 대해 보다 보수적이었거나 혹은 마태 공동체 역시 마가 공동체처럼 핍박에 직면했을 것으로 추정할 수 있을 것이다. 둘째로, 이 문제와 관련하여 막 9:1을 인용하는 것은 설득력 있는 증거를 제시한다고 볼 수 없다. 마가 공동체 구성원들 전부가 네로의 핍박 아래서 순교했다고는 볼 수 없고, 그들 중 일부는 그 핍박을 피했다고 생각할 수 있다. 한편, 어떤 학자들은 이 구절을 행 2:1-4에 기록된 오순절 날의 성령 체험을 가리키는 것으로 해석하기도 한다.

이 점과 관련하여, 바우마이스터(*Die Anfänge*, 84)는 십자가의 문자적 의미를 옹호하며 다음과 같이 진술하고 있다: "자기 십자가를 지라는 명령은 부활 후 기독교 공동체가 회고하였을, 십자가에서의 예수님의 죽음을 가리키는 막 8:31의 수난 예언과 관련되어 있다. 제자들은 예수님의 십자가를 지는 것이 아니라, 자기 자신의 십자가를 짊어져야 한다. 즉 제자는 수난당하는 예수님을 따름에 있어서, 그 자신의 고유한 상황 속에서 폭력적인 죽음의 위협적인 운명을 짊어져야 할 준비를 갖추어야만 하는 것이다. 이런 명령으로부터 우리는 금욕적인 자기 부인을 뜻하는 영적인 의미로서 앞서 언급한 명령을 이해할 수 없음을 깨닫게 된다."

수님과 복음을 위하여 죽는 것을 두려워하지 않을 자세를 가질 것을 당부하고 있는 것이다. 요컨대, 여기서 강조된 제자도의 의미와 정의는 고난과 죽음이 예수님 자신만의 운명이 아니라 또한 제자들의 운명임을 제자들 스스로 깨달아야 한다는 것이다.

두 번째 단원에서(9:31-10:31) 제자들의 어두움은 첫 번째 부분에서보다 더 악화된 것으로 보인다. 이는 9장 34절 때문만이 아니라, 두 번째 부분의 전체적 내용 면에서 볼 때 그러하다: 제자들 사이에서 발생한 누가 크냐는 논쟁(9:33-37), 예수님을 따르는 자들 중 어떤 이들을 배척한 것(9:38-41), 예수님께 나아오는 어린아이들을 꾸짖은 것(10:13-16). 이런 제자들의 잘못들은 예수님에 의해 단호하게 책망되고 있으며, 따라서 이런 모습으로부터 우리는 복음서 기사가 계속될수록 제자들의 영적인 무지(無知)는 나아지기보다는 점점 더 악화되고 있음을 발견하게 된다. 제자들은 예수님이 누구시며 또한 자신들이 무엇을 하고 있는지를 제대로 이해하지 못하기 때문에, 예수님의 제자로서 그들 가운데서 그리고 다른 이들과의 관계에서 어떻게 처신해야 될지를 깨닫지 못하는 것으로 보인다.

이런 맥락에서, 따라오라는 예수님의 부르심을 받고도 재물에 대한 강한 집착 때문에 거절한 부자 청년의 기사를 소개하면서, 마가는 자신의 제자도의 특징을 강조하고 있다: 참 제자가 된다는 것은 항상 철저한 헌신의 문제다. 그러므로 이어지는 장면에서 예수님과 나머지 제자들을 대표한 베드로 사이에 나눈 대화가 등장하는데, 여기서 베드로는 제자들의 전적인 헌신과 그에 대한 대가에 대하여 관심을 갖고 있는 것으로 보인다(10:23-31). 여기서 강조되고 있는 것은 예수님의 제자가 되고자 하는 이들은 예수님과 복음을 위하여 재물과 가족 관계를 포함하여 자신의 것을 모두 포기할 준비를 갖추어야 한다는 것이다. 이것은 제자도의 조건이 처음으로 정의된 바 있는 8장 35절과 일치하고 있다.[69] 결과적으로, μετὰ διωγμῶν("핍박을 겸하여 받고," 10:30)으로 인해 누가복음과 마태복음의 병행 구절들과 구별되는 마가복음의 이들 구절에서 제자들은 제자도로의 길은 핍박을 거쳐야 한다는 사실을 깨달아야 하는 것으로 소개되고 있고, 이런 교훈은 마가 공동체에도 똑같이 적용되어야 하는 것이다.

셋째 단원에서(10:32-52) 예수님의 반복되는 교육에도 불구하고 제자들의 어두움은 절정에 이르게 된다. 그들이 예루살렘에 가까이 이르렀을 때, 제자들은 이제 예루살렘에서 일어나기로 되어 있는 주님의 죽음에 대한 예수님의 세 번째 수난 예언 때문에 예수님을 따르는 것을 무서워하고 있다. 이 사실은 제자들이 수난을 자신들이 취해야 할 운명으로 받아들이기는커녕, 여전히 예수님이 자신의 사명을 성취하는 방식을 받아들일 준비가 되어 있지 않음을 보여주는 것이다. 이런 까닭에, 이어지는 장면에서 야고보와 요한이 그들에게 허락되지 않은 일을 간청하고(10:35-37), 이로 인해 제자들 사이에 다툼이 발생하게 된 것(10:41)은 놀라운 일이 아닌 것이다. 이런 모습은 또한 제자들의 오해와 몰이해를 분명하게 보여주는 것이며, 따라서 예수님은 다시금 제자들이 자신을 따르는 자들로서 어떻게 처신해야 하는지를 가르치

---

69) 옛 관계와의 단절을 요구하는 이러한 전적인 헌신의 모티프는 마가복음의 첫 단원에서, 즉 예수님께서 첫 번째 제자들을 부르실 때와 열두 제자들을 선택하실 때도 이미 발견된 바 있다.

게 된 것이다(10:42-44).⁷⁰⁾

삼중(三重) 수난 예언의 마지막 장면 후에 즉시 마가는 바디매오 사건을 기록하고 있다. 이러한 기사 배열은 전혀 우연한 것이 아니다. 바디매오의 육체적 어두움의 치유는 예수님의 사명과 가르침에 관한 제자들의 지속적인 어두움과 좋은 대조를 이루도록 마가는 의도하고 있는 것이다. 예수님에 의해 그 육체적 어두움이 치유된 바디매오는 길에서 예수님을 좇은 반면에(길에서: ἐν τῇ ὁδῷ; 10:52), 제자들은 여전히 그들의 스승을 따르기를 두려워하면서 어두움 가운데 머무르고 있다(10:32).

결론을 짓자면, 이 마지막 단원에서는 다음과 같은 사실이 드러났다. 삼중 수난 예언과 제자도 교훈을 한데 묶어 그것들을 예루살렘으로의 여행 기사에 집어넣음으로써, 마가는 예수님의 삶과 제자들의 삶을 하나로 묶고 있는 것이다.⁷¹⁾ 그 결과, 우리는 여기서 마가복음의 제자도에 관한 중요한 특징, 즉 예수님의 길이 곧 제자들의 길이라는 사

---

70) 이 장면은 야고보와 요한이 나머지 다른 제자들과 함께 그들의 스승의 고난의 운명에 동참하려 하기보다는 여전히 예수님의 영광만을 취하려는 모습을 보여주고 있다. 일반적으로 여기서의 잔(盞)과 세례(洗禮)는, 구약에 따르면(시 11:6; 사 51:17), 고난과 수난을 상징하는 것으로 이해된다(참조. 막 14:36). Cf. A. M. Hunter, *The Gospel according to Saint Mark*(London: SCM, 1959), 105-6. 이런 맥락에서 사실 구약 내에 이것과 정확하게 일치하는 구절이 없고 또 마태가 병행 구절에서(마 20:23) τὸ βάπτισμα(세례)를 언급하고 있지 않기 때문에, 나인햄은(*Commentary*, 284) 다음과 같이 제안하고 있다. "마가 당시의 사회적 상황 속에서 세례를 받고 성찬의 잔에 참여하는 것은 순교로 이어질 수 있는 단계를 취하는 것이다. 개종자 연(然)하는 자들은 그 대가를 고려해야만 할 것이다!".
71) "8:34-9:1의 제자도 교훈과 인자의 수난과 부활에 대한 예언(8:31-33)을 한데 묶음으로써, 그(마가)는 제자들의 수난은 예수님의 수난의 운명에 동참하는 결과임을 분명하게 밝히고 있다"(Baumeister, *Die Anfänge*, 90).

실을 발견하게 되는 것이다.

3) 제자도의 본보기

이런 상황에서 마가복음의 세 번째 단원(11:1-16:8)은 예수님이 스스로 걸어가시는 길을 통하여 완전하게 드러나게 되는 제자도 모티프를 다루고 있다. 물론 이 단원에서는 다른 주제들도 다뤄지고 있고 그것들을 통하여 교훈들이 주어지고 있기는 하다. 그러나 그의 제자들에게 살아 있는 교훈으로서 특히 강조되고 있는 것은 예수님의 행동 그 자체다. 그 이유는, 제자들로 하여금 제자도의 참 뜻을 깨닫도록 일깨우는 예수님의 끈질긴 노력에도 불구하고 아무도, 특별히 그의 제자들은 예수님의 지상 사역의 성격이 무엇인지, 그리고 제자도가 의미하는 바가 무엇인지를 이해하지 못했기 때문이다. 그리하여 주님은 마지막 수단으로 자신이 직접 그들의 어두운 눈과 귀들 앞에 살아 있는 본보기가 되고자 했던 것이다. 그래서 주님의 죽음과 부활과 함께, 예수님은 제자들의 실패에도 불구하고 다시금 그들을 제자도로의 길로 이끄셨고, 자신의 사명과 제자도의 의미를 깨달을 수 있는 방식으로 그들과 만났던 것이다.72) 결론적으로, 하나님께 철저하게 복종한 채 그 자신의 길을 가심으로써, 예수님은 그를 따르고자 하는 모든 사람들이 그리스도의 제자로서 취해야만 할 제자도의 모델을 남겨 주신 것이다.73)

---

72) E. Schweizer, *The Good News according to Mark* (London: SPCK, 1977), 379.
73) "예수님의 모범은 제자들의 양식(pattern)이지만, 제자들은 사실 예수님과

4) 결론

　우리는 이제까지 마가가 생각하기에 로마 교회의 독자들에게 중요하다고 판단한 제자도의 다양한 요소들이 여기저기에 흩어진 채 제자도 주제가 복음서 전체를 관통하고 있음을 살펴보았다. 이 논의에서 중요하게 강조된 것은 마가복음에서 예수님이 걸었던 길과 운명은 바로 제자들이 걸어야 할 길과 운명이어야 한다는 점이다. 따라서 제자도는 자기 십자가를 지고, 자기를 부인하며, 가족과 직업의 옛 관계를 끊어 버리고, 실제로 재물을 포기함이 뒤따랐던 예수님의 운명과 사명을 함께 나눔으로써 주님을 뒤따르는 것이다. 그러나 제자들은 이런 제자도의 성격을 이해하는 데 실패하고 말았고, 그것은 역사적 제자들에게는 하나의 걸림돌이 되어 버렸다. 이런 까닭에 그들은 마가복음에서 부정적인 모습으로 묘사되고 있는 것이다.

　이러한 우리의 발견은 이 복음서가 봉헌된 마가 공동체가 로마 관헌

같아질 수 없다"(Best, *Disciple*, 13). 이 문장의 뒷부분의 의미를 분명히 하기 위하여, 우리는 예수님과 그 제자들의 관계를 랍비와 그 제자들, 그리고 헬라 철학자들과 그 제자들의 관계와 비교해 보는 것이 좋을 줄로 여겨진다(M. Hengel, *The Charismatic Leader and his Followers*[Edinburgh: T & T Clark, 1981], 51ff.; Best, *Story*, 85-6).
① 랍비와 헬라 철학자들의 제자들은 제자가 되기 위하여 그들이 주도권을 갖고 선생에게 찾아가 제자로 삼아 줄 것을 요청하지만, 예수님의 제자들은 예수님에 의하여 부르심을 받았다. ② 랍비와 헬라 철학자들의 제자들은 그들의 교육 과정 동안에 자신들이 원한다면 다른 선생에게 배우기 위하여 선생을 바꿀 수도 있다. 그러나 예수님의 제자들은 한 번 제자가 되고 나면 끝까지 예수님의 제자로 남아 있어야만 했다. ③ 일정한 교육이 끝나면 랍비의 제자들은 또 다른 랍비가 되고, 헬라 철학자의 제자들은 또 다른 철학자가 될 수 있지만, 그리스도의 제자들은 결코 그리스도가 될 수 없으며 단지 그를 따를 뿐인 것이다.

에 의하여 극심한 핍박과 환난을 당하고 있었음을 상기할 때 확실한 지지를 얻게 된다. 즉 마가 공동체의 성도들은 그들의 주님이신 예수님 또한 자신들과 똑같은 고난과 죽음에 직면했지만, 모든 제자들의 궁극적 희망의 견고한 근거인 부활로 말미암아 극복했다는 사실을 알게 되었을 때 위로와 격려를 받게 되었을 것이다.

4. 제자들에 대한 마가의 묘사

마가복음의 제자도 주제에 대한 이러한 결론을 얻은 후, 이제 우리는 "왜 그리고 어떻게 마가는 제자들을 부정적인 모습으로 묘사하고 있는가?"라는 질문을 중심으로 하여 제자들에 대한 마가의 묘사를 검토함이 유익하리라고 생각한다. 우선 절차상 제자들에 대한 예수님의 특별한 호의의 문제를 다루고자 한다.

1) 제자들에 대한 예수님의 특별한 호의

마가복음 전체를 조망해 볼 때, 우리는 제자들이 예수님과 함께 있게 될 때 선생이신 주님으로부터 사적(私的)으로 특별한 가르침을 받았고, 그리하여 예수님으로부터 특별한 호의를 입었음을 보여주는 일련의 구절들을 발견하게 된다.

(1) 예수님의 개인적이고 사적인 교훈들74)

① 4:10; "예수께서 홀로(κατὰ μόνας) 계실 때에 함께 한 사람들이 열두 제자로 더불어 그 비유들을 묻자오니."

② 4:34; "비유가 아니면 말씀하지 아니하시고 다만 혼자(κατ' ἰδίαν) 계실 때에 그 제자들에게 모든 것을 해석하시더라."

③ 7:17; "무리를 떠나 집으로 들어가시니 제자들이 그 비유를 묻자온대."

④ 9:28; "집에 들어가시매 제자들이 종용히(κατ' ἰδίαν) 묻자오되 우리는 어찌하여 능히 그 귀신을 쫓아내지 못하였나이까?"

⑤ 10:10; "집에서 제자들이 다시 이 일을 묻자온대."

⑥ 13:3; "예수께서 감람산에서 성전을 마주 대하여 앉으셨을 때에 베드로와 요한과 안드레가 종용히(κατ' ἰδίαν) 묻자오되."75)

(2) 제자들에 대한 예수님의 특별한 호의

① 6:31-32; "이르시되 너희는 따로(κατ' ἰδίαν) 한적한 곳에 와서 잠깐 쉬어라 하시니 이는 오고 가는 사람이 많아 음식 먹을 겨를

---

74) 마가복음의 이런 특징에 유의하면서, A. W. 모슬리(Mosley)는 "마가는 제자들에게 주어진 사적인 가르침으로부터 무리들에게 주어진 일반적 가르침을 구분짓고자 하는 유력한 이유를 갖고 있었다"("Jesus' Audiences in the Gospels of St. Mark and St. Luke", *NTS* 10[1963-64], 140)라고 주장하였다. 그가 이렇게 제안한 이유는 아마도 마가가 마가 이전의 전승에 담겨 있는 예수님의 가르침 자체와는 다른 예수님의 가르침에 대한 어떤 설명을 간직하고자 했기 때문이라는 것이다(145). 그리하여 마가는 제자들로 하여금 예수님에게 사적인 설명을 요구하도록 만들고 있는데, 모슬리는 이것을 마가의 문학적인 기교라고 간주하고 있다.

75) Best, *Following*, 159.

도 없음이라 이에 배를 타고 따로($\kappa\alpha\tau$' $i\delta i\alpha\nu$) 한적한 곳에 갈 새."
② 9:40; "우리를 반대하지 않는 자는 우리를 위하는 자니라."[76]
③ 5:35-47; 13:3; 14:33-42; 열두 제자 가운데 셋 혹은 네(13:3; 안드레) 제자는 예수님에 의해 선택되어 그 선생과 매우 친밀한 교제를 갖는 혜택을 누렸다.[77]

이들 구절들로부터 우리는 매우 분명하게 제자들이 예수님에 의해 얼마나 특별하게 대우받았는지를 발견할 수 있다. 왜냐하면 예수님께서 제자들이 제대로 이해할 수 없는 모든 것을 사적으로 설명해 주셨기 때문이다. $\kappa\alpha\tau$' $i\delta i\alpha\nu$, $\kappa\alpha\tau\grave{\alpha}$ $\mu\acute{o}\nu\alpha\varsigma$, $\epsilon i\varsigma$ $\tau\grave{\eta}\nu$ $o i\kappa i\alpha\nu$("집에서", 10:10), $\acute{o}\tau\epsilon$ $\epsilon i\sigma\hat{\eta}\lambda\theta\epsilon\nu$ $\epsilon i\varsigma$ $o\hat{i}\kappa o\nu$("집으로 들어가시니", 7:17), $\epsilon i\sigma\epsilon\lambda\theta\acute{o}\nu\tau o\varsigma$ $\alpha\acute{u}\tau o\hat{u}$ $\epsilon i\varsigma$ $o\hat{i}\kappa o\nu$("집에 들어가시매", 9:28) 등의 구절들에서 드러나는, 그 제자들에 대한 예수님의 가르침의 사적인 성격은 그들에 대한 주님의 개인적 관심을 여실히 드러내 주는 것이다.

---

76) 이 구절은 마가복음에서 이 범주에 속하는 또 다른 말씀이다. 누가는 그 병행 구절에서(눅 9:50) $\acute{\eta}\mu\hat{\omega}\nu$(우리)을 $\acute{u}\mu\hat{\omega}\nu$(너희)으로 바꾸었는데, 이로 인해 마가복음에서 예수님은 그의 제자들과 자신을 동일시하기를 원하는 모습으로 그려지고 있다. 그러나 누가복음에서 예수님은 제자들과 거리감을 두고 있는 것처럼 보인다(Creed, *Commentary*, 139). 그러므로 이 말씀은 제자들에 대한 예수님의 호의적인 태도의 한 증거로 간주될 수 있는 것이다(마태복음에는 여기에 해당되는 병행 구절이 없다).
77) 비밀의 계시와 관련된 이런 친밀한 교제를 근거로 하여, 세 제자들은 종종 마가에 의해 제자 집단의 "대표적 내부 집단"으로 간주되고 있다(Anderson, *Commentary*, 224; cf. Taylor, *Commentary*, 294).

2) 제자들의 부정적 이미지

(1) 부정적 측면

제자들의 몰이해와 믿음의 부족을 일깨우기 위하여 베풀어졌던 예수님의 사적인 특별 교육에도 불구하고, 마가복음의 제자들은 예수님의 교훈을 이해하지 못할 뿐만 아니라, 하나님께 대한 믿음이 부족하고, 여전히 자기 욕심에 빠져 있는 것으로 소개되고 있다. 그리하여 제자들은 마가복음에서 매우 자주 누가복음이나 마태복음에서보다 더 부정적인 모습으로 그려지고 있다. 또한 부정적 묘사의 정도에 있어서 마가의 묘사는 다른 복음서 기자들보다 더 강하게 나타나고 있다.

마가복음의 제자들에 대한 부정적 이미지와 관련된 내용들을 우리는 크게 다섯 가지 범주로 묶을 수 있을 것이다.

① 믿음의 부족: 4:40; 9:19.
② 이해의 부족: 4:13; 6:51-52; 7:18-19; 8:17-18, 21; 9:32; 10:38.[78]

---

[78] 제자들에 대한 예수님의 사적인 교육과 특별한 호의를 가리키는 구절들이 제자들에 대한 긍정적 이미지를 가리키는 것으로 볼 수 있지 않느냐는 반론이 제기될 수 있을 것이다. 그러나 사실상 제자들이 예수님께 비유의 의미를 묻고 설명을 요구한다는 바로 그 사실이 곧 제자들의 이해의 부족을 가리키는 것이라고 볼 수 있다. 예수님의 사적인 교육과 관련하여 위에서 언급된 여섯 구절 가운데 4:34만 제외하고는 거의 모든 구절들이 이해의 부족 때문에 제자들이 예수님께 설명을 부탁한 것으로 나타나고 있다(4:10; 7:17; 9:28; 10:10; 13:3).

우리가 이 주제를 좀더 발전시킨다면, 다음과 같은 결론을 얻을 수 있을 것이다. 만일 우리가 마가복음에서 다소 일관성 있게 부정적으로 나타나고 있는 제자들에 대한 마가의 태도 전체를 참작한다면, 특별한 호의를 나타내는 예수님의 사적인 교육은 제자들의 부정적 이미지를 강조하기 위해 저자인

③ 분별력의 부족: 8:32-33; 10:13-16.[79]

④ 두려움: 4:41; 6:50; 9:32; 10:32.[80]

⑤ 자기 욕심: 9:33-37; 10:35-45.

제자들의 약점과 무능력의 일반적 특징들을 드러내고 있는 이런 전형적인 경우들에 추가하여, 우리는 이 주제와 관련된 기사들을 다른 복음서와 비교함으로써 드러나는 또 다른 몇몇 특징들을 살펴보고자 한다.

① 예수님께서 베드로의 배신, 특히 그의 세 번에 걸친 부인(否認)을 예언하실 때, 베드로는 다른 제자들과 함께 "힘있게"($\dot{\varepsilon}\kappa\pi\varepsilon\rho\iota\sigma\sigma\hat{\omega}\varsigma$) 말하였다: "내가 주와 함께 죽을지언정 주를 부인하지 않겠나이다"(14:31). 여기서 $\dot{\varepsilon}\kappa\pi\varepsilon\rho\iota\sigma\sigma\hat{\omega}\varsigma$는[81] 마태복음(26:33)과 누가복음

마가에 의해 의도된 것으로 생각할 수 있는 것이다.

79) 예수님은 이미 9:33-37에서 어린아이들을 용납하심을 그 제자들에게 보여주었다. 그러나 10:13-16에서 제자들은 여전히 어린아이들이 주님께 나아오는 것을 방해하고 있는데, 이는 바로 그들의 분별력의 부족을 여실히 증거하는 것이다. 여기서 우리가 유념해야 할 것은, 마태복음과 누가복음의 병행 구절에서 $\dot{\eta}\gamma\alpha\nu\dot{\alpha}\kappa\tau\eta\sigma\varepsilon\nu$("분히 여겨")은 생략되어 있다는 점이다. 아마도 여기서 마가는 예수님의 분노가 "책망의 형태"를 띠고 있으므로 제자들의 무분별을 강조하고자 하는 것처럼 보인다(Taylor, *Commentary*, 423; Cf. Cranfield, *Commentary*, 323, Lane, *Commentary*, 360; Anderson, *Commentary*, 245).

80) 제자들이 드러낸 두려움은 몰이해(9:32; 10:32)와 믿음의 부족(4:41; 6:50)과 연관되어 나타나기 때문에 이런 범주 가운데 포함될 수 있을 것이다. 그러나 마가복음의 기적 기사 가운데서(5:15, 33, 36; 16:8) 종종 나타나는 $\phi o \beta \acute{\varepsilon} o \mu \alpha \iota$(두려워하다)는 반드시 믿음의 부족을 가리키는 것은 아니고 때때로 종교적 경외심을 나타내는 데 사용되기도 하는 것이다.

81) 이 단어가 고전 헬라어나 LXX에서도 발견되지 않고 신약 중 오직 여기 마가복음에서만 발견되므로, 테일러는 "이것은 마가가 아람어를 번역하여 만든 단어"라고 주장하였다(Taylor, *Commentary*, 550; Cf. Cranfield, *Commentary*, 429-30).

(22:33)에서 모두 빠져 있는데, 바로 이런 사실은 마가의 제자들에 대한 부정적 묘사에 무게를 더하는 것이다. 왜냐하면 이런 "힘있는" 확언에도 불구하고 베드로는 예수님을 세 번씩이나 부인했고, 또한 다른 제자들도 그들의 스승을 저버렸기 때문이다.

② 베드로의 회개와 관련하여, 우리는 공관복음 기자들 사이에 차이점을 발견하게 된다. 즉 누가와 마태는 그 문맥 속에 πικρῶς("심히"; 마 26:75; 눅 22:62)를 첨가하였다. 그럼으로써, 그들은 베드로를 마가의 부정적 묘사로부터 구출하려고 시도하는 것처럼 보인다.82) 그러나 마가복음에서 우리는 수제자에 대한 마가의 유화적 제스처를 발견할 수 없다(14:72).83)

③ 베드로와 함께, 마가복음에서 요한과 야고보(안드레도 한 번)는 열두 제자 중 예수님의 특별한 사랑을 누리는 것으로 기록되어 있다: 5:35-47(야이로 딸의 소생); 9:2-8(변화산 사건); 14:33-42(겟세마네)84); 13:3(말세의 징조, 안드레도 포함됨). 마가복음 5장 35-47절

---

82) Evans, *Commentary*, 828: "이 경우에 누가의 이야기는 베드로의 회개의 눈물로 끝나는 것이 아니라 베드로의 회상을 자극하는 예수님의 응시(凝視)로 끝나게 될 것이다. 또한 예수님이 그의 임재와 응시와 전지(全知)하신 말씀으로 그 상황을 포용했고, 나머지 제자들을 몰이해와 폭력으로부터 보존했듯이(35-51절), 베드로를 불신앙의 결과로부터 보존했다고 말할 수 있을 것이다(31-34절)".
83) 마가복음에서 베드로에 대해 긍정적 묘사가 전혀 없다고 말하는 것은 지혜롭지 못하다. 예를 들면 16:7이 바로 긍정적 묘사 중 하나이기 때문이다. 우리가 여기서 언급하고자 하는 것은 제자들에 대한 마가의 일반적 경향이 대체로 긍정적이기보다는 부정적이라는 사실이다.
84) 레인은 어찌하여 세 제자가 겟세마네 동산에서의 절박한 시기에 사적(私的)으로 예수님과 함께 있도록 선택되었는지에 대한 적절한 이유를 제시하고 있다. "예수님의 운명을 함께 나누는 것이 무엇인지, 그리고 그의 수난에 동참하는 것이 무엇인지에 대한 몰이해가 그 세 제자를 나머지 제자들로부터 고

에 해당하는 병행 구절에서 마태는 베드로, 요한 그리고 야고보를 특별히 삽입하고 있지 않으며, 따라서 예수님 홀로 야이로의 집에 들어가시는 것으로 기록하고 있다(마 9:25). 겟세마네 동산에서의 예수님의 마지막 기도 사건에서, 주님은 마가복음에 의하면 세 제자와 동행하는 것으로 되어 있으나(막 14:33), 누가복음에서는 그들에 대한 언급이 전혀 없고(눅 22:39-49), 마태복음에서는 직접적인 이름 대신에 "세베대의 두 아들"이라고만 되어 있다(마 26:37). 그럼으로써, 이들 기사에서 우리는 누가와 마태는 실패와 관련하여 세 제자의 이름을 거론하는 것을 꺼리고 있음을 발견하게 된다. 이런 비교로부터 우리는, 비록 마가복음에서 베드로와 요한과 야고보(안드레)가 예수님께로부터 특별한 대우를 받았지만, 그러한 편파적인 사랑에도 불구하고 베드로는 예수님을 세 번씩이나 저주하여 맹세하면서까지 부인했고, 야고보와 요한은 그들이 실로 무엇을 요구하는지를 알지도 못하면서 전혀 적절치 못한 간청을 예수님께 구했다는 것을 깨달을 수 있게 된다. 이 마지막 사건과 관련하여 누가는 이 기사를 생략했고, 마태는 그 아들 야고보와 요한을 대신하여 세베대의 두 아들의 모친이 예수님께 간청하도록 기록하고 있음이 우리의 주목을 끈다(마 20:20). 이렇게 함으로써, 누가와 마태는 두 제자가 받아야 할 비난을 벗겨 주고 있고,[85] 반면에 대조적으로 마가복음에서 야고보와 요한은 그들에게 쏟아지는

립시키는 이유인 것으로 보인다. 그들의 경박한 자만(自慢)으로 인해 세 제자는 그들이 직면하게 될 투쟁에서 실패의 무서운 위험에 빠지게 될 것이다. 바로 이런 이유로 인해 그들은 깨어 기도하도록 명령받게 되는 것이다"(Lane, *Commentary*, 515-6).

85) Anderson, *Commentary*, 515-6.

비난을 그대로 받고 있는 것으로 나타나는 것이다. 여기서 우리는 마가의 제자들에 대한 부정적 이미지의 또 다른 증거를 발견하게 된다.

④ 제자들의 예수님 유기(遺棄): 상기의 논의의 결과를 참작한다면, 이해하지 못하고 믿지 못하는 제자들이, 예수님이 장로들과 대제사장들과 서기관들의 손에 넘겨질 때가 이를 때에(14:50), 마침내 그들의 스승을 버리고 도망치게 되었다는 것은 자연적인 결과라고 여겨진다. 이 점과 관련하여 우리는 특별히 두 가지 내용을 언급하고자 한다.

첫째로, 오직 마가만이 제자들의 예수님 유기 장면 직후 한 사건을 기록하고 있음을 우리는 고려해야 할 것이다. 문제의 사건이란 예수님이 군병들에 의해 체포될 때 주님을 좇던 한 청년이 자신도 붙잡히려 하자 베 홑이불을 버리고 벗은 몸으로 도망친 사건이다(막 14:51-52). 이 사건의 독특성은 많은 주석가들의 관심을 모았는데, 대체로 다음과 같이 해석되고 있다. 옷을 벗고 발가벗은 채 도망친 청년의 도주(逃走)는 그들의 스승 예수님에 대한 제자들의 철저한 유기를 상징적으로 집약하여 묘사한 것이다.86) 둘째로, 중요한 두 번째 포인트는 마태

---

86) 여기서 우리의 관심을 끄는 것은 한 청년($νεανίσκος$ $τις$)이 제자들이 도망쳐 버린 후에 예수님을 뒤따랐다는 사실이다(테일러는 이 구절에서 $συνη-$ $κολούθει$가 "제자들이 도망친 후에 계속된 행위를 가리키고 있다"는 사실을 지적하고 있다: Commentary, 561). 또한 예수님이 체포되자 비록 일시적이기는 하지만 그 청년 역시 체포되었다는 사실도 우리의 관심을 끈다.
이런 특징을 지적하면서, 헤일은 "따라서 이 청년은 이상적 제자의 역할을 성취하는 유력한 후보로 소개되고 있다"고 주장한다(J. P. Heil, "Mark 14, 1-52: Narrative Structure and Reader-Response", Bib 71[1990], 329). 그러나 불행하게도 이 청년 또한 도망치고 말았다.
그리하여 플레더만은 "그는($νεανίσκος$ $τις$) 도망치는 제자다. 이 기사는

복음에서 제자들은 또한 예수님을 유기하는 것으로 묘사되고 있지만, 그들은 복음서의 마지막 부분에서 분명하게 회복된다고 하는 점이다. 제자들은 예수님이 십자가에 못 박히기 전에 가르치신 대로, 갈릴리로 가서 주님을 만나고 예수님의 승천 후 시행해야 할 새로운 사명을 부여받았던 것이다.[87] 그러나 마가복음은 여자들의 두려움과 놀라움, 그리고 그로 인해 그 여자들이 아무 말도 못하는 것으로 끝나고 있는데

제자들의 보편적인 도주를 극적으로 구체화시키고 있다"라고 주장하는데, 이런 제자들의 도주는 그의 수난과 죽음을 기꺼이 수용하시는 예수님의 태도와 극명한 대조를 이루고 있는 것으로 마가는 소개하고 있다(H. Fleddermann, "The Plight of a Naked Young Man[Mk 14.51-52], *CBQ* 41[1979], 417). 그러므로 플레더만은 마침내 "그는 수난에 대한 하나님의 뜻을 저버리는 자들의 상징이다"라고 주장한다(417; Cf. Heil, "Reader-Response", 330).

그러나 최근에 로스는 이러한 견해를 반박하고 나섰다: "이런 견해의 문제점은 마가가 이미 예수님의 모든 추종자들이 그를 버리고 도망갔다는 점을 분명하게 밝혔다고 하는 점이다. 드마라에서 한 조연(助演) 배우에게 발생한 사건 하나를 추가한다 해서 비극의 정도가 높아지는 것은 아니다…만일 그 기사가 단지 예수님의 유기를 설명한 것이라면, καί(그리고)보다는 γάρ(왜냐하면)로 시작함이 더욱 적절했을 것이다"(J. M. Ross, "The Young Man who fled Naked", *IBS* 13[1991], 172). 그러나 이 견해의 결정적인 약점은 이 기사를 마가복음의 전체적 문맥으로부터 고립시킨 것이다. 또한 여기서 γάρ(14:50, 51, 53)는 이 이야기를 제자들의 도주에 관한 이전 기사와 그리고 예수님의 수난과 죽음 기사(14:53 이하)와 연결시키고 있음을 우리는 기억해야 할 것이다. 마가의 어휘 사용으로부터 우리는 γάρ는 "분사 또는 종속절 대신에" 마가가 가장 자주 사용하는 애용어 중 하나로서(Taylor, *Commentary*, 48; Cf. Rawlinson, *Commentary*, xxxi-xxxii), 개별적 문맥에 따라서 다른 의미를 가질 수도 있음을 알 수 있는 것이다(C. F. D. Moule, *An Idiom Book of New Testament Greek*[Cambridge: University Press, 1953], 165); Cf. Fitzmyer, *Theologian*, 127; R. C. Tannehill, "The Disciples in Mark: the Function of a Narrative Role", in The *Interpretation of Mark*(ed., by W. Telford[London: SPCK, 1985], 151; Lane, *Commentary*, 527-8; Stock, *Discipleship*, 188-9.
87) 마 28:16-20. 누가는 제자들이 그들의 주님이신 예수님을 유기했다는 사실을 기록하고 있지 않다.

(16:8),88) 이로부터 우리는 그 여자들이 무덤 옆에 있던 청년에 의해 선포된 명령, 즉 그들보다 먼저 갈릴리로 가시리라는 예수님의 예언을 상기시키면서 예수님이 죽은 자 가운데서 부활하셨음을 제자들에게 전달하라는 명령(16:6-7)을 제대로 전할 수 없었을 것이라고 추정할 수 있을 것이다. 마가복음의 이 마지막 장면으로부터, 우리는 제자들이 예수님을 배신한 후 회복될 수 있는 기회를 얻었을 것이라고 확신할 수가 없을 것이다. 결과적으로, 마가복음에서 제자들의 예수님 유기는 실패로 끝나 버린 제자들의 부정적 묘사의 절정으로 소개되고 있는 것이다.

이제까지 논의된 것을 종합하면, 마가복음의 제자들은 예수님의 주의 깊은 가르침과 교육에 부응하는 적절한 이해와 믿음과 분별력을 갖고 있지 못한 것으로 그려지고 있는데, 이런 부정적 묘사는 복음서의 시작에서부터 마지막에 이르기까지 전편에 걸쳐 관찰되고 있다. 그러므로 그 가르침과 교훈이 진정으로 의미하는 바가 무엇인지, 또한 제자도가 무엇을 의미하는지를 제자들로 하여금 깨닫게 하려는 예수님의 노력은 효과적이지 못한 것으로 보인다고 말하는 것은 결코 과장된 표현이 아닌 것이다.

---

88) 일반적으로 16:8이 본래 마가복음의 마지막이라고 인정되고 있다. 왜냐하면 가장 오래된 사본(ℵ, B, k, sy^{sin})들과 유세비우스와 히에로니무스의 증거는 부활과 승천 기사(16:9-20)를 포함하고 있지 않으며, 또한 다른 복음서들과 비교해서 "본문(막 16:9-20)이 이탈적 성격"을 보이고 있기 때문이다(Kümmel, *Introduction*, 71). 그리하여 이것은 마가가 제자들에게 입히고 있는 부정적 이미지를 강조하기 위해 마련한 문학적 기법이라고 말해지기도 한다. Cf. Matera, *What are they*, 51.

(2) 긍정적 측면

마가복음에서 오직 제자들에 대한 부정적 묘사만이 나타나고 있다고 주장하는 것은 지나치게 한쪽으로 치우친 발언일 것이다. 반면에 마가복음에서 우리는 제자들에 대한 몇몇 긍정적 표현들을 발견할 수 있다. 그 예들로 우리는 1:16-20; 2:13-14; 3:13-19; 6:7-13 등의 구절들을 지적할 수 있을 것이다.

① 첫 번째 제자들과 그리고 후에 레위는 자신을 따라오라는 주님의 부르심을 받았을 때 그들의 가족과 재산과 직업을 포기한 채 즉시 주님을 뒤따랐다(막 1:16-20; 2:13-14; 10:28). ② 열두 제자는 예수님과 함께 있으며, 그들의 스승이 한 것과 똑같은 사명을 수행하도록 하기 위해 선택받았다(3:13-19). ③ 그 후 제자들은 예수님이 맡겨 주신 사명을 성공적으로 성취하였다(6:7-13). ④ 14장 28절에서의 예수님의 예언과 16장 7절에서의 청년의 선언은 예수님과 그 제자들 사이의 관계, 즉 제자도가 예수님의 죽음으로 끝나지 않고 그 후에도 계속될 것임을 시사하는 것으로 볼 수 있을 것이다.[89] 결과적으로, 우리는 비록 예수님이 모든 그의 제자들이 실패하고 자신을 배신하며 도망치리라는 것을 아셨음에도 불구하고(막 14:7, 18, 30), 그들에 대한 믿음을 결코 포기하지 않으셨음을 발견하게 된다. 이것은 예수님께서 의

---

[89] 멜본은 이 구절을 다음과 같이 해석하고 있다: "이것은 의심의 여지없이 마가가 마태처럼 제자들의 도주를 제자도의 끝으로 간주하지 않았음을 가리키는 것이다. 갈릴리에서 재결합이 있을 것이다. 그(예수님)는 그들과의 지속적인 관계를 추구하였다"(B. L. Melbourne, *Slow to Understand: the Disciples in Synoptic Perspective*[Lanham: University Press of America, 1988], 48).

지할 만한 무엇인가가 제자들에게 여전히 남아 있음을 보여주는 것이고, 이것을 우리는 제자들에 대한 긍정적 묘사의 한 증거로 간주할 수 있을 것이다.[90] 마가복음의 처음 여섯 장 내에서(1:16-20; 2:13-14; 3:13-19; 6:7-13) 제자들은 보다 긍정적으로 묘사되고 있다는 점에 유의하면서 태니힐은 전환점, 즉 세 번째 선상(船上) 장면(8:14-21)을 중심으로 하여 마가의 제자 묘사는 긍정적에서 부정적으로 바뀐다고 주장한다.[91]

그러나 태니힐이 주장하듯이 문제가 그렇게 단순하고 명확한 것처럼 보이지는 않는다. 처음 여섯 장 안에서조차 예수님의 가르침이 의미하는 바가 무엇인지를 깨닫지 못하는 제자들의 몰이해가 언급되고 있다. ① 3장 19절에서 마가는 원래의 전승 속에 가롯 유다에 관한 부정적 평가를 삽입하고 있다. ② 4장 13절은 제자들의 이해의 부족을

---

90) 이와 관련하여, 우리가 유념해야 할 것은 14:8에서 예수님에 의해 예언되고 16:6-7에서 천사에 의해 선포된 갈릴리에서의 재결합이 마가복음 내에서 발생하지 않았다고 하는 사실이다(사실, 마가복음의 이 부분을 합리적으로 설명하기 위해 학자들 사이에 대단히 많은 연구가 있어 왔다; Kümmel, *Introduction*, 71을 보라). 그러나 예수님의 삼중 예언이 그가 예언하신대로 성취된 것처럼 예수님의 이 예언 역시 성취될 것이라고 믿는 것은 어려운 일이 아니다.

이 문제에 관하여, 베스트는 14:28과 16:7의 성취가 의도하는 바 실제적 의미는 마가 공동체에게 별로 중요하지 않았다고 말하는데, 그 이유는 "부활하신 예수님의 현현 사실은 이미 그 공동체에게 알려졌을 것이기" 때문이라고 주장한다(*Following*, 199; *Discipleship*, 14). 그들에게 중요한 관심사는 예수님이 그들과 늘 함께 있고 그들 또한 예수님과 늘 함께 있음을 볼 수 있는 "영적인 시각"인 것이다(201).

91) 이 전환점에 관하여 태니힐은 이를 다음과 같이 설명하고 있다: "제자들의 역할에 있어서 분명한 변화가 발생하였다. 예수님의 제자로서의 위치로부터, 제자들은 예수님의 원수와 4:11-12의 국외자들과 동일시되는 위치로 옮겨지게 되었다"(*Function*, 147).

가리킨다. ③ 4장 30-41절에서 제자들은 배로 호수를 건너가다가 폭풍을 만나게 되었을 때 두려움과 믿음의 부족을 나타내 보였다. ④ 4장 17절에서는 복음서 후반에 나타나기로 되어 있는 제자들의 예수님 유기와 관련된 힌트가 주어지고 있다. ⑤ 6장 37절에서 우리는, 제자들이 무리들에게 양식을 나눠 주라는 주님의 명령을 받았을 때, 제자들 앞에서 수많은 기적들을 행하시는 예수님에 대한 믿음의 부족을 발견하게 된다. 예수님의 기적과 관련된 제자들의 믿음의 부족은 6장 52절에서 다시금 나타나고 있다. 여기서 우리는 제자들의 부정적 이미지에 추가하여 6장 35-44절에서 예수님께서 무리를 먹이신 사건에 대한 저자의 해석을 발견하게 된다.

위에서 토의한 내용을 종합할 때, 제자들에 대한 마가의 묘사가 처음에는 긍정적 모습에서 나중에는 부정적 모습으로 바뀐다고 하는 태니힐의 주장은 정당화되기에는 불충분한 것으로 보인다. 비록 마가의 제자 묘사가 처음 여섯 장에서 보다 긍정적으로 표현되고 있다 할지라도, 그러한 긍정적 묘사는 바로 같은 장들에서 발견되는 제자들의 영적인 어두움, 두려움, 이해의 부족을 가리키는 부정적 묘사들에 인해 상쇄(相殺)되고 있는 것으로 나타난다.

(3) 결론: 균형의 문제

마가의 제자들에 대한 묘사의 양면, 즉 긍정적인 면과 부정적인 면을 고찰한 후 우리는 이제 결론에 이르게 된다. 비록 마가복음이 제자들에 대해 긍정적 이미지를 간직하고 있기는 하지만(특히 초반부에서), 그런 긍정적 이미지는 복음서 전편에서 보다 자주, 그리고 보다 분명하게 등장하는 부정적 이미지에 의해 상쇄되고 만다. 달리 말하면, 마가는 제자들을 가끔 암시적으로 긍정적으로 묘사하지만, 자주 명백하게 부정적으로 묘사한다고 말할 수 있을 것이다. 그러므로 복음서 전체를 고려할 때 제자들에 대한 부정적 묘사는 복음서 전체에서 강조되고 있으며, 바로 여기에 저자의 특별한 관심이 놓여 있다고 우리는 결론지을 수 있는 것이다.

3) 제자들을 부정적으로 묘사한 마가의 목적

제자들에 대한 마가의 묘사로부터 도출된 결론으로 인해 우리는 제자들에 대한 마가의 태도가 부정적으로 기울어져 있다는 다소 강한 인상을 받게 된다. 이제 그러면 왜 마가가 그의 이야기를 이와 같이 마감지었는지, 그리고 제자들을 부정적 시각으로 묘사했는지에 대한 저자의 의도를 고찰해 봄이 좋을 줄로 생각된다. 마가가 제자들을 부정적으로 묘사한 데는 크게 두 가지 동기가 있는 것으로 여겨진다.

첫째로, 무서운 환난과 고난에 직면한 마가 공동체 내의 기독교인 형제 자매들에게 역사적 제자들의 실패를 따르지 말도록 경고하기 위한 것이다. 그 이유는, 비록 역사적 제자들이 예수님 생전에 주님에 의해 직접 개인적으로 선택받은 제자들로서 주님으로부터 상당한 은혜를 입으면서 문자적으로 주님을 뒤따랐지만, 예수님이 생전에 당했던 유사한 환경에 놓이게 되자 심각한 실수를 범했기 때문이다. 부인, 배신, 몰이해의 결과인 유기(遺棄), 믿음과 분별력의 부족, 두려움 그리고 자기 욕망 등은 예수님의 추종자들로서 제자들이 범한 실패의 종류들이다. 여기서 우리는 제자들을 부정적으로 묘사함으로써 마가가 예수 그리스도를 부인하고 배신하도록 이끈 무서운 핍박과 유사한 상황에 놓였던 그의 독자들이 유념해야 할 경고로서 실패한 제자도의 모델을 보여주고자 했음을 발견하게 된다.92) 무서운 환난과 핍박적 상황에 노출된 마가 공동체 내에는 분명코 많은 배교자들과 탈교자들이 생겨났을 것이다.93)

---

92) 이 점과 관련하여 베스트는 제자도에 관해 언급할 수 있는 두 가지 가능한 접근, 즉 좋은 제자도와 나쁜 제자도 중에서 마가는 나쁜 제자도, 즉 실패한 제자도를 통하여 교훈하기로 결정했다고 주장한다(Best, Following, 12). 마가가 왜 이런 방법을 선택했는지에 대하여 베스트는 네 가지 이유를 제시한다: "① 예수님 자신이 이야기의 "영웅"이시다. ② 그의 독자들에게 알려진 전승은 이미 제자들의 실패를 담고 있었다. 따라서 이런 실패는 제거될 수 없었을 것이다. ③ 일반적으로 신약은 제자도의 성공이 제자들의 견고한 믿음이나 용기의 정도에 달려 있는 것이 아니라 하나님으로부터 도움을 구하고자 하는 겸손함에 달려 있는 것으로 소개하고 있다. ④ 마가의 독자들 중 상당수는 이미 공사(公私) 간의 핍박이나 그 밖에 다른 이유로 말미암아 실패했을지 모른다".

한편, 비비스는 그리스와 라틴의 수사학자들이 그들의 독자 혹은 청중들에 대한 직접적인 공격을 피하기 위하여 그들의 작품에서 사용했던 "숨겨진 암시 방법"을 이용하여 제자들에 대한 부정적 견해를 교훈적 차원에서 해석한다. 이 이론에 따르면, 제자들은 "참 제자도를 돋보이게 만드는 인물들"로서, 그들의 실패와 잘못은 독자들로 하여금 참 제자도의 길을 걷는 데 있어서 제자들의 전철을 밟지 않도록 만드는 데 기여하고 있는 것이다(M. A. Beavis, *Mark's Audience: The Literary and Social Setting of Mark* 4.11-12[Sheffield: JSOT, 1989], 182).

93) 앞의 각주를 참조할 것. 베스트는 제자들의 실패를 제자들에 대한 논쟁적 요인으로 보기보다는 교회를 교육시키기 위한 마가의 목회적 노력의 일환(一環)으로 설명하고자 한다: "그(마가)의 일차적 목적은 목회적이었다. 그리스도인들로서 그들의 독자들을 교화(敎化)하고 그들에게 참 제자도가 무엇인지를 보여주고자 했던 것이다"(*Following*, 12). Cf. W. Dicharry, *Human Authors of the New Testament, vol. 1: Mark, Matthew & Luke*(Slough: St. Paul Publications, 1990), 44.

둘째로, 그러나 핍박적 상황에서 있을 수 있는 배교에 대한 경고가 마가가 복음서를 기록한 유일한 목적이었다고 볼 수는 없을 것이다. 마가는 또한 그의 공동체 회중들에게 실패한 제자도의 대안(代案)으로서, 핍박으로 인해 약화된 신앙과 침체된 사기(士氣)를 격려하기 위해 성공한 제자도의 모델을 소개하고자 했던 것이다.[94] 그리하여 실패한 제자들과 함께 또한 마가는 참 제자가 어떤 존재인지를 보여주기 위해 두 명의 인물을 소개하고 있다. 소경 바디매오와 그들의 스승이신 예수님이 바로 그들이다.

(1) 바디매오는 예수님에 의해 치유받아 시력을 회복하게 되었을 때 주저없이 즉시 길에서 예수님을 좇았다. 바디매오의 이런 모습은 마침내는 예수님을 유기하도록 만든 그들의 영적인 어두움을 복음서의 마지막에서까지 회복하지 못한 제자들의 모습과 좋은 대조가 되고 있다. 제자들은 바디매오처럼 예수님으로부터 특별한 은총을 입는 혜택을 흔치 않게 누렸음에도 불구하고 끝내 영적 어두움에서 벗어나지 못하였다. 달리 말하면, 육체적 의미에서 바디매오의 시력 회복은 영적 의미에서 제자들의 어두움과 대조되도록 의도된 것으로 보이는 것이다. 왜냐하면 비유적 의미에서 어두움의 회복은 모든 몰이해, 믿음의 부족, 두려움, 분별력의 부족 그리고 자기 욕심이 극복되는 것을 의미하기 때문이다(참조. 8:22 이하). 그리하여 바디매오는 마가에 의하여 그 눈이 열려 예수님을 뒤좇을 수 있게 된 참 제자의 상징으로 소개되고 있는 것이다.

(2) 이런 사실에도 불구하고, 우리는 과연 바디매오가 마가 공동체

---

94) 이런 이유로 마가는 끝까지 인내하도록 그들을 권고하고 있다(13:13).

의 그리스도인들이 본받아야 하겠다는 자각(自覺)을 가질 만한 참 제자의 궁극적 모델로서 간주될 수 있는지 확신이 서지를 않는다. 왜냐하면 바디매오는 세속적 직업을 포기하면서 예수님을 좇은 레위처럼 지나가는 인물로 복음서에 단 한 번 등장하고 있고, 또한 제자들만큼 중요한 역할을 감당하고 있지 않기 때문이다. 따라서 바디매오의 등장은 예수님을 따름의 견지에서 바디매오와 제자들 사이를 대조시키기 위해 저자에 의해 마련된 것으로 볼 수 있을 것이다. 이런 견지에서, 우리는 바디매오는 참 제자의 모델, 즉 예수님 자신을 예견하기 위한 인물로서 소개되고 있다고 말할 수 있겠다.[95]

그러므로 마가의 견지에서 볼 때 참 제자는 자신이 당해야 할 모든 핍박과 고난을 기꺼이 겪음으로써 제자들이 따라야만 될 모범적 자취를 남기신 예수님 자신이라고 주장할 수 있는 것이다.[96]

5. 결론

이상에서 우리는 처음에는 제자도에 대한 마가의 견해를 살펴보았

---

[95] 이런 개념을 염두에 둔 채, 베스트는 "제자도의 규칙은 예수님이다. 예수님이 그러했던 것처럼 제자들도 그렇게 되어야 한다"라고 주장하였다(*Disciples*, 3).

[96] Best, *Following*, 92: "마가에게 있어서 목표는 십자가 혹은 십자가와 부활이라기보다는 예수님 자신이라고 표현하는 것이 보다 적절할 것이다. 예수님은 순례자들이 가까이 다가가야 할 고정된, 정적(靜的)인 목표가 아니라 계속하여 그들 앞서 나아가시는 동적(動的)인 목표인 것이다."

고, 이어서 제자들에 대한 마가의 묘사를 검토하였다. 첫 번째 논의에서 우리는 제자도에 대한 마가의 개념은 예수님을 따르는 것으로서, 제자는 가족 관계, 직업, 재물 등의 옛적의 관계를 단절하고 고난과 죽음의 예수님의 운명을 함께 나누면서 예수님을 뒤따르는 것이라는 결론을 얻었다. 그러나 십자가를 통하여 예수님을 따르라는 이 명령은 제자들이 받아들이기에 너무도 어려워 그들에게 걸림돌이 되고 말았다. 바로 이런 이유 때문에, 복음서에서 제자들은 자주 부정적 시각으로 묘사되고 있는 것이다. 이것이 바로 우리의 두 번째 논제(論題)다.

마가는 그의 독자들, 즉 로마 교회의 그리스도인들이 예수님을 배신하거나 부인하지 않은 채 핍박의 역경 아래에서도 주님의 제자로서 신실하게 예수님을 뒤따라가기를 원했을 것이다. 이것이 마가가 생각하기에 그러한 위기적 상황에서 제자가 마땅히 해야 할 몫인 것이다. 그러나 동시에 그의 논지를 보다 효과적으로 만들기 위하여, 마가는 원래의 전승을 보존하거나 혹은 그 자신의 논평을 덧붙힘으로써 제자들을 부정적으로 묘사하고자 한다. 이렇게 함으로써, 마가는 실패한 제자도의 본보기를 그의 독자들에게 보여줌으로써 그런 길을 피해 갈 수 있게끔 만들고자 했던 것으로 생각된다. 그 대신 마가는 제자들이 뒤따라야 할 길, 즉 예수님이 참 제자도의 규칙으로서 그들 앞에서 보여 주신 길을 소개했던 것이다.

누가복음의 제자도

4

누가복음의 제자도
제 4 장

일반적으로 인정되고 있는 바와 같이, 누가는 그의 복음서를 저술함에 있어서 마가복음을 참조하였다. 따라서 제자도 주제와 관련하여 누가는 마가복음에 나타나 있는 많은 자료들을 의존하고 있다. 예를 들면, 우리는 마가복음의 제자도 전개에서 매우 중요한 역할을 하고 있는 예수님의 삼중(三重) 예언, 첫 번째 제자들과 세리 레위의 부르심, 그리고 열두 제자의 전도 파송 등을 거론할 수 있을 것이다. 비록 누가가 마가복음의 제자도 관련 자료들을 많이 활용하고 있고, 제자들에 대한 견해와 제자도에 대한 견해에 있어 두 복음서 기자 사이에 많은 유사점들이 있다 할지라도, 그럼에도 불구하고 누가는 마가가 그의 제자도를 소개하는 방식을 그대로 모방하고 있지는 않다. 오히려 그의 신학적 목적에 따라서 일부 자료들을 추가, 변화, 생략함으로써, 누가는 그 나름대로의 제자도를 전개하고 있는 것으로 보인다.

이 장에서의 절차는 다음과 같을 것이다. 무엇보다도 먼저 마가복음의 제자도에 관한 전(前) 장에서의 결론을 염두에 둔 채, 우리는 누가가 어떻게 제자들을 묘사하고 있는지를 마가복음과 비교하면서 살펴볼 것이다. 여기서 우리는 마가의 제자들에 대한 부정적 묘사와 비교하면서 누가의 제자들에 대한 긍정적 묘사를 논의하고자 한다. 둘째로, 양 복음서의 삶의 정황(Sitz im Leben)을 고려하면서, 누가의 제자들에 대한 비종파적, 비극단적 묘사를 마가복음과의 비교를 통해 살펴보고자 한다. 셋째로, 누가의 제자들에 대한 묘사에서 비롯되는 두 종류의 제자들, 즉 유랑(순회) 제자들과 정착 제자들에 대하여 살펴볼 것이다.

1. 제자들에 대한 보다 긍정적인 묘사

제자도 주제와 관련하여 마가복음과 누가복음 사이의 현저한 차이점 중 하나는 제자들에 대한 묘사다. 전 장에서 살펴본 바와 같이, 제자들은 마가복음에서는 호의적으로 묘사되고 있지 않다. 즉 부정적으로, 약간은 불명예스럽게 묘사되고 있다. 그들은 예수님이 누구신지, 그리고 그가 무엇을 가르치고 있는지에 대하여 무지하며(막 6:52; 7:18; 8:21, 32-33; 9:19, 32; 10:32), 그들의 세속적 욕망을 추구하고(막 10:35-45), 그리고 비겁하게도 그들의 스승이신 예수님이 체포되어 재판 받게 되었을 때 그를 버리고 도망치는 것으로 그려지고 있다(막 14:50).

마가복음의 이런 부정적 묘사들 가운데 누가는 마가복음의 수난 예언에 기록된 두 개 정도의 구절들만을 약간 수정하여 받아들이되(막 9:32/눅 9:45; 막 10:32/눅 18:34),[1] 그 나머지는 모두 생략하고 있다. 무엇보다도 누가가 이들 구절들을 생략한 것은 그가 제자들을 부정적으로 묘사하기를 원치 않았음을 분명하게 보여주는 것이다. 누가의 이런 기본적 태도를 염두에 둔 채, 이제 아래에서 제자들에 대한 누가의 보다 긍정적인 묘사의 몇 가지 예들을 자세하게 살펴보기로 하자. 누가의 이런 묘사는 제자들에 대한 마가의 다소 부정적인 묘사와 좋은 대조가 될 것이다.

1) 제자들의 예수님 포기

누가의 생략 구절들 가운데 특별히 중요한 구절이 하나 있다. 그것은 마가복음 14장 50절로서, 제자들이 그들의 스승을 버리고 도망친

---

[1] 이들 구절은 유명한 예수님의 삼중(삼중) 수난 예언과 결부되어 있다. 이들 구절은 예수님에 관한 뿌리 깊은 전승의 일부이며, 따라서 그 공동체 구성원들 사이에 널리 알려져 있었을 것이기 때문에, 누가가 이들 구절들을 완전하게 제거하기란 매우 어려웠을 것으로 보인다.

사실에 대한 기록이다. 이 구절을 생략함으로써, 누가는 제자들이 그 스승을 완전히 포기하지 않았음을 보여주고자 애쓰고 있는 것으로 보인다. 오히려 제자들이 예수님께서 십자가에 달려 돌아가실 때 실제로 그 장소에 있었다고 추정할 수 있는 구절 하나가 있다. 누가복음 23장 49절의 "예수의 아는 자들과"(πάντες οἱ γνωστοί αὐτῷ)가 바로 그것이다. 여기서 γνωστοί는 "알려진"의 뜻을 갖고 있으므로, 문자적으로 이 구절은 "예수님께 알려진 모든 사람들"을 가리킨다고 하겠다. 이 말은 그들이 예수님에 의해 이미 알려진 사람들을 뜻하는 것이며, 따라서 여기에 약간의 제자들, 곧 사도들이 포함된다고 가정하는 것은 결코 불합리한 것이 아니다.[2] 포기 모티프와 관련하여, 누가는 마가복음 14장 27절에서 예수님께서 인용하고 있는 스가랴 13장 7절을 생략하고 있다: "…내 목자를 치리니 양들이 흩어지리라." 그리고 배신 장면에서 마가복음 14장 71절에 언급되어 있는 베드로의 저주(ἀναθεματίζειν)와 맹세(ὀμνύειν)를 생략함으로써, 누가는 또한 마가복음에 애초에 묘사되어 있는 베드로의 배신의 정도를 약화시키고 있다.[3] 그 대신 누가는 예수님이 베드로를 위하여 그 믿음이 떨어지지 않도록 기도하셨고, 또한 그가 돌이킨 후에 그 형제들을 굳게 할 것을 명령하셨음을 기록하고 있다(22:32).[4] 그러므로 이런 변화를 통하여 누가는

---

[2] Fitzmyer, *Commentary*, 1520; Plummer, *Commentary*, 540; Evans, *Commentary*, 879.
[3] Grundmann, *Lukas*, 417.
[4] 브라운은 눅 22:54-62에서 베드로는 예수님의 메시아직을 부인한 것이 아니라 단지 예수님과의 개인적 친분을 부인한 것이라고 주장하고 있다: S. Brown, *Apostasy and Perseverance in the Theology of Luke*(Rome: Pontifical Biblical Institute, 1969), 69-71.

마가복음의 부정적 이미지로부터 제자들을 구제하고 있는 것으로 보인다. 누가는 유다의 배신이 신적 필연성(神的 必然性) 하에서 구약의 예언을 성취하기 위해 예정된 것으로 묘사함으로써, 부분적으로 유다의 배신까지도 그 정도를 약화시키고 있는 것으로 보인다.[5] 이러한 관찰의 결과, 우리는 누가복음에서 제자들은 마가복음에서처럼 예수님을 철저하게 포기하지는 않았다고 결론지을 수 있겠다. 이는 누가의 제자들 묘사가 보다 긍정적임을 분명하게 밝혀 주는 것이다.[6]

---

[5] 행 1:16의 δεῖ와 20절의 성취된 예언을 주목해 보라(참조. 시 4:19). Cf. E. Haenchen, *The Acts of the Apostles: A Commentary*(Oxford: Basil Blackwell, 1971), 아울러 Johnson, *Literary Function*, 177을 참조하라; cf. ibid., 15-16.

[6] 자일스가 누가복음의 제자들이 단 한 가지 실수를 범했다고 말한 것은 옳을는지 모른다. 즉 제자들은 예수님이 그 영광에 들어가기 전에 고난받아 죽어야 한다는 사실을 깨닫지 못했던 것이다(K. N. Giles, "The Church in the Gospel of Luke", *SJT* 34[1981], 132-3). 그러나 자일스는 제자도와 누가복음에는 적합치 않은 고난의 주제를 결부시킴으로써 실수를 범하고 있는 것으로 보인다. 고난의 주제에 관하여, 그는 쉬츠와 플렌더의 주장을 이용하면서 "예수님 자신의 고난이 기독교 공동체에 요구된 고난을 설명한다"고 주장한다: F. Schütz, *Der leidende Christus: Die angefochtene Gemeinde und das Christuskerygmader lukanischen Schrifften*[BWANT 89], (Stuttgart: Kohlhammer, 1969); H. Flender, *St. Luke: Theologian of Redemptive History*(London: SCM, 1967).

그러나 만일 그 기독교 공동체가 누가의 공동체라면, 우리는 자일스에게 과연 고난의 주제가 제자도 주제와 밀접하게 결부될 수 있을 만큼 누가복음에서 그토록 현저하게 드러나고 있는지 아닌지를 묻고자 한다. 우리는 이 질문에 대하여 확답을 할 수가 없다. 그 이유는 누가복음의 삶의 정황과 누가복음 안에 담겨 있는 많은 분량의 예수님의 윤리적 가르침을 놓고 볼 때, 고난과 핍박의 주제가 자일스가 주장하는 바대로 현저하게 드러나고 있는지 의문이 가기 때문이다.

2) 또 다른 긍정적 특징들

이상에서 논의된 예들에 추가하여, 우리는 마가복음에서 부정적으로 묘사된 제자들의 평판을 향상시키기 위해서 제자들의 실패를 최소화하기 위한 누가의 노력의 일환으로 볼 수 있는 몇 가지 또 다른 특징들을 더할 수 있을 것이다.

(1) 누가는 제자들의 우둔함을 가리키는 마가복음의 구절들을 생략한다: 마가복음 7:18; 8:21; 9:19. 여기서 제자들은 예수님이 가르치고 의도하는 바를 이해하지 못하는 것으로 보인다. 이런 생략은 제자들에 대한 누가의 변호로 간주될 수 있을 것이다.

(2) 삼중 수난 예언과 관련하여, 누가는 그 첫 번째 예언은 마가복음으로부터 충실하게 인계받고 있는 것으로 보인다(막 8:31/눅 9:22). 그러나 두 번째, 세 번째 예언의 경우, 그는 자신의 제자도 개념에 맞게 약간의 수정을 가하고 있는 것으로 보인다. 마가복음에서 제자들은 예수님이 진정으로 의도하는 바가 무엇인지 제대로 이해하지 못하며, 또한 그것에 관해 묻기조차 무서워하는 것으로 묘사되어 있다(막 9:32). 그러나 누가복음에서 제자들은 그들의 곡해를 용서받고 있는 것으로 보이는데, 이는 누가가 예수님이 의도하는 바가 그들로부터 숨겨졌다고 기록하고 있기 때문이다($\tilde{\eta}\nu$ $\pi\alpha\rho\alpha\kappa\epsilon\kappa\alpha\lambda\upsilon\mu\mu\acute{\epsilon}\nu o\nu$ $\dot{\alpha}\pi$' $\alpha\dot{\upsilon}\tau\hat{\omega}\nu$; "숨김이 되었음이라", 9:45). 따라서 이런 숨김은 신적 작정(神的 作定)으로 누가에 의해 표현되고 있는 것이다.[7] 이것은 세 번째 예

---

[7] 많은 주석가들이 이 점을 언급하고 있다: Plummer, *Commentary*, 256; Mar-

언에서도 다시 나타난다(막 10:32/눅 18:31-34). 마가복음에서 제자들은 예수님의 수난과 관련된 예루살렘으로의 여행에 관해 놀라고 두려워하는 것으로 묘사되고 있는 반면에(ἐθαμβοῦντο, ἐφοβοῦντο[8]; 막 10:32), 누가복음에서 제자들은 다시금 예언에 대한 그들의 무지(無知)를 용서받고 있는데, 그 이유는 그것이 그들에게 감춰어진 것으로 표현되어 있기 때문이다(ἦν κεκρυμμένον ἀπ' αὐτῶν: 눅 18:34).[9] 따라서 누가복음에서 제자들은 예수님이 그의 수난과 고난에 관해 의미한 바를 깨닫지 못했음이 당연한 것으로 묘사되고 있는데, 왜냐하면 그것을 이해하는 것은 인간 이성을 초월하는 것이기 때문이다.

(3) 누가는 겟세마네 동산에서의 제자들의 실패의 장면에 관한 마가복음의 기사에 상당한 변화를 주고 있는데, 이는 누가의 보다 긍정적인 제자 개념의 또 다른 증거로 간주되어야 할 것이다. 마가복음에서 세 제자들, 즉 베드로, 야고보, 요한은 자신과 함께 깨어 기도하라는 예수님의 요청에 귀기울이지 않고 잠들어 버렸다. 누가복음에서는 세 제자들만이 아니라 모든 제자들이 그렇게 하였다. 그러나 두 기사 사이에는 중요한 차이점이 발견된다. 하나는 누가가 22장 45절에 "슬픔을 인하여"(ἀπὸ τῆς λύπης)를 추가한 것이고, 다른 하나는 마가복음에서 예수님은 제자들이 잠들었다는 이유로 그들을 책망하지만 누

---

shall, *Commentary*, 394; Thompson, *Commentary*, 156; Bovon, *Lukas*, 51.
8) 두 동사는 미완료과거로 되어 있다. 이는 제자들의 놀라움과 두려움이 단 한 번 발생한 것이 아니라 얼마간 지속되었음을 뜻하는 것이다. 여기에 나타난 제자들의 반응은 예수님이 예언하신 바 다가오는 고난과 죽음과 연관된 것이다(Cf. J. Gnilka, *Das Evangelium nach Markus*[EKKNT][Zürich: Benziger Verlag, 1989], 96; Hooker, *Commentary*, 245).
9) Morris, *Commentary*, 270; Schweizer, *Luke*, 163; Ellis, *Commentary*, 219.

가복음의 예수님은 그들을 책망하지 않았다는 것이다(눅 22:46/막 14:37). 이런 차이점들을 감안할 때 누가는 다시금 제자들을 그 실패로부터 구제하고 있는 것으로 보이는 것이다.10)

(4) 베드로의 고백(막 8:27-30/눅 9:18-20): 베드로가 예수님을 그리스도로 고백한 장면에서, 마가복음에 보존되어 있는 베드로에 대한 예수님의 책망($ἤρξατο ἐπιτιμᾶν αὐτῷ$: "간하매", 막 8:32)을 생략하고 있음이 우리의 주목을 끈다. 이것은 제자들에 대한 누가의 긍정적 묘사를 지지하는 우리의 주장에 무게를 더하여 주는 것이다.11)

제자들을 구제하는 누가복음의 이들 네 가지 경우는 제자들에 대한 누가의 긍정적 경향을 확정함에 있어서 매우 중요한 것이다.12) 마가복

---

10) "… 제자들이 좋은 이유를 언급함으로써, 누가는 다시금 '열둘'을 보호하고 있다"(Plummer, *Commentary*, 511). Cf. Creed, *Commentary*, 273; Marshall, *Commentary*, 833; Schweizer, *Luke*, 344.
11) Contra Melbourne, *Slow to Understand*, 47.
12) 이런 맥락에서, 우리는 이 문제에 대하여 다른 견해를 취하고 있는 멜본의 주장을 검토할 필요가 있을 줄로 생각한다. 공관복음의 제자도를 해석하고 있는 멜본의 견해의 핵심은, 제자들에 대한 부정적이고 우호적이지 못한 묘사는 마가복음에만 국한되는 것이 아니라 "공관복음 전체의 특징으로 간주되어야 한다"는 것이다(Melbourne, *Slow to Understand*, 88). 제자들에 대한 부정적 이미지는 모든 공관복음을 위한 출처로서 활용되었을 법한 전승 가운데 이미 담겨져 있었다고 주장하는 범위 내에서라면, 멜본의 이런 견해는 인정될 만도 하다. 그러나 만일 우리가 이 점을 인정한다 할지라도, 제자들에 대한 공관복음 기자들의 견해를 모두 동일한 것으로 간주하는 것은 옳지 않다. 왜냐하면 제자들이 실제로 각 복음서에서 부정적으로 또는 긍정적으로 묘사되고 있는 정도가 복음서 기자들의 신학적 목적에 따라 다르기 때문이다. 애석하게도, 이 점을 멜본은 경시하고 있는 것으로 보인다. 이 점과 별도로, 근본적인 문제로서 마가 우선설에 대한 멜본의 회의는 그의 논지를 약화시키고 있는 것으로 보인다.

결국, 이 문제를 결론지으면서 우리는 전 장에서 마가의 제자 묘사가 좀더 부정적으로 그려진 것과 마찬가지로, 누가의 제자 묘사는 마가복음과 비교할

음 기사에 대한 누가의 생략과 수정에 주의를 기울이면서, 자일스는 이 문제에 관하여 다음과 같이 유익한 결론을 내리고 있다.13)

"제자들에 대한 부정적 평가는 마가의 편집적 강조일는지 모른다. 그리고 이런 그림을 수정함으로써 누가는 본래의 위치로 되돌아가고 있는지 모른다. 그러나 누가가 제자들을 긍정적으로 묘사함에 있어서 보여주는 조직적 방식은 여기에 의도적 동기가 있을 것이라는 가정을 갖게 만든다. 누가는, 만일 그의 독자들이 제자들과 동일시되며 그들 속에서 교회가 번영과 역경 가운데 어떤 모습을 보여야 하는지에 대한 모델을 보기를 원한다고 한다면, 제자들의 약점보다는 강점이 강조되어야 한다고 이해하고 있는 것이다."

3) 요약 및 결론

누가복음에서 발견되는 제자들에 대한 이런 긍정적 묘사는 누가-행전 전체에서 누가의 제자도 개념과 연관되어 있는 것으로 보인다. 이를 간단히 소개하자면, 누가의 시각에서 볼 때 제자들은 예수님의 가르침을 그분의 추종자로서 자신들에게 주신 것으로 받아들이고 있는 누가 공동체의 신자들을 위한 긍정적 모델 역할을 하고 있는 것으로 보인다. 그래서 누가의 입장에서는 제자들을 긍정적으로 묘사해야 할 절실한 필요성과 동시에 선한 동기를 가졌던 것이다. 왜냐하면 제자들은 누가 당대의 그리스도인들과 같은 후대의 모든 그리스도인들을 위

때 상대적으로 좀더 긍정적으로 그려지고 있다고 말할 수 있을 것이다.
13) Giles, "The Church", 132.

한 모형이었기 때문이다. 이렇게 함으로써, 누가는 그 공동체의 신자들에게 구원의 길을 걸음에 있어서 예수님의 가르침을 저버리지 말고, 예수님의 복음과 교회의 역사로부터 그들이 배운 바를 굳게 부여잡을 것을 권면할 수 있었던 것으로 보인다.

누가의 제자 묘사에 대한 이러한 결론적 진술은 마가의 그것과 비교할 때 별반 다르지 않은 것처럼 보인다. 아마도 두 복음서 기자의 목적은 같을지 모른다. 그러나 그 목적에 도달하는 방식은 정반대인 것으로 보인다. 마가복음의 경우, 앞서 논의된 바와 같이 제자들에 대한 묘사는 경고적 이야기(cautionary tale)의 역할을 하고 있다. 즉 제자들이 그 스승이신 예수님을 부인하고 저버리며 예수님이 가르치고 예언하신 바를 깨닫지 못하는 것으로 묘사함으로써, 마가는 그 독자들에게 그들의 선배인 역사적 제자들이 저지른 실패를 반복하지 말 것을 권면하고자 했던 것으로 보인다.

다른 한편, 제자들이 그 스승을 완전하게 포기하지 않고 십자가 처형 때까지 그 스승과 함께 있었던 것으로 묘사함으로써, 누가는 그 독자들에게 지상에서의 마지막 날까지 예수님과 함께 있었던 역사적 제자들의 전철을 본받을 것을 격려하고자 했던 것으로 보인다. 이럼으로써 누가는 제자들을 부정적 모델이 아니라 긍정적 모델로 만들고 있는 것이다.

2. 제자들에 대한 비종파적 묘사

이제 누가복음의 일반적 분위기와 관련된 누가복음의 또 다른 중요한 특징 하나를 살펴보기로 하자. 누가복음의 이 특징은 마가복음의 특징과 대조가 되므로 두 복음서에 나타난 이 특징을 비교해 봄이 좋을 것이다.

이 문제를 다룸에 있어서 가장 먼저 해야 할 일은 마가복음의 삶의 정황을 고려에 넣는 것이다. 그 이유는, 그것이 마가 공동체의 일반적인 상황을 확인하는 데 결정적 역할을 하기 때문이다. 이 주제에 관한 결론은 이미 앞 장에서 얻은 바 있으므로, 우리는 그것을 직접 여기서 적용할 수 있을 것이다. 마가 공동체는 그 세대 내에서 임박한 세상의 종말을 기대한 채 핍박과 고난의 항시적 위협 아래 놓여 있는 것으로 판명되었으며, 따라서 묵시록적 공동체라고 적절하게 불려질 수 있을 것이다.14) 이러한 어려운 상황으로 인해 마가는 그 공동체 신자들이 그러한 역경에 대처하는 것을 돕기 위하여, 예수님이 죽기까지 가셨던 십자가의 길을 충실하게 따라가야 한다는 마가복음의 독특한 제자도를 소개했던 것으로 보인다. 이런 까닭에 마가복음의 제자도는 "위기의 제자도"라고 불려질 수 있을 것이다.

이 점과 관련하여, 또 다른 중요한 요소를 우리는 마가복음 내에서 발견하게 된다. 예수님의 가르침의 사적(私的) 성격이 그것이다. 마가

---

14) 막 8:38; 9:1; 10:29-31; 13:3-37. 마가복음의 묵시록적 성격에 대한 자세한 설명은 Hengel, *Studies*, 14-28을 참조하라.

복음에서 제자들은 많은 경우에 사적으로 예수님으로부터 교훈을 듣거나 받기 위해 특별하게 선택된다.15)

성격상, 공적인 가르침이 아니라 사적인 가르침은 많은 청중을 대상으로 할 수 없고, 따라서 우리는 예수님의 제자들의 숫자가 제한적이었을 것이란 인상을 갖게 된다. 이와 관련하여 마가는 ὄχλος(무리)를 예수님의 가르침과 설교의 대상으로 묘사하는 것을 꺼려하며, 대체로 μαθηταί(제자)를 주요 대상으로 삼고 있는 것으로 나타나고 있음을 보게 된다.16)

여기서 마가복음 4장 10-12절(눅 8:9-10)을 좀더 자세히 논의함이 필요하다고 생각한다. 이 구절에서 마가는 제자들 그룹과 οἱ ἔξω(외인, 막 4:11) 사이를 분명하게 구분짓고 있는데, 이로 인해 제자들 그룹은 일종의 종교적 sect처럼 여겨지게 되었고 예수님의 가르침 역시 종파적 성격을 띠는 것으로 여겨지게 되었던 것이다.17) 이와는 반대로 누가는 이 점에 있어서 그가 행한 수정(修正)을 통하여 다른 견해를 제시하고 있다. 첫째로, ὅτε ἐγένετο κατὰ μόνας("홀로 계실 때에"),

---

15) 막 4:10-20, 33-35; 7:17-23; 8:27-33; 9:9-13, 28-29; 10:10-12; 12:43-44. Cf. Mosley, "Jesus' Audiences", 139-145.
16) 마가는 그 복음서에서 ὄχλος를 모두 32번 사용한다. 그러나 3:31-35, 7:14, 8:34의 경우를 제외하고는, ὄχλος는 예수님 주변에서 들락날락하는 일반적인 추종자들을 가리키는 용어로 사용되고 있지, 예수님의 가르침의 대상으로 사용되고 있지는 않다.
17) 이 점과 관련하여, 나인햄은 로이지의(A. Loisy, Les évangiles synoptiques I et II[ceffonds: chez l'auteur, 1907-8], 138) 글을 인용하고 있다: "비유들은 청중들을 구분짓기 위해 의도된 것은 아니다. 비록 그 구분이 이미 있었던 것으로 보인다 할지라도 말이다. 예수님은 비유의 설명을 전적으로 제자들에게만 국한하여 허락하고 있다. 따라서 제자들 외의 다른 사람들이 이와 똑같은 혜택을 받았을 것이란 가정의 근거는 매우 희박한 것이다."

οἱ περὶ αὐτὸν σὺν τοῖς δώδεκα("열두 제자로 더불어"; 막 4:10/눅 8:9)를 생략함으로써, 누가는 마가복음의 기사가 담고 있는 예수님의 가르침의 종파적 성격을 제거하는 것으로 보인다.18) 둘째로, ἐκείνοις δὲ τοῖς ἔξω("외인에게는", 막 4:11)를 τοῖς δὲ λοιποῖς("다른 사람에게는", 눅 8:10)로 바꿈으로써, 누가는 마가가 강조하고 있는 제자들 그룹과 외인(外人) 사이의 구별을 무너뜨리고 있는 것으로 보인다.19) 이런 맥락에서, 누가는 μαθηταί(제자)가 예수님의 사적인 교훈의 대상임을 보여주는 마가복음의 많은 구절들을 생략하고 있음을 우리는 발견하게 된다.20)

이러한 생략과 수정을 통해 누가가 의도하는 바는 누가가 염두에 두었던 제자들 그룹의 범위가 마가가 생각했던 것보다 더 크다는 것이

---

18) Cf. Mosley, "Jesus' Audiences", 146: "누가는 질문이 마가복음에서처럼 사적으로 예수님께 전달된 것으로 언급하고 있지 않다. 이런 생략은 비교(秘敎)적 교훈의 인상을 약화시키고 있다". Cf. Creed, *Commentary*, 115.
19) Beck, *Christian Character*, 93: "누가는 막 4:10 이하에서 볼 수 있는 구분을 보존하고 있다. 그러나 '함께 한 사람들이 열두 제자로 더불어…외인에게는'을 '제자들이…다른 사람에게는'으로 대체함으로써 그 구분을 덜 날카롭게 만들고 있고, 따라서 그 경계는 쉽게 교차될 수 있는 것으로 나타나고 있다." 크리드는 또한 "τοῖς λοιποῖς는 ἐκείνοις τοῖς ἔξω보다 약하다"는 사실을 지적하고 있다(Creed, *Commentary*, 115).
 이런 맥락에서 마샬은 제안하기를, "누가의 τοῖς λοιποῖς 사용은 교회적 용례를 반영하는" 것으로 보이는데, 그 이유는 λοιποῖς가 비(非)제자와 불신자들을 가리키는 데 자주 사용되기 때문이라고 한다(Cf. 행 5:13; 살전 4:13; 5:6 등등; Marshall, *Commentary*, 322). Cf. Schweizer, *Luke*, 145.
20) 막 4:33 이하; 7:17 이하; 9:11 이하, 28; 10:10 이하. 누가복음의 이런 특징에 유념하면서, 자일스는 "누가에게 있어서 예수님의 교훈은 항상 공개적"이라고 말하고 있다(Giles, "The Church", 128). 그리고 태니힐 또한 "누가복음은 비교(秘敎)적 가르침에 관심을 보이고 있지 않다"고 주장한다(Tannehill, *Narrative Unity*, 1:207). Cf. Mosley, "Jesus' Audience", 143.

며, 이와 관련하여 누가복음에서의 예수님의 교훈과 가르침은 좁은 범위의 헌신한 제자들 그룹을 위한 비교적(esoteric)이고 종파적인 성격을 띠고 있지 않고, 보다 넓은 범위의 추종자들을 위한 공개적인 성격을 띠고 있음을 알게 된다. 누가복음의 제자도의 이런 특징은 누가복음의 삶의 정황으로부터 비롯된 누가 공동체의 덜 핍박적인 상황과 조화를 이루고 있는 것으로 보인다. 그러나 만일 우리가 이 점을 계속 유지하자면, 누가가 마가와 비교할 때 좀더 넓은 범위의 제자 그룹을 염두에 두고 있었다고 주장할 수 있는 증거를 좀더 확보해야 할 필요성이 있을 것으로 보인다. 따라서 이런 견지에서 그룹 범위의 크기의 견지에서 누가가 제자들을 어떻게 보고 있는지를 살펴보는 것은 유익하리라 생각한다.

누가가 염두에 두었을 제자 그룹의 범위를 알기 위해서는 먼저 10장 1-16절의 "칠십 인 전도 파송 사건"을 눈여겨볼 필요가 있을 것이다. 비록 ἑβδομήκοντα(칠십) 혹은 ἑβδομήκοντα δύο(칠십이)[21]가 본문에서 제자라고 불리고 있지는 않지만, 그들을 제자라고 볼 수 있는 몇 가지 증거를 우리는 본문에서 찾을 수 있다.

(1) 여기서 사용된 ἑτέρους(달리)는 열두 사도의 이전의 선교 여행을 생각나게 한다(9:1, 10).[22] 따라서 10장 1-17절에서의 칠십 인 혹

---

[21] 파송받은 사람들의 정확한 숫자는 사실 불확실하다. 그러나 우리의 주제에 관한 한 그것은 별로 중요하지 않다. 최소한 칠십 명의 사람들이 예수님의 복음을 갖고 파송되었다는 사실 자체만으로도 우리의 목적을 위해서는 충분하다. 이 문제에 대한 상세한 설명을 원한다면 다음의 책들을 참조하기 바란다: Evans, *Commentary*, 444-5; B. M. Metzger, *A Textual Commentary on the Greek New Testament*(London: UBS, 1971), 150-1.
[22] Plummer, *Commentary*, 271.

은 칠십이 인의 선교 여행은 두 번째 여행임을 알게 된다. 이런 의미에서 ἑτέρους는 두 선교 여행을 연결짓고 있는 것으로 보인다.

(2) 긴밀하게 짜여진 10장 1-24절의 문맥의 견지에서 볼 때 ἑβδομήκοντα는 10장 23절에서 μαθηταί(제자)라고 불리고 있음을 우리는 발견한다.

(3) 만일 우리가 10장 1절의 선교 여행이 9장 1-9절에서의 여행과는 다른 독립적인 사건이라고 인정한다 할지라도, 그 내용, 즉 예수님의 가르침이 9장 1-9절에 있는 제자들에 대한 가르침과 별로 다름이 없다는 것에 주목해야 할 것이다.[23]

(4) ἀνέδειξεν(세우사; 10:1) 또한 여기서 사소하게 취급되어서는 안 될 것이, LXX와 헬라 문헌에서 이 단어는 직분의 임명을 의미하는 전문적 의미로 사용되기 때문이다.[24]

(5) 쉬바이쳐가 지적한 바와 같이, 예수님의 가르침의 결론(10:26)은 그 명령들이 다름아닌 바로 제자들을 대상으로 한 것임을 보여준다.[25]

---

[23] 예수님의 가르침은 크게 두 범주, 즉 금지와 명령으로 나누어지는데, 이는 두 번의 선교 파송 사건에 모두 공통적이다. 비록 특별한 물건, 예를 들면 βαλλάντιον(전대)와 ὑποδήματα(신)가 다르기는 하지만, 명령의 모티프는 완전하게 다르지 않다. 어떤 의미에서는 칠십 인 파송의 경우가 열두 제자 파송보다 더 엄격한 것으로 보인다. 왜냐하면 열두 제자들에게는 ὑποδήματα(신)조차 허락되지 않았기 때문이다. 이 점은 우리에게 한 가지 질문을 야기시킨다. 칠십 인이 μαθηταί가 아니라면 어떻게 그들에게 더 엄격한 금지의 명령이 주어질 수 있었을까?

[24] *Polb.* 4:48.3; 4:51.3; *Diod. S.* 1:66.1; 13:98.1; *Jos. Ant.* 14:280; 20:277; *2Mac.* 9:23, 25; *1Esdras* 8:23.

[25] *Luke*, 176-7. Cf. 막 10:40; 요 12:48; 13:20; 살전 4:8.

(6) 마지막으로, 이런 맥락에서 사도들에 대한 예수님의 고별 설교 가운데서(22:35-38) 우리는 예수님이 그 사역의 초기의 제자들 파송 사건을 언급하는 부분이 있음을 발견하게 된다. 여기서 예수님은 $βαλλάντιον$, $πήρα$, $ὑποδήματα$ 등을 언급하는데, 이들은 10장 4절에 나오지 9장 3절에서는 나오지 않는다.[26] 이런 사실을 통하여 우리는 칠십 인 가운데 열두 사도가 포함되었음을 알게 되며, 따라서 이들을 $μαθηταί$라고 불러도 전혀 불합리하지 않음을 깨닫게 된다.[27]

둘째로, 상기의 결론을 돕는 누가복음과 마가복음 사이의 또 다른 차이점 하나를 우리는 유념해야 할 것이다. 그 차이점이란, 마가복음 과는 달리 누가복음에서는 $ὄχλος$(무리)와 $λαός$(백성)가 $μαθηταί$와 함께 예수님의 가르침의 대상이 되고 있다는 사실이다.[28] 따라서 그들

---

26) Johnson, *Literary Function*, 163; Karris, "Poor and Rich", 118-9.
27) Cf. Marshall, *Commentary*, 824; Plummer, *Commentary*, 505.
28) (가) $ὄχλος$는 예수님과 세례 요한으로부터 많은 가르침을 받고 있는 것으로 묘사되고 있다. ① 3:10-11에서, 그들은 음식과 옷을 없는 자들과 함께 나누라는 명령을 세례 요한으로부터 받는다. ② 8:4-8에서, 씨 뿌리는 자의 비유가 그들에게 주어진다. ③ 9:23-27에서, 예수님으로부터 자기 목숨을 잃을 각오를 하고 자기 십자가를 지고 주님을 따르도록 명령받고 있다. ④ 11:29-36에서, 무리들은 회개하도록(29-32절), 그리고 예수님을 전적으로 영접하도록 권고되고 있다. ⑤ 14:25-35에서, 제자도에로 부름받는데, 이는 공관복음 가운데 누가만이 기록하고 있는 부분이다.
(나) $λαός$는 포도원 품꾼의 비유(20:9-18)에서 청중으로 등장한다.
$ὄχλος$와 $λαός$가 각기 별도로 예수님의 가르침의 대상이 되고 있는 이상의 경우 외에도 $ὄχλος$와 $λαός$가 $μαθηταί$와 함께 예수님의 가르침의 대상이 되는 몇 번의 경우가 있다. ① 평지 설교는 $μαθηταί$(6:20)와 $λαός$(7:1)를 모두 대상으로 하고 있다. ② 누가복음 12장의 예수님의 다양한 가르침은 $μαθηταί$(12:1, 22)와 $λαός$(12:13, 54)를 모두 대상으로 하고 있다. 그러나 이들 가르침 가운데 지혜롭고 신실한 청지기 비유(12:42-48)는 $μαθηταί$만을 대상으로 하고 있는 것으로 보이는데, 이는 누구에게 주시는 비유냐고 물은 베드로의 질문에 대한 답변 가운데 예수님이 사용한 $ἄρα$(then)란 단어 때문

또한 예수님의 가르침과 설교의 대상이라는 점에서, ὄχλος와 λαός는 넓은 의미에서 역시 제자로 볼 수 있을 것이다. 이런 맥락에서 앞의 결론을 지지하는 두 개의 중요한 구절을 살펴봄이 좋을 것이다. 6.17= ὄχλος πολὺς μαθητῶν αὐτοῦ(그 제자의 허다한 무리와), 19.37=ἅπαν τὸ πλῆθος τῶν μαηθτῶν(제자의 온 무리가). 이 두 구절에서 우리의 관심을 끄는 점은 μαθηταί가 ὄχλος와 혹은 πλῆθος와 관련되어 나타난다는 사실이다. 누가복음에서 ὄχλος와 πλῆθος는 각기 많은 수의 사람들을 가리키는 칭호로 알려져 있다. 이 두 구절에서 드러나는 사실은 누가의 시각에서 볼 때 제자들은 결코 제한된 숫자의 무리들이 아니라는 것이다.29)

이상의 논의를 종합할 때 우리의 결론은 다음과 같다. 누가의 관점에서 μαθηταί는 폐쇄된 그룹의 추종자들이 아니라 넓은 범위의 일반적 추종자들로서, 모든 것을 버리고 예수님을 실제로 뒤좇은 ἀπόστολοι와는 달리, 각기 그들의 집에 머물면서 예수님의 가르침을 따라 살기를 기뻐하는 무리들이었던 것이다. 따라서 사실상 누가복음에서 제자도는 모든 사람들에게 열려 있는 것이다(9:23-27; 14:25-35). 그러므로 이제 우리는 누가복음에서 제자들의 범위는 마가의 그것과는 매우 다름을 깨닫게 된다.

이다(12:42).
    λαός에 대한 누가의 특별한 관심에 유념하면서 크로들은 주장하기를, λαός는 예수님과 그 가르침에 매우 우호적이며, 이는 특별히 예루살렘 기사 (19:28-24:53)에서 두드러지게 발견된다고 말한다: J. Krodel, "Luke's Use of Laos, 'People', especially in the Jerusalem Narrative(Lk 19,28-24,53)", *CBQ* 31[1969], 327-343.
29) Beck, *Christian Character*, 94; Giles, "The Church", 125-8.

그러면 이제 이런 특징과 관련하여 사도행전의 경우를 살펴보기로 하자. 사도행전에서 제자들에 대한 누가의 묘사를 논의함에 있어서 먼저 우리가 주의해야 할 점은 μαθηταί가 ἀπόστολοι와는 분명하게 구별되면서(2:41; 6:2, 7; 9:1, 10, 26, 28; 11:29), 초대 교회 내의 개인(9:36; μαθήτρια=9:10, 여제자)이나 회중(會衆)을 가리키는 데 사용되고 있다는 점이다. 이와 함께 πλῆθος, ὄχλος, ἀδελφοί 또한 초대 기독교 공동체의 그리스도인들을 가리키는 데 사용되고 있다.30) 이들에 추가하여, 두 구절을 우리는 눈여겨보아야 할 것이다. ① 사도행전 6장 2절은 τὸ πλῆθος τῶν μαθητῶν(모든 제자를)과 πλῆθος와 μαθηταί를 결합시키고 있는데, 이는 누가복음 19장 37절과 대응이 된다. ② 사도행전 11장 26절에서 ὄχλος(무리)는 μαθηταί(제자)와 함께 나란히 등장하는데, 이는 누가복음 6장 17절을 연상시킨다. 이러한 것들은 모두 두 권의 책을 통하여 제자에 대한 자신의 견해를 유지하기 위해 누가가 의도적으로 기울인 노력의 결과라고 여겨진다.

사도행전에서의 제자들에 대한 이런 묘사는 누가복음의 묘사를 확증하는 것이다. 사도행전에서 초대 교회 전체 회중을 μαθηταί라고 부르면서(참조. 행 6:1, 7), 그리고 이 μαθηταί를 예수님의 지상 사역 중 예수님을 뒤좇았던 많은 추종자와 일치시키면서, 누가는 그 공동체 구성원들에게 그들 또한 본질상 과거의 역사적 제자들과 똑같은 신분을 소유하고 있는 예수님의 제자라는 사실을 알려 주고자 했던 것이다.31)

---

30) πλῆθος=행 4:32; 5:14; 6:6. ὄχλος=행 1:15; 11:24, 26. ἀδελφοί=행 9:30; 11:1
31) C. H. Talbert, "Discipleship in Luke-Acts", in *Discipleship in the New Testament*(ed., by F. F. Segovia[Philadelphia: Fortress, 1985], 71-73. 쉬나켄부르

누가-행전의 제자 그룹의 범위에 관한 이제까지의 논의를 정리하면, 우리는 마가복음과는 대조적으로 누가의 글에서 제자들은 적은 수의 추종자도 폐쇄된 그룹도 아니고, 오히려 넓은 범위의 추종자들임을 발견하게 된다.

3. 두 종류의 제자직(弟子職)

공관복음에서 예수님은 여러 번에 걸쳐서 그 제자들에게 자신을 따르기 위하여 가진 바 모든 것, 예를 들면 가족이나 재산 등을 포기할 것을 요구하시고 있다. 누가는 이런 요소를 특히 더 강조하고 있는데, 그 이유는 다른 복음서 기자들보다 이 점에 관하여 더 많은 주님의 명령을 기록하고 있기 때문이다.[32] 그러나 모든 그의 추종자들이 예수님의 이런 명령을 문자 그대로 따르지 않았던 것은 분명하다. 어떤 이들은 마가복음의 제자들처럼 엄격하게 그 명령에 따라 움직였지만, 다른 이들은 그렇지 않았다. 따라서 여기 누가복음에서 우리는 그 지상 사

크도 두 단계의 제자도 개념을 요약하면서 이 점을 지적하였다: "예수님이 지상 사역 중 좁은 의미의 추종자들, 즉 자신과 인격적 교제를 가지며 자신의 설교를 돕도록 자신에 의해 부름받은 제자들에게 하신 요구는 부활 후, 즉 이전의 특별한 의미의 제자도가 더 이상 존재하지 않게 되었을 때 모든 그리스도인들에게 전가(轉嫁)되었다"(R. Schnackenburg, *Moral Teaching of the New Testament*[London: Burns & Oates, 1982], 48. Cf. 50-51.

32) 일례를 들면, 14:33은 누가만의 것이며, 9:57-62 역시 마가복음에서는 발견되지 않는다. 아울러 12:33과 11:41은 그의 신학적 목적에 맞게 누가가 적절하게 수정한 것으로 생각된다.

역 중 예수님을 좇았던 자들 중 두 종류의 다른 제자들을 발견하게 된다. 누가복음에서 부각되는 이들 두 종류의 외견상 다른 제자들을 구별하기 위하여, 우리는 편의상 베크(Beck)가 그의 저서에서 사용하고 있는 용어를 사용하고자 한다: 유랑(순회) 제자들(the itinerant disciples)과 정착 제자들(the sedentary disciples).33) 이제 그러면 누가의 제자도의 이런 특징들을 좀더 자세하게 살펴보기로 하자.

1) 유랑 제자들

누가복음에 등장하는 유랑 제자들과 관련하여 몇몇 제자들은 예수님의 부르심에 문자 그대로 응답하여 지상 사역 중의 예수님을 뒤따르기 위하여 일체의 가족관계와 재산을 포기한 것으로 나타나고 있다.

(1) 첫 번째 제자들, 즉 베드로, 요한, 야고보는 예수님이 그들을 사람을 취하는 어부가 되도록 부르셨을 때 모든 것($πάντα$)34)을 버리고

---

33) Beck, *Character*, 95. 비록 베크가 누가복음의 다른 두 종류의 제자직을 가리키기 위해 이 용어들을 사용하고 있기는 하지만, 사실상 이 점을 충분하게 연구하고 있는 것으로 보이지는 않는다. 베크는 마르다와 마리아, 그리고 거라사의 치유받은 광인(狂人)을 언급하고 있으나, 갈릴리 여인들과 삭개오의 경우는 생략하고 있으며, 심지어 레위에 대해서는 언급조차 하고 있지 않다. 로핑크 또한 이 모티프에 관심을 표하고 있다; G. Lohfink, *Jesus and Community*(London: SCM, 1985), 31-35. 그러나 그의 궁극적 관심은, 그가 주장하기를 "확고하게 설정된 그룹"인 제자들의 공동체가 이스라엘의 상징적 대표라는 사실에 있다.

34) 마가가 최초의 제자들이 그물과 아비를 버린 것으로 묘사하고 있는 데 반해, 누가가 여기서 $πάντα$를 사용한 것은 제자들의 포기를 완전하게끔 만드는 "부르심의 완전성"(the totality of the call; Pilgrim, *Good News*, 87)을 강조하고자 했던 것으로 보인다. 보봉은 여러 구절들을 취합한 후(5:11; 9:62; 12:33; 14:16, 33), 이런 포기의 절대성을 "누가적 급진주의"(lukanischen

주님을 좇아갔다(5:11). 최초의 제자들의 이런 포기는 후에, 즉 누가복음 18장 28절에서 "우리가 우리의 것(τὰ ἴδια)을 다 버리고 주를 좇았나이다"라고 하는 베드로의 고백에서 확증된다.35) 또한 누가복음 9장의 열두 제자와, 우리가 위에서 제자로 간주한 바 있는 누가복음 10장의 칠십 인 또한 예수님이 그들에게 주신 명령을 따라서(9:3; 10:4) 하나님의 복음을 전파하기 위한 전도 여행 중 그들 개인의 재산과 소유를 포기했을 것이라고 가정하는 것은 불합리하지 않을 것이다.36) 이들 세 기사는 유랑 제자들의 경우를 소개해 주고 있다: 제자들 중

Radikalismus)라고 명명한다(Bovon, *Lukas*, 235). 한편, 에반스는 제자들의 이러한 포기를 "제자도 대가의 일반화"(a generalization of the cost of discipleship)라고 부르고 있으며(Evans, *Commentary*, 292), 모리스 또한 모든 것을 포기함으로써 그들은 "완전한 의미에서 제자들이 되었다"고 주장하고 있다(Morris, *Commentary*, 114). Cf. Thompson, *Commentary*, 98; Schmidt, *Hostility*, 140.

35) 누가는 여기서 막 10:28의 πάντα를 τὰ ἴδια로 바꾼다. 초대 교회에서 행해진 관습인, 모든 것을 나눠 갖는 공동체적 삶의 특성을 보여주는 τὰ ἴδια가 누가복음의 이 곳과 행 4:32에서만 발견되는 것에 착안하여 에반스는 주장하기를, "여기서 ta idia는 집(재산의 의미)과 소유로 간주된 아내…자녀를 요약한 것으로 생각된다"고 말한다(Evans, *Commentary*, 653-4). Cf. Thompson, *Commentary*, 228. 카리스 또한 누가가 이 단어를 사용한 것에 주목하고 있지만 다른 견해를 제시하고 있다: "눅 18:28은 5:11(5:28)을 회고하고 행 4:32을 예견하면서, 재물 문제에 대한 누가의 중요한 답변 중 하나를 소개하고 있다: 공동체 내의 가난한 이들을 위한 ta idia의 자발적 나눔(共有)"(Karris, "Poor and Rich", 123). 한편, 이런 맥락에서 누가 문헌에서의 ἴδιος의 용례에 의존하면서(눅 6:41, 44; 10:34; 행 1:7, 19, 25; 3:12; 4:23, 32; 13:36; 20:28; 21:6; 24:23, 24; 25:19; 28:30), 쉬미트는 ἴδιος를 "소유권"의 의미로 해석하고자 한다(Schmidt, *Hostility*, 158).

36) 칠십 인이 열두 사도와 함께한 예수님의 전도 여행의 전 과정에 참여했는지는 확실하지 않다. 10장에 언급된 이후 다시는 언급되지 않으므로, 아마도 칠십 인은 10장에서의 전도 여행 이후 각기 그들의 집으로 되돌아갔을 가능성이 높은 것으로 보인다. 즉 칠십 인은 한때는 유랑 제자였으나, 그 후로는 정착 제자로 남게 되었을 것으로 보인다.

일부는 예수님의 명령을 엄격하게 준수하여 예수님을 따르기 위하여 문자 그대로 가진 바 모든 것을 포기했던 것이다.

(2) 이 점에서 예수님이 자신을 문자 그대로 따르기를 원했던 자들을 위해 하나의 살아 있는 본보기가 되셨다는 것은 매우 의미심장한 일이다. 하나님을 섬기기 위해, 즉 하나님 나라의 복음을 전파하기 위하여 예수님은 그 자신의 가진 바 모든 것, 즉 집, 모친, 형제 및 자매를 포기했으며,[37] 그리하여 심지어 머리 둘 곳조차 없는 무일푼의 유랑자가 되었던 것이다(8:19-21; 9:58; Cf. 2:41-51).[38] 따라서 누가복음 6장 40절("제자가 그 선생보다 높지 못하나 무릇 온전케 된 자는 그 선생과 같으리라")의 견지에서 볼 때, 예수님이 자기를 따르고자 원하는 이들에게 자신이 이미 한 것과 똑같은 포기를 요구한다고 하는 것은 그렇게 놀라운 일은 아닌 것이다.[39]

2) 정착 제자들

앞서 언급한 바와 같이, 예수님으로부터 제자가 되기 위하여 가진 바 모든 것을 포기하라는 명령을 받은 이들 가운데 누가복음에 따르면 일부는 유랑 제자들처럼 엄격하게 그 말씀을 지키지 않은 것으로 보인다. 즉 여전히 집에 머물면서 가정을 돌보고 또 직장을 갖고 있는 것으

---

[37] Cf. 막 6:3; 3:33 이하; 10:29.
[38] 쉬바이쳐는 이 점을 다음과 같이 설명하고 있다; "예수님은 자신(自信)을 포기하고 온전히 하나님만을 의지하는 어린아이 같은 삶을 실천하심으로 나아갈 길을 인도하고 있다"(Schweizer, *Luke*, 286-7). Cf. Geldenhuys, *Commentary*, 296; Pilgrim, *Good News*, 97.
[39] Cf. Ellis, *Commentary*, 130, 151; Pilgrim, *Good News*, 97.

로 보인다. 그러나 비록 그들의 반응이 유랑 제자들의 반응처럼 엄격하지는 않다 할지라도, 그들이 예수님의 명령을 어떤 다른 방식으로든지 준수한 것은 분명하다. 그러면 이제 정착 제자들에 해당하는 경우를 살펴보기로 하자.

(1) 레위의 경우, 외견상 그 그림이 분명하지 않지는 않지만, 이 범주에 속한다고 여겨진다. 이 이야기에서 발견되는 한 가지 문제점은, 비록 레위가 예수님의 부르심을 듣고 주님을 따르기 위해 모든 것($πάντα$)을 포기했다 할지라도, 바로 그 다음에 이어지는 장면에서 레위가 그의 집에서 예수님과 그 제자들을 위하여 큰 잔치를 배설한 것으로 기록되어 있다는 사실이다(5:29 이하).[40] 따라서 우리는 레위가

---

[40] 누가의 시각에서 볼 때, 5:27-29의 레위는 누가복음에 나오는 사도들의 명단(6:13-16)에 따르면 열두 사도 중 하나가 아님이 분명하다. 그러나 예수님이 주도권을 가진 그의 부르심의 패턴이 후에 사도가 된 첫 번째 제자들의 경우에서(5:1-11) 우리가 발견할 수 있는 것과 똑같기 때문에, 레위는 아마도 사도의 일원이었으되 명단에서 다른 이름으로 등장했을 가능성이 있다(Pilgrim, *Good News*, 89; Cf. Schottroff & Stegemann, *The Hope*, 71, 81; Sweetland, *Journey*, 26). 다음은 우리가 두 번의 부르심 사건에서 공통적으로 발견할 수 있는 패턴의 특징들이다. ① 양 사건에서 첫 번째 제자들과 레위는 그들이 한창 그들의 일에 전념하고 있을 때 예수님의 부르심을 받았다(5:2/5:27). ② 예수님은 그들을 자기 제자가 되도록 부르심에 있어서 주도권을 가지셨다(5:10/5:27). ③ 예수님의 부르심을 들었을 때, 그들은 즉각 모든 것을 버리고 주님을 좇았다(5:11/5:28).

이런 공통의 특징 외에, 우리가 열두 사도 중 오직 세 명, 즉 베드로, 요한, 야고보(유다는 그의 특별한 역할 때문에 제외하고)만이 부각되고 나머지 사도들은 비록 사도들이지만 베일에 가린 것처럼 묘사되고 있다는 사실을 참작할 때, 레위의 부르심이 자세하게 되었다는 것은 레위가 특별히 선택된 그룹의 일원이었음을 가리키는 것일는지도 모른다. 그러나 동시에 누가가 마가복음 본문을 수정한 것(막 3:17/눅 6:14), 즉 "알패오의 아들"을 생략한 것을 우리는 주목해야 할 것이다. 누가는 사도들의 명단의 야고보와 혼동하지 말도록 하기 위해 이 구절을 생략한 것으로 보인다(Evans, *Commentary*, 305;

πάντα를 포기했다는 것이 무엇을 의미하는지 확신할 수 없는 것이다.41) 그러나 이 기사에서 우리의 일차적 관심은 레위가 그의 재물과 재산(즉 집)을 예수님과 그 제자들을 대접하기 위해 사용했다는 사실에 있다. 레위는 그 재물을 털어서 자발적으로 거지가 되어 다른 사람들의 접대에 의존하게 된 유랑 설교자와 그 제자들을 위하여 잔치를 베풀었던 것이다.42)

(2) 누가는 독특한 자료 하나를 보존하고 있는데, 여기서 우리는 유랑 설교자였던 예수님과 그 제자들 일행이 전도 여행 중 어떻게 그들의 일상적 필요를 충족시켰는지를 알게 된다.43) 누가복음 8장 1-3절에서 갈릴리 여인들, 예를 들면 막달라 마리아, 구사의 아내 요안나, 수산나 등은 열두 제자와 함께 예수님의 여행에 동참했을 뿐만 아니라 그들의 소유로 주님과 사도들을 섬겼다고 기록되어 있다. 예수님과 같은 랍비에게 이것은 당대의 유행하는 관습과 어울리지 않는 모습이다.44) 그러나 이 기사에서 드러나는 것은, 비록 이들 갈릴리 여인들이

Cf. Ellis, *Commentary*, 107). 그러므로 누가복음 본문에 관한 한, 레위는 특별히 선택된 그룹에 들지 않았음이 분명한 것이다.

41) 모든 것(πάντα)을 버릴 때 레위는 그 모든 것에 포함되지 않은 것으로 보이는 그의 집에 있지 않았음에 유념하면서, 플러머는 주장하기를 "πάντα는 그의 삶의 방식, 즉 세리(τελωνής)로서의 직업"을 가리킨다고 말한다(Plummer, *Commentary*, 160). Cf. J. A. Bengel, *Gnomon of the New Testament* (Edinburgh: T & T Clark, 1866), 2:61. 마샬 또한 레위의 행동을 문자적으로 받아들이고 있지 않다(Marshall, *Commentary*, 219).

42) 제자들의 선교 여행을 위해 주신 예수님의 명령에 따르면, 제자들은 돈이나 지갑(전대; 9:3; 10:4)을 가지지 말도록 금지되었는데, 그렇다면 그들은 사실상 거지(πτωχοί)와 다름이 없었을 것이다.

43) Morris, *Commentary*, 151; Caird, *Commentary*, 115.

44) 이 점에 대해 위더링턴은 다음과 같이 논평한다: "유대 여인이 가정을 떠나 랍비와 함께 여행한다는 것은 전대미문(前代未聞)적 사건일 뿐만 아니라 일

예수님을 개인적으로 뒤따랐지만(Cf. 23:49, 54; 24:10), 여전히 사유 (사유) 재산을 소유하고 있었다는 사실이다. 즉 그들은 사도들과 함께 여행다니면서도 유랑 제자들처럼 철저하게 재물을 포기하지 않았던 것이다.45) 그 대신, 이들은 하나님의 나라를 선포하기 위하여 $πάντα$를 포기한 예수님과 그 제자들을 위하여 그들 자신의 재물을 선용(善用)하였다.46) 이로 인해 유랑 선교사들은 스스로 자신의 일상적 필요를

종의 스캔들인 것이다"(B. Witherington, *Women in the Ministry of Jesus* [Cambridge: University Press, 1984], 117). Cf. Schweizer, *Luke*, 142; Evans, *Commentary*, 366. 그러나 이 문제에 관한 에른스트의 논평은 예수님의 행동을 잘 설명해 주고 있다: "예수님은 그와 같은 뿌리 깊은 선입견에 크게 괘념하지 않는다(눅 7:36-50; 10:38-42; 막 14:3-9; 요 11:1-6, 17-27, 28-33a, 39f.). 그는 그 자신의 행동으로부터 어떤 프로그램을 만들지는 않고 있지만, 그의 행동은 '걸림돌'이 된다. 이런 예수님의 행동은 더욱 확대되었고, 후대 복음 전파의 보수적인 경향에도 불구하고(비교, 고전 11:7-16; 14:34ff.; 골 3:18; 엡 5:22; 딤전 2:10-15), 새로운 방향을 제시하게 되었다"(J. Ernst, *Das Evangelium nach Lukas*[Regensbury: Friedrich Puster Regensburg, 1976], 262). 벵겔(Bengel, Gnomon, 2:78), 그룬트만(Grundmann, Lukas, 174), 위더링턴(*Women*, 118) 또한 이런 함축적 의미를 언급하고 있다. Cf. Morris, *Commentary*, 150.

비록 이들 갈릴리 여인들이 누가복음에서 예수님의 십자가 처형과 장사(葬事) 장면에 다시 등장하기는 하지만, 여행 기간 동안에는 예수님의 일행과 함께 다시 나타나지 않는다. 따라서 과연 그들이 예수님의 사역의 마지막까지 내내 예수님과 그 제자들 일행과 함께 동행했는지는 분명치 않다(cf. F. W. Danker, *Jesus and the New Ages*[St. Louis: Clayton Publishing House, 1974], 101. 그러나 쉬바이쳐와 에반스의 지적처럼, 누가가 이 이야기를 "누가가 속했던 공동체에서 여인들이 담당했을 봉사직을 미리 암시하기 위해 추가시켰을 것이란 주장은 그렇게 불합리하지만은 않다(Schweizer, *Luke*, 142). 그럼에도 불구하고, 누가가 없는 이야기를 꾸며냈을 것이라고는 전혀 생각할 수 없는 것이다. Cf. Witherington, *Women*, 117; Marshall, *Commentary*, 317.

45) Cf. B. Gordon, *The Economic Problem in Biblical and Patristic Thought*(Leiden: E. J. Brill, 1989), 69.
46) 아마도 이들 여인들의 지출 규모는 예수님 주변의 모든 유랑 전도자들을 감

충족시켜야 하는 일에 마음을 빼앗기지 않은 채 전적으로 사역에 전념할 수 있었던 것이다.

(3) 누가복음에서 예수님과 그 제자들은 마가 및 마태복음과 비교해 볼 때 보다 자주 다른 사람들로부터 점심이나 저녁 식사에 초대받은 것으로 나타나고 있다(눅 7:36ff.; 11:37ff.; 14:1ff.). 따라서 복음 전파를 위해 제자들을 파송하면서 주신 예수님의 명령 가운데 이런 접대의 요소가 담겨 있음을 발견하게 되는 것은 그리 놀라운 일이 아니다(9:3-5; 10:4-11).[47] 마르다와 마리아는 예수님과 그 제자들 일행을 자신의 집에 초대하여 접대를 한 사람들 중 일부였던 것이다.[48] 여기서 우리의 주된 관심은 예수님과 그 제자들 일행을 위한 이런 접대(이것은 누가복음 8장 1-3절에서 우리가 발견한 모습과 일치한다)가 또한 소유와 재물의 올바른 사용의 실례를 제시해 주고 있다는 점이다.

이 기사에서 우리가 주목해야 할 또 다른 부분은 누가가 마리아를 주님의 발 아래 앉아 있는 것으로($παρακαθέζομαι$, 10:39) 묘사하고

안할 때 상당히 컸을 것으로 추정된다. 이것은 그들이 "상당한 재력을 가진 사람들"임을 가리키는 것이다(Plummer, *Commentary*, 216).
[47] "철저한 재산 포기와 경제적 의존은 남자들에게만 적용되었으며, 그것도 단지 '주의 은혜의 해'의 기간 동안에만 적용되었다"(Gordon, *Economic Problem*, 70)고 주장하는 고든의 견해는 개연성이 별로 없는 것으로 보인다. 그 이유는, 비록 갈릴리 여인들이 그 재산 전부를 포기하지는 않았지만, 다른 사람들을 위하여 그 재물의 소유권을 포기했다는 것이 확실하기 때문이다. 따라서 이런 의미에서 볼 때 갈릴리 여인들이 유랑 제자들과 다른 방식으로 "철저한 재산 포기"를 경험했다고 진술하는 것은 틀린 말이 아닌 것이다.
[48] 쉬바이쳐는 팔레스타인에서 "접대는 용인(容認)된 사회 관습"이라고 지적한다(*Luke*, 152). Cf. Caird, *Commentary*, 116.

있다는 점인데, 이런 표현은 "'제자됨'을 뜻하는 기술적 형식"(참조. 행 22:3; 눅 8:35)으로 간주되고 있다.[49] 그렇다면 마리아의 이런 모습에서 우리는 누가가 마리아를, 비록 유랑 제자들처럼 그녀의 재산이나 가정을 포기하지는 않았지만 주님의 가르침을 따라 사는, 정착 제자의 한 모델로 소개하고 있음을 발견하게 된다.[50]

(4) 삭개오 기사는 마르다/마리아 기사와 유사하게 다뤄질 수 있을 것이다. 여기서 놓쳐서는 안 될 한 가지 사실은 예수님이 삭개오로 하여금 자신을 섬기게 하도록 주도권을 가졌다는 것이다(19:5). 여하튼 그 날 삭개오는 유랑 설교자와 그 일행을 자신의 집으로 초대하여 접대했다는 것은 분명한 사실이다. 마르다/마리아 사건과 마찬가지로 삭개오도 자신의 집과 재물을 예수님과 그 제자들을 섬기기 위해 유용하게 사용했던 것이다. 이 기사에서 주목해야 할 또 다른 중요한 포인트는 삭개오가 가난한 자들에게 자신의 소유의 절반을 주겠으며, 만일 다른 사람의 것을 토색했다면 사 배로 갚겠다고 약속했다는 사실이다(19:8). 비록 삭개오가 재물의 완전한 포기를 약속하지는 않았지만, 그의 약속은 가난한 자들을 위한 상당한 재산의 손실을 뜻하는 것이다.[51] 삭개오의 이런 선행은 예수님에 의해 특별한 인정을 받게 된다:

---

49) 한편으로는 "남자들을 집에 초대하는 가정의 주인으로서의 마르다의 모습은 팔레스타인에서는 거의 이해될 수 없는 부분이다"라고 지적하면서도, 쉬바이쳐는 다른 한편으로는 "예수님은 어떤 프로그램을 개발한 것이 아니라 장차 커다란 영향을 끼치게 될 변화를 시작하셨음"을 인정하고 있다(*Luke*, 142-3). Cf. Witherington, *Women*, 100-3.
50) Witherington, *Women*, 101; Ellis, *Commentary*, 161. 누가복음 8장 35절과 39절에 근거하여, 벡크는 거라사의 치유된 광인을 또한 예수님의 정착 제자 중 하나로 간주하고 있다(*Character*, 85).
51) 비록 마르다가 많은 일로 염려한다고 예수님으로부터 일종의 책망을 받기는

"오늘 구원이 이 집에 이르렀으니 이 사람도 아브라함의 자손임이로 다"(19:9). 이런 사실로부터 우리는 누가에게 있어서 부자가 가진 바 전부를 팔지 않을 수도 있음을 발견하게 된다. 왜냐하면 "삭개오의 반응 또한 적법한 것이며, 베드로와 다른 사도들이 예수님의 초대에 대하여 보인 반응만이 유일한 길이 아니기" 때문이다.[52]

(5) 아리마대 요셉 또한 우리의 논의에 포함시켜야 할 것이다(눅 23:50-54). 누가는, 비록 산헤드린 공회의 일원이었지만, 예수님이 선포하신 하나님의 나라를 기다리는 인물로 아리마대 요셉을 소개하고 있다. 따라서 요셉이 빌라도에게 예수님의 시체를 달라고 요청하여 값비싼 세마포에 싼 후 이전에 사용되지 않았던 바위에 판 무덤에 장사했다는 것은 별로 놀라운 일이 아니다. 여기서 우리의 주목을 끄는 부

했지만(41, 42절), 예수님과 그 일행을 영접한 사람이 바로 마르다라는 사실은 인정되어야 할 것이다. 이런 의미에서 우리는 마리아가 예수님의 말씀을 듣기를 즐겨 하는 제자로서 소개되고 있다면, 마르다는 유랑 설교자와 그 제자들에게 접대를 베풂으로써 기독교의 이웃 사랑에 관한 예수님의 가르침을 실천에 옮기기를 즐겨 하는 제자로서 묘사되고 있다고 제안할 수 있을 것이다. 이것은 눅 8:21과 11:28에서의 예수님의 가르침과 조화되는 것으로 보인다: "내 모친과 내 동생들은 곧 하나님의 말씀을 듣고 행하는 이 사람들이라"(눅 8:21), "오히려 하나님의 말씀을 듣고 지키는 자가 복이 있느니라"(눅 11:28; 이 구절은 누가복음에만 나온다).

이런 맥락에서 이 기사를 앞서의 비유, 즉 선한 사마리아인의 비유와 한데 묶어 한 쌍의 이야기로 소개하고 있는 그룬트만의 견해는 의미 있는 것이라 생각한다. 두 이야기는 하나님에 대한 사랑의 결과로서 표현되어야 하는 이웃에 대한 사랑에 강조점을 두고 있다(*Lukas*, 225). 단커 또한 이 점에 유의하고 있으나, 이를 적절하게 적용하고 있지는 않다: "누가가 마리아/마르다 기사를 선한 사마리아 비유와 한데 묶고 있는 것은 율법주의적 비인간화에 대한 예수님의 도전의 말씀을 누가가 잘 이해하고 있음을 나타내 주는 것이다"(*Jesus*, 133-4). 이 기사에서 과연 우리는 "율법주의적 비인간화"와 관련된 무엇을 발견할 수 있을까?

52) Cf. Gordon, *Economic Problem*, 66.

분은 요셉이 자신의 재물과 소유, 즉 세마포와 무덤을 예수님을 위하여 기꺼이 사용했다는 것이다.53) 요셉의 이런 행동은 우리에게 재물(富)이 주님을 섬기기 위하여 사용되었던 또 다른 소중한 예를 보여주는 것이다.

(6) 이제까지 우리는 정착 제자들에 관한 실제 사건들을 논의했는데, 이제 우리는 자신의 제자가 되기 위하여 재산과 가족관계를 포기하라는 예수님의 요구가 유랑 제자, 곧 사도들과 같은 선택된 그룹에게만 해당되는 것이 아니라 예수님을 따르는 모든 이들에게 해당된다는 사실을 좀더 검토해 보아야 할 것이다. 14장 26절과 33절은 무리에게 하신 말씀이고 5장 27절과 18장 22절은 모든 잠재적 제자들, 즉 레위와 부자 청년들에 주신 말씀임을 우리는 본문으로부터 발견하게 된다. 그리고 이어지는 18장 23절 이하의 기사에서, 마가복음에서는 제자들이 부(富)의 위험에 대한 예수님의 교훈을 듣는 대상으로 등장하고 있는 반면에, 누가복음에서 그 교훈은 마가복음에서처럼 제자들이 아닌 단지 οἱ ἀκούσαντες(18:26, "듣는 자들")에게 주어지고 있다. 제자들에 대한 언급을 생략함으로써, 이 기사에서 누가는 "예수님의 논평이 부의 위험을 깨달아 알도록 환기시키면서 비제자들에게 주어진 것으로 간주되게끔" 의도하고 있다.54) 9장 57-62절 또한 일반 추종자들에게 주어진 것으로 볼 수 있는데, 왜냐하면 이 말씀이 이어지는

---

53) Karris, "Poor and Rich", 123.
54) 누가의 요셉 묘사로부터 우리는 아리마대 요셉 또한 부자였음을 알게 되는데, 그 이유는 보통 사람은 사적인 용도를 위하여 바위에 판 무덤을 소유하기가 힘들었기 때문이다(Evans, *Commentary*, 882; Morris, *Commentary*, 331).

기사, 즉 10장 1절 이하의 칠십 인 전도 파송 사건과 연결되어 있기 때문이다.

(7) 이들 사건들로부터 우리가 관찰할 수 있는 공통점은, 비록 정착 제자들이 예수님을 문자 그대로 뒤따르지는 않았다 할지라도, 누가는 예수님이 그들이 유랑 제자들처럼 자신의 명령을 문자적으로 실행하지 않았음을 책망하지 않은 채 그들을 현재 모습 그대로 받아들이고 있는 것으로 기록하고 있다는 사실이다.[55] 이러한 사실로 인해 우리는 그 반응이 모든 것을 포기하지 않은 이들 정착 제자들 또한 예수님의 제자로서 간주될 수 있다고 주장할 수 있는 것이다. 왜냐하면 그들은 예수님이 인정하신 다른 방식으로 재물과 가족관계를[56] 포기하라는 예수님의 명령을 실천에 옮겼기 때문이다.[57] 즉 그들은 하나님과 그의 왕국을 위하여 자발적으로 가난하게 되었던 주님과 그 제자들을 섬기기 위해, 또한 가난한 자들을 돕기 위해 그 재물을 사용했던 것이다. 이런 의미에서 볼 때, 우리는 유랑 제자들은 재물을 포기하라는 주님의 명령을 문자 그대로 실행한 반면, 정착 제자들은 그 재산의 **소유권**(ownership)을 포기하면서 예수님의 명령을 준수했다고 말할 수 있을 것이다.[58]

(8) 이제는 누가가 마가복음과 마태복음 보다 더 엄격한 재물 포기에 대한 예수님의 명령을 보존하면서(예, 눅 9:61-62; 14:33), 예수님

---

55) Marshall, *Commentary*, 686.
56) Cf. Bornkamm, *Jesus*, 147.
57) "이 점에 있어서 그 집에 남아 있는 추종자들과 제자들을 구분짓는 경계선은 없는 것이다"(Bornkamm, *Jesus*, 147). Cf. Blinzler, "Jeus", 93.
58) Cf. Gordon, *Economic Problem*, 64.

이 정착 제자들을 영접한 것으로 기록할 때 염두에 두었을 동기에 대하여 살펴볼 차례라고 생각한다.59) 이러한 외견상의 모순적 측면들은 누가복음의 삶의 정황(Sitz im Leben)과 관련되어 있는 것으로 보인다. 그리스도인의 삶의 계속적 상황에 대한 누가의 강조를 상기할 때 (이런 특징은 누가가 눅 9:23에서 καθ' ἡμέραν(날마다)을 추가한 사실에서 확인된다 - 이는 제자도의 일상적 의미와 파루시아의 지연을 가리키는 것으로 보인다), 우리는 어떻게 누가가 마가복음에서의 예수님의 문자적 명령을 상징적 의미로 받아들였는지를 이해할 수 있을 것

---

59) 비록 우리가 앞서 관찰한 것과 동일하지는 않지만, 고든 또한 경제적 문제와 관련하여 두 종류의 상이한 제자직 개념에 유의하고 있다(Gordon, *Economic Problem*, 64-76). 고든은 주장하기를, 그 재산을 포기한 제자들에 대한 누가의 묘사는 누가의 "반물질적이고 친의존적인 성향"을 나타내되(65), 동시에 누가행전에 등장하는 부유한 인물들, 예를 들면 삭개오, 마르다/마리아, 갈릴리 여인들, 루디아 등에 대한 누가의 묘사는 같은 동전의 다른 측면을 보여주고 있다고 말한다. 누가 사상의 이런 긴장에 대하여 고든은 다음과 같이 결론짓고 있다.

"결론적으로 말할 때, 누가는 제자도와 경제적 문제에 관하여 그가 경험한 긴장을 해결하는 데 실패하였다. 개인적으로 누가는, 참 제자는 오직 단기적인 분배에 있어서 발생하는 문제에 참여했다고 제안하였다. 생산과 미래의 계획에 관한 문제는 하나님 아버지께 맡겨져야만 한다. 그러나 예수님의 말씀과 행위, 초대 교회의 경험적 실재, 구원의 계획 안에서의 여자의 역할 등에 대한 누가의 견해는 단순히 그 자신의 이미지대로 그리스도인의 경제적 행동을 기술하지 못하도록 막았던 것이다"(70).

제자도와 경제적 문제에 관한 누가의 사상에 대한 고든의 문제는, 우리가 앞서 논의한 두 종류의 상이한 누가의 제자직과 두 가지의 다른 재산 포기에 대한 해석, 즉 문자적 및 상징적(metaphorical) 포기에 대한 인식의 부족에서 비롯된 것으로 생각된다. 그리고 고든이 제기한 긴장과 관련하여, 필자 또한 고든이 "누가 자신의 이미지"와 "그의 견해"를 구분짓고 있는 방식에 불만을 느낀다. 이렇게 구분짓는 기준이 무엇인가? 마지막으로, 누가를 "반물질적이고 친의존적 성향"을 가진 자로 판단하는 것은 적절치 못하며, 누가의 사상에 대한 지나친 표현이라고 생각한다.

이다. 즉 재물의 포기는 문자 그대로 재물 모두를 내버리는 것을 의미할 필요가 없게 된 것이다.[60] 요약하자면, 우리는 다음과 같이 결론내릴 수 있을 것이다. 누가는 재물의 완전한 포기를 문자 그대로 받아들이는데 집착하지 않았다. 왜냐하면 그것은 그의 공동체 내에서 별로 의미가 없기 때문이다. 그보다 누가는 재물의 바른 사용에 관심을 가졌는데, 그 이유는 그의 공동체가 가난한 자들의 문제와 부자들이 그 가진 재물로 인해 얻게 된 문제들로 어려움에 처해 있었기 때문이다.[61]

(9) 그러면 유랑 제자들의 경우에 대하여 우리는 무엇을 말할 수 있을 것인가? 이들의 경우는 예수님의 지상 사역의 시작부터 예수님과 그 제자들에 관하여 형성된 전승에 속하는 것으로 보인다. 예수님은 그 지상 사역 중 그를 뒤따른 일단(一端)의 무리와 함께 동행했고, 그 중 핵심이 되었던 이들이 바로 예수님이 친히 임명한 사도들이었던 것이다.[62] 따라서 누가는 이들 유랑 제자들의 경우를 다룸에 있어서 운신(運身)의 폭이 그다지 넓지 않았던 것으로 보인다.

(10) **요약과 결론**: 누가복음에서 우리는 정착 제자로 분류할 수 있

---

60) 이런 논지를 지지하면서, 카리스는 눅 14:33을 문자적이 아니라 약간은 상징적으로 해석하고 있다: "여기의 동사들을 참조할 때 이 구절의 번역은 다음과 같아야만 할 것이다: 모든 제자들은 그들의 재산을 포기할 준비를 갖추고 있어야만 한다"("Poor and Rich", 121). Cf. Marshall, *Commentary*, 594.
61) Cf. W. Wansbrough, "St. Luke and Christian Ideals in an Affluent Society", *The New Blackfriars*, 49(1968), 587.
62) 보른캄은 열두 제자의 임명은 부활 후 교회에 의해 창조된 것이 아니라 역사적 예수에게까지 소급되는 것이라고 주장한다. 누가복음에서의 사도들에 관한 좀더 자세한 정보를 위해서는 Schneider, "Die zwölf Apostel", 61-85; Cf. Blinzler, *"Jesus"*, 93.

는 몇몇 예수님의 추종자들을 발견하게 된다: 레위(5:27-29), 갈릴리 여인들(8:1-3), 마르다와 마리아(10:38-42), 삭개오(19:1-10) 그리고 아리마대 요셉(23:50-54). 흥미롭게도, 이 범주에 속하는 사건들의 수(數)는 유랑 제자들의 범주에 속하는 사건의 수보다 더 많다. 그리고 레위와 요셉의 경우를 제외하고, 여기에 언급된 다른 세 경우는 공관복음 중에서 오직 누가복음에서만 기록되어 있다. 우리의 논의로부터 얻어진 결론과 함께 이들 두 가지 특징은, 누가의 관심이 유랑 제자들에게만이 아니라 또한 정착 제자들에게도 있었다는 사실과, 또한 앞서 지적했듯이 누가가 재물의 완전한 포기보다는 재물의 바른 사용에 좀더 많은 관심을 가졌다는 사실을 밝혀 준다.

누가 신학의 이런 특징을 관찰한 후, 이제 우리는 누가가 재물의 전적인 포기의 과격한 개념을 보존하고 강조하되, 그것을 재물의 소유권의 포기로서 이해했다고 주장할 수 있을 것이다. 어떤 이들은 재물을 문자 그대로 포기함으로써 예수님의 명령을 지킨 반면, 다른 이들은 가난한 자들과 주님을 섬기기 위하여 그 재물을 사용함으로써 주님의 명령을 준수했던 것이다. 그리하여 다음 장에서 우리는 누가복음에서 두드러지게 나타나고 있는 주종(主從)관계의 주제를 탐구할 것이다.

누가복음에 나타난 주종(主從)관계 모티프

5

누가복음에 나타난 주종(主從)관계 모티프

제 5 장

전 장(前章)에서 재물과 관련된 누가의 제자도 개념에 관해 논의한 결과 우리는 제자도 개념이 과연 그의 재설정된 재물관을 완전히 포용하기에 적당한 개념인지 의심하지 않을 수 없다. 우리가 이 같은 의구심을 가지고 누가-행전을 읽는다면 아마도 제자도를 형성하는 스승-제자의 관계 대신 하나님/예수님과 그리스도인 간의 관계를 정의할 또 다른 유력한 모티프를 반드시 인식하게 될 것이다. 그래서 우리는 본 장에서 이 모티프와 관련지어 누가-행전의 자료들을 조사하고 누가가 이를 그의 글의 두드러진 특징의 하나로 발전시켜 나간 과정을 살펴보려 한다.

1. 용어의 용례 분석

주종관계(主從關係) 모티프에 대한 누가의 각별한 관심사를 연구하려면 우선 주인, 종 및 유관 개념들을 묘사하기 위해 누가가 사용하는 단어들의 용례를 조사하는 것이 유용할 것이다. 이 작업에 착수하기에 앞서 용어들을 네 가지 범주로 구분하는 것이 적절할 것이다. 첫째 범주는 누가만이 독자적으로 사용하는 용어이고, 둘째는 누가복음과 마태복음에 같이 나오는 용어이며, 셋째는 마가복음과 마태복음에도 사용되는 용어이고, 마지막은 주종관계 모티프에만 명확히 국한되지 않는, 약간은 일반적인 용어들이다.

1) 누가만이 사용하는 용어

주인과 종 사이의 관계에 대한 그의 집약된 관심을 강조하기 위해 누가는 사용할 수 있는 다양한 용어들을 구사하고 있는 것으로 보인다. 특히 그가 사용하는 용어들 대부분이 다른 복음서에 나타나지 않는다는 사실은 주목할 만하다.

(i) 예수님 또는 하나님의 호칭

a. $\epsilon\pi\iota\sigma\tau\acute{\alpha}\tau\eta\varsigma$: 눅 5:5; 8:24, 45; 9:33, 49; 19:13(7회) - 선생,

주

b. *δεσπότης*: 눅 2:29[행 4:24][1] – 주재

(ii) 종의 호칭

a. *οἰκέτης*: 눅 16:13[행 10:7] – 집하인
b. *οἰκονόμος*: 눅 12:42; 16:1, 3, 8(4회) – 청지기
c. *δούλη*: 눅 1:38, 48(2회), [행 2:18] – 계집종

(iii) 주종관계 모티프를 가리키는 기타 용어들

a. *οἰκονομία*: 눅 16:2, 3, 4(3회) – 청지기 사무
b. *οἰκονομέω*: 눅 16:2 – 청지기 사무를 하다
c. *διακονία*: 눅 10:40[행 1:17, 25, 6:1, 4; 11:29; 12:25; 20:24; 21:19(8회)] – (준비하는) 일
d. *περιζώννυμι*: 눅 12:35, 37; 17:8[행 12:8] – (허리에) 띠를 띠다
e. *κυριεύω*: 눅 22:25 – 주관하다
f. *ὑπηρετέω*: [행 13:36; 20:34; 24:23] – 섬기다

2) 누가와 마태가 같이 사용하는 용어들

a. *οἰκοδεσπότης*: 눅 12:39; 13:25; 14:21; 22:11(4회); 마 10:25; 13:27, 52(3회) – 집주인

---

[1] 본 장에서 나의 관심은 마가, 마태복음에서 발견되는 다른 지배적 모티프들과 대조하여, 주로 누가복음에 나타난 주종관계 모티프를 소개하고자 하는 것이기 때문에, 사도행전의 경우는 중요성에 있어 부차적인 것으로 소개하려 한다.

b. δουλεύω: 눅 15:29; 16:13⟨×2⟩/ 마 6:24⟨×2⟩ – 섬기다

c. παῖς(종): 눅 1:54, 69; 7:7; 12:45; 15:26(5회)[2]/마 8:6, 8, 13; 12:18; 14:2(5회)[3]

d. ἐπίτροπος: 눅 8:3/마 20:8 – 청지기

3) 마가, 마태와 같이 사용하는 용어들

a. κύριος(주):

	예수님[4]	비유	하나님	합계
누가	42	25	38	105
마가	6	2	7	15
마태	31	29	21	81

b. δοῦλος(종): 눅=27회[5]; 마=30회[6]

---

2) παῖς가 "아이"의 의미로는 4회 사용되고 있다(눅 2:43; 8:51, 54; 9:42). 사도행전에서 이 단어는 종의 의미로 1회(4:25), 젊은이의 의미로 4회(3:13; 4:27, 30; 20:12) 사용된다. 고대 그리스와 로마에서 종은 "아이"(παῖς, puer)라고 호칭되었고, 아이들이라고 불려졌는데, 이는 그들을 아이들과 비슷한 존재로 간주했기 때문이다(T. E. J. Wiedmann, *Slavery*[Oxford: Clarendon Press, 1987], 25). 핀리(M. I. Finley, *The Ancient Economy*[Berkeley: University of California Press, 1973], 96)는 이를 가리켜 그 당시 유행했던 "(노예를) 비인간화하기 위한 또 하나의 방법"이었다고 생각한다.

3) 마태복음에는 παῖς가 아이의 의미로 사용된 경우가 3회 나온다(2:16; 17:18; 21:15).

4) 이 분석에서 "예수님과 하나님"은 κύριος가 예수님이나 하나님의 호칭으로 사용됨을 의미하며, 비유는 그것이 비유에서 사용되는 경우를 말하는데 그 이야기 속에서는 주로 주인을 가리키고 있다. 상세한 적용례를 살펴보려면 Kilpatrick, *Principles*, 207-222를 참조하라.

5) 눅 2:29; 7:2, 3, 8, 10; 12:37, 38, 43, 45, 46, 47; 14:17, 21(×2), 22, 23; 15:22; 17:7, 9, 10; 19:13, 15, 17, 22; 20:10, 11; 20:50. 27회 중 21회가 비유에서 사용되고 있다. 다른 경우, 예컨대 눅 2:29; 7:2, 3, 8, 10; 22:50에

막 10:44; 12:2, 4; 13:34; 14:47(5회)[7]

    c. $διακονέω$: 눅 4:39; 8:3; 10:40; 12:37; 7:8; 22:26, 27⟨×2⟩(8회)[8]/막 1:13, 31; 10:45; 15:41(4회) - 섬기다

4) 주종관계 모티프에만 국한되지 않는 용어들

    a. $ἡγέομαι$: 눅 22:26[행 7:10; 14:12; 15:22; 26:2] - 다스리다

    b. $ἡγεμονία$: 눅 3:1 - 위(位, 다스림)

    c. $ἡγεμονεύω$: 눅 2:2; 3:1(2회) - 통치하다

    d. $λειτουργέω$:[행 13:2] - 섬기다, 예배하다

    e. $λειτουργία$: 눅 1:23 - 직무

    f. $λατρεύω$: 눅 1:74; 2:37; 4:8(3회)[9]; 마 4:10 - 섬기다

    g. $ἡγεμών$: 눅 20:20; 21:12(2회) / 막 13:9 - 총독

    h. $ἄρχων$[(회당)장]: 눅 8:41; 11:15; 12:58; 14:1; 18:18; 23:13, 35; 24:20(8회)[10]/막 3:22

서는 실제 등장 인물에게 쓰이고 있다.
6) 마 8:9; 10:24, 25; 13:27, 28; 18:23, 26, 27, 28, 32; 20:27; 21:34, 35, 36; 22:3, 4, 6, 8, 10; 24:45, 46, 48, 50; 25:14, 19, 21, 23, 26, 30; 26:51. 이들 30회의 사례 중 25회가 비유에 사용된 경우이고, 2회는 실제 인물에 사용된 경우이며(8:9; 26:51), 3회는 예수님의 교훈에 사용된 경우다(10:24, 25; 20:27).
7) 마가복음의 경우에는 5회 중 비유에 3회(12:2, 4; 13:34), 예수님의 교훈에 1회(10:44), 실제 인물에 1회(14:47) 사용되고 있다.
8) 행 6:2; 19:22. 모티프와 관련된 용어들 중에 마가, 마태복음에는 나오지만 누가복음에는 없는 단어가 단 하나 있는데, 곧 $διάκονος$(종, 일꾼)이다(마 20:26; 22:13; 23:11/막 9:35; 10:43).
9) 행 7:7, 42; 24:14; 26:7; 27:23(5회).
10) 행 3:17; 4:5, 8, 26; 7:27, 35⟨×2⟩; 13:27; 14:5; 16:19; 23:5(11회).

i. ὑπηρέτης: 눅 1:2; 4:20[11] / 막 14:54, 65 - 일꾼

명백하게 또는 암시적으로 누가복음에 나타난 주종관계 모티프와 연관된 용어들을 열거했으므로, 이제는 이와 관련해서 중요한 역할을 하고 있는 몇 가지 핵심 단어들을 살펴보아야 할 것이다: κύριος(주), ἐπιστάτης(선생, 주) 및 δοῦλος(종). 먼저 우리의 주목을 끄는 것은 누가가 διδασκάλος(선생)를 17회 사용하고 있지만(마가는 12회, 마태는 10회[12]), 대부분 제자 아닌 사람들이 이 단어를 사용하고 있는데, 이에 비해 ἐπιστάτης는 오직 제자들이 예수님을 호칭할 때 사용하고 있다는 사실이다.[13] 이런 맥락에서 볼 때 두 차례 누가가 마가복음의 예수님 호칭을 διδασκάλος에서 ἐπιστάτης로 변경하고 있다는 사실을 우리는 주목해야 할 것이다(막 4:38/눅 8:24; 막 9:38/눅 9:45).[14]

둘째로, κύριος의 경우 누가의 사용 빈도는 마가의 경우를 훨씬 상

---

11) 행 5:22, 26; 13:15; 26:16.
12) 그러나 μαθητής(제자)의 경우, 마가복음의 46회의 사용 횟수는 누가복음의 37회의 횟수를 훨씬 상회하는 것이다. 마가복음의 사제관계 모티프에 관해서는 다음 절을 보라.
13) 참조. B. B. Warfield, *The Lord of Glory*(Grand Rapids: Baker, 1976), 99-100; G. Vos, *The Self-Disclosure of Jesus*(Phillisburg: Presbyterian and Reformed Publishing Co., 1978), 135. 마가복음에서는 제자들, 바리새인들 및 다른 모든 사람들이 예수님을 부를 때 διδασκάλος를 사용하고 있으며, 마가복음에는 오직 한 차례 수로보니게 여인이 예수님을 κύριος라고 부르고 있다(막 7:28). 마태는 두 가지 용어를 다 사용한다. 참조. F. Hahn, *The Title of Jesus in Christology*(London: Lutterworth, 1969), 73-80.
14) 이뿐 아니라, 누가는 막 9:5과 10:51의 ῥαββί(랍비)와 ῥαββουνί(라부니)를 κύριος로 바꾸고 있다(눅 9:33; 18:41).

회하며(누가복음: 27회, 마가복음: 5회), 따라서 그것은 누가복음에서 주종관계 모티프에 대한 그의 관심의 중요한 증거로 간주될 수 있다.15)

셋째로, 앞에서 지적한 용어들 가운데 우리의 관심을 가장 끄는 것은 κύριος다. 이 단어의 헬레니즘 시대의 원래 의미는 노예와 재산을 마음대로 할 권한과 능력을 갖춘 소유주였다.16) 이러한 세속적 의미는 신약성경에서 여전히 찾아볼 수 있다.17) 후에 이 단어는 동방-헬레니즘 종교의 제신(諸神)들에게 적용되었고, 이 같은 현상이 구약의 하나님에 대한 명칭에 영향을 미쳤을 것이다. 그래서 70인역 구약성경에서 κύριος는 יהוה와 אדון를 대신하여 "하나님에 대한 성경의 표준적인 호칭"이 되었다.18) 따라서 κύριος가 사용된 42회의 사례들 가운데 서술자로서 누가가 예수님을 15회 κύριος라고 부르고 있는 것은 대단히 중

---

15) 용어 자체는 누가(27회)보다 마태(30회)가 더 자주 사용하고 있지만 누가복음에서 종을 가리키는 οἰκέτης(1회), ῥαββουνί(4회), δούλη(2회) 같은 다른 용어들까지 합친다면(이들 용어들은 오직 누가복음에만 등장한다), 우리는 확신을 가지고 누가가 그의 저서에서 주종관계 모티프에 시종일관 관심을 보이고 있다고 말할 수 있을 것이다.
16) W. Förster & G. Quell, "κύριος", TDNT, 3:1041-1046
17) 막 12:9; 마 15:27; 눅 19:33; 행 25:26; 엡 6:5, 9; 골 3:22; 4:1; 벧전 3:6.
18) Hahn, Christology, 68-73. 참조. O. Cullmann, The Christology of the New Testament(London: SCM; 1973), 195-199; C. F. D. Moule, The Origin of Christology(Cambridge: University Press, 1980), 35-46. 그러나 푀르스터와 퀠(Förster & Quell, "κύριος", 1046)은 κύριος가 헬레니즘적 배경에서는 원래 정치적 또는 법적 의미로 사용되었지 종교적 의미로 사용된 것은 아니라고 주장하면서, "κύριος가 하나님을 가리키는 용어로 사용된 최초의 실례는 70인역 구약성경에서 발견할 수 있다"는 견해를 고수하고 있다. 부세(Bousset)와 불트만(Bultmann)은 그 칭호의 헬레니즘적 속성을 주장함으로써 색다른 입장을 취하고 있다. 참조. Hahn, Christology, 68.

요한 일인 반면에[19], 마가와 마태는 그들의 복음서에서 서술자의 입장에서 예수님을 κύριος라고 부른 적이 절대로 없기 때문이다.[20] 보스(Vos)[21] 역시 공관복음서 기자들의 용어 사용례를 조사한 후에 "복음서 기자들은 복음서에서 그들 자신의 서술에 Kyrios라는 칭호를 도입하지 않도록 – 비록 그들이 완전한 정당성을 가지고 그같이 했겠지만 – 엄청난 자제심을 보이고 있다."[22] 마가와 마태복음에서 관찰되는 이러한 일반적 경향은 누가복음의 경우를 더욱 돋보이게 만드는데, 왜냐하면 공관복음서 기자들 가운데 오직 누가만이 서술자의 입장에서 예수님을 κύριος라고 칭하고 있기 때문이다.[23] 이 같은 발견으로 미루어 볼 때 우리는 누가가 κύριος에 특별한 관심을 가지고 있음을 알게 되며, 그리고 이 특성이 누가복음의 주종관계 모티프에 연결되어 있다는 것은 자연스러운 논리적 귀결이다.

누가복음의 주종관계 모티프와 연관된 용어 연구의 결론을 내린다면, 공관복음서 기자들 중 누가는 다른 기자들보다 이 모티프와 관련해서 더 많은 용어들을 사용하는 경향을 보이며, 심지어 같은 용어를

---

19) 눅 7:13, 19; 10:1, 39, 41; 11:39; 12:42; 13:15; 17:5, 6; 18:6; 19:8; 22:61〈×2〉; 24:3.
20) G. D. Kilpatrick, "*ΚΥΡΙΟΣ* in the Gospels", in *The Principles and Practice of N. T. Textual Criticism: Collected Essays of G. D. Kilpatrick*(ed., by J. K. Elliott[Leuven: University Press, 1990]), 211, 214, 참조. I. H. Marshall, *The Origin of New Testament Christology*(Leicester: IVP, 1985), 99-100.
21) Vos, *Self-Discourse*, 118-140.
22) Ibid. 127.
23) 특별히 누가에게만 나타나는 이 같은 특징은 "누가가 *kyrios*라는 칭호를 예수님의 지상 생애의 초기 단계에 투영하고 있다"는 말로 설명될 수 있는데, 이는 누가의 동시대 공동체에서 유행했을 것이 분명하다(Fitzmyer, *Commentary*, 203). 참조. Warfield, *The Lord*, 103-4.

사용할 경우에도 일반적으로 이를 마가나 마태보다 더 자주 사용하는 경향을 보이고 있다. κύριος, οἰκοδεσπότης, δουλεύω, 및 διακονέω가 특히 명백한 실례다. 그러므로 이 같은 통계학적인 관찰로 보더라도 누가는 다른 복음서 기자들에 비해 주종관계 모티프에 더 각별한 관심을 가진 것으로 보인다.

2. 다른 복음서에 나타난 중요한 모티프

누가의 용어 활용을 통해 부각된 이 같은 특징을 살펴보았으므로, 이제 다른 복음서에서도 찾아볼 수 있는 이에 대등한 특징들을 조사하는 것이 도움이 될 것이다.

1) 마가복음의 사제관계(師弟關係) 모티프

우리는 제3장에서 마가는 제자도에 특별한 관심을 가지고 있다는 사실을 인식했으므로, 마가가 사제관계 모티프에 동일한 관심을 보인다는 것은 놀라운 일이 아니다. 왜냐하면 μαθητής의 본래의 의미가 생도(生徒, learner)이기 때문이다.

(1) 마가복음에는 διδάσκω(가르치다)가 17회 언급되는데 그 중 15회가 예수님에게 적용되고 있다. 누가 역시 이 단어를 17회 사용하고 있지만 그 중 14회가 예수님에게 적용된다. 마태는 14회 사용하는데

그 중 9회가 예수님에게 대한 것이다.

(2) 마가는 διδασκάλος를 12회 언급하고 있는데 그 전부가 예수님을 가리키고 있다. 이에 비해 누가는 17회 사용한다(12회는 예수님에 대한 것). 마태는 12회 사용하고 있다(8회는 예수님에 대한 것).

(3) μαθητής의 경우 마가는 46회 언급하는 데 비해, 누가는 단지 39회 언급하고 있으며, 마태는 75회 언급하고 있다. 아마 마태가 μαθητής를 매우 빈번히 사용하고 있다는 사실에 근거하여 우리는 그가 아래에서 논의될 부자관계(父子關係)의 모티프와 함께 사제관계 모티프에도 관심을 가지고 있다고 말할 수 있을 것이다.

(4) 마가는 διδαχή(교훈)를 5회 사용한다(1:22, 27; 4:2; 11:18; 12:38). 이에 비해 누가는 그의 복음서에서 단지 1회 사용하며(4:32), 마태는 3회 사용한다.

(5) 이뿐 아니라 예수님을 가리키는 호칭인 ῥαββί(막 9:5; 11:21; 14:45)와 ῥαββουνί(막 10:51)는 마가만이 사용하고 있다.

(6) 이 모든 경우를 볼 때 우리가 유념해야 할 것은 복음서의 분량을 놓고 볼 때 누가나 마태복음에 비해 마가복음이 가장 분량이 적어서 누가와 마태복음에 훨씬 못 미친다는 사실이다.[24] 그러므로 그 적은 분량에도 불구하고 마가가 사제관계에 관한 용어들을 더 많이 사용

---

[24] 여기서 공관복음의 분량의 밀도를 짚고 넘어가는 것이 좋을 것이다. 마태복음은 총 28장에 1,070절이며, 누가복음은 24장에 1,150절이다. 반면에 마가복음은 16장에 666절로서 복음서의 짧은 결말을 추측케 한다. 따라서 비율로 본다면 마가복음은 16장 8절로 끝나는 짧은 결말(short ending)을 전제로 할 때 누가복음의 58%이며, 마태복음의 62%이다. 이 같은 수치는 사제관계 모티프와 관련된 마가의 용어 사용은 그 밀도가 다른 복음서들보다 월등히 높다는 점에서 중요하게 간주되어야 함을 보여준다.

하고 이를 누가나 마태복음보다 더 자주 언급하고 있다는 것은 사제관계 모티프에 대한 그의 집약된 관심을 실증해 주는 중요한 증거라고 할 수 있다.25)

2) 마태복음의 부자관계 모티프

마태가 $\pi\alpha\tau\acute{\eta}\rho$(아버지)와 $\upsilon\acute{\iota}\acute{o}\varsigma$(아들) 같은 부자관계 모티프에 연관된 용어들을 마가와 누가보다 훨씬 자주 사용한다는 것은 특기할 만한 일이다.26) 마태복음을 읽을 때 관찰되는 좀더 현저한 사실은 대부분의 경우 그 용어들이 산상수훈(마 5:1-7:29)처럼 예수님이 그의 청중들에게 도덕적 교훈을 말씀하는 부분에서 사용되고 있다는 것이다. 반면 누가복음과 마가복음의 경우 그 용어들은 통상 서술적 기사(記事)와

	마가복음	누가복음	마태복음
$\delta\iota\delta\acute{\alpha}\sigma\kappa\omega$	17(15)	17(14)	14(9)
$\delta\iota\delta\alpha\sigma\kappa\acute{\alpha}\lambda o\varsigma$	12(12)	17(12)	12(8)
$\mu\alpha\theta\eta\tau\acute{\eta}\varsigma$	46	39	75
$\delta\iota\delta\alpha\chi\acute{\eta}$	5	1	3
$\dot{\rho}\alpha\beta\beta o\upsilon\nu\acute{\iota}$	1	0	0
$\dot{\rho}\alpha\beta\beta\acute{\iota}$	3	0	0

※ 괄호 안의 숫자는 그 단어가 예수님에게 적용된 횟수다.
25) 마가복음에서 발견되는 이 특징적인 모티프는 마가복음 전체의 분위기와 일치하는 것으로 보인다. 마가의 공동체는 임박한 혹독한 박해 아래 놓인 것으로 생각되므로, 만일 어느 누가 예수님의 참된 제자가 되려 한다면 그는 스승의 모범과 가르침을 좇아 행하면서 죽음을 무릅쓰고 끝까지 예수님을 따라야 한다는 말이 설득력을 가질 것이다. 그러므로 결과적으로 우리는 마가복음에서 사제관계 모티프가 특별히 강조되고 있음을 이해할 수 있게 되는 것이다.
26) $\pi\alpha\tau\acute{\eta}\rho$=마태복음은 63회; 마가복음은 19회; 누가복음은 55회; $\upsilon\acute{\iota}\acute{o}\varsigma$=마태복음은 90회; 마가복음은 34회; 누가복음은 77회.

실제 사건에서 사용되고 있고, 예수님의 가르침과 교훈에는 그다지 자주 나오지 않는다.

따라서 마가는 "너희 아버지($ὁ\ πατὴρ\ ὑμῶν$)"를 오직 1회 언급하고 있고(막 11:25), 누가는 겨우 3회만(눅 6:36; 12:30, 32) 언급하고 있는 데 비해, 마태는 19회나 언급하고 있다.27) 예수님이 하나님을 나의 아버지($ὁ\ πατήρ\ μου$)로 언급할 경우에도 마가는 전혀 그 같은 표현을 사용하지 않으며, 누가는 오직 3회(10:22; 22:29; 24:49) 사용하는 데 비해, 마태는 16회나 쓰고 있다.28) 또한 마태복음의 경우 $ὁ\ πατήρ$는 대부분 소유대명사(예컨대 $ὑμῶν$이나 $μου$)와 함께 사용된다는 점을 주목하는 것은 의미 있는 일인데, 이는 마태가 하나님은 당신의 백성들과 이같이 밀접한 인격적 관계 가운데 경배받아야 함을 보여주기를 원했다고 추측하게 한다.

$ὁ\ πατήρ$와 $ὁ\ πατήρ\ μου$ 같은 용어들이 청중들을 향한 예수님의 말씀 속에 언급되고 있다는 사실은 독자들에게 그리스도인은 하나님의 자녀이며 하나님은 그 아버지임을 보여주려는 마태의 관심사를 나타낸다고 할 수 있다. 또한 마태가 실제로 하나님과 그 백성들 간의 관계를 가르치는 예수님 자신까지도 이 같은 관계 아래 두고 있다는 것은 의미심장하다. 결국 마태복음의 이 같은 특징들은 그가 마가나 누가보다도 부자관계 모티프를 강조하는 데 훨씬 열심이었다는 사실을 시사

---

27) 마 5:16, 45, 48; 6:1, 4, 6 〈×2〉, 8, 9, 14, 15, 18 〈×2〉, 26, 32; 7:11; 10:20, 29.
28) 마 7:21; 10:32, 33; 11:27; 12:50; 16:13; 18:10, 19, 35; 20:23; 25:34; 26:29, 39, 42, 53.

해 준다.29) 요약하면, 주종관계 모티프와 관련된 누가의 용어 사용을 관찰하고 세 복음서를 어떤 주도적 모티프에 비추어 비교할 때 얻어지는 결론은 누가는 주종관계 모티프에 더 착념하고 있으며, 이에 비해 마가는 사제관계 모티프에, 마태는 사제관계 모티프와 함께 부자관계 모티프에 더 관심을 갖고 있다는 것이다.30) 그러나 이는 통상 그러하듯이 절대적 차이라기보다는 정도 차이의 문제다.

3. 주종관계 모티프와 관련된 자료

주종관계 모티프와 관련된 용어들을 검토했으므로 이제는 누가복음에서 주종관계 모티프를 표현하는 자료를 마가와 마태복음의 자료와 비교해 가면서 검토하는 것이 중요할 것이다. 이를 통해 누가의 특수한 관심사가 드러날 것이다.

따라서 우리는 다음에서 주종관계 모티프를 상세히 논의하면서 이 특정 주제에 대한 누가의 신학을 평가하고자 한다. 우리는 편의상 자

---

29) 마태복음의 이 특수한 모티프는 마태복음의 성격과 부합되는 것으로 보인다. 첫 번째 복음서에 나타난 마태의 공동체는 주로 유대 그리스도인들로 구성되어 있는 것으로 여겨졌으므로, 마태는 하나님과 신자들의 관계를 하나님과 그 백성 이스라엘이라는 전통적인 구약적 개념, 곧 부자(부자)의 관계로 묘사하려 했던 것으로 보인다.
30) 거쓰리(D. Guthrie, *New Testament Theology*[Leicester: IVP, 1981], 292-3)도 이 점에 주목하는데, 그는 누가가 공관복음에서 두드러지게 나타내고 있는 사제관계(master-disciple relationship) 모티프와 관련하여 κύριος를 사용하고 있는 사실의 중요성을 인정하고 있다.

료를 2개의 범주로 나눈다. 하나는 누가만의 특수한 자료이고, 다른 하나는 마가, 마태복음과 중복되는 자료다.

1) 누가복음의 고유한 자료

주종관계 모티프와 관련하여 누가복음은 마가와 마태복음에 없는 그만의 고유한 자료를 상당수 보유하고 있다: 불의한 청지기의 비유(눅 16:1-13), 무익한 종의 비유(눅 17:5-10), 무화과나무의 비유(눅 13:6-9), 예수님의 탄생 기사(1:26-56; 2:22-40) 및 탕자의 비유(15:11-32). 그러므로 이 모티프에 대한 누가의 관심을 발견하기 위해 우리는 이러한 자료들을 검토해야 할 것이다.

(1) 불의한 청지기의 비유(16:1-13)

다른 곳에서 이 비유를 다룰 것이므로[31], 여기서는 단순히 주종관계 모티프와 관련해 이 비유의 중요성을 지적하고자 하는데, 그것은 누가복음의 예수님이 독자들에게 말하려는 교훈이다. 이 비유에서 예수님은 그의 청중들에게 이 비유에 나오는 청지기가 주인에게 큰 빚을 지고 있는 가난한 이웃들을 돕기 위해 빚을 탕감해 주는 식으로 가난한 이웃을 위해 재물을 사용하라고 권면한다. 그래서 이 비유에 나오는 청지기는 사실상 그리스도인이 따라야 할 모범으로 묘사되고 있다(16:8-9). 따라서 이 비유는 주종관계 모티프를 배경 삼아 누가의 청지기 사상을 극명하게 예시해 주는 전형적인 자료인 것이다. 이 비유

---

[31] 이 책의 다음 장인 6장 3절을 보라.

가 누가에게만 고유한 특수 자료라는 사실이 이 같은 의미에 무게를 더해준다.

(2) 무익한 종의 비유(17:5-10)

믿음을 더해 달라는 사도들의 요청에 대해 예수님은 이 비유를 그들의 요청에 대한 답변의 일부로서 들려준다. 그러나 실상 이 비유는 사도들의 요청과는 전혀 무관한 것처럼 보인다.32)

이 비유를 분석할 때 흥미로운 점 하나는, 비록 외견상 사도들이 이 비유를 듣고 있는 것으로 기록되고 있지만, 그들은 자기 집과 소유를 떠났으므로 자기 종을 가질 만큼 부유하지 못했다는 사실을 상기할 때,33) 이 비유는 예수님의 순회 사역에 동참하기 위해 문자 그대로 집과 재산을 버린 사도들보다는34) 누가 공동체의 부유한 그리스도인들

---

32) 학자들 가운데 혹자는 눅 17:1-4의 죄 용서의 모티프와 남을 용서하는 믿음의 모티프(5-6절)를 근거로 하여(Ellis, *Commentary*, 207) 이 비유와 앞의 비유는 연결되어 있다고 주장하려 하지만 이 같은 주장은 "무리하고 불만족스러운" 시도로 보인다(Plummer, *Commentary*, 401). 왜냐하면 양자를 연결할 만한 가능한 연결고리가 전혀 없는 것이 분명하기 때문이다. 5-6절은 기적을 이룰 수 있는 믿음의 능력을 다루고 있으며, 이에 비해 7-10절은 그리스도인의 종 된 의무를 다루고 있다. 눅 17:6의 예수님의 말씀은 마가복음(11:23)과 마태복음(17:19, 20)에서는 배경을 달리 하고 있으며, 따라서 17:1-4, 5-6과 7-10 사이에 뚜렷한 연관성을 찾아볼 수 없다. 그래서 대다수의 학자들은 이 비유를 그 앞의 말씀과는 별개의 것으로 간주한다(참조. Evans, *Commentary*, 621, Creed, *Commentary*, 214-215 및 Plummer, *Commentary*, 398, 401).
33) 눅 5:11; 18:28.
34) 본문에 나오는 사도들의 질문에 대한 예수님의 답변에 근거하여 어떤 학자들은 예수님의 이 말씀은 누가 시대의 교회 지도자나 선교사들에게 한 말씀이라고 주장한다(Evans, *Commentary*, 622). 이와는 반대로, 쉬바이쳐(Schweizer, *Luke*, 264)는 이 말씀에 관해 "선교사와 공동체 지도자들에 대한 우의

을 대상으로 한 것으로 보인다는 사실이다.35) 이는 그의 동시대 기독교 공동체의 부유한 그리스도인들에 대한 누가의 관심을 상기시켜 준다.

그러나 이것은 이 비유의 핵심적인 부분이 아니다. 여기서 중요한 것은 주인의 태도가 아니라 종의 태도인 것이다.36) 즉 여기서 지적할 것은 종이 아무리 성실하게 자기 의무를 다한다 해도 그 때문에 자기 주인에게 무언가를 요구할 수는 없다는 사실이다.37) 한 걸음 더 나아가, 만일 비유의 이 점을 달리 표현한다면, 주인은 하나님이요 종은 신자라고 할 수 있다.38) 이런 의미에서 본다면 그리스도인은 자기에게 주어진 사명에 충성해야 하지만, 그렇다고 주인이신 하나님께 무슨 상급을 요구할 수 있는 것이 아니다. 왜냐하면 그것은 하나님의 모든 종

적(寓意的)인 언급은 없다"는 상반된 견해를 제시하고 있다.

35) "이 비유에 사용된 단어들에는 거의 필연적으로 그것이 부유한 사람들로 이루어진 혼합된 청중을 대상으로 했다는 사실이 내포되어 있다"(Plummer, *Commentary*, 401). 또한 예수님의 몇몇 추종자들(예컨대 정착 제자들)은 종을 소유할 수 있었으리라는 점도 짚고 넘어가야 할 것이다(눅 5:27 이하; 19:1 이하; 23:50; Ellis, *Commentary*, 208).

36) 이런 의미에서 이 비유는 양면성을 띠고 있다고 할 수 있는데, 왜냐하면 그것은 일차적으로 종에 대한 주인의 태도를 보여주는 것 같으나, 실제로는 주인에 대한 종의 태도를 보여주기 때문이다. 참조. Evans, *Commentary*, 622. 플러머는 이 비유에 관해 "여기서는 그리스도인의 삶의 일반적 의무가 강조되고 있다"고 지적한다(*Commentary*, 401).

37) Ἀχρεῖοι (눅 17:10, "무익한")는 원래 마 25:30와 마찬가지로 "이익이 안 되는(unprofitable)"이라는 의미다. 크리드(Creed)는 누가가 이 대목에서 이 단어를 사용한 이유에 관해 적절한 설명을 제시해 주는 것으로 보인다: "강조점은 행한 봉사의 질(質)이 아니라 그 모든 일을 한 사람은 결국 종에 불과하다는 배경에 맞추어져야 한다"(*Commentary*, 216). 참조. Plummer, *Commentary*, 402; Evans, *Commentary*, 622.

38) 참조. Creed, *Commentary*, 216.

들에게 요구되는 근본적인 자세이기 때문이다. 본 비유로부터 추출해 낸 이 같은 핵심 논지는 누가의 청지기 사상을 잘 뒷받침해 주고 있다. 그 이유는 종에게 요구되는 중요한 자세는 주어진 직책과 사명에 대한 충성이기 때문이다.

이에 대한 증거는 누가복음의 다른 구절들에서 찾아볼 수 있다- 자기 일에 충성스러운 종들이 후한 상급과 칭찬을 받는다는 누가복음 19장 17절, 19절; 12장 37-38절 및 12절 42-44절과, 이와는 반대로 자기 일에 불충성한 종들은 혹독하게 징계당한다는 누가복음 12장 45-48절, 16장 2절 및 19장 22-24절의 구절들이 그것이다. 결론적으로 이 비유는 누가의 청지기도 사상의 핵심적 일면인 주종관계 모티프에 근거하여 충성의 문제를 다루고 있다는 점에서 중요하다.

(3) 예수님의 탄생 기사(1:5-80; 2:22-40)

이 부분의 탄생 이야기는 네 복음서 중 누가복음에만 들어 있는 것으로서 마리아가 아기 예수님을 출산하기 전후에 경험한 일들을 생생하게 기술하고 있다. 특히 70인역 구약성경의 영향을 받은 것으로 알려진[39] 이 탄생 기사에서 우리의 관심을 끄는 것은 마리아가 자신을

---

39) R. E. Brown, "Luke's Method in the Annunciation Narrative of Chapter One", in *Perspectives on Luke-Acts*(ed., by C. H. Talbert[Edinburgh: T & T Clark, 1978], 126-138), 128; D. L. Barr & J. L., Wentling, "The Conventions of Classical Biography and the Genre of Luke-Acts: A Preliminary Study", in *Luke-Acts: New Perspectives from the SBL Seminar*(ed., by C. H. Talbert, [New York: Crossroad, 1984], 63-88), 72; Guthrie, *N. T. Theology*, 292.

피츠마이어(Fitzmyer, *Commentary*, 343-355, 418-433)는 이 탄생 기사에서 관찰되는 누가복음과 70인역 사이의 다수의 유사점을 열거하면서도 "기독교

주의 계집종($ή$ $δούλη$ $κυρίου$, 1:38)이라고 부르고 있고,[40] $κύριος$ (주)는 17회나 나온다는 사실이다.[41] 이러한 빈번한 용례는 누가가 $κύριος$를 하나님의 정식 명칭으로 사용하고 있는 70인역 구약성경의 영향을 받고 있다는 사실을 보여준다.[42] 이러한 요소와 함께 우리의 또 다른 관심사는 자기에게 주어진 약속을 좇아 주의 그리스도(2:26)를 볼 것을 기다려 온 시므온이 아기 예수님을 본 후에 자신을 종($δοῦ$-$λος$, 2:29)이라고 부르고 하나님을 주재($δέσποτα$, 2:29)라고 불렀다는 사실이다. 또한 특기할 점은 $δέσποτης$와는 별도로 2장 22절부터 2장 40절까지 $κύριος$가 7회 사용되고 있으며,[43] 마리아 송가(Magnificat, 1:54)에 나오는 이스라엘이나, 스가랴의 찬송에 나오는(1:69) 다윗 왕이 종($παῖς$)으로 호칭되고 있다는 사실이다.

이러한 관찰들을 요약할 때 분명한 것은 $κύριος$라는 칭호가 계속해서 반복되는 것과 함께 탄생 기사에서 주역을 맡은 사람들은 $δοῦλος$나 $παῖς$로 호칭된다는 사실이다.[44] 여기서 비록 누가는 $δούλη$ 대신 $θυγάτηρ$(딸)나 $θυγάτριον$(작은딸)을 사용하고 $δοῦλος$와 $παῖς$ 대신 $τέκνον$(아이), $νήπιος$(아이)나 $παιδίον$(아이, 아기)을 사용할 수 있었지만, 그래도 그는 마리아를 $δούλη$로, 시므온을 $δοῦλος$로, 이스라엘과

에서 예수님에게 '주인'이나 '주님'이란 절대적인 의미로서 kyrios를 사용하는 것은 70인역이나 팔레스타인의 용례에서 비롯된 것임"을 부인한다(200-204).

40) 참조. 1:48=$τῆς$ $δούλης$ $αὐτοῦ$; 행 2:18.
41) 눅 1:6, 9, 11, 15, 16, 17, 25, 28, 32, 38, 43, 45, 46, 58, 66, 68, 76.
42) Förster & Quell, "$κύριος$", 1039-1095.
43) 눅 2:22, 23(×2), 24, 26, 38, 39.
44) 어떤 경우에는 $παῖς$가 아이를 뜻하는 말로 사용되지만, 여기서는 노예나 종을 의미한다.

다윗을 *pais*로 부르고 있다는 사실을 우리는 참작해야 할 것이다. 이처럼 누가는 하나님과 신자들의 관계를 복음서의 초입부터 주종관계로 그리려는 자신의 의도를 보여주고 있다. 이것은 누가복음에서 주종관계 비유가 갖는 중요성에 대한 좋은 증거가 되는데, 왜냐하면 그것이 복음서의 서두와 누가의 고유 자료(*Sondergut*)에서 발견되고 있기 때문이다.

(4) 무화과나무의 비유(13:6-9)[45]

바로 앞의 내용과 이 비유 사이에 접속사 δέ("이에", 13:6)가 사용되었다는 사실에 근거하여 이 비유를 회개하라는 권면으로 해석하는 것은 아마도 옳을 것이다.[46] 그러나 다시금 비유의 배경을 주인(κύριος, 8절)과 그의 과원지기(ἀμπελουργός, 7절)의 대화 속에 표현된 주인과 종의 관계로 이해하는 것도 유익할 것이다.

그러나 비록 가장 중요한 것은 아니지만 주인과 과원지기 간의 관계

---

[45] 이 비유에 대해서는, 누가의 비유와 무화과나무에 대한 언급이 나오는 마가복음(11:12 이하), 마태복음(21:18 이하)의 실제 사건 사이에는 무화과나무에 대한 언급을 제외하곤 전혀 공통점이 없다. 따라서 이 비유 역시 누가만의 독특한 비유인 것이다(Creed, *Commentary*, 181; Schweizer, *Luke*, 220).
흥미롭게도 이와는 정반대로 굴더(M. D. Goulder, *Paradigm*, 2:561-2)는 누가가 "사건을 비유로 개작(改作)하기 위해" 이 비유에서 막 11:15-18의 실제 사건과 막 12:1 이하의 포도원 비유와 열매 없는 나무의 운명이 소개되고 있는 마 3:8을 결합시킨 것이라고 주장한다. 이 같은 주장에 대해 플러머(Plummer, *Commentary*, 339-340)는 "마 21장과 막 11장의 열매 없는 나무가 말라 버린 것은 이 비유를 사실로 개작한 것이라거나 아니면 사실로 짐작되는 것을 여기서 지혜롭게 비유로 바꾼 것이라고 주장하는 것은 자의적인 해석이다"라고 명확히 반박하고 있다.

[46] Plummer, *Commentary*, 340; Evans, *Commentary*, 548; Schweizer, *Commentary*, 219-220; Schmithals, *Lukas*, 151.

역시 청지기도의 관점에서 우리의 주의를 끈다. 여기서 *ἀμπελουργός* 는 주인(*κυρίου*, 8절)에게 속한 포도원 전체를 맡아 관리하면서 포도원의 모든 나무들의 성장을 책임지고 있는 존재로 나타난다. 3년 동안 무화과나무로부터 실과를 얻지 못했기 때문에 주인은 이를 즉시 찍어버리려 하고 있다. 외관상 무화과나무가 3년 간 소출이 없었다는 것은 그 종의 잘못일지 모른다. 그러나 주인과 종 사이의 대화를 보면 종에게 무슨 과오가 있었던 것이 아니며, 따라서 우리는 "종은 무화과나무의 소출이 없는 데 대한 책임이 없으며, 문제는 나무 자체에 있다"고 추론할 수 있을 것이다. 그래서 종은 주인에게 그 무화과나무를 살려 줄 것을 간청하면서 자신이 실과를 맺도록 최선을 다하겠다고 한다. 즉 "두루 파고 거름을 주리니"(8절)라고 약속한다. 이것은 소유주에게는 좋은 조언임에 분명하며,[47] 따라서 이 비유에서는 종의 충성심이 강조되고 있음이 분명하다. 달리 말하면 그 종은 주인의 재산이 이익을 내도록 최선을 다하고 있는데, 이것이야말로 종에게 요구되는 결정적인 자격인 것이다. 그러므로 이 짤막한 비유에서 우리는 앞의 비유에서 이미 발견한 바 있는 누가복음의 청지기도의 중요한 특성을 몇 가지 확인할 수 있다. 이 비유가 누가복음에만 있다는 사실은 우리의 논지에 무게를 더해 줄 것이다.

---

[47] 모리스(Morris, *Commentary*, 222)는 다음과 같이 지적한다: "과원지기는 인내하도록 조언한다. 아마도 1년 더 땅을 파고 비료를 준다면 결실이 있을 것이다. 그것은 그 나무에게는 실과를 산출할 마지막 기회일 것이다. 그러나 과원지기는 사실을 인정하고 있다."

(5) 탕자의 비유(15:11-32)

이 비유를 원래의 주제가 아닌 주종관계 모티프와의 관계에서 본다면, δοῦλος(22절)와 παῖς(26절)처럼 종을 지칭하는 용어에 주의를 기울이게 된다. 이것은 누가가 당연하게 받아들이는 세계를 암시해 주는데, 이는 누가 시대의 사회에서는 부자가 휘하에 수많은 노예들을 소유하는 것이 당연했을 것이기 때문이다. 주종관계가 비유의 초점은 아니지만, 누가의 배경 설정은 그가 사회적 상황의 "자연스러운" 모습으로 당연시했던 노예 제도에 익숙함을 보여주고 있다.

(6) 이 모티프를 배경에 포함하고 있는 다른 기사들

(i) 누가복음 10장 1절 이하의 70인 파송 기사에서 우리는 본문에서 κύριος로 칭해지는(1절) 예수님이 각동 각처로 가기에 앞서 하나님의 나라를 선포하기 위해 주인이 종들을 파송하듯이 그의 제자들을 보내셨음(ἀπέστειλεν)을 볼 수 있다.

(ii) 누가복음 10장 38-42절에 나오는 마르다와 마리아의 일화에서 예수님을 "주여"(κύριε, 40절)라고 부르는 마르다는 예수님을 "종들의 일거리를 공평하게 분배해 주어야 할"[48] 주인으로 간주하고 있음을 알 수 있다.

(iii) 삭개오의 이야기 역시 이와 관련하여 흥미를 주는데, 서술자로서의 누가와 삭개오가 예수님을 κύριος(8절)라고 부를 뿐 아니라 예수님 앞에서의 삭개오의 행동이 자기 주인 앞에서 종이 취할 태도를

---

48) F. W. Danker, Luke[Proclamation Commentaries](Philadelphia: Fortress Press, 1983), 42.

상기시켜 주기 때문이다: "좋은 종이나 황제의 신하라면 명령이 떨어지기 전에 움직이도록 되어 있는 법이다."49)

2) 마가복음과 마태복음에 중복되는 자료

(1) 첫 제자들을 부르심(5:1-11)

예수님이 첫 제자들을 부르신 사건에 대한 누가복음의 내용이 마가, 마태복음과 판이하다는 것(막 1:16-20; 마 4:18-22)은 특기할 만한 일이다. 여기서는 그 차이점의 기원을 따지는 데 관심을 갖지 않고, 단지 결과에 주목하고자 한다.

여기서 우리는 베드로와 그 형제 동료들이 보는 앞에서 기적을 행하신 예수님에 대한 시몬 베드로의 태도에 유의해야 한다. 기적적인 고기잡이를 목도한 베드로가 예수님의 발 앞에 엎드려 그를 "주여"(κύριε)라고 불렀지만(8절), 그 전에 이미 5절에서는 예수님을 "선생이여"(ἐπιστάτα)라고 불렀던 것이다.50) 예수님에 대한 베드로의 이러한 태도나 호칭은 주인인 예수님과 그 종 된 베드로 사이의 주종관계를

---

49) Ibid., 42.
50) "오직 누가만이 ἐπιστάτης(8:24, 45; 9:33, 49; 17:13)를 사용하고 있는데, 항상 그리스도께 대하여 사용한다. 그는 다른 복음서, 특히 요한복음에서 널리 사용되는(그러나 이방인들은 그다지 알아들을 수 없는) 단어인 ῥαββεί는 절대로 사용하지 않는다. 이 두 단어는 동의어가 아닌데, ἐπιστάτης는 단순히 선생에게만 국한되지 않고 어떠한 종류든 권위를 내포한 존재를 가리킨다. 여기서는 명령을 내릴 수 있는 권한을 가진 사람의 의미로 쓰이고 있다"(Plummer, Commentary, 143). 참조. Creed, Commentary, 74. 또한 글롬비차(Glombitza)는 이 단어가 "예수님을 신학교의 '선생'(διδασκάλος)과 구별하기 위해" 사용되고 있다고 주장한다(Ellis, Commentary, 103).

분명하게 보여준다는 점에서 중요한 것이다. 따라서 우리는 모범적 그리스도인에 대한 계획적 소명(programmatic call)의 장면에서 누가는 첫 제자(들)에 대한 부르심을 마가, 마태복음의 그 대목과는 명백히 다르게 나름대로 기술(記述)함으로써 이 같은 특성을 부각시키려 했다고 결론지을 수 있을 것이다.

(2) 깨어 있는 종의 비유(12:35-40)

마가복음에 있는 비유 하나(막 13:35-37)는 누가의 이 비유와 관련된 것으로 생각할 수 있지만 배경이 다르다.[51] 그에 비해 마태복음에는 누가의 이 비유에 필적할 만한 것이 없지만, 그래도 마태복음 25장 1-13절이 그와 약간 유사한 것으로 제시될 수 있을 것이다.

이 비유에서 우리의 주의를 끄는 것은 비록 마가복음에서는 그 비유가 주종관계를 배경 삼아 기술되어 있지만[52] 이를 강조하기에는 길이가 너무 짧다는 것이다. 그러나 반대로 누가의 비유는 주종관계 모티프에 대한 그의 관심을 충분히 보여줄 만큼 상세하고 길다. 이 모티프와 관련하여 35절, 36절은 종에게 요구되는 기본적인 자세, 곧 주인을 섬길 준비 자세(이는 뒤에 예수님의 결론적인 말씀[40절]에서 모든 신자들에게 적용된다)를 보여준다. 또한 오직 누가복음에만 나오는

---

51) 누가복음에서 주인은 혼인 잔치에 참석하기 위해 갔음에 비해 마가복음에서는 단지 여행을 떠나고 있다.
52) τοῖς δούλοις=34절/ὁ κύριος τῆς οἰκίας=35절. 마가복음에서 이 비유의 주제는 γρηγορέω가 3회(34, 35절) 사용되고 있는 것으로 보아 깨어 있으라는 것으로 보인다. 이는 적합하게 생각되는데, 왜냐하면 이 짤막한 비유가 마가복음의 소(小)묵시록의 장(=13장)에 들어 있기 때문이다.

"띠를 띠고"($περιζώννυμι$: 35, 37절과 17:8에 나온다)가 여기서는 기꺼이 섬기려는 종의 자세와 밀접하게 연관되어 사용되고 있다. 주목할 만큼 중요한 다른 점은 주인의 보답하는 행동, 즉 언제든지 준비하고 있으면서 주인에게 충성한 것으로 판명된 종들에 대한 주인의 겸손한 봉사다. 이 비유에 나오는 주인의 이 같은 이례적인 행동은 누가만이 기록하고 있는데($διακονεῖν$도 사용),[53] 이것은 예수님이 마치 섬길 준비를 하고 있는 종처럼 묘사되고 있는 17장 7-10절과 22장 24-27절의 관점과 상반되는 것처럼 보인다. 그러나 이 비유에 나오는 주인의 이례적인 행동은 뒤에 기록되어 있는 자기 제자를 섬기는 예수님의 행동을 예견하게 하며, 따라서 주종관계 모티프라는 누가의 독특한 사상을 지지해 주고 있다.[54] 그러므로 우리는 누가의 이 비유가 분명히 주종관계 모티프에 기초하고 있다고 말할 수 있을 것이다.[55]

(3) 지혜 있고 진실한 청지기의 비유(12:42-48)

이 비유는 그 내용으로 미루어 볼 때 앞의 비유(눅 12:35-40)와 연결되어 있음이 사실이지만 두 비유를 한 단원으로 간주하는 것은 불합리해 보인다. 그 주된 이유는 양 비유에 출연하는 등장 인물의 차이에 있다. 앞의 비유에 나오는 종은 단지 평범한 종임에 반해, 본 비유에

---

53) C. H. Dodd, *The Parables of the Kingdom*(New York: Charles Scribner's Sons, 1961), 127.
54) 참조. Dodd, *Parables*, 127; J. Jeremias, *The Parables of Jesus*(London: SCM, 1963), 53, 95; Evans, *Commentary*, 534. 이 비유에서 주인의 이 같은 모순적인 행동의 의미에 대해서는 뒤에 나오는 눅 22:24-27에 관한 논의를 참조하라(146페이지 이하).
55) 참조. Vos, *Self-Disclosure*, 126.

나오는 종은 주인의 모든 재산과 소유를 다른 종들까지 포함해서 관리하도록 위임된 청지기인 것이다. 따라서 이 비유의 청지기는 일할 준비를 갖추고 깨어 있을 뿐만 아니라 청지기로서의 자기 임무를 수행하는데도 충성하도록 기대되고 있다. 따라서 이들 두 비유를 별개로 다루지 않는다면 그 원래 의미를 이해할 수 없을 것이다.

누가의 이 비유는 마태복음에도 있다. 그러나 양자는 양 복음서 기자가 전달하려는 의미, 즉 종이 깨어 있어야 한다는 주제에 있어서는 동일하지만 스토리 전개 과정에서 세부적으로 차이가 난다. 누가의 비유의 등장 인물은 주인의 모든 재산과 소유를 다른 종들까지 포함해서 책임지고 있는 청지기임에 비해,56) 마태의 비유의 등장 인물은 49절에 나오는 평범한 종들 중의 하나에 불과하다($συνδούλους\ αὐτοῦ$; 동무들).

여기서 종들을 호칭하기 위해 사용된 용어의 차이 - 청지기($οἰκονόμος$; 누가복음)와 종($δοῦλος$; 마태복음) - 또한 간과해서는 안 될 것이다. 누가는 $οἰκονόμος$라는 용어를 쓰지 않고 마태처럼 단순히 $δοῦλος$를 사용함으로써 굳이 청지기도 개념을 도입하지 않았다 할지라도 비유의 주된 취지를 성공적으로 전달했을 것이다. 그러나 누가가 $οἰκονόμος$와 이와 연관된 청지기도의 개념을 이용하고 있다는 것은 청지기도에 대한 그의 특별한 관심을 잘 드러내 주고 있는 것이다.57)

---

56) 여기서 $θεραπεία$는 "가족"이나 "종들의 집단"을 의미한다(Creed, *Commentary*, 177).
57) 이 구절에 관한 충분한 논의는 이 책의 뒤에 나올 것이다(6장 2절).

(4) 큰 잔치의 비유(14:17-24)

버림받고 권력 없고 소외된 사람들에 대한 누가의 관심을 보여주는 이 비유는 동시에 주인과 종의 모티프를 사용하고 있다. 줄거리는 두 주역, 곧 잔치를 배설한 주인과 주인을 위해 초청받은 손님들을 부르도록 파송된 종에 의해 진행된다.

주종관계 모티프에 대한 누가의 강조점은 이 비유를 마태복음의 병행 기사(22:1-14)와 비교해 볼 때 분명해진다. 마태가 묘사하는 잔치는 일상적인 것이 아니라 임금이 자기 아들인 왕자를 위해 베푸는 혼인 잔치임이 분명하다. 따라서 잔치의 주인은 임금이요 초청된 손님들을 부르기 위해 파송된 종들은 종이라기보다는 임금의 신하로 보인다.[58] 따라서 마태의 비유는 주종관계보다는 군신관계(君臣關係)에 의해 지배되고 있다. 따라서 우리는 여기서도 주종관계 모티프에 대한 누가의 관심의 또 다른 증거의 일단을 엿볼 수 있다.

(5) 열 므나의 비유(19:11-27)

누가복음의 이 비유는 마태복음의 달란트 비유와 유사한 형식을 취하고 있지만 마태복음의 비유와 달리 그 구도가 어색해 보이는데, 왜냐하면 상이한 두 이야기가 합쳐져서 한 이야기가 되었기 때문이다.[59] 그러나 구조가 어떠하든 주종관계 모티프 면에서 두 비유가 서로 부합

---

[58] 비록 마태는 δοῦλοι(종들)를 5회 사용하고 있지만, 마태복음의 비유는 주종관계 모티프보다 군신관계(君臣關係) 모티프에 의해 주도되고 있다. 한편, 누가는 κύριος를 21, 22, 23절에서 3회 사용하고 있으며, οἰκοδεσπότης는 21절에서 1회 사용하고 있다.
[59] 그 이상의 논의는 이 책의 다음 장인 6장 4절을 참조하라.

한다는 것은 중요하다.

이 비유의 주역은 왕위를 받아 오려고 먼 나라로 떠났다가 돌아오는 어떤 귀인(ἄνθρωπός τις εὐγενής)이라는 점에서 본다면 지배적인 모티프는 마태복음 22장 1-14절에서 보았듯이 주인/종이 아니라 임금/신하의 관계라고 할 수도 있을 것이다. 그러나 이 귀인이 왕이 되기 전에 그 종들에게 주인으로서 명령을 내리고 있고, 문맥상 백성들(οἱ πολῖται)60)은 종들(οἱ δοῦλοι)과 별개의 범주로 언급되고 있다는 점을 기억한다면 이 역시 주종관계가 지배적인 비유임이 분명해진다.

(6) 포도원 농부들의 비유(20:9-18)

이 비유는 공관복음 전체에 공통되어 있다(막 12:1-12; 마 21:33-46). 이 비유는 주역인 포도원 주인(ὁ κύριος τοῦ ἀμπελῶνος; 13, 15절)과 그의 소작인들(οἱ γεωργοί; 10, 11, 14, 16절) 간의 관계를 중심으로 전개된다. 그러나 단지 엑스트라 역할을 하는 것에 그치지만 종들도 등장하고 있다(10, 11절). 그러므로 이를 염두에 둘 때 우리는 최소한 이 비유가 누가가 당연시하는 노예 소유제를 사회적 배경으로 하여 쓰여졌다고 말할 수 있을 것이다.

(7) 섬기는 자 예수님(22:24-27)

여기서 누가는 마가복음 10장 42-45절과 마태복음 20장 25-28절에

---

60) 이것은 NIV 영어성경의 번역처럼 왕의 신하로 이해할 수도 있다(Marshall, Commentary, 705). πολίτης는 누가복음에만 나오며, 그의 글에 2번 더 나온다(15:15; 행 21:39).

나오는 병행 구절이 매우 비슷하기 때문에 이 이야기를 나름대로 자유롭게 기술하고 있는 것처럼 보인다. 이 기사에서 우리의 주의를 끄는 한 가지 점은 마가와 마태복음의 경우 예수님은 자신을 여전히 비개인적 화법인 3인칭 과거형으로 지칭하는 데 비해(ὁ υἱὸς τοῦ ἀνθρώπου …ἦλθε, 막 10:45/마 20:28) 누가복음에서는 1인칭 현재형을 사용함으로써(ἐγώ…εἰμί, 눅 22:27) "본보기로서의 자신에 대해 예수님이 직접 증거하는 형식"을 취하고 있다는 점이다.61) 우리는 여기서 왜 누가 주종관계 모티프의 관련 자료가 끝나는 부분인 이 대목에서 예수님이 스스로를 섬기는 자(ὡς ὁ διακονῶν)로 칭하도록 했는지 질문해 보아야 할 것이다: 왜 누가는 주님과 그리스도인들의 관계를 줄기차게 주종관계로 정의하면서도 여기서는, 즉 주종관계 자료의 정점을 이루는 장면에서는 마땅히 주인으로 묘사되어야 할 예수님을 종으로 묘사하려 했을까?

우리는 누가가 "예수님을 독자들에게 보여주려 했던 종의 모델로서 묘사하려 했다"는 말로 이 질문에 답할 수 있을 것이다. 누가는 이 점을 좀더 발전시키기 위해 종으로서 그리스도인이 취해야 할 자세에 관한 많은 교훈을 가능한 한 많은 관련 자료를 열거해 가면서 설명한 후, 끝으로 이 대목에 와서 이 교훈을 가르친 예수님을 종(ὁ διακονῶν)으로 묘사함으로써 그의 제자 된 모든 그리스도인들이 따라야 할 구체적인 모델을 제시하는 데 성공한 것으로 보인다.62) 그러므로 주인 되신

---

61) Evans, *Commentary*, 797.
62) 에반스는 눅 22:24을 그 자신의 말로 바꾸어 말하고 있는데, 나의 생각에 이는 누가가 이 구절에서 실제로 말하려는 바를 보여주고 있다: "나는 너희 필요를 위해 섬기는 주인으로, 또는 사람들의 필요를 위해 섬기는 점에서 너희

예수님이 우리 가운데 종으로서 있다는 누가의 교훈은 누가가 그의 복음서에서 주종관계 모티프를 통해 독자들에게 말하려 한 바를 적절하게 요약하고 있는 것이다.

4. 요약과 결론

지금까지의 논의를 요약한다면 다음과 같다. 누가는 (i) 마가, 마태복음의 자료들을 상회하는, 주종관계 모티프와 관련된 많은 구절들을 기록하고, (ii) 주종관계 모티프와 관련된 다양한 용어들을 선택함으로써, 그리고 (iii) 세 복음서 기자들이 공통으로 사용하고 있는 용어들의 경우에는 다른 기자들보다 이를 더 자주 사용함으로써 주종관계 모티프를 더욱 뚜렷이 부각시키려 노력하고 있다. 이 모티프의 중요성은 그것이 주님이신 하나님이나 예수님 앞에서 그리스도인의 종 된 신분을 보여준다는 점이다.[63] 누가가 특별히 강조하는 이 모티프는 누가복음의 전체 분위기와 일치하는 것으로 보인다. 누가의 공동체는 재림(*parousia*)의 지연으로 인해 일상 생활에서의 그리스도인의 행실이 강조되었던 것으로 여겨지므로, 그 같은 공동체에서는 종 된 신자가 날

의 모범으로서 너희 무리 중에 있노라"(*Commentary*, 798).
63) 단커(Danker, *Luke*, 41-43) 역시 주마간산(走馬看山)식이나마 이 모티프에 주목하고 있는데, 이를 복음서의 자선(慈善)의 모티프와 연결짓고 있다: "누가가 종이란 용어를 예수님의 추종자들에게 적용하는 것은 하나님을 최고의 자선가(Benefactor)로, 예수님을 그분의 자선의 최고의 표현으로 보는 그의 신관(神觀)과 일치한다"(41).

마다 주님의 주권을 인정하면서 주님의 가르침을 좇아 살도록 하기 위해 주종관계가 강조되었을 것이 당연한 것이다.

지금까지 누가복음의 주종관계 비유를 논의했는데, 이를 다음과 같이 요약할 수 있다.

(i) 누가의 용어 사용과 그의 비유와 기사 가운데 종이 자주 등장한다는 사실은 그가 사회에서 노예의 존재에 익숙해져 있음을 보여준다. 노예 제도란 그리스도인의 생활에 비유적으로 쉽게 적용할 수 있는 사회적 현실인 것이다.

(ii) 누가복음 1-2장은 누가가 $κύριος$가 하나님에 대한 정식 명칭으로 사용되고 있는 70인역 구약성경의 영향을 받고 있음을 보여준다. 누가는 초대 교회에서 이 칭호를 예수님에게 적용한 대표자이며, 심지어 서술 부분에서도 예수님을 빈번히 $κύριος$로 부르고 있다.

이들 두 요소를 결합시켜 볼 때 누가가 그리스도인과 하나님/예수님의 관계를 주종관계에 비유해서 설명하는 것은 자연스럽다. 우리는 이를 모범적인 사례들(마리아, 베드로 등)과 그리스도인의 의무의 본질을 확립해 주는 핵심 비유들에서 발견한 바 있다. 이러한 복음서의 새로운 지배적 모티프로부터 우리는 누가가 하나님/예수님과 그리스도인 사이의 올바른 관계를 단순히 사제관계가 아니라 주종관계로 정의하려 했음을 알 수 있다.

지금까지 우리는 누가복음의 제자도 개념과 이와 관련하여 누가-행전에 나오는 주종관계 모티프에 관해 논의하였다. 그 결과 누가의 신학에서 두 가지 두드러진 특징을 발견하였다. 한편으로, 누가의 견해에 의하면 올바른 제자도는 반드시 문자 그대로 빈곤을 선택해야 함을 의미하는 것이 아니라, 재물 소유권(ownership)의 포기를 수반하는 재물의 올바른 사용과 관련되어 있다는 것과, 다른 한편으로 누가는 주종관계 모티프에 깊이 사로잡혀 있어서 그리스도인 제자를 주인 되신 하나님이나 예수님의 종으로 나타내고 있다는 사실이다. 누가-행전의 이들 두 가지의 독특한 특성을 결합시켜 볼 때 우리는 왜 누가가 특별히 청지기상(像)에 관심을 보이는지 이해할 수 있는데, 왜냐하면 청지기란 마치 정착 제자처럼 재산을 소유하기는 하되, 또한 종으로서 자기에게 위탁된 재산의 사용에 대해 주인에게 책임을 져야 하기 때문이다. 따라서 이 같은 점에 유의하면서 우리는 다음 장에서 청지기도 주제에 관한 누가의 견해를 탐구하고자 한다.

누가의 청지기도

누가의 청지기도
제 6 장

이 장의 목적은 누가복음의 세 개의 기사(공교롭게도 모두 비유다)에 대한 논의를 통하여 청지기도에 대한 누가의 기본적 개념을 이끌어 내고자 하는 것이다. 물론 직접 누가의 청지기도의 주요 개념들을 언급할 수 있을 것이나, 그보다는 세 개의 청지기 비유를 차례대로 하나씩 논의하는 것이 보다 바람직하리라고 생각된다. 그 이유는 각 비유가 청지기도에 대하여 나름대로의 특징을 간직하고 있기 때문이며, 또한 각 비유가 위치한 문맥을 고려해야 하기 때문이다.

1. 청지기의 역할 및 기능

누가의 관점에서 청지기도를 이해하기 위해서는 무엇보다도 먼저 누가복음과 누가 당대의 사회 속에서 청지기가 누구이고 어떤 존재이며, 그 역할과 기능이 무엇인지를 살펴보는 것이 중요하리라고 생각한다.

첫째로, 누가복음 내에서 그 의무와 책임과 관련하여 청지기들(οἰκονόμοι)이 담당했던 기능에 대하여 살펴보기로 하자. 누가복음 12장 42-48절의 신실하고 지혜로운 청지기 비유에서, 청지기는 가사(家事) 전체(θεραπεία, 42절; 한글 개역, "집 종들"; RSV, household)를 주관하고 있는 것으로 보인다. 그리하여 그의 역할은 마치 적절한 시간에 음식을 배분해 줌으로써 주인의 다른 노예들을 돌보는 전권(全權)을 가진 감독과 같은 인물로 나타나고 있다.[1] 만일 청지기가 그 일을 성공적으로 잘 수행하면, 그는 더 큰 책임을 맡게 될 것이며 아울러 주인의 소유와 재산(ὑπάρχοντα, 44절)을 관리하는 권세까지도 부여받게

---

[1] 청지기가 일반 노예들 중 하나가 아니라 집안의 우두머리 노예라는 사실은 다른 노예들에 대한 누가와 마태의 표현을 비교함으로써 밝혀질 것이다. 누가는 눅 12:45에서 παιδάς(παιδίσκας)를 사용하고 있으나 마태는 마 24:49에서 σύνδουλοι를 사용하고 있다. 크리드(J. M. Creed)는 그의 누가복음 주석에서 누가가 앞서 "δοῦλος를 οἰκονόμος로 바꾼 것에 적합하게 의도적으로 이와 같이 변화시켰다"고 주장한다(Commentary, 177). 한편, 플러머는 여기서 청지기를 "가사와 재산을 책임진 우두머리 노예"인 로마의 dispensator 또는 vilicus와 동일시하고 있다(Plummer, Commentary, 332). Cf. Evans, Commentary, 536; T.W. Manson, The Sayings of Jesus(London: SCM, 1957), 291. 벌게이트역은 이를 vilicus로 번역하고 있다.

될 것이다. 불의한 청지기 비유(눅 16:1-13)에서, 청지기는 주인을 대신하여 주인에게 상당한 금액의 빚을 진 채무자들과 재정적인 거래를 수행하는 자로서, 주인으로부터 위임된 권한을 부여받은 회계사(treasurer; accountant)의 역할로 나타나고 있음이 발견된다.[2] 열 므나 비유(눅 19:12-17)에서 열 종들은 상인(trader)이나 은행가(banker)의 역할로 등장하고 있다.[3] 그들은 같은 금액, 즉 한 므나를 배당받았으며, 그것으로 주인을 위하여 이익을 남기도록 요청받았다.

둘째로, 누가복음의 비유에서 청지기들이 그들의 의무를 이행함에 있어서 담당했던 역할 및 기능에 대하여 살펴보았으니, 이제 우리는 누가 당대의 사회에서 청지기들이 실제로 어떤 종류의 역할 및 기능을 수행했는지를 살펴보기로 하겠다.

노예 제도는 고대 그리스 시대 이후로 모든 고대 사회에 걸쳐 존재했는데, 그 전성기는 로마 제국 시대일 것이다. 고대 그리스와 로마 사회에서 노예들은 국가와 부유한 개인들의 소유물이었다.[4] 그리하여 그 주인들의 관심사에 따라 노예들에게 배당된 직업들은 대단히 다양했던 것으로 알려져 있다. 국가에 소속된 노예들은 보통 행정과 재정 분

---

[2] Vulgate역은 여기서 vilicus를 사용하고 있다. 그리고 플러머는 이 비유에 등장하는 청지기를 dispensator와 vilicus에게서 감독을 받는 procurator로서 이해하고 있다(Commentary, p. 381-2). 한편, 에반스는 "the factor of anestate" 혹은 "a financial agent"로 간주하고 있다(Commentary, 595). Cf. H. J. Cadbury, "Erastus of Corinth", JBL 50(1931), 42-58.

[3] Plummer, Commentary, 439.

[4] 황제들에게 귀속되었던 노예들 역시 "공노(공노)"라 불렸는데, 이들은 로마 제국의 공적 업무를 수행하였다(R. H. Barrow, Slavery in the Roman Empire [London: Methuen & Co., 1928], 130). Cf. T. Wiedermann, Greek and Roman Slavery(London: Croom Helm, 1981), 43-44.

야에서 회계사나 회계 및 출납 담당자, 또는 고대 아테네 시(市)에서는 경찰관 등으로 일하였다. 이런 까닭에 이들은 "공노(公奴; civil servant)"라고 불렸는 바,5) 여기서 우리는 오늘날 국가 공무원들을 "공복(公僕)"으로 부르는 그 기원을 찾을 수 있을 것이다. 부유한 개인들에 의해 소유된 노예들(家奴) 또한 집안에서 여러 가지 다양한 업무를 수행하였다. 다음은 그리스-로마 세계에서 가정 노예들에게 할당된 업무들의 몇 가지 예이다.

 1) 남자 노예들: 안마사(unctor; masseur), 귀금속 보관인(auri custos; jewellery attendant), 목욕 시종(balneatores; bath attendant), 우편 배달부(nuntii & renuntii cursores; messengers), 노새 몰이꾼(muliones; mule drivers), 시종(pedisequus; διάκονος; attendant), 급사(salutigeruli pueri; pages), 마부(agaso; groom), 하인(calator; footman), 창고 관리인(cellarius; store-keeper), 어린아이들의 보호자(paedagogus; παιδαγωγός; chaperon of children), 요리사(coquus; cook), 세금 징수인(insularius; rent-collector), 청소부(lecticarii; litter-bearers), 창고지기(horrearius; warehouse man).

 2) 여자 노예들: 간호사(nutrix; nurse), 산파(obstetrix; obstetrician), 옷장지기(cistellatrix; wardrobe keeper), 옷 보관인(vestiplica; clothes folder), 문지기(ianitrix; doorkeeper), 미용사(tonstrix; hairdresser), 하녀(pedisequa; attendant), 가수(cantrix; singer).6)

---

5) Wiedermann, *Slavery*, 41-43. Cf. J. Stambaugh & D. Balch, *The Social World of the First Christians*(London: SPCK, 1986), 66-67. 좀더 자세한 정보는 Barrow, *Slavery*, 130-159를 참조하라.
6) K. R. Bradley, *Slavery and the Rebellion in the Roman World*, 140 BC-70

소유주 문제와는 별도로, 가정 노예들은 또한 그들이 일하는 장소에 따라서 대체로 두 종류로 구분되었다: 즉 도시 노예와 시골 노예다. 이들은 일하는 환경에 따라서 각기 다른 업무들을 배정받았다.[7]

보통 농장과 목장에서 근무하는 시골 노예들에 관하여, 우리는 카토(Cato)의 『농사에 관하여』(De Agricultura)로부터 시골 노예들의 직업의 종류가 다음과 같았음을 알 수 있다: 경작자(bubulci; ploughmen), 돼지 치는 자(subulcus; swineherd), 목동 두목(opilio; head shepherd), 당나귀 몰이꾼(asinarius; donkeyman), 목동(pastores; shepherds), 청소부(politer; cleaner), 기름 수거인(capulator; oil drawer), 올리브 따는 자(leguli, strictores; olive pickers), 현장 감독(custodes; overseers), 토지 관리인(vilicus, vilica; bailiff).

여기에 소개된 개인에게 속한 가정 노예들 가운데 우리의 관심을 끄는 것은 "토지(농장) 관리인"이다. 왜냐하면 이들의 역할이 우리가 현재 다루고 있는 청지기의 역할과 유사하기 때문이다. 카토가 쓴 『농사에 관하여』에 따르면, 토지 관리인은 "업무 영역에서 다른 노예 일꾼

BC(London: Indiana Press, 1989), 29-30; Barrow, Slavery, 22-64; W. L. Westermann, The Slave Systems of Greek and Roman Antiquity(Philadelphia: The American Philosophical Society, 1955), 13. 브래들리는 이러한 노예들의 직업의 다양한 직종(職種)들은 후기 공화정과 초기 제국 시기에 확립되었다고 설명한다. 가정 노예에 대하여 보다 자세한 정보를 위해서는 다음의 책들을 참조하라: Wiedermann, Slavery, 122-153; R. P. Saller, "Slavery and the Roman Family", in Classical Slavery(ed. by M. I. Finley[London: Frank Cass, 1987], 65-87.
7) 가정 노예들의 조건에 대해서는 J. M. G. Barclay, "Paul, Philemon and the Dilemma of Christian Slave-Ownership", NTS 37(1991), 165-170을 참조할 것.

들을 감독해야 하는 그 일의 성격 때문에 농장에서 일하는 노예 일꾼들 중 가장 지위가 높은 인물이었다."[8] 플라우투스(Plautus)는 그의 희곡『카시나』(*Casina*)[9]에서 농장 관리인의 한 모범적인 예로 올림포(Olympo)를 소개하였다.

> "그의 지휘 영역은 감독직(praefectur)이다. 그는 부재 중 그의 대리인을 임명할 수 있으며, 농장의 일들을 다른 노예 일꾼들에게 배당해 주고, 그들의 음식과 잠자리를 감독하는 역할을 한다. 그가 칼리누스를 구속하거나, 또는 물지게꾼으로 만들겠다고 위협하는 것을 통하여 우리는 농장 관리인의 역할이 어떠해야 하는지를 깨닫게 된다."[10]

농사에 관하여 열두 권의 조직적인 논문을 저술한 콜루멜라(Columella)는 농장 관리인 또는 청지기의 역할과 기능에 대하여 소중한 작품을 남겼다. 그 책에서 콜루멜라는 청지기와 일꾼들의 선택과 그들의 임무에 관한 조언을 기록하였다.[11] 콜루멜라가 언급한 청지기의 역할은 카토의『농사에 관하여』와 플라우투스의 희곡에서 살펴본 바 있는

---

8) Bradley, *Rebellion*, 27; cf. Barrow, *Slavery*, 75-76; Westermann, *Slave Systems*, 68-69; Stambaugh & Balch, *Social World*, 68-69. 주전 184년 감찰관이었던 카토(BC 234-149)는 그의 농장의 생산량을 늘리기 위하여 농장 관리인의 중요성을 인식하였다. 그 이유는 카토 자신과 같은 주인이 도시에서의 개인적인 업무로 인해 농장을 자주 방문하는 것이 쉽지 않았기 때문이다. 그리하여 카토는 그의 아들을 위해 저술한『농사에 관하여』란 책에서 농장 관리인(청지기)이 주인의 재산과 노예들을 돌보며 지켜야 할 행위 규범을 기록해 놓았다(『농사에 관하여』, 2.1-5).
9) Casina, 52, 99, 103, 105, 109, 117-131, 255-9, 418.
10) Bradley, *Rebellion*, 28.
11) Columella, 1.8.1-20; 1.7.1-7. Cf. N. Brockmeyer, *Antike Sklaverei*(Darmstadt: Wissenschaftliche Buchgesellschaft, 1979), 184-190.

토지 관리인(vilicus)의 역할과 매우 유사한 것으로 나타났다. 여기에 추가하여, 아테네의 군인이자 역사가요 도덕 철학을 논한 작가이기도 한 크세노폰(Xenophon; c. 425-355 BC)은 그의 책 『Οἰκονόμικος』12) 에서 οἰκονόμος(ἐπίτροπος)의 중요성을 인식하면서, 이 점과 관련하여 몇 개의 논문을 남겼는데, 브록마이어는 이를 다음과 같이 설명하고 있다.

> "ἐπίτροπος, 즉 청지기는 중요한 인물로 보인다. 그 이유는 주인의 대리인으로서의 임무가 그에게 주어졌기 때문이다. 이로써 청지기는 정치적 임무로부터는 자유롭게 되었다. 크세노폰은 이런 특별한 노예의 임무를 매우 강조하고 있었다."13)

더욱이, 그리스-로마 문헌의 청지기의 이러한 기능은 랍비 문헌에 등장하는 בן בית의 기능, 즉 "주인의 전 재산을 돌보며 가정 일을 감독하는 일종의 우두머리 노예의 기능"과도 유사한 것으로 보인다.14)

농장(토지) 관리인 혹은 청지기의 역할과 기능에 관한 고대 세속 문헌을 검토한 결과 우리는, 비록 이런 인물들을 가리키는 데 사용된 용어들이 누가복음의 οἰκονόμος와 비교할 때 차이가 나지만,15) 관리

---

12) Οἰκονόμικος, 9:11-13.
13) Brockmeyer, Sklaverei, 125; cf. ibid., 124-127.
14) O. Michel, "Οἰκονόμος", TDNT, 5:149.
15) 농장 관리인(vilicus; ἐπίτροποι)과는 별도로, 노예로서 감독의 일을 했던 것으로 전해지는 청지기적 인물을 가리키기 위해 다른 용어들이 사용되었는데, 예를 들면 옷을 관리하는 노예들을 감독하는 dispensator와 a veste 등이 바로 그것이다. 그런데 그들의 역할은 농장 관리인과 유사한 것으로 나타나고 있다(Saller, "Slavery", 78). οἰκονόμος 그 자체 역시 고대 문헌에서 사용

인의 역할과 기능은 누가복음의 *οἰκονόμος*와 거의 다름이 없다는 것을 발견하게 된다. 이런 결과를 근거로 하여, 우리는 당대 사회에서의 개인적인 경험으로부터 관리인의 기능에 대하여 잘 알고 있었던 누가는 그 독자들, 즉 그의 교회의 성도들에게 기독교적 청지기도를 설명하기 위해 당대에 만연했던 관리인(청지기)의 역할과 기능을 활용했을 것이라고 말할 수 있을 것이다.

2. 신실하고 지혜로운 청지기 비유(12:41-48/마 24:45-50)

누가복음의 이 비유는 청지기와 관련된 주제와 청지기도와 관련된 교훈을 공관복음 가운데서는 제일 먼저 소개하고 있다. 본문에 대한 상세한 주해 이전에 먼저 이 비유가 위치한 전후 문맥을 고려함이 필요할 줄로 생각한다.

되었고, 그 기능 및 역할 또한 위에서 언급된 명칭의 그것과 다름이 없는 것으로 알려져 있다. Cf. J. Reuman, "'Stewards of God'-Pre-Christian Religious Application of *οἰκονόμος* in Greek", *JBL* 72(1958), 339-349; "OIKONOMIA -terms in Paul in Comparison with Lucan *Heilgeschichte*", *NTS* 13(1966), 147-167; W. Tooley, "Stewards of God", *SJT* 19(1966), 74-86; D. Webster, "The Primary Stewardship", *ExpTim* 72(1960-61), 274-276; S. Belkin, "The Problem of Paul's Background, *JBL* 54(1935), 52-55; Michel, "*οἰκονόμος*", 149-150.

1) 비유의 배경

우리가 12장에서의 누가의 사상의 흐름을 전체적으로 조망해 볼 때, 비록 각 부분이 느슨하게 연결되어 있기는 하지만, 12장 13절부터 48절까지는 하나의 주제에 의해 묶여 있는 한 단원임을 발견하게 된다. 이를 좀더 자세히 살펴보면, 12장 13절에서 15절까지는 재산 상속과 관련된 재물 문제를 다루고 있고, 이에 대한 응답으로 어리석은 부자 비유(12:16-21)가 탐욕에 대한 경고로서 소개되고 있다. 12장 22-32절에서 예수님은 그 제자들에게 이 세상의 재물에 관해 염려하지 말 것을 교훈하고 있다. 33-34절은 이제까지의 내용에 대한 잠정적 결론으로 볼 수 있을 텐데,16) 여기서 우리는 누가가 특별히 구제에 남다른 관심을 갖고 있음을 발견하게 된다. 누가복음의 이런 특징은 마태복음의 평행 구절과 비교할 때 분명하게 드러나게 된다(마 6:19-21). 12장 35-40절에서는 파루시아와 관련된 종말론적인 메시지가 소개되고 있는데,17) 이런 조건 아래에서 기다리는 종의 비유(35-40절)와 신실하고 지혜 있는 청지기 비유(41-46절)는 중요한 시기에 자신에게 맡겨진 재물을 예수님의 제자로서 어떻게 관리해야 하는가에 대한 지침으로 등장하고 있다. 이런 맥락에서 예수님의 말씀들이 어떻게 서로 연결되어 있는가에 대한 피츠마이어의 논평은 적절하다고 생각된다.

---

16) 탈버트는 "재물에 대한 주제가 12:33-34, 즉 구제에 대한 특별한 명령에서 그 절정에 이르게 된다"고 진술하고 있다(Talbert, *Reading Luke*, 140).
17) Ibid., 144.

"깨어 있음과 신실함은 하늘에서의 보물과 인생 자체의 의미와 무관하지 않다. 까마귀와 백합화같이 염려로부터의 자유는 그것이 인간 생활에서의 경계와 성실과 연결될 때 다른 차원 혹은 다른 시각을 갖게 된다. 비록 누가의 연결은 외견상 문학적이지만, 인간 생활 자체에 뿌리를 두고 있지 않은 것이 아니다. 왜냐하면 지상의 물질적인 것(도둑과 좀에 의해 공격당하는 보물들)으로부터의 초연(超然)은 인생들의 기대(아직 얻을 수 없는 보물, 즉 인생의 주인에 의해 선포된 축복)와 관련되어 있기 때문이다."[18]

마지막으로, 47-48절은 12장 13절부터 46절까지의 말씀에 대한 결론으로 제시되고 있다.[19] 결과적으로, 12장 13-46절은 일관성 있는 단원으로 간주될 수 있으며, 그 통일성은 이 단원의 전과 후에 전혀 다른 이야기들이 소개되고 있음을 주목할 때 확인될 수 있을 것이다. 즉 12장 1-12절은 증거와 순교에 관한 말씀이고, 12장 49-53절은 이 시대의 징조에 관한 말씀이다. 따라서 이 청지기 비유는 신자들에게 맡겨진 재물의 올바른 사용에 대한 누가의 관심과 밀접하게 맞물려 있는 것이다.

---

[18] Fitzmyer, *Commentary*, 984. 쉬미탈스 또한 12:13-34은 지상의 재물 문제를 다루고 있고 세 개의 비유(12:35-48)는 이미 Q에서 재물에 관한 염려와 재물의 축적에 대한 예수님의 말씀과 연관되어 있었다고 말함으로써 12:13-48의 연속성을 주장하고 있다(Schmithals, *Lukas*, 143, 147).

[19] 이들 두 구절은 앞선 비유(42-46절)에 대한 결론적 진술로 보인다. 그 이유는 이들 구절이 선한 청지기와 악한 청지기가 그 직무 수행의 대가로 받아야 할 상급에 대하여 설명하고 있기 때문이다. 그러나 물질 주제(13-24절)를 종의 의무(35-40절)와 청지기도(41-46절) 주제와 연결되어 나타내고 있는 누가복음 12장 13-46절을 전체적으로 볼 때, 47-48절은 이 부분 전체의 결론으로 제시되고 있다고 간주할 수 있을 것이다. 왜냐하면 이들 구절이 위에서 논의된 두 주제를 한데 묶고 있기 때문이다.

2) 청지기의 역할

이 비유는 마태복음에도 유사한 내용이 나오기는 하지만 몇 가지 다른 점이 있다. 그 다른 점 가운데서 먼저 우리는 누가와 마태가 이 비유에 등장하는 종을 칭함에 있어 사용한 용어들, 즉 οἰκονόμος(누가)와 δοῦλος(마태)를 비교 및 검토함이 유용하리라고 생각한다. 누가는 공관복음서 중 누가복음에만 등장하는 구체적인 용어인 οἰκονόμος를 사용한 반면, 마태는 모든 복음서 기자들이 일반적으로 사용하는 용어인 δοῦλος를 사용함으로써 그 종의 특별한 기능과 역할을 규정하는 것을 어렵게 만들고 있다.[20] 이 점과 관련하여 우리는 οἰκονόμος가 불특정 용어인 δοῦλος보다 앞서 단락의 시작에서 이미 사용되었다는 것과 (42절), 이 비유에서 발견하는 종의 기능과 역할이 보다 일반적이고 포괄적인 용어인 δοῦλος보다 전문 용어인 οἰκονόμος에서[21] 보다 더 잘 드러난다고 하는 점에 주의를 기울여야 할 것이다. 그러므로 이런 용어 선택 및 배열을 통하여 누가는 단락의 모두(冒頭)에 사용된

---

[20] 누가복음에서 δοῦλος가 οἰκονόμος보다 더 빈번히 사용되고 있음을 근거로 하여, 어떤 이들은 누가의 οἰκονόμος의 사용이 누가의 οἰκονόμος에 대한 강조를 반영하는 것이 아니라고 주장하기도 한다(S. J. Kistemaker, *The Parables of Jesus*[Grand Rapids: Baker, 1985], 126). 그러나 이런 주장은 누가가 δοῦλος 앞에 οἰκονόμος를 먼저 위치시킨 점을 간과하고 있으며, 누가가 여기서 마태복음의 δοῦλος대신 οἰκονόμος를 사용한 것에 대한 적절한 이유를 제시하지 못하고 있다(cf. C. H. Dodd, *The Parables of the Kingdom*, [New York: Charles Scribner's Sons, 1961], 125).

[21] 앞서 살펴본 바와 같이 οἰκονόμος는 노예들 중의 한 노예이나, 가정 일 전체(θεραπεία, 눅 12:42), 때로는 그 주인의 전 재산(ὑπάρχοντα, 눅 12:44)을 돌보는 권위를 부여받았다(Michel, "οἰκονόμος", 5:150; cf. Kistemaker, *Parables*, 126).

οἰκονόμος가 그 이하 문장에서 사용되고 있는 δοῦλος의 기능을 규정하고 있음을 보여주고자 했던 것으로 여겨진다.[22]

1) 청지기도 주제와 관련하여 우리는 비유 본문으로부터 청지기직의 중요한 특징 중 첫 번째 요소를 얻을 수 있다. 청지기는 그 자신의 재산이나 소유를 전혀 갖고 있지 않으며, 단지 임시적으로 그에게 맡겨진 주인의 소유물을 관리할 뿐이다(42절).

청지기도의 이런 요소는 그 독특한 표현과 함께 누가복음에만 등장하는 이 단락의 결론 부분(47-48절), 특히 48절에서 잘 표현되고 있다: "알지 못하고 맞을 일을 행한 종은 적게 맞으리라. 무릇 많이 받은 자에게는 많이 찾을 것이요 많이 맡은 자에게는 많이 달라 할 것이니라." 이 문장에서 누가가 특별히 사용하고 있는 두 단어는 청지기도의 중요한 특징적 요소를 증거해 준다: ἐδόθη(한글 개역, "받은")는 부정과거 수동태로서 "주어졌다(given)"는 뜻이고, παρέθεντο(한글 개역, "맡은")는 부정과거 중간태로서 "맡겨졌다(centrusted)"는 의미다. 따라서 이들 단어가 시사하는 바는 청지기가 소유하고 있는 모든 것은 그에게 속한 것이 아니고 다른 사람에 의해 주어지거나 맡겨졌다는 것이다. 이런 까닭에 에른스트(Ernst)는 이런 청지기직의 개념을 "빌려 받은 권위(geliehene Autorität)"라고 표현하였다.[23] 또한 우리는 "이를 때에(ἐλθών, 43절)"와 "더디 오리라(χρονίζει, 45절)"는 단어로부터 청지기에게 허락된 시간(혹 기간)이 무한정하지 않고 제한되어 있음

---

[22] "그 종의 기능은 청지기(οἰκονόμος)의 기능이다"(Dodd, *Parables*, 125).
[23] J. Ernst, *Das Evangelium nach Lukas*(Regensburg: Friedrich Pustet Regensburg, 1976), 410.

을 발견하게 된다. 이것은 청지기의 특별한 책임의 기간을 가리키는 것으로 이해할 수 있을 것이다 - 순종은 어려운 일이나 주인의 부재 중 더욱 중요한 것이다.24) 이와 같이 누가는 청지기를 주인의 재산과 소유가 임시적으로 주어지거나 맡겨진 특별한 종으로서, 그 주인의 뜻에 따라 그 재산과 소유를 사용해야만 되는 인물로 소개하고 있다(47절).

2) 여기서 언급되어야 할 청지기도의 두 번째 요소는 청지기로서의 그 의무를 수행함에 있어 청지기가 지녀야 할 청지기의 행동 자세다. 누가복음 12장 42, 43, 45절은 청지기의 태도를 제시하는 구절들로 간주될 수 있다. 이들 구절들은 청지기가 어떻게 그 책임과 의무를 이행해야 하는지에 대한 방법을 제시하고 있다. 첫째로, 누가는 42-43절에서 주인의 재산과 소유를 잘 관리하며, 적절한 때에 주인의 노예들에게 양식을 나누어 주는(이것이 바로 주인의 뜻과 명령인 것이다) 신실하고 지혜로운25) 청지기를 소개하고 있다.26) 그 결과로서, 신실하고 지혜로운 청지기는 그 주인에게 칭찬을 받으며 주인의 전 재산과 소유를 넘겨받는 영예를 수여받게 된다(44절). 이것은 누가가 그 공동체

---

24) Ibid.
25) 봐이저(Weiser)는 이 청지기에게 붙여진 형용사들(신실하다[πιστός], 지혜롭다[φρόνιμος])이 "청지기직 임명에 필요한 품성을 가리킨다기보다는 청지기가 수행해야 할 행위의 성격을 묘사한다"고 주장한다; cited from I. H. Marshall, *Commentary on Luke*[NIGTC](Exeter: Paternoster Press, 1989), 541).
26) C. F. Evans, *Saint Luke*[TPI NTC](London: SCM, 1990), 536: "이 언어의 배후에는 지혜로운(φρόνιμος=prudent) 자의 유대적 모델으로서 바로에 의해 그 국사(國事, household; θεραπεία, 42절; Cf. 창 45:16; 41:33, 39 이하; 시 105:21)를 돌보도록 임명받아 물자 공급을 담당한(창 47:12-14, sitometorein, 칠십 인 역에서 이 단어는 여기서만 사용되었다) 요셉의 형상이 존재한다."

교인들에게 소개하고자 하는 선한 청지기의 모델을 분명하게 밝혀 주고 있다.

둘째로, 45절은 청지기로서의 그의 의무를 게을리하고 주인의 노비들을 때림으로써27) 그 위치를 남용하며 주인이 올 때까지 먹고 마시어 취하게 된 악한 청지기를 소개하고 있다. 그는 주인의 귀가의 일시적 지연을 이용하여 방탕스런 행위를 일삼는 매우 악한 종으로 묘사된다. 이 악한 청지기는 그의 통제 아래 있는 모든 것이 그의 것이며, 따라서 다른 사람의 유익을 전혀 고려함이 없이 그것들을 제 마음대로 처리하고 있다. 이 청기지의 악한 행동은 마침내 엄격한 심판을 초래한다(46절).28) 이 심판의 표현 중 유의할 부분은 주인의 재산을 마음대로 처리한 악한 청지기를 누가는 마태처럼 "외식하는 자"($ὑποκρίται$; 마 24:51)가 아니라 "불신자"(한글 개역, "신실치 아니한 자"; $ἄπιστοι$)로 묘사하고 있다는 점이다. 여기서 누가의 $ἄπιστοι$ 사용은 주인의 뜻을 거슬리게 행동하는 불성실한 청지기는 불신자와 같이 취급되어 마땅하며, 반면에 신실한 청지기는 신자들의 모델로 소개되어야 함을 가리

---

27) "$Τύπειν$(때리다, 45절)은 주인 행세를 하며 그 스스로 주인의 위치에 앉아 있다고 생각하는 자의 행동이다"(Marshall, *Commentary*, 542).
28) 문자적으로 말하면, 주인은 그 악한 종을 둘로 쪼개기를 원하고 있다($διχοτομήσει$). 이 단어가 문자적으로 해석되어야 하는지(Plummer, *Commentary*, 332-3), 아니면 은유적으로 해석되어야 하는지(Evans, *Commentary*, 537)는 쉽게 결정될 수 있는 문제가 아니다. 최소한 분명한 것은 불충성한 청지기는 엄격한 심판을 받아야만 한다는 것이다(Kistemaker, *Parables*, 125).
  한편, 핀들리(J. A. Findlay)는 이 비유가 내용의 유사성을 근거로 Ahikar 이야기에 근거한 것이라고 주장한다(*Jesus and His Parables*, [London: Epworth, 1951], 58). Cf. R. H. Charles, *Apocrypha and Pseudepigrapha*(Oxford: Clarendon Press, 1977), 2:715.

키는 것이다.29)

3) 종말론 모티프가 이전의 비유에서와 마찬가지로(눅 12:35-40) 이 비유에서도 확연하게 나타나고 있다.30) 그렇다면 우리는 이 종말론 모티프를 어떻게 청지기도와 연결시킬 수 있을까? 누가복음의 삶의 정황(*Sitz im Leben*)31)을 보여주는 45절("주인이 더디 오리라")에도 불구하고, 여기서 문제가 되는 것은 주인의 귀가 지연이 아니라 어느 때든지 일어날 수 있는 주인의 기대치 못한 귀가인 것이다(46절).32) 따라서 이 비유는 또한 주인의 일시적인 귀가 지연과, 주인의 재산을 돌

---

29) 존 드러리(John Drury)는 눅 12:45에서 κακός(악한)가 생략되어 있음에 착안하여 말하기를 이 비유에서 누가는 두 명의 다른 청지기를 말하는 것이 아니라 한 청지기가 두 가지 다른 방식으로 행동하는 것을 묘사하고 있다고 주장한다(*The Parables in the Gospels*[London: SPCK, 1985], 119). Cf. M. Goulder, *Luke: A New Paradigm*, (Sheffield: JSOT, 1989), 2:550. 한편, 단커(F. Danker)는 45-46절이 누가 당대 교회의 좀더 어두운 면을 묘사하고 있다고 주장한다(*Jesus and the New Age*[St. Louis: Clayton Publishing House, 1974], 154).

30) E. Schweizer, *The Good News according to Luke*(London: SPCK, 1984), 214. 누가복음에는 종말론 모티프, 즉 임박한 파루시아와 관련된 것으로 보이는 비유들이 여러 개 등장하고 있다. 예를 들면, 노아와 롯의 기사(17:26-32), 잠자는 두 사람과 맷돌 가는 두 여인(17:34-37), 불의한 재판관 기사(18:1-8) 등이다. Cf. P. F. Esler, *Commentary and Gospel in Luke-Acts* (Cambridge: University Press, 1987), 63.

31) 여기서 본 논문의 성격상 누가복음의 *Sitz im Leben*을 상세하게 논의할 수는 없다. 단지 그 핵심적 내용만 간단히 요약하여 소개하면, 주요 구절들인 눅 9:23(막 8:34과는 달리 "날마다"[καθ᾽ ἡμέραν]가 추가되어 있다)과 눅 19:11을 근거로 할 때, 종말이 연기된 상황을 누가 공동체가 직면하고 있다고 말할 수 있겠다.

32) 에슬러(*Community*, 63)는 비록 누가복음에 임박한 파루시아와 관련된 것으로 보이는 여러 개의 비유가 있기는 하지만, "그 어느 것도 곧 임할 종말을 가리키는 것이 아니라 종말이 갑자기 임할 것을 가리키고 있다"(Cf. 눅 12:46)라고 주장한다.

보도록 맡겨진 자신의 위치를 남용하지 말 것을 청지기에게 경고하고 있다. 왜냐하면 아무도 언제 주인이 돌아올는지 모르기 때문이다. 그러므로 이 구절은 종말론적 파국의 위기가 집주인이 결혼 잔치로부터 늦게 귀가하는 것처럼 불현듯 기대치 않게 발생할 수 있기 때문에(눅 12:35-40, 46), 청지기는 그 의무를 수행함에 있어서 항상 깨어 있어야만 한다는 점을 분명하게 밝히고 있다.[33] 이런 종류의 사건의 전형적인 모델로서, 누가는 45절에서 종말론적 위기 의식을 상실했거나 경시한 불성실한 청지기의 경우를 소개하고 있다.

4) 이런 종말론 모티프와 연결하여, 우리는 누가복음의 청지기도의 또 다른 요소를 발견하게 된다. 청지기는 마침내 자신의 일에 책임을 져야만 한다는 것이다(43-48절). 달리 말하면, 청지기는 그가 한 일에 의하여, 그리고 그에게 주어졌거나 맡겨진 것을 그가 어떻게 관리했는가에 의하여 종국에는 심판을 받아야 한다는 것이다. 그러므로 허락된 기간 동안의 업무에 따라서 청지기는 칭찬을 받거나 처벌을 받을 것이다. "왜냐하면 주인은 맡겨진 것의 관리에 대한 보고를 요구하기 때문이다."[34]

---

[33] 쉬바이쳐는 42-46절과 39-40절을 대조시키고 있는데 적절한 것으로 보인다: "39-40절에서 예수님의 도래는 모든 사람이 항상 준비해야만 할 위협적인 파국으로 묘사된다…반면, 42-46절은 기다리는 기간 동안에 (청지기는) 다른 사람들을 위해 책임 있게 행동해야 함을 묘사한다"(*Luke*, 214).
[34] Grundmann, *Lukas*, 267.

3) 교회 지도자들인가? 아니면 부유한 그리스도인들인가?

많은 학자들은 이 비유를 특별한 방법으로 해석하고자 한다. 즉 이 비유를 풍유적으로 해석하여, 이 비유의 대상이 누가 시대의 사도들이나 또는 교회 지도자들을 가리키는 것으로 주장한다.[35] 이런 주장은 대체로 42절의 καταστήσει(맡기다)와 41절에서의 예수님께 대한 베드로의 질문에 근거하고 있다. "이 비유를 우리에게 하심이니이까 모든 사람에게 하심이니이까?"[36] 따라서 이제 우리는 καταστήσει가 의미하는 바가 무엇인지, 그리고 베드로의 질문 중의 "우리(ἡμεῖς)"가 누구를 가리키는지를 논의하고자 한다.

첫째로, 베드로의 질문을 검토하기로 하자. "교회 지도자" 해석을 지지하는 사람들은 ἡμεῖς가 사도들을 가리키며, 따라서 간접적으로 누가 당대의 교회 지도자들을 가리킨다고 말한다. 그러나 여기서 고려되어야 할 것은, 우선 비유가 누구를 대상으로 한 것인지를 물은 베드로의 질문에 예수님이 직접적으로 답변하지 않고 있다는 사실과,[37] 둘째로 문맥 가운데서(눅 12:13-49) 열두 제자나 사도들에 대한 언급이

---

35) Jeremias, *Parables*, 50, 56ff.; Marshall, *Commentary*, 540; Ellis, *Commentary*, 180; Johnson, *Literary Function*, 166-7; Goulder, *Paradigm*, 549. 만일 우리가 이 주장을 인정한다 할지라도, "재물을 관리해야 하는 것"과 같은 책임을 배제시킬 수는 없는 것이다(Seccombe, *Possessions*, 193).
36) 쉬미탈스의 주장은 이 비유의 교회론적 해석을 대표하는 것으로 제시될 수 있을 것이다: "문맥에 따른다면, 베드로는 [우리]를 교회 지도자로, [모두]를 회중으로 생각하고 있는 것으로 보인다"(Schmithals, *Lukas*, 148). Cf. Fitzmyer, *Commentary*, 989; Ernst, *Lukas*, 409.
37) 세쿰은 베드로의 질문은 "다양한 해석이 가능한 답"을 받고 있다고 말하고 있다(Seccombe, *Possessions*, 193).

전혀 나타나고 있지 않다는 사실이다.38) 오히려 22절에서부터 새롭게 시작된 예수님의 가르침이 53절까지 중단없이 지속되고 있음을 참작할 때, 또한 여기서 누가가 이 비유를 예수님의 이전의 가르침과 연결시키는 연결어로 간주할 수 있는 λέγω ὑμῖν(내가 너희에게 말하노니)을 네 번 사용하고 있음을 고려할 때,39) 문맥상 ἡμεῖς는 제자들을 가리키는 것으로 보는 것이 옳다고 여겨진다(1, 22절).40) 이런 결론에 도달한 후에도, 여전히 어떤 이들은 32절의 "적은 무리"를 염두에 둔 채 제자들을 사도들과 동일시하려 한다. 이 문제와 관련하여, 우선 우리가 기억해야 할 것은 (이미 4장에서 논의된 바와 같이) 누가의 견해에 따르면 제자들은 열둘이나 사도들과 동일시될 수 있는 소수의 제한된 무리들이 아니라, 초대 교회에서 기독교 회중을 가리키는 데 사용된 일반적 용어인 제자(μαθητής: 사도행전에서)를 뜻하는 많은 무리

---

38) Fitzmyer, *Commentary*, 989: "우리가 사도들에 대하여 마지막으로 읽은 것은 9장 10절인 까닭에, 여기서 베드로가 사도들을 가리켜 '우리'라고 부르고 있다고 볼 수는 없다…그것은 여기서 언급되고 있지 않으며, 또한 누가 시대에는 이미 지나간 추억에 지나지 않는 '열둘'과는 아무런 관계가 없는 것이다". Cf. Bengel, *Gnomon*, 2:112-3; Manson, *Sayings*, 117-8.
39) 눅 12:22, 27, 37, 44. 이와는 별도로, ὑμεῖς는 22절부터 34절까지 그 제자들에 대한 예수님의 가르침 가운데 다양한 형태로 자주(14번) 나타나고 있다: ὑμεις=24, 29, 36, 40절(4번); ὑμῶν=25, 30, 32, 33, 34(x2), 35절(7번); ὑμᾶς=28절; ὑμῖν=31, 32절(2번).
40) 피츠마이어도 또한 이 점에 주목하고 있다: "직접적인 누가복음의 문맥에서 '무리'(12:1, 13, 54)와 '제자들'(12:1, 22)은 구별되어 나타나고 있다. 따라서 베드로의 '우리'는 제자들을 가리키는 것이고, 판타스 즉 '모두'는 무리를 가리키는 것이어야 한다"(Fitzmyer, *Commentary*, 989). 마샬 역시 누가복음의 문맥에서 ἡμεῖς가 제자들을 가리킴을 인정하고 있다(Marshall, *Commentary*, 540). 그러나 두 사람 모두 누가의 두 권의 저작에서 μαθητής란 용어가 폭넓은 의미로 사용되고 있음을 간파하지 못하고 있다.

의 추종자들과 동일시되고 있다는 사실이다. 둘째로, 예수님의 이런 가르침이 무리들 앞에서(1, 13, 54절) 선포되고 있다는 사실 또한 고려되어야 할 것이다. "그러므로 이들 단어들이 예수님을 따르고자 하는 모든 사람들, 즉 넓은 의미에서의 제자들을 가리키는 것으로 해석함이 옳을 줄로 생각된다."[41] 따라서 여기서 베드로가 열두 사도들을 대표하여 말하고 있음을 전제로 해서[42] 이 비유가 단지 사도들을 대상으로 한 것이라고 주장하는 것은 현명치 못하다고 생각된다.[43]

둘째로, καταστήσει에서 비롯되는 책임의 요소에 초점을 맞추면서, 어떤 이들은 καταστήσει를 직무를 위한 임명의 견지에서 해석하면서 청지기의 역할을 "지도자로서의 책임을 가진 자",[44] 이를 테면 직접적으로는 사도이고, 다음으로는 교회 지도자들, 혹은 누가 당대의 공동체 지도자들로 규정하고자 한다.[45] 그러나 이 견해는 이 비유의 특별

---

41) Pilgrim, *Good News*, 94.
42) Cf. Kistemaker, *Parables*, 127.
43) 베드로의 질문과 유사한 형식이 18:28에서도 발견된다. 거기에서 베드로는 12:41에서처럼 외견상 사도들 집단을 대표하면서 질문을 던지고 있다: "보옵소서, 우리가 우리의 것(τὰ ἴδια)을 다 버리고 주를 좇았나이다." 그러나 마가복음과 마태복음의 평행 구절들과 비교하면서 이 구절이 위치한 문맥(18:18-30)을 고려에 넣을 때, 우리는 누가복음에서는 열둘이나 심지어 제자들에 대한 언급이 전혀 나타나지 않음을 발견하게 된다. 반면에 마가와 마태복음의 평행 구절에서는 제자들이 각기 두 번씩 등장하고 있다(막 10:23, 24; 마 19:23, 25). 달리 말하면, οἱ μαθηταί(제자들)를 οἱ ἀκούσαντες (듣는 자들)로 교체하면서 누가는 이 이야기의 의미를 일반화시키고자 의도하고 있는 것으로 보인다(참조. 29-30절). 따라서 여기에서도 베드로가 사도들의 집단의 대표자로서 말하고 있는지 아닌지를 결정하기는 매우 어려운 것이다.
44) Marshall, *Commentary*, 540.
45) Fitzmyer, *Commentary*, 989.

한 한 부분을 풍유적으로(allegorically) 해석함으로써 생겨난 것이다.46) καταστήσει가 이런 맥락에서 사용되는 것은 당연하다고 생각된다. 그 이유는 청지기가 그 주인의 가사(家事) 전체와 재산을 관리하도록 주인에 의해 임명받았기 때문이다. 그렇다면 왜 이 용어가 풍유적으로 해석되어야 하는지에 대한 분명한 이유를 발견하기가 힘들다. 이 비유에서 이런저런 방식으로 재물과 관련된 다른 용어들, 이를 테면 ὑπάρχοντα(44절), θεραπεία(42절), σιτομέτριον(42절) 등은 풍유적 의미가 부여되지 않은 채 자연스럽게 문자적 의미로 사용되고 있다.47) 그렇다면 똑같은 문맥에서 한 단어는 특별하게 풍유적 의미로 해석되고, 다른 단어는 그냥 문자적으로 해석되어야 한다는 것은 매우 부자연스러운 일이다. 그러므로 이 비유가 교회 지도자들을 대상으로 한 것이라는 풍유적 해석은 적절치 못하다고 생각된다.

여기에 추가하여 아직 고려해야 할 한 가지 사실이 더 남아 있는데, 그것은 누가의 ἄπιστοι(46절; 신실치 아니한 자)의 사용이다. 누가는 신실치 못한 청지기가 받아야만 될 심판을 묘사하기 위해 이 단어를 사용하고 있다. 여기서 나는 "교회 지도자" 해석에 반대하여 한 가지 질문을 던지고자 한다. 만일 신실치 못한 청지기가 영적 지도자로 간

---

46) 쉬미탈스는 이런 해석의 요점을 간결하게 다음과 같이 제시하고 있다: "누가는 이어지는 비유에서 우두머리 종(누가는 이를 의도적으로 '청지기'라고 명명한다)과 부하 종을 구분짓고 있으며, 또한 그 시대 공동체의 형편의 견지에서 이 모티브를 풍유화시키고 있다"(Schmithals, Lukas, 148).
47) 신약의 다른 곳에서 사용된 이들 단어들의 용례와 비교해 보라; θεραπεία (42절)=눅 9:11; 마 24:45; 계 22:2; σιτομέτριον(42절)=이 곳에서만 유일하게 사용됨; ὑπάρχοντα(44절)=눅 8:3; 11:21; 12:15, 33, 44; 14:33; 16:1; 19:8; 행 4:32; 고전 13:3; 히 10:34.

주되어야 한다면, 단지 그 의무를 제대로 수행하지 못한 지도자를 불신자로 정죄할 것이라고 위협하는 것이 과연 적절한 일일까? 이런 맥락에서, 어떤 이들은 ἄπιστοι를 마태복음 24장 51절의 ὑποκριταί(외식하는 자)와 동일시하면서 불신자를 의미하는 것이 아니라고 주장하기도 한다.48) 이런 주장에 반대하여, 우리는 누가가 28절에서 제자들을 위하여 ὀλιγόπιστοι(믿음이 적은 자들)를 사용하고 있다는 사실을 주목해야 할 것이다. 거기서 ὀλιγόπιστοι는 완전한 정죄의 의미로 사용된 것이 아니고 제자들을 격려하기 위한 권면으로 사용되고 있다. 이와는 반대로, 46절의 ἄπιστοι는 완전하게 정죄받은 자들을 묘사하는 데 사용되고 있다. 그러므로 ἄπιστοι가 이 비유의 문맥에서 불신자를 가리킨다고 주장하는 것은 합리적인 것이다.49) 만일 그렇다면 비록 청지기가 주어진 임무를 신실하게 수행치 못한 일로 인해 비난받아야 하는 것은 마땅하지만, 충성치 못한 지도자를 불신자로 심판하는 것은 매우 지나친 처사라고 생각된다. 이 경우에 마태의 표현, 즉 ὑποκριταί가 누가의 표현보다 더 적절하다고 여겨진다. 그러나 여기서 중요한 것은 누가가 이 상황에서 ὑποκριταί가 아니라 ἄπιστοι를 사용하고 있다는 사실이다. 그러므로 이 비유의 청지기를 특별하게 교회 지도자나 혹은 사도들을 가리키는 것이 아니라 모든 제자들을 가리키는 것으로

---

48) Plummer, *Commentary*, 333.
49) "헬라어 아피스토스는 '신실치 못한' 혹은 '불신앙적인'의 의미를 지닌다. 그 반대어인 12장 42절의 피스토스는 '신실한' 혹은 '신앙적인'으로 번역될 수 있을 것이다. 그러나 12장 46절에서 아피스토스는 확실히 신약의 다른 곳에서와 마찬가지로 '불신앙적인(불신자)'의 의미를 갖도록 의도된 것으로 보인다"(D. Gooding, *According to Luke*[Leicester: IVP, 1988], 246). Cf. Evans, *Commentary*, 537; Bengel, *Gnomon*, 2:114; Kistemaker, *Parables*, 126.

보아야 할 충분한 이유를 우리는 발견하게 되는 것이다.

이제 우리는 누가의 시각에서 볼 때 궁극적으로 청지기가 누구를 의미하는지를 밝혀야 할 것이다. 이 질문에 대한 답은 48절 하반절에서 찾을 수 있겠다: "무릇 많이 받은 자에게는 많이 찾을 것이요 많이 맡은 자에게는 많이 달라 할 것이니라." 원리상 22절의 견지에서 볼 때 이 구절의 인물은 예수님의 제자라고 주장하는 모든 사람일 수 있다. 그러나 실제적으로 많이 받은 것으로 보이는 이 구절의 인물은 예수님의 그 어떤 추종자가 아니라, 예수님의 일반 제자들 중 많이 받은 자 혹은 많이 맡은 자인 것이다.

이런 맥락에서 이 구절의 "많이($πολύ$)"는 44절의 $ὑπάρχοντα$(소유)를 가리킨다고 보는 것이 옳으며, 이로부터 우리는 이 구절의 인물이 소유와 재산이 많은 사람이라고 주장할 수 있을 것이다. 이런 특징에 추가하여 청지기가 그 주인의 종들을 돌보는 책임을 맡은 것으로 소개되고 있는 42-45절을 참작할 때,[50] 우리는 그가 사람 뿐만이 아니라 재산까지도 관리하고 있는 까닭에 이 비유의 청지기는 누가 당대에 그 공동체의 가난한 자들을 위하여 자신의 재산을 털어 음식과 돈을 나누어 주는 자선가 중 하나로 볼 수 있다고 말할 수 있을 것이다.[51] 이런 주장의 입장에서 이전의 두 구절, 즉 47-48절과는 달리, 우리는 약간의 대조적인 문장을 기대할 수 있을 것으로(실제로는 나타나고 있지는 않지만) 생각한다: "적게 받은 자에게는 적게 찾을 것이니라."

---

50) 누가는 단지 $δοῦλοι$를 사용하지 않고 특별히 $παῖδες$와 $παιδίσκαι$를 사용하고 있는데, 이는 마태복음의 $σύνδουλοι$(24:49)와는 구별되는 것이다.
51) 이 특징은 이후 10장에서 보다 상세히 다뤄질 것이다.

따라서 이 구절에서 분명히 드러나고 있는 것은 재물 주제에 관한 누가의 관심은 특별히 많이 받고 많이 맡은 자에게 있다는 사실이다. 왜냐하면 그들의 태도와 행동이 이 비유의 초점이기 때문이다.

이런 논의로부터 이제 우리는 다음과 같이 결론지을 수 있겠다. 이 비유는 그 영적인 책임과 관련하여 교회 지도자들을 위하여 마련된 것이 아니라 누가 공동체의 부유한 신자들 혹은 자선가들을 위하여 의도된 것이다. 즉 누가는 그 부자 혹은 자선가들이 그 공동체 안팎의 다른 사람들, 보다 더 가난한 사람들을 위하여 청지기 정신에 입각하여 그들에게 맡겨진 재물을 신실하고도 지혜롭게 사용할 것을 기대했던 것이다.

4) 요약 및 결론

이제까지 논의된 것을 요약하자면, 신실하고 지혜로운 청지기 비유를 기록하면서 누가는 우선 청지기의 의무와 역할을 주인에 의해 재물을 위탁받아 그 재물을 관리하도록 위임받은 특별한 종류의 종으로 정의하고 있다. 둘째로는, 청지기의 태도와 관련하여 누가는 청지기의 모든 소유는 그 자신의 것이 아니라 그 주인의 것임을 밝히고 있다. 청지기는 그 소유와 재물을 그 자신의 뜻대로 그 자신을 위하여 사용해서는 안 되고, 전적으로 그 주인의 뜻과 명령에 따라 사용해야 한다. 셋째로, 갑자기 닥칠 종말론적 위기를 염두에 둔 채 청지기는 항상 깨어 있는 가운데 그 의무를 수행해야 한다. 왜냐하면 청지기로서의 그 위치가 영원히 계속되는 것이 아니고 언제든지 중단될 수 있기 때문이다. 넷째로, 종국에는 심판이 있을 것이로되, 그 심판의 내용은 청지기의 행동에 따라 다르게 될 것이다. 마지막으로, 이 비유의 대상의 문제와 관련하여 여기서의 청지기는 사도들이나 교회 지도자들을 가리키는 것이 아니라 모든 제자들을 가리키는 것이라고 주장되었다. 그러나 누가의 관심이 많이 받고 많이 맡은 자에게 있기 때문에 이 비유는 특별히 누가 공동체의 부유한 신자들을 대상으로 하고 있다고 결론지을 수 있을 것이다.

3. 불의한 청지기 비유(16:1-13)

1) 해석의 문제들

역사적으로 오랜 시간 동안 누가복음의 이 불의한 청지기 비유는 신약성경 중 가장 수수께끼 같은 비유로 인식되어 왔다. 이런 까닭에 이 비유는 율리허(A. Jülicher) 이후 "해석의 십자가"라고 불려져 왔다.[52] 그리하여 금세기에 들어서기까지 약 백 년 동안 매우 다양한 해석들이 등장하면서 이 비유 해석에 있어 우리가 직면하고 있는 문제를 해결했다고 주장하였다. 그러나 이러한 해석의 홍수에도 불구하고 새로운 안목을 제시하며 여전히 새로운 시도가 등장하고 있다는 사실은 지금까

---

[52] B. Heiniger, *Metaphorik, Erzählstruktur und szenischdramatische Gestaltung in den Sondergutgleichnissen bei Lukas*(Münster: Aschendorff, 1991), 167.

지 제시된 모든 해석들이 이 비유의 문제점을 풀기에는 적절하지 못했음을 보여주는 것이라고 생각된다. 그러므로 어쩌면 이 비유의 문제점에 대한 완전한 해답은 없는 것처럼 보인다고 말해도 과장은 아니라고 여겨진다.[53]

이런 상황에서 우리의 주 관심사는 재물 주제와 연관된 청지기도를 연구하는 것이므로, 이제까지 출판된 이 비유에 대한 모든 논문과 서적을 논하는 것은 우리의 한계를 벗어나는 일일 것이다. 따라서 이하에서 이 비유의 초점을 분별해 내고 그것이 재물의 청지기도와 어떻게 관련되어 있는지를 연구하는 것에 우리의 노력을 제한하는 것이 바람직하리라고 생각한다.

그러면 이 비유를 해석함에 있어서 문제가 되는 것은 무엇인가? 넓은 시각에서 볼 때 크게 두 가지 문제가 있다. 첫째는, 어떻게 주인이[54] 자신의 재산을 낭비하고 문서 위조 및 사기 등과 같은 부도덕한

---

[53] J. Kloppenborg, "The Dishonoured Master", *Bib* 70(1989), 474: "예수님의 비유에 대한 아돌프 율리허의 기념비적인 연구가 출판된 이후 약 90년 간 이 비유의 그 어떤 측면에 대한 의견의 일치도 존재하지 않는다". Cf. W. Loader, "Jesus and the Rogue in Luke 16,1-8a: The Parable of the Unjust Steward", *RB* 96(1989), 518-9. 피츠마이어(*Commentary*, 1102-4)와 크레머 (M. Krämer, *Das Rätsel der Parabel vom ungerechten Verwalter*[Zürich: Pas-Verlag, 1972], 260-272)는 이 비유의 해석사를 깔끔하게 정리하여 소개하고 있다. 좀더 최근의 해석사를 참조하려면, Ireland, *Stewardship*, 5-47를 참조하라. Cf. L. J. Topel, "On the Injustice of the Unjust Steward", *CBQ* 37(1975), 216.

[54] 불필요한 이탈을 피하기 위하여, 나는 이 분야의 학자들이 일반적으로 인정하는 바대로 8절의 ὁ κύριος(주인)를 비유의 주인으로 간주하고자 한다. 그러나 일부 학자들, 이를테면 예레미아스(*Parables*, 45, 182), 도드(*Parables*, 17), 헌터(*Interpreting the Parables*[London: SCM, 1960], 100), 쉬미탈스 (*Lukas*, 168) 등은 8절의 ὁ κύριος가 예수님을 가리키는 것으로 해석한다.

행동을 저지른 악한 청지기를 칭찬할 수 있는가(8절)? 둘째로, 예수님 (누가)이 긍정적 교훈을 주기 위하여, 그것이 허구(fiction)이든 사실의 반영이든 간에, 이런 종류의 부정적인 비유를 만들거나 사용했다는 것을 상상할 수 있을까(9절)? 이 두 가지 근본적인 문제와 관련하여, 이제까지 제시된 다양한 설명을 분류해 볼 때 대체로 두 개의 상이한 해석으로 묶을 수 있을 것으로 생각된다.55)

(1) 첫 번째 부류의 해석은 주인이 그를 칭찬했고 예수님도 8b-9절에서 그 제자들에게 청지기의 행실을 추천하고 있다는 근거를 들어 청지기를 긍정적 시각에 묘사하려는 의도에서 비롯되었다. 대체로 이 견해는 또한 두 범주로 나누어진다. 하나는 J. D. M. 데렛(Derrett)이 주장하는 바 이자(利子) 이론이고, 다른 하나는 피츠마이어가 주장하는 바 청지기의 구전(수수료; commission) 이론이다.

첫째로, 고대 동양 법률의 전문가인 데렛이 주장하는 이자(고리대금) 이론을 살펴보기로 하자.56) 데렛의 주장은 유대인들 사이에서 고

그러나 이런 주장은 이 분야의 다수의 학자들에 의하여 반박되고 있다. 이는 비유가 8a절에서 끝나고 8b절에서부터 13절까지는 예수님의 말씀임을 뜻하는 것이다. Cf. Fitzmyer, *Commentary*, 1095-7; B. B. Scott, "A Master's Praise: Luke 16,1-8a", *Bib* 64(1983), 175-177; D. O. Via, *The Parables* (Philadelphia: Fortress Press, 1967), 156; Loader, "Rogue", 522; P. Gächter, "The Parable of the Dishonest Steward after Oriental Conceptions", *CBQ* 12(1950), 130; C. T. Wood, "Luke xvi. 8", *ExpTim* 63(1951-2), 126; C. B. Firth, "The Parable of the Unrighteous Steward", *ExpTim* 63(1951-2), 93; D. M. Parrott, "The Dishonest Steward(Luke 16.1-8a) and Luke's Special Parable Collection", *NTS* 37(1991), 502; Topel, "*Injustice*", 218; D. R. Fletcher, "The Riddle of the Unjust Steward: Is Irony the Key?", *JBL* 82 (1963), 16-17; Manson, *Sayings*, 292.
55) Cf. Parrott, "Collection", 499.
56) J. D. M. Derrett, *Law in the New Testament*(London: Darton, Longman &

리대금을 금하는 규례에 관한 구약과 미쉬나에 대한 해석에 근거하고 있다. 그 규례에 의하면 고리대금은 유대인들 사이에서 엄격하게 금지되었으나, 신약 시대에 이르러서는 제대로 준수되지 못하였다. 따라서 고리대금이 성행했으되 은밀히 이루어졌다. 후대의 고리대금에 관한 규례의 이완(弛緩)에 의거하여, 데렛은 비유의 청지기가 주인을 대신하여 이자 붙은 대부(貸付)를 취급하는 일종의 법률적 대리인이라고 주장한다. 당시 법에 금지되었으므로 주인은 그런 거래에 연루되기를 원치 않았을 것이다. 데렛의 설명을 따른다면, 청지기가 주인의 채무자들에게 탕감해 준 빚의 액수는 사실 유대 법에 반하여 부과된 이자였고, 따라서 그것은 주인에게 돌아갈 불법적 이득이었던 것이다. 이런 상황에서 유대인들 사이에서 고리대금을 통한 이자 징수가 불법이었기 때문에, 주인으로서는 청지기의 행동을 인정하는 것 외에 달리 처신할 수가 없었던 것이다. 이렇게 함으로써, 주인은 약간의 금전적 손실을 감수하고라도 대중에게는 자선가로 자신을 나타내기를 원했던 것이다.[57] 따라서 친구를 사귈 목적으로 불법적 이자를 변제해 준 청지기의 행동은 합법적인 것이었고, 이런 까닭에 주인은 비록 탐탁치는 않았지만 그 청지기를 칭찬하게 되었던 것이다.

이 비유의 배경으로서 소작 농장을 가정하면서(학자들 대부분은 이를 인정하고 있다), 피츠마이어의 견해는 대체로 데렛과 그 궤를 같이 하고 있다. 그 이유는 피츠마이어 또한 고리대금적 대부의 견지에서

Todd, 1974), 48-77. 한편, 데렛의 이론과 유사한 견해를 취하는 학자들은 다음과 같다: Caird, *Commentary*, 187; Marshall, *Commentary*, 613-7; Firth, "Unrighteous Steward", 93-95.
57) Derrett, *Law*, 72.

이 비유를 해석하고 있기 때문이다. 두 이론 사이의 차이점은 피츠마이어에게 있어서 데렛이 주장한 이자는 청지기의 구전이라는 점이다.58) 따라서 피츠마이어의 제안을 따른다면, 부재지주(不在地主)의 농장 관리인으로서 주인의 허락 하에 고리대금적 대부 업무를 담당한 청지기는 사업상 거래로부터 얻어질 자기 몫의 수익(收益)을 포기한 것이다. 따라서 주인은 어떤 금전적 손실도 입지 않았으므로, 8절에서 청지기가 현재의 위기를 극복하고 미래를 대비하기 위하여 자신의 수익을 포기함으로써 친구를 만든 방식을 주인이 칭찬한 것과, 9절에서 예수님이 위기에 대처하는 좋은 방법으로 청지기의 행동을 추천한 것은 충분히 이해가 될 수 있는 부분이라고 생각된다.59) 요약해 볼 때,

---

58) Fitzmyer, *Commentary*, 1101. 피츠마이어의 이 가설은 애당초 1903년 깁슨에 의해 주장되었으나 당시에는 크게 주목받지 못하였다(M. D. Gibson, "On the Parable of the Unjust Steward", *ExpTim* 14[1903], 334). 그러나 그 후 약 50년 뒤에 게흐터가 이 주장을 다시 거론하여 그의 논문에서 깁슨의 주장을 발전시켰다(P. Gächter, "The Parable of the Dishonest Steward after Oriental Conceptions", *CBQ* 12[1950], 121-131). 그리고 마침내 1974년 피츠마이어는 이 이론의 요점을 각색하여 완성시켰고, 그 후 이 분야에서 가장 설득력 있는 이론 중 하나로 인정받아 왔던 것이다. Cf. W. D. Miller, "The Unjust Steward", *ExpTim* 15[1903-3], 332-4.

이 이론과 비슷한 견해를 취하는 다른 학자들로는 핀들리(J. A. Findlay, *The Gospel according to St. Luke*[London: SCM, 1937], 177), 엘리스(*Commentary*, 200-1), 목스니즈(Moxnes, *Economy*, 140) 등이 있다. 한편, 우드("Luke xvi. 8", 126)는 청지기가 법을 어겼다고 전제하면서 약간 다른 견해를 제시하고 있다: "만일 소작 농부가 흉작이나 가정 일로 인하여 긴급하게 되면, 청지기는 임대료의 일부를 변제할 수 있는 약간의 권한을 갖고 있었다."

59) 외견상 피츠마이어(*Commentary*, 1095-1104)는 데렛의 이론에서 주장된 구제 주제와 예레미아스가 주장한 종말론 주제를 하나로 묶는 것처럼 보인다. 그러나 실제에 있어, 그는 이 비유의 요점 중 하나로 구제 주제를 거론하는 것에 회의적이며, 오히려 종말론 주제에 더 끌리는 것으로 보인다. 그러나 종

이들 두 이론은 이 비유의 보다 바른 이해를 위하여 어떤 면에서 소중한 기여를 했으며, 따라서 사실상 한동안 이 분야에서 두 학자는 좋은 평판을 누려 왔던 것이다.60)

그러나 이 두 이론에서 우리는 몇 가지 단점을 발견하게 된다. 첫째로, 주어진 본문에서 이 두 이론이 비유 해석의 열쇠로 의지하고 있는 이자 혹은 구전에 관해 어떠한 언급도 발견할 수 없다는 점이다.61) 달리 말하면, 5절에서 7절까지의 본문에서 빚의 일부가 청지기에게 속한다는 사실을 시사하는 어떤 암시도 나타나지 않고 있다. 오히려 빚의 전부는 주인에게 속한 것으로 기록되어 있다.62) 더욱이, 피츠마이어에게 불리한 것으로 드러난, 고대 이집트의 대부 제도에 관한 클로펜보르그의 최근의 연구에 따르면 "당시에는 대리인 혹은 청지기가 거래의 대가로 어떤 보상을 받았다고 하는 기록이 전혀 없다"는 사실이 밝혀졌다.63) 클로펜보르그는 또한 데렛의 주장에 대해서도 심각한 비판을 가하고 있다. 당시 유대인들 사이에서 고리대금을 금지하는 법이 제대

말론 주제에 관하여 크로싼(J. D. Crossan, "The Servant Parable of Jesus", *Sem* 1[1974])의 격려를 받은 클로펜보르그는 "이 비유에서 묵시론적 상황을 연상시키는 내용은 전혀 없다"고 주장하고 있다("Dishonoured Master", 478).

60) Cf. Kloppenborg, "Dishonoured Master", 486-7.
61) Cf. Kloppenborg, "Dishonoured Master", 481; Parrott, "Collection", 503.
62) Scott, "Master's Praise", 177.
63) Kloppenborg, "Dishonoured Master", 481. Cf. Cicero, *Republic*, 1.61. 베일리 또한 특별히 피츠마이어를 다음과 같이 비판하고 있다: "유대 법에 의하면, 만일 대리인이 주인이 지정한 가격보다 비싸게 팔거나 혹은 싸게 매입했을 때, 그때 생긴 수익은 주인의 몫이지 대리인의 몫은 아니었다"(K. E. Bailey, *Poet and Peasant and Through Peasant Eyes*[Grand Rapids: Eerdmans, 1988], 90). 5절에서 빚은 주인에게 빌린 것으로 되어 있지 대리인에게 빌린 것으로 되어 있지 않음에 주목하라.

로 지켜지지 않은 것은 은밀히 이뤄진 것이 아니라 공공연히 자행된 관습이었다는 것이다.64) 그렇다면 불의한 청지기가 수행한 행동이 합법적이었다는 데렛의 주장은, 실제로 그런 법이 존재하지 않았으므로 비유의 본의를 빗나간 것이 되는 것이다. 패롯 또한 이들 두 이론을 공격하는데, 데렛과 피츠마이어가 의존하고 있는 문학적 증거는 아직 1세기에는 "성문화"되지 않았고 3세기에 가서야 비로소 성문화되었기 때문에 결국 두 사람은 그릇된 증거를 의지하고 있다고 비판하고 있다.65) 둘째로, 만일 이들 두 이론이 인정될 수 있다면, 청지기가 비유의 마지막 부분인 8절에서 "불의하다"($ἀδικίας$)고 묘사된 이유를 밝힐 수 없게 된다.66) 오히려 그는 가난한 이웃을 돕기 위해 그 자신의 수익, 즉 수수료 혹은 고리대금으로부터 얻어질 불법적 이득을 포기했기 때문에 의롭다($δίκαιος$)고 불려져야 할 것이다.67) 그러므로 이제

---

64) 이집트와 유대인을 포함하는 팔레스타인에서 시행되었던 대부 약정에 관한 문헌적 증거를 검토한 후, 클로펜보르그("Dishonoured Master", 484)는 피츠마이어와 데렛이 공유하고 있는 가정을 공격하고 있다: "대체로 유대 지도자들은 고리대금에 관한 성경상의 명령을 반드시 지켜야겠다고 하는 의무감 같은 것을 거의 느끼지 않았으며, 예수님의 비유의 독자들도 이를 인식했을 것이다…실재에 있어서 신 15:7-8; 23:20-21; 출 22:2; 레 25:36-37 등에 기록된 고리대금을 금지하는 규례는 거의 무시되었다." 이에 관해 좀더 자세히 알려면, ibid., 484-6을 참조하라. Cf. Firth, "Unrighteous Steward", 95.
65) Parrott, "Collection", 503.
66) Topel, "Injustice", 219; Fletcher, "Riddle", 22; Parrott, "Collection", 503. 8절의 "불의한 청지기"가 단지 이 세상에 속하는 청지기를 뜻한다는 코스말라의 주장("The Parable of the Unjust Steward in the Light of Qumran", in *Studies Essays and Review*, 2:17-24)은 이 구절과 비유의 직접적인 관계를 고려하고 있지 않기 때문에 만족스런 설명으로 보기가 힘들다(Loader, "Rogue", 526에서 재인용). 피츠마이어는 청지기의 "불의"를 1-2절에서의 행실로 국한시키는 부자연스런 설명을 하고 있다.
67) Loader, "Rogue", 526. 패롯은 불의한 청지기를 긍정적으로 묘사하려는 시도

우리는 이들 두 이론이 이 비유를 해석함에 있어 제기되는 문제를 해결하기에는 적절치 못함을 발견하게 된다.

(2) 두 번째(전통적) 견해는 불의한 청지기는 그 행실에 있어 선한 면이 전혀 없는, 시종 나쁜 인물로서 간주하는 것이다. 이런 해석은 일반적으로 이 비유의 배경적 전제가 되는 법률적 및 사회·경제적 상황을 고려에 넣지 않고 있다. 이 점을 참작한 데렛과 피츠마이어의 이론은 따라서 꽤나 설득력 있게 보이고 있다. 그러나 최근에 클로펜보르그는 비유 해석에 사회·경제적 지식을 적용할 뿐만 아니라 또한 데렛과 피츠마이어의 이론의 약점을 아울러 지적하고 있다. 비록 클로펜보르그의 논지가 구제나 재물 주제와 연관되지 않고 "명예와 수치의 사회적 법규에 대한 도전"[68]에 관한 것이어서 우리로서는 아쉽기는 하지만, 우리의 관심사인 재물 주제를 다루는 그의 태도는 꽤나 설득력 있게 보인다. 왜냐하면 그의 주장이 이 분야에서 지금까지 제시된 주요 이론들, 이를테면 예레미아스, 피츠마이어, 데렛 등의 이론들을 철저하게 연구한 결과 얻어진 것이기 때문이다.[69]

만일 우리가 이 이론을 따른다면, 비유의 해석은 다음과 같을 것이다. 불의한 청지기는 주인의 소유와 재산을 잘못 관리함으로 말미암아

는 "청지기의 범죄적 행동을 간과하는 것"이라고 주장한다("Collection", 501: Cf. 502-3). Cf. Scott, "Master's Praise", 177; Topel, "Injustice", 218.
68) Kloppenborg, "Dishonoured Master", 494. 스코트는 또한 이런 경향을 취하고 있다: "이제 비유는 이 세상에서 정의가 시행되는 방법에 도전함으로써 독자의 내면 세계에 도전을 던지고 있다. 비유는 독자의 정상적 세계에 반대되는 역(逆)세계를 제시하고 있다"("Master's Praise", 187).
69) 비록 패롯의 논문("Collection")이 이 분야의 논문 중 가장 최근의 것이기는 하지만, 주로 용서의 주제를 다루면서 구제와 재물 모티프를 전혀 언급하지 않기 때문에 우리의 관심사와는 거리감이 있다.

해고를 통보받게 되었다. 그러나 회개 대신에 채무자들이 그 주인에게 진 상당한 액수의 빚을 자기 마음대로 탕감해 줌으로써,70) 그는 해고 당한 후 그 자신의 미래를 준비할 목적으로 주인의 재산을 허비하는 또 다른 비행(非行)을 저지르게 되었다. 그럼에도 불구하고, 비록 불의한 청지기가 저지른 이 비행이 주인의 또 다른 재산을 잃게 만들었지만, 주인은 청지기가 그 자신의 위기를 극복하는 방식을 칭찬하였다. 왜냐하면 그 청지기가 여전히 자기 관리 하에 있는 재물 중 일부를 가난한 사람들(즉 채무자들)에게 나눠 줌으로써 그의 미래를 위하여 친구를 사귀었기 때문이다(참조. 16:9). 클로펜보르그는 특별히 비유의 마지막에서 주인의 놀라워하는 반응이 자신의 명예에 대한 염려의 문화적 기대를 뒤집어엎는 방식에 관심을 나타내 보이고 있다.

이들 두 상이한 견해가 공통으로 갖고 있는 한 요소가 있는데, 그것은 주인이 불의한 청지기를 칭찬하고 있다는 점이다. 그러나 이 사실은 두 번째 견해를 취하는 이들로 하여금 외견상의 모순에 빠지게 만들고 있다. 어떻게 주인이 그런 악당을 추천할 수 있을까? 이런 까닭에 이 이론을 지지하는 이들은 이 딜레마와 관련하여 이 문제를 해결하기 위해 다양한 견해를 제시해 왔다.71) 예를 들면 "아이러니",72) "불의"73)

---

70) 100 바트(βάτος=말, 16:6)는 1,000데나리온과 같고, 100고르(κόρος=석, 16:7)는 2,500데나리온과 같다. 이들 숫자에서 흥미로운 것은 청지기가 채무자들을 위하여 탕감해 준 액수는 가치 면에서 거의 같다는 점이다(Jeremias, *Parables*, 181).

71) 대체로 이 그룹에 속하는 학자들은 공통된 견해를 갖고 있는데, 즉 복음서의 예수님이 "백성들에게 쇼크를 주며 새로운 통찰력을 갖게끔 의식을 일깨우셨다는 것이다"(Loader, "Rogue", 532). 이와 관련하여 플레처(Fletcher, "Riddle", 24)는 "하나님의 왕국에서는 대부분의 인간 사회의 전통적 기준과 가치들이 역전된다"고 주장한다. 한편, 토플은 "예수님과 같은 법칙은 질서 있는

그리고 "논쟁"74) 등이 바로 그것이다.

(3) 이 영역에서 이제까지 행해진 이전의 연구 결과들을 염두에 두면서, 이제 우리는 이 비유의 해석을 어렵게 만드는 문제로서 앞에서 제기된 몇 가지 문제점들을 살펴보기로 하자.

첫째로, 어떻게 주인이 그런 악당을 칭찬할 수 있을까? 이 질문에 답하기 위하여 먼저 기억해야 할 것은 주인으로부터 칭찬을 이끌어 낸

사회의 정의 개념과 인간적 전통을 파괴시킨다. 그것들은 불의하다"라고 말한다(Topel, "Injustice", 225).

72) φρονίμως…φρονιμώτεροι(8절; 지혜 있게…지혜로움)가 "약간은 냉소적이고 비하(卑下)적 의미"를 함축하고 있는 것으로 간주하면서, 플레처는 아이러니가 비유의 의미를 제대로 이해하는 열쇠라고 주장한다(Fletcher, "Riddle", 27-30). 그의 주장을 따라 해석하면 비유의 의미는 다음과 같다: "이 세상(세대)의 아들들은 약삭빠르다. 그들은 빛의 아들이 된 자들이 부러워하거나 모방할 수 없을 만큼 영특하고 똑똑하다. 너희들은 그 똑똑함을 따라갈 수 없다. 그들이 민첩하게 자기 이익을 추구하는 방식은 이 세상에서는 인정을 받을 것이다. 그러나 너희는 여전히 하나님의 왕국의 시민들이다. 그 둘을 섞을 수는 없다. 예수님은 이 점을 아이러니컬하게 말씀하신다. 주님은 매우 명백하고도 분명하게 말씀하심으로써 이 교훈을 전달하고 계신다"(28).

73) 토플의 논문의 핵심은, 그가 인정하듯이(217, 각주 4번), 프리츠 마스(Fritz Maass)의 비유 해석의 요점을 소개하여 널리 알리는 것이다: "마스는 청지기가, 주인이 그를 칭찬하는 바로 그 행동으로 말미암아 주인에게서 불의하다(8절)고 불려지는데, 이어서 주인은 이 비유의 가장 심오한 의미로 보통 인간적 판단으로는 '불의'하게 보이는 방식으로 용서를 언급하고 있다는 사실에 주목하고 있다"(217).

74) 로우더는 이 비유를, 누가복음에서 발견되는 다른 주요한 모티프와 관련된 논쟁들(예를 들면, 운명의 역전, 빛, 주종관계, 허락받은/허락받지 못한 대리인)을 반영하는 비유의 하나로 간주하고 있다(Loader, "Rogue"). 이 범주에 로우더는 누가복음의 거의 모든 비유를 포함시키고 있다. 그의 이런 주장은, 그 자신이 암시하듯이, 사실상 기독론에 초점을 맞춘 알레고리적 해석에 근거하고 있다(521-531). 그의 논문의 주된 논지는 다음과 같다: "이 비유는 자신을 악당, 즉 적합한 권위도 없이 죄인들에게 죄 용서를 베푸는, 자칭 하나님의 종으로 간주하며 반대하는 자들로부터 받는 적대감의 견지에서 해석되어야 할 것이다"(519).

것은 불의한 청지기 자신이 아니라 그의 처신 방법이라는 사실이다.[75] 이 점은 8절, "ὅτι φρονίμως ἐποίησεν"(일을 지혜 있게 하였으므로)에서 발견된다. 달리 말하면, 불의한 청지기 자신이 지혜로운 것이 아니라 그가 지혜롭게 처신했다는 것이다.[76] 비록 그가 불의하게 처신했다 할지라도, 그는 지혜롭게(신중하게) 처신했고, 주인이 칭찬한 것은 그의 불의가 아니라 바로 그의 신중함(지혜로움)인 것이다. 이를 달리 표현하자면, 비록 청지기의 처신의 내용은 불의하다 할지라도, 그 방식(the mode)은 지혜로웠고, 바로 그 방식으로 인해 주인은 그를 칭찬했던 것이다. 따라서 이제 우리는 청지기의 처신의 내용이 비유 전체를 통하여 부정적으로 묘사되고 있음을 알게 된다.[77] 그러나 이 이론

---

75) Plummer, *Commentary*, 385.
76) 이 점에 관하여 게흐터는 청지기가 취한 빚의 탕감 행위는 불의하지 않으며, "그는 그의 마지막 수단을 수행하기 전에" 이미 불의하다고 불려졌다고 주장한다(Gächter, "Oriental Conceptions", 124; cf. Ibid., 131; Firth, "Unjust Steward", 95). 만일 우리가 이 이론을 따른다면, 청지기는 그 주인의 재산을 낭비하기 때문에 불의하고 불성실한 것이다. 그러나 그의 다음 행동은 그렇게 이해되어서는 안 된다. 왜냐하면 어려운 이웃을 위하여 그 자신의 이익을 포기하는 것은 적법한 것이기 때문이다. 게흐터의 이런 주장은 깁슨이 제안한 이론을 편향적으로 따른 결과다(깁슨의 이론은 앞에서 진지한 논의 끝에 반박한 바 있다).
　이 점과 관련하여 패롯은 "διασκορπίζων(1절; 허비하다) 그 자체가 범죄적 행위를 함축한다"고 주장한다(Parrott, "Collection", 504; Cf. Topel, "Injustice", 217, 219; Fitzmyer, *Commentary*, 1100). 이와 관련하여 토플은 그의 위기를 피하기 위해 불의한 청지기가 취한 지혜로운 처신에 대한 주인의 칭찬은 "가장 오래된 전통을 지닌 비유의 의미"였으며, 여기에 다른 적용이 덧붙여졌다고 주장한다(Topel, "Injustice", 219, 226). Cf. Jeremias, *Parables*, 47, 182; Loader, "Rogue", 520-1; Fletcher, "Riddle", 15-17; Dodd, *Parables*, 17.
77) 독자-반응 비평을 근거로 하여, 스코트는 대체로 1-2절, 특별히 1절의 διεβλήθη에 의존하면서, 주인은 악당이고 청지기는 "부자의 불의의 희생자"

은 왜 예수님이 상대적으로 더 도덕적인 제자들에게 윤리적 교훈을 주기 위하여 이런 부도덕한 인물을 사용했는지에 대하여 질문토록 만든다(참조. 1절). 과연 이것은 정당화될 수 있을까? 우리의 상식으로 말할 때, 선한 목적은 선한 방법을 통하여 성취되어야 옳은 것이다. 이런 반대에 대하여, 윌리엄스의 제안은 적절한 답변을 제시한다고 생각한다.

"일단 우리가 여기서 '더욱더' 논법(a fortiori argument)을 대하고 있다는 사실을 깨닫게 되면 이런 어려움은 사라지게 된다. 누가복음의 다른 두 곳의 구절에서 악한 인물들의 행동은 논의되고 있는 어떤 문제에 대한 해결책으로 제시되고 있다. 이런 경우에 악인이 이상적 모델로 인정되는 것은 아니다. 오히려 논점은 다음과 같다. '만일 이러한 원리가 심지어 악인들 사이에서도 통용된다면, 하물며 하나님과 신실한 성도들 사이에서는 더욱더 통용되지 않겠느냐'는 것이다"[78]

이 첫 번째 질문에 이어 두 번째 질문을 살펴보자. 그러면 어떻게

라고 주장한다(Scott, "Master's Praise", 185). 그리하여 스코트는 "예수님의 비유에서 주인과 종 사이의 판에 박힌 적대감은 흔한 것"이라는 기본적 가정에 의존하여, 주인은 악하고 청지기는 선한 것으로 묘사하려고 애쓴다(180).
　이 주장에 반대하여, 프리들은 청지기가 자신을 방어하고자 애쓰지 않았다는 사실은 곧 그에 대해 지적된 혐의가 사실임을 입증해 주는 것이라고 말하면서 스코트의 주장을 맞받아치고 있다(L. M. Friedel, "The Parable of the Unjust Steward", *CBQ* 3[1941], 338). Cf. Bailey, *Poet*, 97-98.
78) F. E. Williams, "Is Almsgiving the Point of the 'Unjust Setward'?", *JBL* 83 (1964), 294. '더욱더' 논법을 가진 두 곳의 구절로서, 윌리엄스는 누가복음 11장 13절과 18장 6절을 가리키고 있다. Cf. Gächter, "Oriental Conceptions", 131; Firth, "Unrighteous Steward", 95.

불의한 청지기는 주인이 그를 칭찬할 만큼 그렇게 지혜롭게 처신하였을까? 이에 대한 간결한 답변은 다음과 같다: 여전히 그의 관리 아래 놓여 있는 재물을 선용함으로써, 즉 그 재물을 가난한 이웃에게 나눠 줌으로써(비록 이기적 동기이기는 하지만) 불의한 청지기는 친구들, 즉 채무자들이 그를 자기들의 집으로 영접할 것이라는 기대를 갖고 그의 미래를 준비했던 것이다. 이것이 이 비유의 초점이기 때문에, 우리는 누가가 그 독자들에게 본래 의도했던 메시지를 충분하게 드러내기 위하여 이 점을 좀더 검토하겠다.

2) 누가가 의도한 모델

이 비유의 초점을 바로 파악하기 위해서는 세 가지 요소가 검토되어야 할 것으로 보인다: 문맥, 빚의 의미($ὀφείλω$), 상호 호혜(互惠)주의 윤리. 첫째로, 비유를 둘러싸고 있는 문맥을 살펴보기로 하자. 문맥에 관한 한, 우리는 우선적으로 이 비유 다음에 바로 이어지는 구절들(9-13절)에 관심을 가져야 할 것이다. 일반적으로 이들 구절은 그 독자들에게 어떻게 비유를 해석해야 하는지를 보여주기 위한 의도로 제시된, 비유에 대한 누가 자신의 주석으로 간주되고 있다.[79] 이들 구절

---

[79] Cf. Kloppenborg, "Dishonoured Master", 475: "게다가, 만일 재물이 잘못 활용된다면 기독교 신앙에 심각한 위협이 될 뿐만 아니라 또한 자선과 화해의 수단이 될 수 있다는 9절의 함축적 의미는 누가의 편집적 이해와 상응하는 까닭에 9절은 4절에 대한 누가의 논평이라고 볼 수 있을 것이다". Cf. Topel, "Injustice", 220. 최근 이 비유에 대한 대다수의 학자들의 관심은 누가 이전의 형태에서 예수님이 말씀하신 바 비유의 '본래의 의미'를 찾는 데 쏠리고 있다. 그러나 우리의 관심은 이 비유에 대한 누가의 이해와 사용에 있고, 바

에서 우리의 관심을 끄는 것은 이 비유의 초점이, 클로펜보르그,[80] 스 코트,[81] 로우더[82]가 주장하듯이, 주인의 처신이 아니라 불의한 청지기 의 처신이라는 점이다.[83] 그 이유는 이들 구절이 주로 재물 주제와 관 련되어 있기 때문이다.[84] 이 점은 특히 9절에서 밝히 드러나 있다. 불 의한 청지기가 채무자들의 경제적 짐을 덜어 주기 위해 취한 행동은 9절의 의미와 같은 것이다. 왜냐하면 그것이 바로 불의의 재물로 친구 를 삼는 것이기 때문이다.[85] 결과적으로, 불의한 청지기가 취한 행동

로 이 목적을 위해서 9-14절의 추가된 말씀은 매우 중요한 것이다.
80) 9절에 초점을 맞추면서, 클로펜보르그는 비유의 초점을 청지기에게서 주인에게로 옮겨 갈 좋은 근거를 얻었다고 믿는 것처럼 보인다(Kloppenborg, "Dishonoured Master", 479). 그러나 이런 관찰은 클로펜보르그가 자신이 "누가의 주석"이라고 제시한 9절의 의미와 재물의 바른 사용을 주로 다루고 있는(비유의 청지기의 행동에서 우리는 이에 대한 모범을 발견한다) 10-13절의 말씀의 의미를 부당하게 무시하는 것으로 보인다. Cf. B. Byrne, "Forceful Stewardship and Neglectful Wealth: A Contemporary Reading of Luke 16", *Pacifica* 1(1988), 4-5.
81) "Master's Praise", 187-8.
82) 그들의 주장에 따르면, 비유는 다음과 같이 해석될 수 있을 것이다: 청지기에 의해 행해진 이 행동은 주인에게는 커다란 경제적 손실을 뜻하지만, 채무자에게는 커다란 은혜가 되는 것이다. 따라서 주인은 채무자들과 공동체 양쪽으로부터 자선가(恩人; benefactor)로서 존경받게 될 것이다. 물론 주인은 자신이 원한다면 강제로 청지기가 채무자들에게 탕감해 준 액수의 돈을 되찾을 수 있을 것이다. 그러나 그것은 청지기의 행동으로 인해 얻게 된 명예와 명성을 잃게 됨을 뜻하는 것이다. 이와 같은 상황에서, 주인은 자신의 명예와 명성을 유지하기 위하여 청지기의 처신을 인정할 수밖에 없게 되는 것이다. 고대 사회에서 명예와 존경은 부유하고 힘있는 자들이 매우 소중히 여겼던 중요한 가치였던 것이다.
83) Gächter, "Oriental Conceptions", 122.
84) Byrne, "Forceful Stewardship", 4-5.
85) 이 목적을 위해 그가 사용한 재물을 'ἀδικίας'(불의한)라고 부르는 것은 아니다. 왜냐하면 그 재물은 그의 것이 아니라 주인의 재물이기 때문이다(cf. 12절의 ἀλλότριον; 남의 것). 우리가 이렇게 말할 수 있는 것은 청지기가 자

은 구제와 동등한 것으로 간주될 수 있다고 볼 수 있는 충분한 이유가 있는 것이다.86) 그렇다면 우리는 10-13절에 대하여 무엇을 말할 수 있을까? 외견상 이들 구절의 초점은 비유의 주제를 벗어난 것으로 보인다.87) 달리 말하면, 만일 비유를 8-9절의 견지에서 해석하고자 한다면, 이들 구절의 의미는 비유의 의미와 반대되는 것처럼 보일지 모른다. 왜냐하면 10-13절은 비유를 부정적으로 이해하는 것처럼 보이고, 반면에 8b-9절은 모방될 수 있는 긍정적 모델(최소한 그와 관련된 어떤 특징들)을 제시한다고 볼 수 있기 때문이다.88) 그러나 이런 측면과 관련

신이 청지기로서 준수해야 할 법칙을 따르지 않은 채 불법적으로 그 재물을 사용(낭비)했기 때문이다. Cf. Williams, "Almsgiving", 295; Parrott, "Collections", 500.

86) Moxnes, *Economy*, 142-3; Marshall, *Commentary*, 621; Grundmann, *Lukas*, 321. Cf. Ireland, *Stewardship*, 105, 115. 플레처는 구제를 이 비유의 주된 모티프로 간주하는 것에 반대하여(플레처는 이를 "이기주의적 박애주의"라고 치부한다), "이들 말씀의 주제는 하나님의 나라에 대한 제자들의 관심이다"라고 주장한다(Fletcher, "Riddle", 25).

그러나 그의 논지는 비유의 직접적 문맥(덧붙여진 예수님의 말씀[9-13절]과 부자와 나사로 비유)을 제대로 참작하지 못한 데서 비롯된 것을 보인다.

87) Fletcher, "Riddle", 21.
88) 윌리엄스는 이 외견상의 모순을 다음과 같이 설명하려 한다: "이방인 독자는 돈을 나눠 준 행동 그 자체보다도 오히려 청지기의 부도덕에 더 관심을 가지려 할 것이며, 이런 견지에서 도덕을 도출하려 할 것이다. 10-13절은 (약간의 어려움은 존재하지만) 이런 목적을 위하여 시도된 주석이다"(Williams, "Almsgiving", 296).

한편, 비유의 초점을 "지혜와 정의"의 주제로 규정하면서, 프리들은 대조를 통하여 이 모순에 대하여 답하여 하고 있다: "지혜의 교훈은 청지기의 유사한 행동에 의해 드러나지만, 정의의 교훈은 동일 인물의 반대되는 정의 부정(justice-defying)의 행동에 의해 나타나고 있다. 10-13절에 담긴 정의 교훈이 본 비유의 본래의 한 부분임을 의심할 여지는 없다. 왜냐하면 정의로부터 분리된 청지기의 지혜는 주님께서 매우 극명한 대조를 통하여 지혜와 정의의 불가분리의 기독교 덕목의 무흠한 결백을 드러내기 위한 어두운 배경 역할을 하고 있기 때문이다"(Friedel, "Unjust Steward", 347).

하여 번(Byrne)의 해석은 적절하다고 여겨진다.

> "전체의 문학적 일치성 내에서, 그러나 10-12절에 언급된 청지기도 개념은 변형되고 있다. 폭넓은 기독교적 전망에서, 역설적으로 악한 청지기는 신실한 청지기로 바뀐다. 참 청지기도는 정확하게 재물에 대한 거리낌없는 무관심(unscrupulous casualness)을 포함한다. 천국의 상급을 얻기 위하여 재물을 가난한 자에게 던져 주라. 돈 혹은 '맘몬'은 라이벌 주인이 된다. 돈의 요구를 전적으로 뿌리칠 때에만 우리는 신실하게 하나님을 섬길 수 있게 될 것이다(13절)."[89]

이 점이 제대로 감안 된다면, 1-16절의 전 문맥이 "재물에 관하여 궁극적으로 일관된 교훈"을 전달하고 있다는 번의 주장은, 비록 약간의 내적인 긴장이 남아 있기는 하지만 설득력 있어 보인다.[90] 더욱이, 우리는 부자와 나사로 비유가 이 비유와 대조적 위치에 있다는 사실을 잊어서는 안 될 것이다.[91] "너희가 하나님과 재물을 겸하여 섬길 수 없느니라"는 예수님의 가르침에 대한 바리새인들의 반응(16:14)은[92] 불

---

89) Byrne, "Forceful Stewardship", 4-5.
90) Ibid. Cf. Tannehill, *Narrative Unity*, 130-1; Talbert, *Reading Luke*, 153-5.
91) Talbert, *Reading Luke*, 153; Tannehill, *Narrative Unity*, 130-1; Pilgrim, *Good News*, 129.
92) 돈을 사랑(좋아)하는 자로 묘사된 바리새인들이 예수님을 비웃는 눅 16:14에서, 우리는 예수님이 비유를 말할 때 누가는 바리새인들이 그 자리에 있었던 것으로 묘사하고 있음을 보게 된다. 따라서 바리새인들이 그 비유를 들었을 것이 분명하다. 그리하여 큰 잔치 비유에서처럼, 예수님의 교훈의 대상이 되고 있는 변장된 부자인 바리새인들은 누가 공동체 내의 부자들을 대표하는 것으로 간주될 수 있을 것이다. 그러므로 누가복음의 예수님은 돈을 사랑하며, 호화로운 생활을 영위하고 그리고 아브라함의 자손이므로 구원을 보장받았다고 생각하는 사람들의 생활의 모순을 비판적으로 지적하고 있다고 결론지을 수 있겠다. Cf. Schmidt, *Hostility*, 155-7.

의한 청지기 비유와 부자와 나사로 비유를 연결시키고 있는 것으로 보인다. 많은 주석가들은 양 비유 사이의 관계를 주목하면서 재물의 바른 사용의 견지에서 볼 때 불의한 청지기 비유는 모방해야 할 최소한 부분적으로 긍정적인 모델을 제시하고 있는 반면에, 부자와 나사로 비유는 기피해야 할 전적으로 부정적인 모델을 소개하고 있다고 제안해 왔다.[93] 이런 의미에서 볼 때 문학적 단위로서의 누가복음 16장은 한 주제의 연속성, 즉 재물의 바른 사용주제를 간직하고 있다고 주장할 수 있을 것이다.[94]

둘째로, 이런 맥락에서 누가 당대의 그리스-로마 사회에서 만연했다고 알려진 호혜주의 제도를 고려함이 필요할 줄로 생각된다.[95] 이 윤리에 따르면 친구를 재정적으로 돕는 것은 실상 그에게 돈을 빌려주는 것을 의미하며, 수혜자는 후에 시혜자가 도움이 필요할 때 반드시 그가 받은 혜택을 돌려주어야 한다. 이 윤리의 견지에서 볼 때, 우리는 불의한 청지기가 지혜롭게 처신한 것으로 보임을 알 수 있다. 왜냐하면 그는 상당한 액수의 빚을 탕감해 줌으로써 어려움에 빠진 두 채무자를 도왔기 때문이다. 결국 실상 그 청지기는 두 채무자에게 상당한

한편, 밀랜드(Mealand, *Poverty*, 46-49), 캐어드(Caird, *Commentary*, 191), 맨슨(Manson, *Sayings*, 296-301) 등은 그들이 부활과 사후 세계를 부정하고 있기 때문에 이 비유가 사두개인들을 대상으로 한 것이라고 주장한다. 만일 전후 문맥이 직·간접으로 그들을 언급하고 있다면 유익한 제안일 것이다. 아마도 그들은 예수님의 삶의 정황(Sitz im Leben Jesu)에 관해 말하고 있는 것으로 생각된다.

93) Talbert, *Reading Luke*, 159; Williams, "Almsgiving", 294; Topel, "Injustice", 221-2; Plummer, *Commentary*, 390.
94) Byrne, "Forceful Stewardship", 2-3.
95) Kloppenborg, "Dishonoured Master", 491; Karris, "Poor and Rich", 120-1; Gächter, "Oriental Conceptions", 130; Moxnes, *Economy*, 141-3.

액수의 돈을 빌려준 것이고, 이에 대해 두 채무자는 변상해야 할 책임을 느껴야 하는 것이다. 어려움에 빠진 가난한 자들을 이런 방식으로 돕는다는 이 개념은 누가복음 14장 12-14절에서 다시 등장하고, 누가복음 14장 16-20절의 큰 잔치 비유에서도 발견되고 있다. 그렇다면 불의한 청지기는 큰 빚을 진 어려운 이웃에게 재물을 나눠 줌으로써 재물을 올바르게 선용한 모델로 간주될 수 있을 것이다. 그러므로 주인은 그 청지기가 그가 맞은 위기에 대처한 방식을 칭찬한 반면에(8절), 예수님은 청지기가 구제를 목적으로 재물을 사용한 것을 칭찬하셨던 것이다.[96]

여기서 우리는 9절의 친구($\phi i \lambda o u \varsigma$)가 누구인지를 알아보아야 할 것이다. "내가 너희에게 말하노니 불의의 재물로 친구를 사귀라 그리하면 없어질 때에 저희가 영원한 처소로 너희를 영접하리라." 어떤 이들은 이 말씀과 관련하여 "친구"가 청지기에게 은혜를 입은 수혜자들을 가리키는 것이 아니라 하나님의 완곡어로서의 천사들을 가리킨다고 주장기도 한다.[97] 그러나 문맥에서 "영접하리라($\delta \epsilon \xi \omega \nu \tau \alpha \iota$)"의 주어는 분명히 주절의 $\phi i \lambda o u \varsigma$이고, 신약 그 어디에서도 천사가 $\phi i \lambda o \iota$로 묘사된 곳이 없음을 유념해야만 할 것이다.[98] 따라서 만일 우리가 신약에

---

96) 윌리엄스(Williams, "Almsgiving", 293-4)는 청지기가 채무자들을 도운 동기에 관하여 다른 해답을 제시한다. 그것은 "종말론적 이기주의"라는 성경적 증거에서 비롯되는 것이다. 그리하여 구제를 가리키고 있는 공관복음 내의 몇몇 구절들이 "이런 형태의 동기를 자주 사용한다"고 주장하면서, 윌리엄스는 눅 6:38, 12:33f., 14:13f., 16:19-31, 18:22을 열거하고 있는데, 이런 범주 속에 이 비유를 포함시키고 있는 것이다.
97) Jeremias, *Parables*, 46; cf. Grundmann, *Lukas*, 321.
98) 쉬바이쳐(Schweizer, *Luke*, 126)는 "랍비 문헌에서 삼인칭 복수 동사는 종종 하나님을 우회적으로 가리키는 데 사용된다"고 주장한다. 그럼에도 불구하고

서, 특별히 누가의 저작에서 그러한 예를 찾지 못한다면, 그것이 이 비유의 "친구" 해석의 열쇠라고 주장해서는 안 될 것이다. 그러나 만일 우리가 16장 9절의 δέξωνται와 9장 5절과 48절의 δέξωνται(참조. 약 4:45)를 비교할 때, "φίλοι를 영접하는 주체로 이해할 수 있을 것이다."[99] 우리가 φίλους를 이렇게 해석한다면, 9절이 의미하는 바는 다음과 같을 것이다: 만일 청지기가 그에게 맡겨진 재물로 어려운 사람들을 도왔다면, 이 세상에서 갚을 수 없는 수혜자들은 저 세상에서 그의 착한 행동에 대해 증거할 것이고, 또한 이와 함께 그를 영접할 것이다(δέξωνται).[100] 이런 개념은 또한 누가복음 14장 13-14절에서의 예수님의 교훈에 이어 등장하는 큰 잔치 비유에서도 발견되고 있다. "잔치를 배설하거든 차라리 가난한 자들과 병신들과 저는 자들과 소경들을 청하라. 그리하면 저희가 갚을 것이 없는 고로 네게 복이 되리니 이는 의인들의 부활시에 네가 갚음을 받겠음이니라 하시더라."[101]

셋째로, 비유에서 수혜자가 누구인지를 질문할 필요가 있다고 생각한다. 대부분의 학자들은 소작 농장을 배경으로 하여 청지기는 농장 관리인으로, 채무자는 빈곤에 처한 소작 농부로 간주한다. 그러나 이와는 반대로, 상당한 액수의 금액이 연루된 까닭에 가난한 농부보다는

그 원리가 신약에 직접 적용 가능한지에 대해서는 확신할 수가 없는 것이다.
99) Plummer, *Commentary*, 386. 이런 의미에서 볼 때, 9절은 재물 사용의 가장 좋은 방법이 어려운 사람에게 도움을 제공하는 것임을 뜻하는 것이다.
100) F. W. Farrar, *St. Luke*(Cambridge: University Press, 1899), 265; Byrne, "Forceful Stewardship", 4-5.
101) Pirqe Aboth 4,11와 Baba Barta 10a 등의 랍비 문헌적 증거를 의지하여, 윌리엄스는 φίλοι가 의인화된 구제 행위 자체라는 흥미로운 주장을 제시한다(Williams, "Almsgiving", 295). 그러나 이 견해가 누가-행전 자체의 증거를 결여하고 있으므로, 크게 신뢰할 만한 이론으로 볼 수는 없을 것 같다.

부유한 상인이나 무역업자를 가리킬 수도 있을 것이다.[102] 이에 관한 비유 자체의 내용이 극히 미미하므로 확실한 것으로 받아들이기에는 무리다. 그러나 후자의 경우라 할지라도, 빚의 탕감은 실제로 매우 큰 금액인 까닭에 이를 구제의 형태로 간주할 수도 있을 것으로 생각된다.

그러므로 누가의 의중(意中)에 이 비유의 초점은 청지기에게 맡겨진 재물의 바른 사용에 있는 것이고,[103] 그에 대한 가장 좋은 방법은 어려운 이웃을 돕기 위해 재물을 나눠 주는 것이다. 그렇게 함으로써 우리는 천국에 보물을 쌓게 되는 것이다(16:9; 참조. 12:33).

3) 청지기의 역할

청지기도와 관련하여 우리는 앞선 비유("신실하고 지혜로운 청지기 비유")에서 이미 도출해 낸 바 있는 몇 가지 중요한 요소들을 여기서도 발견할 수 있다. 첫째로, 청지기직의 제한성이다. 청지기는 그 자신만의 재산이나 소유를 갖고 있지 않고, 주인이 청지기 사무를 회계하도록 갑자기 소환할 때까지 주인의 재산을 관리하는 것으로 묘사되고 있다(1-2절). 따라서 청지기로 있을 동안에 그 기회를 선용하는 것이 중요한 관건이며, 그 일의 결과에 따라서 칭찬이든 처벌이든 적절한 심판을 받게 되는 것이다. 이 점과 연계하여 우리는 또한 이 기사의 나머지 절반을 구성하는 부(富)에 대한 예수님의 가르침(9-13절)의

---

102) Kloppenborg, "Dishonoured Master", 482.
103) Ireland, *Stewardship*, 217.

한 부분인 12절에서 청지기도에 관한 의미심장한 개념을 발견한다. 여기서 우리의 관심은 다른 사람에게 속한 소유를 뜻하는 "남의 것"(ἀλλότριον)이란 단어에 쏠린다.104) 이 단어는 1-2절에서 청지기에게 맡겨진 주인의 재산과 소유를 생각나게 한다. 그런데 그 청지기는 주인의 재산을 낭비함으로써 그 관리에 불성실함을 드러내었다. 그러므로 이 단어는 청지기도에 대한 누가의 개념을 잘 드러내 주는 전문적 용어로서 간주될 수 있다고 여겨진다. 청지기가 소유하고 있는 것은 그의 것이 아니라 남의 것, 즉 그 주인의 것이다. 그 자신의 것은 하나도 없는 것이다.105)

둘째로, 이 비유는 우선적으로는 청지기의 어두운 면을 보여주고 있다. 왜냐하면 그는 주인의 재산과 소유를 자기 마음대로 사용함으로써 낭비했기 때문이다. 자신에게 맡겨진 재산을 낭비하는 그런 청지기는 참 청지기일 수 없고, 따라서 마침내는 그 직분으로부터 해고될 수밖에 없는 것이다. 청지기의 이런 부정적 묘사는 마침내 청지기 직분을 빼앗긴 누가복음 12장의 비유에 나오는 불성실한 청지기에 대한 묘사

---

104) "지상적 부(富)는 대수롭지 않으며 실제적인 것이 아니다. 또한 우리에게 속한 것도 아니다. 그것은 우리 것이로되 대부금 혹은 신탁물과 같이 언제든지 회수될 수 있는 것이다. 반면에 천상적 부(富)는 무한하고 실제적이며 영원히 안전한 것이다"(Plummer, *Commentary*, 386). Cf. Grundmann, *Lukas*, 322.

105) Cf. Ireland, *Stewardship*, 110-1; Schmidt, *Hostility*, 155; Talbert, *Reading Luke*, 155; Morris, 249-50; Geldenhuys, *Commentary* 417; Marshall, *Commentary*, 623. 여기에 언급된 이들 중 마샬과 탈버트는 "청지기도의 개념"을 분명하게 명시하고 있다. 여기서 "너희의 것"(τὸ ὑμέτερον)은 주인 되신 주님이 마지막 날 성실한 청지기에게 주실 상급을 뜻하는 것일지 모른다.

와 일치하고 있다(2절).

위의 두 교훈은 누가복음 12장에서도 발견된 것이므로, 우리는 이 두 요소가 누가의 청지기직 개념의 발전적인 연속성을 보여준다고 결론지을 수 있겠다. 결과적으로 두 비유에서 청지기에 대한 이 두 특징은 위에서 언급된 바 있는 요소들이 청지기도에 있어 근본적이고 주요한 것임을 확증한다고 말할 수 있을 것이다. 이 두 요소에 추가하여, φρονίμως(16:8=12:42, 형용사)의 반복적 사용은 "지혜로움"(prudence, 신중함)을 착한 청지기에게 요구되는 필수 불가결한 요소로서 포함시키려는 누가의 의도를 가리키는 것으로 볼 수 있을 것이다.

마지막으로, 청지기도와 관련하여 우리의 관심을 끄는 것이 한 가지 있는데, 그것은 청지기도를 가리키는 용어들을 누가가 다양하게 사용하고 있다는 점이다: 청지기(οἰκονόμος, 1, 3, 8절; 세 번), 청지기 사무(직분; οἰκονομία, 2, 3, 4절; 세 번), 청지기 사무를 하다(οἰκονομέω, 2절). 누가복음에만 나오는 이 한 비유에서 관련된 용어들의 거듭된 사용은 누가가 이 청지기도에 대해 각별한 관심을 가졌음을 시사해 주는 것으로 볼 수 있는 것이다.

4) 요약 및 결론

이제까지 논의된 것을 종합하면, 우리는 다음과 같이 요약할 수 있겠다. 이 비유의 불의한 청지기는 그에게 닥친 위기를 극복하기 위하여 다른 사람, 즉 주인의 재물을 당대에 만연했던 호혜주의 윤리를 따라 자신이 청지기직에서 해고된 후 도움 받은 사람들이 자신을 그들의 집으로 영접하리라는 기대를 갖고 어려운 이웃을 도와줌으로써 친구를 사귀는 데 투자하였다. 비록 청지기의 행동 그 자체는 그 지혜로운 방식과 마지막 결과 양면에서 볼 때 불의했지만, 어려운 이웃을 구제함으로 도운 청지기는 누가에 의해 하나님께서 맡겨 주신 재물을 관리함에 있어서 신자들이 따라야 할 모델로 제시되고 있다고 볼 수 있는 것이다.106) 이런 의미에서 볼 때, 주인이 구제를 목적으로 하여 재물을 사용한 청지기의 행동을 칭찬했고, 예수님 자신이 청지기로서 성도들이 하나님에 의해 맡겨진 재물을 관리함에 있어서 따라야 할 방법으로 그것을 추천한 것은 충분히 이해될 수 있는 것이다. 결론적으로, 우리가 이 비유에서 누가의 청지기도에 대한 특별한 강조점을 찾고자 한다면, 그것은 바로 청지기가 그 재물을 바르게 사용해야 하는 방법에 대한 권면이라고 말할 수 있을 것이다.

4. 열 므나의 비유(19:11-27; 마 25:14-30)

1) 비유의 구성

실상 이 비유가 두 개의 비유(열 므나의 비유와 왕위 주장자 혹은 거절받은 왕의 비유)로 구성되었는지 아닌지는 오랫동안 논의되어 온 문제다. 이 문제에 대하여 학자들의 견해는 대체로 둘로 나누어진다.

---

106) Cf. Kloppenborg, "Dishonoured Master", 475; Schweizer, *Luke*, 255.

한쪽은 소위 거절받은 왕의 비유는 비유로서 제대로 간주될 수 없는, 단지 추가적 설명일 뿐이라고 주장하며,[107] 반면에 다른 쪽은 두 개의 다른 비유가 하나로 결합되었다고 주장한다.[108] 그러나 어떤 견해를 취하든지 간에, 비유는 최소한 두 개의 모티프, 즉 제자도의 의미와 거절받은 왕의 모티프를 담고 있다고 인정된다. 제자도의 의미에 관하여, 학자들은 책임 맡은 자들의(그들이 유대 지도자들이건 혹은 사도들이건 간에) 신실하고도 이익을 남기는 봉사를 지적하고 있다. 한편, 거절받은 왕의 모티프에 관하여, 누가는 여기서 파루시아에 대한 오해를 시정하고자 노력하고 있다고 주장되어 왔다.

여기에 추가하여, 이 비유에는 또 다른 해결되지 못한 문제가 있다: 누가복음의 열 므나 비유는 마태복음의 달란트 비유의 다른 역본으로 간주되어야 하는가? 이 문제에 대하여 여론은 일치하지 않는 것으로 나타나고 있다. 한쪽은 "Q" 자료를 공통 자료로 제시하면서 "두 역본의 배후에는 하나의 오리지널 비유"가 있었다고 주장하고,[109] 반면에 다른 한쪽은 이에 반대하여 누가복음과 마태복음의 두 개의 비유는

---

[107] Creed, *Commentary*, 232; Manson, *Sayings*, 313. 불트만과 슐츠도 이 견해에 동조하고 있다(Marshall, *Commentary*, 710). 그러나 플러머(*Commentary*, 437)가 현재의 형태의 비유를 일관성을 유지하고 있는 하나의 전체 단위로 간주하는 데 반해, 에반스(*Commentary*, 668-9)는 본래의 비유에 추가된 구절들은 "비유에 새로운 구조와 신선한 포인트를 부여하기 위하여" 더해진 누가의 문학적 노력이라고 주장한다. Cf. Drury, *Parables*, 156.

[108] Jeremias, *Parables*, 59; J. D. Crossan, *In Parables*(New York: Harper & Row, 1973), 100-1. 엘리스는(Ellis, *Commentary*, 222-3) 이 비유를 가리켜 "두 개의 다른 모티프를 가진 이중 비유"라고 말한다. 피츠마이어는 이 문제에 대한 주석가들의 견해를 잘 정리하여 각 그룹에 속한 학자들을 분류해 주고 있다(*Commentary*, 1230-1).

[109] Marshall, *Commentary*, 701.

"두 개의 다른 비유에 대한 정확한 보고이지 같은 비유에 대한 두 개의 보고가 아니다"라고 주장한다.110)

이런 맥락에서 우리의 주제에 중요하게 생각되는 것은 어떤 견해가 옳은지를 결정하는 것이 아니라 누가복음에 제시된 대로 이 비유를 이해하는 것이라고 여겨진다.111)

2) 청지기 비유?

이 비유의 의미를 밝히기 위해서는 왜 이 열 므나 비유가 청지기직 주제 아래서 논의되어야 하는지에 대한 답변이 먼저 있어야 할 것으로 여겨진다. 따라서 다른 무엇보다 먼저 이 문제를 다룸이 필요할 줄로 생각된다.

분명히 이 비유에서는 청지기직과 관련된 용어는 전혀 나타나고 있지 않다. 그럼에도 불구하고 이 점이 우리의 주장을 반대하는 것으로 보이지는 않는다. 그 이유는, 비록 여기에서 구체적인 용어들이 사용되고 있지는 않지만, 이 비유의 열 종들은 앞서 언급된 비유들에 등장하는 청지기들과 그 기능과 역할의 견지에서 볼 때 매우 유사하기 때

---

110) Plummer, *Commentary*, 437; Ellis, *Commentary*, 222; Kistemaker, *Parables*, 139. 크로싼(Crossan, *In Parables*, 100-1)은 "Q"와 같은 공통 자료를 의문시하면서, 누가와 마태는 "각자 특별하고도 독립적인 자료"를 의지하고 있다고 주장한다. 한편, 예레미아스(Jeremias, *Parables*, 58)는 열 므나 비유는 세 개의 역본으로 전수되어 내려왔다고 주장한다: 눅 19:12-27; 마 25:14-30; 그리고 나사렛 복음.
111) 양쪽의 학자들의 명단에 대해서는 Fitzmyer, *Commentary*, 1230을 참조할 것.

문이다. 다음은 열 므나 비유의 종들과 앞선 두 비유의 청지기들 사이의 유사점들을 정리한 것이다.

1) 누가복음 12장과 16장에서 청지기들이 그 주인들로부터 재산을 위탁 받아 관리하도록 명령을 받은 것처럼, 이 비유에서 종들은 주인의 여행 동안에 임시적으로[112] 관리하도록 주인의 재산의 일부를 각각 위탁받는다.

2) 세 비유는 종들이 한 일에 대한 평가에 있어서 일관성을 보여주고 있다. 불성실한 종들에 대한 심판과 관련하여 세 비유는 그들로부터 청지기직을 빼앗고 있다(12:46; 16:2; 19:24). 성실한 종들에 대한 칭찬에 있어서 두 비유는 그들에게 맡겨진 재산을 잘 관리할 수 있음을 입증한 자들에게 더 많은 재산과 책임을 맡기고 있다(12:44; 19:17, 19).[113] 이 점과 관련하여 "작은 것에 충성하였으니"($\pi\iota\sigma\tau\grave{o}\varsigma\cdots$ $\dot{\epsilon}\nu\ \dot{\epsilon}\lambda\alpha\chi\acute{\iota}\sigma\tau\omega$)란 어구(語句)가 두 비유에서(19:17; 16:10) 똑같이 사용되고 있음을 주목할 필요가 있는데, 이는 두 비유의 연결을 명시적으로 보여주는 것이다.[114]

3) 청지기에게 요구되는 행동 자세의 견지에서 볼 때, 이 비유에서 주인의 재산을 증식(增殖)시킨 두 종은 주인의 뜻에 따라 그 의무를 신실하게 수행한 착한 청지기(12:43-44)와 비교될 수 있을 것이다. 왜냐하면 만일 그 종들이 그 의무를 성실하게 수행치 않았다면 주인의 재산을 증식시킬 수가 없었을 것이기 때문이다. 한편, 주인의 엄한 성

---

112) "내가 올 때까지"($\dot{\epsilon}\nu\ \hat{\wp}\ \dot{\epsilon}\rho\chi o\mu\alpha\iota$, 13절)는 청지기도의 제한성(temporality)을 가리키는 것으로 볼 수 있겠다.
113) Schmidt, *Hostility*, 160. Cf. Drury, *Parables*, 156.
114) Schmidt, *Hostility*, 160.

격을 두려워한 나머지 주인을 위해 이익을 전혀 남기지 못한 종은 주인의 재산을 낭비하고(16:2), 휘하의 종들을 때리고 먹고 마심으로써 자신의 직분을 남용한 종(12:45)과 비교될 수 있을 것이다. 그 이유는, 그는 주인의 뜻과 명령에 따라 그 의무를 성실하게 수행하지 않았기 때문이다.115)

4) 이 열 므나 비유는 실제 역사를 반영하고 있는 것으로,116) 예수

---

115) 세 번째 종은 잘못한 것이 없는 것처럼 보인다. 실제로 그는 주인이 두지 않은 것을 취하고 심지 않은 것을 거두기 때문에 그 주인을 가혹하다고 비난하고 있다(21절). 그런데 이 점을 주인 역시 인정하고 있다(22절). 그러나 이 문제와 관련하여 한 가지 질문이 생긴다. 그렇다면 왜 주인은 세 번째 종을 정죄하였는가? 본문에 따르면 정죄의 근거는 다음과 같다. 만일 그 종이 그 주인이 어떤 인물임을 알았다고 한다면, 즉 두지 않은 것을 취하고 심지 않은 것을 거둘 만큼 그 주인이 엄한 인물임을 알았고, 자신이 그런 주인의 종임을 알았다면, 그는 그 주인을 위하여 모든 수단과 방법을 동원하여 이익을 남기도록 힘써야만 했던 것이다(Evans, *Commentary*, 667; Cf. Seccombe, *Possessions*, 192).

세 번째 종의 비행(非行)과 관련하여 또 다른 중요한 요소는 그가 13절의 주인의 명령("내가 돌아오기까지 장사하라")에 전혀 주의를 기울이지 않았다는 점이다. 여기서 πραγματεύσασθε는 "특별히 상인 또는 은행가로서 비지니스를 계속하라"는 뜻을 담고 있다(Plummer, *Commentary*, 439). 그 주인이 엄하든 엄하지 않든 종은 종으로서 주인의 뜻과 명령에 따라 행동해야만 하는 것이다. 그러나 만일 그가 그렇게 하지 않았다면, 주인의 처벌에는 전혀 잘못됨이 없는 것이다.

116) 주전 4세기 때 헤롯 대왕이 죽자 그 아들 아켈라오는 유대 왕이란 칭호를 얻을 목적으로 로마로 여행을 떠났다. 그런데 50명의 유대인 사절단이 아우구스투스 황제를 알현하여 자신들은 폭군 아켈라오가 유대 왕이 되는 것을 원치 않는다고 말하기 위해 그의 뒤를 좇았다. 그러나 아켈라오는 이두매, 유대, 사마리아의 분봉왕으로 임명받게 되었고, 또한 만일 그가 통치를 잘하면 왕의 직위에 오를 수 있을 것이란 약속을 받았다. 그 후 아켈라오가 유대로 돌아왔을 때 그는 백성들에게 무서운 복수를 가했고, 이는 유대인들에게 결코 잊혀지지 않는 사건이 되었다. 마침내 아켈라오는 로마 총독으로 대치되었고, 본디오 빌라도는 그 중 다섯 번째 로마 총독이었던 것이다(Josehphus, *J.W.*, 2.80; *Ant.*, 17.299f.)

님께서 예루살렘에 접근해 가자 하나님의 나라가 곧 나타날 것으로 사람들이 기대하고 있을 때 가르쳐진 것이다. 비유에 삽입된 최근의 유대 역사로부터 누가는 하나님의 나라의 도래에 관한 교훈을 당대 사람들에게 가르치고자 했던 것으로 보인다. 이 파루시아의 주제는 서론에 언급되고 있는데, 여기서 예수님은 하나님의 통치의 완성이 아직 임박하지 않았다는 것을 밝히고 있다(19:11). 누가의 이 서론에 의하면 열 므나 비유는 하나님의 통치에 대한 그릇된 기대를 수정하기 위하여, 그리고 주님의 첫 번째 도래와 두 번째 도래 사이에는 시간적 간격이 있는데,117) 파루시아 이전의 이 간격은 시험의 기간으로서 그 중간 기간 동안의 일의 성격에 따라 사람들은 이 비유에서 열 종들이 심판을 받듯이 심판을 받게 될 것임을 가르치기 위하여 의도된 것으로 보인다.118) 여기서 우리는 누가복음 12, 16장에서 관찰된 종말론적 특징을 발견하게 된다.119) 따라서 앞선 두 비유와 일치되게 열 므나 비유에서 청지기는 그 직무를 수행함에 있어서 깨어 있어야 하며, 중간 기간이 시험의 기간이며 그 후에는 그 일에 따라 심판이 있을 것이므로 그 직분에 성실해야만 하는 인물로 소개되고 있다.

---

117) Marshall, *Commentary*, 702; A. M. Hunter, *Interpreting the Parables*(London: SCM, 1960), 81.
118) Creed, *Commentary*, 232; Jeremias, *Parables*, 59. 이 점과 관련하여, 단커는 "이 비유는 또한 누가의 양면적 천국의 교리를 요약하고 있다. 누가는 천국이 현재적 실재임을 부인하는 것이 아니라 임박한 파루시아에 대한 오해를 교정하기 위해 이 비유를 사용하고 있는 것이다"라고 주장한다(Jesus, 193). 한편, 쉬바이쳐는 "누가의 관심은 천국의 지연에 있는 것이 아니라 천국의 현재성, 무엇보다도 중간 기간 동안 누가의 공동체가 무엇을 해야 하는지에 있는 것이다"(*Luke*, 292)라고 주장한다.
119) Cf. Dodd, Parables, 120; Jeremias, *Parables*, 63.

5) 요약하자면, 비록 청지기도와 관련하여 이 비유에서 구체적인 용어들이 사용되지는 않았지만, 청지기도와 관련하여 앞선 두 비유에서 발견된 특징들의 견지에서 볼 때 이 열 므나 비유는 청지기도 주제와 연결되어 있음이 분명한 것이다.[120]

3) 비유의 초점

(1) 청지기도와 관련하여 이 비유와 이전 비유들 사이의 유사성을 논의했으므로, 이제는 이들 사이의 차이점, 즉 여기서의 종들과 저기서의 청지기들이 행하도록 기대된 의무를 고려해 보도록 하겠다. 이 비유에서 종들의 의무는 그들에게 맡겨진 재산과 소유를 단지 관리할 뿐만 아니라 그 주인을 위하여 그 재산으로부터 이익을 만들어 내야 했다. 반면에 이전의 비유에서 청지기들은 이익을 얻기 위해 장사하도록 요청받지 않았고, 단지 그들의 수중에 맡겨진 재산을 잘 관리할 것을 지시받았던 것이다. 이런 차이점을 근거로 하여 이 비유를 이전 비유들과 다른 별도의 방식으로 해석해야만 한다고 결정짓는 것은 성급한 처사다. 오히려 앞선 비유와의 비교에서 얻어진 이런 차이점은 누가의 청지기도에 대한 우리의 이해를 확대시키고 있다고 볼 수 있다. 왜냐하면 이 차이점은 앞선 비유들에서 관찰된 특징에 청지기도의 새로운 요소로서 추가될 수 있기 때문이다. 다시 말하면, 누가의 의중(意

---

[120] 쉬미트는 이 점을 명확하게 인정하고 있다: "본문에서 재물의 청지기도는 심판을 위한 중요한 기준이다. 19:17은 의심할 여지없이 16:10-11의 메아리인 것이다"(*Hostility*, 160).

中)에 청지기는 그에게 맡겨진 재산과 소유를 관리하는 책임을 신실하게 수행할 뿐만 아니라 그 주인이 맡겨 준 재산과 소유로부터 어떤 이익을 남겨야 할 것으로 기대되었던 것이다.

(2) 이 비유의 해석에 있어서 많은 학자들은 므나를 경제적 실재의 증거로서 보기보다는 신령한 은사 혹은 어떤 종류의 달란트로 간주하면서 영적으로 해석하려 한다.[121] 그러나 이런 영적 해석을 지지하는 증거는 발견하기 힘들다. 오히려 11절의 "저희가 이 말씀을 듣고 있을 때에"('Ακουόντων δὲ αὐτῶν ταῦτα)는 이 비유를 앞선 기사, 즉 삭개오 사건과 긴밀하게 연계시키고 있다.[122] 그리하여 드러리(Drury)는 두 이야기의 관계를 다음과 같이 설명하고 있다.

> "세리장 삭개오는 그 사업을 잘 운용하여 가난한 자에게 재산의 절반을 줄 수 있었을 뿐만 아니라 그가 토색한 자들에게 네 배로 갚을 수 있을 정도가 되었다. 이런 모습은 그 재산을 잘 운용하여 이익을 남긴 비유의 두 종과 같은 것이다."[123]

여기에 추가하여, 우리가 가난을 문자적 실재로 간주하는 누가의 특

---

121) 이와 관련하여, 세 번째 종에게 초점을 맞추면서 일부 학자들은 이 비유를 유대인, 혹은 종교 지도자들, 특히 서기관들(Jeremias, *Parables*, 61-2), 혹은 하나님의 말씀, 하나님의 은혜, 성령의 은사들 등과 같은, 하나님이 맡겨 주신 신령한 선물을 바로 사용하는 데 실패한 바리새인들(Caird, *Commentary*, 210)을 대상으로 한 것으로 간주하려 한다(Seccombe, *Possessions*, 191).
122) Bengel, *Gnomon*, 2:176; Plummer, *Commentary*, 438; Seccombe, *Possessions*, 191; Drury, *Parables*, 155.
123) Drury, *Parables*, 155.

별한 관심(눅 6:20ff.; 16:20-21)과, 복음서 전체를 통하여 가난한 자, 소외된 자, 불우한 자들에 대한 누가의 일관된 관심을 고려할 때,[124] 이 비유에서 므나를 영적으로 해석하는 것은 누가의 의도를 빗나간 것이라고 볼 수 있는 것이다. 이 점과 관련하여, 플렌더는 이 비유의 풍유적(allegorical) 적용을 반대하면서 이렇게 말하고 있다. "누가복음 19장 13절에서 제자들에게 요구된 일은 선교의 일과 쉽사리 동일시될 수 있을지 모른다. 그러나 내가 생각하기에, 그것은 우선적으로 이 세상에서의 행동에 관심을 두고 있다…누가는 세속적인 일의 중요성을 강조하고자 하고 있다."[125] 이런 결과는 누가복음 12장과 16장의 다른 청지기 비유에도 똑같이 적용될 수 있을 것이다.[126]

5. 요약 및 결론: 세 비유의 전략적 중요성과 재물 자료와의 관계

이제까지 우리는 누가 신학의 중요한 주제 중 하나인 청지기도와 관련하여 누가복음에 등장하는 세 개의 청지기 비유를 살펴보았다. 각각의 비유는 청지기도에 관한 중요한 개념들을 간직하고 있는 것으로 나타났으며, 우리 연구의 결과로 청지기도와 관련하여 세 비유에 공통적인 몇 가지 중요한 요소들이 확인되었다. 따라서 이제 누가 신학의 청

---

124) 눅 4:18-19; 7:21-22; 14:13-14, 21; 16:20f. 등등.
125) Flender, St. *Luke*, 77.
126) Cf. Seccombe, *Possessions*, 193.

지기도를 전체적으로 바라볼 수 있도록 이 공통적 요소들을 체계적으로 정리하는 것이 유용하리라 생각한다.

1) **기능 및 역할** : 누가복음에서 청지기는 주인으로부터 그 재산과 소유를 관리하도록 위탁 받은 종이다(12:42; 16:1; 19:13). 따라서 청지기는 그 자신의 재산을 전혀 갖고 있지 않으며 그가 소유한 모든 것은 그 주인의 재산인 것이다.

2) **평가 및 심판** : 청지기직이 평가를 수반한다는 것은 필요한 것으로 보인다. 자신들이 한 일의 결과에 따라서 성실한 청지기는 칭찬을 받으며 보다 많은 책임과 보다 넓은 봉사의 기회가 주어진 반면에(12: 44; 16:8; 19:17, 19), 불성실한 청지기는 책망을 받으며 그 직분, 즉 봉사의 기회를 박탈당하고 만다(12:46; 16:2; 19:24, 26).

3) **태도 및 자세** : 청지기는 주인의 재산을 임시적으로 위탁 받았으므로, 청지기 직분은 제한된 시간대 내에 놓여 있는 것이다. 청지기도의 이 요소는 세 비유에서 일관성 있게 나타나는 종말론적 특징과 긴밀하게 연결되어 있다. 요컨대, 그 의무를 수행함에 있어서 청지기가 유념해야 할 중요한 사실은 그 직분이 영원하지 않고 임시적이며, 언제든지 주인의 요구가 있을 때는 끝날 수밖에 없다는 것이다(12:43, 46; 16:2; 19:13, 15). 그러므로 청지기에게 요구되는 것은 청지기 직무 기간 동안, 즉 시험 기간 동안 그 의무를 지혜롭게 이행해야 하며, 그의 일에 대한 심판 날이 반드시 다가올 것임을 의식하며 항상 깨어 있어야 한다는 것이다.

위에서 지적된 세 가지 특징은 누가의 청지기도 개념에 대한 일반적인 설명이다. 이제 우리는 이러한 누가의 청지기도의 기본적 요소들을 염두에 둔 채 아래에서 누가가 이런 청지기도 개념들을 그가 특별한 관심을 가지고 있던 영역에 어떻게 적용하고 있는지를 주목하고자 한다.

4) 이 세 개의 비유 외에 누가복음에서 더 이상 직접적이고 명백한 청지기 자료는 나타나지 않는다. 그러나 이 세 개의 비유가 누가복음의 청지기도에 관한 전부라고 말할 수는 없을 것이다. 왜냐하면 비록 청지기도에 대한 명백한 언급은 더 이상 없다 할지라도 청지기도 주제는 약간은 다른 방식으로 누가복음에서 계속 등장하고 있기 때문이다.

이런 맥락에서, 우리는 이들 세 개의 비유가 일정한 간격을 두고 세 번 등장하도록 만든 저자의 의도적인 배열을 간과해서는 안 될 것이다 (12, 16, 19장). 달리 말하면, 청지기도 비유가 세 번에 걸쳐 반복되고 있으며, 그 사이에 재물과 관련된 자료들이 여기저기에 흩어져 있다고 말할 수 있을 것이다. 그러므로 이러한 간헐적인 반복은 누가의 청지기도 개념을 문학적 기법에 의해 보다 공공연히 나타내기 위하여 저자에 의해 주의 깊게 마련된 것으로 간주할 수 있을 것이다. 요컨대, 재물과 관련된 많은 자료들이 세 개의 비유를 중심으로 하여 누가복음 전체에 산재해 있다는 사실은 누가가 특별한 관심을 보이고 있는 청지기도 주제와 재물 주제 사이의 관련성을 밝혀 주는 것으로 볼 수 있는 것이다. 그러므로 다음의 두 장에서 우리는 누가가 어떻게 청지기도의 기본적 개념을 재물 주제에 적용하는지를 살펴보기로 하겠다. 이 재물 주제는 크게 두 종류의 범주로 나누어지는데, 하나는 재물의 바른 사용이고 다른 하나는 재물의 그릇된 사용이다.

재물에 대한 올바른 청지기도 7

재물에 대한 올바른 청지기도
제 7 장

본 주제와 관련하여 우리는 누가-행전에서 양적으로 마가와 마태복음의 자료를 훨씬 능가하는 많은 자료를 발견할 수 있다. 그러나 오해를 피하기 위해 우선 언명해 둘 것은 지금부터 논의할 자료들 전부가 일차적으로 이 모티프에 집중하고 있는 것은 아니라는 사실인데, 이는 몇몇 경우에는 그 모티프가 일차적 주제 다음의 이차적 주제이기 때문이다. 이는 놀라운 일이 아니다. 왜냐하면 누가-행전의 재물의 올바른 사용에 대한 교훈의 모티프가 누가의 신학 사상의 유일한 관심사라고 말할 수 없기 때문이다. 오히려 이 구제의 모티프는 누가가 저술할 때 염두에 두었던 주요 신학 사상들 중 하나로 보아야 한다고 말하는 편이 안전할 것이다. 그러므로 이 같은 입장을 견지하면서 우리는 그 배경이 어떠하든 본 모티프와 관련된(그것이 부수적이라 해도) 자료라면 무엇이든 선택하여 조사하고자 한다.

1. 세례 요한의 윤리적 교훈(3:10-14)

다른 복음서 기자들에 비해 누가가 세례 요한의 가르침에 관한 자료를 더 많이 기록하고 있다는 것은 특기할 만한 사실이다. 문제의 자료들 중에 여기서 다루고자 하는 누가복음 3장 10-14절은 누가복음에만 나오는 것으로서, 따라서 재물의 올바른 사용 모티프에 대한 누가의 견해에 무게를 더해 주고 있다.[1]

세례 요한이 선포하는 윤리적 교훈은 사실상 모인 무리의 질문에 대한 답변으로서 주어진 것이다. "그러하면 우리가 무엇을 하리이까?"(10절). 그러나 이 질문은 동시에 세례 요한의 설교에 대한 일종의 반응인데, 그 설교는 임박한 종말론의 색채를 띠고 있고 선한 열매를 맺으라는 요구가 너무나 강력했으므로 그들은 그 같은 질문을 하게 되었던 것이다. 요한은 "옷 두 벌 있는 자는 옷 없는 자에게 나눠 줄 것이

---

1) Fitzmyer, *Commentary*, 464; Marshall, *Commentary*, 141-2; Pilgrim, *Good News*, 143.

요 먹을 것이 있는 자도 그렇게 할 것이니라"(11절)고 대답하고 있다. 여기서 우리의 주의를 끄는 것은 옷 없는 자($τῷ\ μὴ\ ἔχοντι$)라는 표현인데, 누가는 이를 옷이나 음식처럼 인간의 일상 생활에서 가장 기본적인 필수품을 가지지 못한 자들을 묘사하기 위해 사용하고 있다. 사실상 그들은 거지나 다름없다.[2] 이러한 측면과 관련하여 사복음서 중 오직 여기에만 나오는 단어 $μεταδίδωμι$("나눠 주다"; 11절)를[3] 정확히 평가해야 하는데, 왜냐하면 그것은 가난한 자들에게 재물을 나누어 주라는 누가의 강조를 표현해 주는 것으로 보이기 때문이다.[4] 따라서 무리들을 향한 세례 요한의 설교는 사실상 가난하고 궁핍한 자들을 구제하라는 권면으로 이해되어야 한다는 것은 아무리 강조해도 지나치지 않을 것이며[5], 이는 또한 "사도행전에 나오는 초대 교회의 공동 경제 생활에 대한 누가의 묘사"와 그 맥락을 같이 하는 것이다.[6]

이러한 맥락이 팔레스타인의 사회 상황을 반영하고 있다는 전제 하에 쇼트로프와 쉬테게만은 이 설교를 듣는 무리($ὄχλος$)는 가난한 자들이며, 이사야 58장 7절에 비추어 볼 때 이 말씀은 옷($χιτών$) 두 벌

---

[2] 참조. Ernst, *Lukas*, 144.
[3] 신약에서 이 단어가 나오는 4번의 경우 중(롬 1:11; 12:8; 엡 4:28; 살전 2:8) 두 경우(롬 12:8; 엡 4:28)는 직접 구제를 의미하는 것으로 사용되지만, 다른 두 경우에는 여전히 공유한다는 의미를 지니고 있다(Marshall, *Commentary*, 142).
[4] 참조. Fitzmyer, *Commentary*, 465.
[5] 에른스트(Ernst, *Lukas*, 144)는 요한의 권고를 급진적이고 실제적인 것으로 인식한다: "Johannes fordert radikal, aber nichts Anβergewöhntliches, wie etwa Jesus in der Felreded(LK 6, 29)···Für das Verständnis des LK zeigt sich die von Johannes verlangte Umkehr im praktischen Alltagsleben."
[6] Pilgrim, *Good News*, 144.

을 가진 가난한 자는 그 중 한 벌도 가지지 못한 사람과 나누어야 한다는 의미라고 주장하였다. 즉 가난한 사람들은 "그들끼리 결속하도록 권유 받은" 것이라는 주장이다.7) 비록 모인 무리를 이처럼 "가난한 자들"과 동일시하는 것에는 문제의 소지가 있지만,8) 그들의 결론은 대체로 받아들일 만하다. 그들은 역사적 상황으로부터 도출되어 나온 이 교훈이 누가의 동시대의 민중들에게 적용된다고 주장한다. "이처럼 민중들의 박애 활동은 구체적인 연대(連帶) 형태와 그들보다 더 어려운 자들을 도우려는 준비 자세를 갖추고 있는 것이다."9)

세리와 군병들이 각각 12절과 14절에서 던진 두 번째와 세 번째 질문은 요한의 종말론적 설교에 대한 반응이란 점에서 무리의 질문과 궤를 같이 하는 것으로 보인다. 세리와 군병들을 향한 요한의 명령은 가난하고 힘없는 자들을 착취로부터 보호해 주라는 것으로 보인다.10) 이

---

7) Schottroff & Stegemann, *The Hope*, 108.
8) 플러머(Plummer, *Commentary*, 990-91)와 크리드(Creed, *Commentary*, 52)에 의하면 $\chi\iota\tau\omega\nu$(속옷)은 팔레스타인 사람들에게는 필수적인 $\iota\mu\alpha\tau\iota o\nu$(겉옷)보다는 덜 필수적인 옷으로 간주된다(참조. 눅 6:29; 행 9:39; 마 5:40; 요 19:23). 이 점으로부터 다음의 논리를 도출할 수 있다: 만일 어느 누가 일상 생활에 절대 필수적이지는 않은 옷을 두 벌 가지고 있다면 그를 진정한 의미의 가난한 자로 분류하기가 곤란해진다. 오히려 그는 필수적인 옷이 아닌 옷을 두 벌이나 소유하고 있다는 점에서 부자로 간주될 수 있다. 이 말은 본문에서 언급되고 있는 $\check{o}\chi\lambda o s$가 부자라는 말이 아니라 그들이 쇼트로프와 쉬테게만의 주장처럼(The Hope, 107-8) 가난하지는 않다는 의미다. 만일 우리가 $\check{o}\chi\lambda o s$라는 단어가 그 당시 모든 계층의 사람들을 전부 포괄할 수 있다는 사실을 고려에 넣는다면, 세례 요한의 이 설교는 모든 사람들에게 한 말이로되, 실제로는 특히 좀더 부유해서 어려운 사람들에게 여분의 옷과 음식을 나누어 줄 수 있는 사람들에게 한 권면이라고 말할 수 있을 것이다.
9) Schtroff & Stegemann, *The Hope*, 109; Pilgrim, *Good News*, 143, 146.
10) Pilgrim, *Good News*, 145-6; 참조. Beck, *Character*, 43, 193.

뿐 아니라 아직 고려해야 할 사항이 하나 더 있는데, 그것은 누가가 마가(1:6)와 마태(3:4)가 그들의 복음서에서 기록하고 있는 요한의 금욕적인 생활 방식을 기록하고 있지 않다는 점이다. 이 같은 누락에 대한 이유로는 피츠마이어(Fitzmyer)의 주장이 타당해 보인다. 그것은 "도덕 개혁과 이웃에 대한 관심에 강조점이 주어졌기 때문"이다.11)

이들 세 가지 점을 고려해 볼 때 무리에게 한 첫 번째 대답을 구제의 근본 원리로 간주하고, 두 번째와 세 번째 대답은 그 명시된 원리를 사람들이 그들의 실제 환경에서 개별적으로 직면하는 좀더 구체적인 상황에 확대 적용한 것으로 보는 것이 타당하게 여겨진다.12)

끝으로 우리는 누가가 그의 독자들에게 재물의 올바른 사용의 모티프에 관한 한 예수 그리스도의 선구자인 요한(16-17절; 9:20)이 아래에서 본(本) 모티프에 대한 그 윤리적 교훈을 고찰하게 될 예수님과 보조를 같이 하고 있다는 사실을 보여주려 하고 있음을 반드시 인식해야 할 것이다.13) 즉 재물의 올바른 사용의 주제에 있어서 세례 요한과 예수님 사이에는 연속성이 존재한다고 말할 수 있는 것이다.14)

---

11) Fitzmyer, *Commentary*, 469.
12) Schweizer, *Luke*, 73; 참조. Evans, *Commentary*, 240.
13) 세리들이 사용한 요한의 호칭인 διδασχάλος(선생)도 역시 예수님과 요한을 이어주는 연결 고리로 지적될 수 있는데, 왜냐하면 이 말은 나중에 예수님에게 적용되고 있기 때문이다(7:40; 9:38; 10:25; 11:45; 12:13; 18:18; 19:39; 20:21, 28, 39; 21:7).
14) 참조. Tannehill, *Narrative Unity*, 50-51.

2. "무릇 네게 구하는 자에게 주며" (6:27-38)

평지 설교의 이 부분은 마태복음에 평행 구절이 있으며, 이로 미루어 누가와 마태가 참조했을 "Q" 자료와 같은 공통의 원 자료가 있었을 것으로 추정할 수 있지만, 이를 확정하기란 쉬운 일이 아니다.15) 비록 양 복음서 기자들이 같은 근원으로부터 이 구절을 가져왔음을 인정한다 해도, 누가가 추가, 변경한 내용(예컨대 34-36절)과 마태복음의 내용(마 5:39-42)의 차이점을 보면 누가복음은 마태복음의 경우와 전혀 다르다는 인상을 받게 된다.16) 사실 마태복음에는 다른 사람들에게 주거나 빌려 주라는 말이 겨우 두 번 나올 뿐이다(40, 42절). 반면에, 누가는 이 단락에서 "후히 주라"는 주제를 발전시키려는 자신의 의도를 시종일관 추구하고 있는 것으로 보인다.

이 단락은 예수님의 제자들의 자세를 규정해 주는 세 가지 주제가 서로 얽혀 있다: 사랑하라($\dot{a}\gamma a\pi\hat{a}\nu$; 27-8, 35절), 선대하라($\dot{a}\gamma a\theta o\pi o\iota\hat{\epsilon}\hat{\iota}\nu$; 31-33절), 빌려 주라($\delta a\nu\epsilon\acute{\iota}\zeta\epsilon\iota\nu$; 30, 34-38절).17) 이 세 가지

---

15) Marshall, *Commentary*, 257-8.
16) 참조. Evans, *Commentary*, 335-6.
17) Degenhardt, *Lukas*, 55. 비록 약간 억지 같지만 이들 구절을 4개의 사고 단위(thought units)로 나누는 탈버트(Talbert)의 분류법은 온당하게 보인다(*Narrative Unity*, 69): "(a) 6:27-28=사랑하라, 선대하라, 축복하라, 기도하라, (b) 6:29-30=치는 자에게, 겉옷을 빼앗는 자에게, 구하는 자에게, 네 것을 가져가는 자에게, (c) 6:32-35=처음 세 번의 가정(너희가 만일 사랑하면, 너희가 만일 선대하면, 너희가 만일 빌리면)은 네 번째의 사랑하고 선대하며 빌리라는 명령에 의해 균형을 이룬다, (d) 6:37-38 전반부=두 개의 부정 명령(비판치 말라, 정죄하지 말라)은 두 긍정 명령(용서하라, 주어라)에 의해

밀접하게 연관된 주제들 중 두드러지게 나타나는 것은 아무 보답도 기대하지 말고 주거나 빌려 주라는 예수님의 권면이다(30, 34-35절). 왜냐하면 마태는 그의 복음서에서 특별히 이 점에 관해서는 일체 언급하고 있지 않기 때문이다.[18] 이 핵심 주제는 27-37절까지의 내용의 결론격인 38절에서도 반복되고 있다.[19] 그러나 보답을 기대하지 말고 주거나 빌리라는 앞 부분의 말씀(35절)과는 달리 여기서는 그에 대한 보상이 기록되어 있다. 여기 언급된 보상은 35절 후반절("너희 상이 클 것이요 또 지극히 높으신 이의 아들이 되리니")을 볼 때 물질적, 현세적인 것이 아니라 영적, 천상적이다.[20] 35절의 후반부는 "아무 것도 바라지 말고"라는 전반부와 대체로 조화를 이루고 있다. 즉 천상의 상급을 기대한다는 것은 지상에서의 보답을 기대하지 않는 것을 의미하는 것

균형을 이루며, 38절 후반부에 요약이 따라 나온다. 참조. Fitzmyer, *Commentary*, 637-41; Evans, *Commentary*, 324-5.

18) Pilgrim, *Good News*, 137.
19) Talbert, *Reading Luke*, 69. 명백히 37절은 문맥과 조화되지 않고 27절에서 36절까지 부단히 강조되는 기꺼이 주라는 주제로부터 단절되는 것으로 보인다. 그러나 우리가 37절을 빼앗고 탈취하는 적들을 재판정으로 끌고 가지 말라는 의미로 이해한다면, 기꺼이 주라는 주제의 흐름의 불연속성의 문제는 해결될 것이다. 또한 그 주제가 38절에서 반복되는 것과 μέτρον(38절)이 "마 7:2의 경우처럼 비판보다는 주라는 것과 관련된 것임"을 인식한다면(Schweizer, *Luke*, 126; Creed, *Commentary*, 96), 37절은 구체적인 강조점 없이 누가의 원 자료를 단순히 반영하는 것으로 보인다. 만일 누가가 비판을 강조하고자 했다면, 그는 마태의 경우처럼 37절을 μέτρον에 직접 연결지었을 것이다.

한편, 데겐하르트(Degenhardt, *Lukas*, 56-7)는 37-38절을 하나로 묶어 그것이 "예수님의 제자들이 가져야 할 자비로운 근본 자세"를 묘사하는 것이라고 주장하며, 피츠마이어(Fitzmyer, *Commentary*, 641) 역시 "자비가 수반된 비판은 동시에 후한 베풂으로 이끌 것이며, 이같이 해서 네 구절[금지 2개, 명령 2개]은 하나로 연합되는 것이다"라고 주장하고 있다.
20) 참조. Pilgrim, *Good News*, 138; Marshall, *Commentary*, 267.

이기 때문이다. 즉 그리스도의 제자는 자기가 가진 것을 어려움에 처한 이웃에게 후히 주고 나누어 주어야 한다는 의미다.[21] 35절의 이러한 의미는 사실상 36절에서 "자비"의 형태로 강조, 반복되고 있으며, 이 구절에 대한 누가의 본의(本意)는 36절을 마태복음 5장 48절("그러므로 하늘에 계신 너희 아버지의 온전하심과 같이 너희도 온전하라")과 비교해 보면 알 수 있을 것이다. 이 비교에서 특별히 두드러지는 것은 마태복음의 완전 개념은 누가복음의 자비 개념에 해당되며, 이는 가난하고 어려운 자들에 대한 누가의 관심과 완벽하게 부합된다. 위에서 지적한 이런 점들을 고려할 때, 예수님의 이 말씀은 자신의 재물을 어려움에 처한 이웃에게 구제로 나누어 주라는 권면으로 생각할 수 있는 것이다.[22]

이러한 사실은 예수님의 이 교훈이 누가 공동체의 당시 상황을 반영하고 있음을 보여주는 것일지 모른다. 누가 공동체에 관해서는 이미 그것이 그리스-로마 문화의 영향을 많이 받은 도시 환경 속에 처해 있었을 것으로 결론지은 바 있다. 우리는 누가 시대의 고전 문헌을 통해 일종의 IOU(=차용증서) 제도, "호혜주의 원칙(das Prinzip der Gegenseitigkeit)"이 로마 제국 전역에 유행하고 있었음을 알고 있다.[23] 따라

---

21) 예수님의 계명들의 핵심이 사도들의 경우처럼 (소유의) 완전한 포기라는 태니힐의 주장(*Narrative Unity*, 209)은 잘못된 해석이다.
22) 참조. Ibid., 209.
23) 볼케슈타인은 그의 대저(大著)(H. Bolkestein, *Wohltätigkeit und Armenpflege im vorchristlichen Altertum*(Utrecht: A. Oosthoek, 1939)에서 명확하게 말한다: "호혜주의 원리는 그리스인들의 사회 관계의 기초의 하나를 형성했다"(W. C. van Unnik, "Die Motivierung der Feindesliebe in Lukas 6:32-35", *NovT* 8[1966], 284-300, 291로부터 재인용). 참조. S. C. Mott, "The Power of Giving and Receiving: Reciprocity in Hellenistic Benevolence", in *Current*

서 본문의 예수님의 교훈은 누가가 보기에는 사실상 사랑도 자비도 없고, 따라서 최소한 그리스도인들 속에서는 제거되어야 할 당대의 윤리관과 정면 충돌하는 것이다.24) 달리 말하면, 누가는 호혜주의(reciprocity)를 기대하는 것은 그리스도인이 취할 올바른 태도가 아니라고 생각했다고 말할 수 있다. 그는 그 대신 그의 회중에게 아무 것도 기대하지 말고 후히 주고 꾸어 줄 것을 권하고 있는 것이다.

이 같은 관대함에의 추천은 궁핍한 사람들과 재물을 나누라는 세례 요한의 권면(구제 모티프가 전면에 명확히 드러나는 것은 아니지만)과 일치한다. 따라서 우리는 6장 27절로부터 6장 38절까지의 예수님의 말씀에서 누가의 구제 사상의 연속성을 다시금 명확하게 발견하게 된다고 결론내리게 되는 것이다.

▶ **향유를 부은 사건**(누가복음 7:36-50)

누가복음의 이 사건은 마가, 마태복음과 유사하게 보이는데, 왜냐하면 기본적 사실들이 같아 보이기 때문이다. 우선, 예수님이 시몬으로부

Issues in Biblical and Patristic Interpretation-Studies in Honor of M. C. Tenny(ed., by G. F. Hawthorne[Grand Rapids: Eerdmans, 1975]), 60-72. 이 주장으로부터 반 우니크는 그의 논지를 누가복음의 예수님은 그리스의 호혜주의 윤리를 예리하게 비판한다는 것으로 시작하는데, 그것은 좀더 나아가 눅 6:32-35에 나타난 누가의 원수 사랑(*Feindesliebe*)의 모티프로까지 연결된다(van Unnik, "Die Motivierung", 284-300). 우리는 이 같은 특징을 나중에 10장에서 상세히 논의하려 한다.

24) 6:27-38의 예수님의 말씀은 "인간관계의 지배적 원리로서의 호혜주의에 대한 이중적인 공격이다"(Talbert, *Reading Luke*, 73; 참조. 75).

터 식사에 초대를 받으며, 둘째로 한 여인이 예수님에게 향유를 붓는다. 그러나 이러한 기본적인 유사점에도 불구하고 우리는 누가복음과 마가복음 사이의 몇 가지 차이점을 관찰할 수 있는데, 이는 두 이야기가 다르다고 시사하는 근거를 제공할 만큼 중요한 것들이다.

(1) 배경이 다르다. 누가복음의 이야기 배경은 완전히 다른데, 왜냐하면 마가복음의 이야기는 수난 기사 속에 들어 있어서 예수 그리스도의 구속적 죽음과 연결되어 있음에 비해, 누가복음의 기사는 세리와 죄인들의 친구가 된다고 예수님을 비난하는 서기관과 바리새인들에 대한 비판을 매개로 하여(눅 7:30, 33-34/7:39) 그 앞의 이야기와 연결되어 있기 때문이다.[25]

(2) 이야기의 전개가 차이난다. 죄인으로 소개된 누가복음의 여자는 예수님의 발에 향유를 붓고 울면서 눈물로 그 발을 적시고 자기 머리카락으로 닦았다(눅 7:38). 이에 반해 죄인이 아닌 마가복음의 여자는 순전한 나드 향유를 예수님의 머리에 부었으되 울거나 적시거나 닦은 일은 없었다(막 14:3).

(3) 이 같은 차이점뿐 아니라, 양 기사들은 제각기 독자적인 주제를 발전시켜 나가는 것으로 보인다. 누가복음의 이야기의 주제는 부수적 비유인 두 빚진 자의 비유(눅 7:41-43) 및 그에 뒤따라 동일한 모티프를 설파하는 예수님과 시몬의 대화(눅 7:44-47)와 더불어 죄 용서에 관한 것이다. 이에 비해 마가복음의 이야기는 예수님의 대속적 죽음에 초점을 맞추고 있다(막 14:8). 만일 누가복음의 향유 부은 기사가 마가복음의 기사와 다르다고 한다면, 이와 관련하여 다음과 같은 질문이 제기되어야 할 것이다. "왜 누가는 마가복음에 기록된 또 하나의 향유 부은 이야기는 생략하고 있는가?"

이 같은 누가의 누락은 본래 가난한 자에 대한 그의 특별한 관심에서

---

25) Tannehill, *Narrative Unity*, 116-7, 177.

비롯된 것일지 모른다. 마가의 기사는 값비싼 향유를 예수님의 머리에 붓는 문제를 놓고 예수님과 (마태에 의하면 제자들인) 주변 사람들 간에 일어난 갈등을 보여주고 있다. 그들은 그녀의 사치스런 행위를 거칠게 책망하는데, 이는 가난한 사람들의 형편을 염두에 두었기 때문인 듯하다(막 14:5). 그러나 예수님은 그 여자의 행위를 지지하고 칭찬하면서 다음과 같이 말씀한다. "가난한 자들은 항상 너희와 함께 있으니 아무 때라도 원하는 대로 도울 수 있거니와 나는 너희와 항상 함께 있지 아니하리라"(막 14:7). 마가복음의 이 말씀에서 가난한 자들은 우선 순위상 예수님에 비해 덜 중요한 존재로 나타난다.26) 결국 누가는 예수님의 이 선언이 가난하고 궁핍한 자들의 옹호자로서의 그의 지위를 유지하는 데 부적합하다고 보았던 것이 분명하며, 이는 누가가 이 사건을 그의 복음서에서 생략시킨 요인들 중 하나였음이 분명하다.27)

3. 갈릴리 여자들의 헌신(8:1-3)

이 기사는 극히 귀중한 것으로서 예수님과 그 제자들이 유랑 생활을

---

26) 쇼트로프와 쉬테게만(Schottroff & Stegemann, *The Hope*, 109-111)은 마가복음의 이 기사를 누가가 누락시킨 것을 누가의 공동체에는 가난한 자들(οἱ πτωχοί)이 없다는 주장의 근거로 삼고 있다. 그들의 이 같은 주장에 대한 비판은 서론 1.1.5를 참조하라.
27) "누가가 막 14:1-9의 기사를 그의 복음서의 평행 부분에서 누락시켰다는 사실은 그가 이 이야기를 마가복음의 이야기와 동일한 것으로 간주했다는 증거가 되지 않는다…두 이야기는 별개의 사건을 다루고 있으며, 등장 인물과 목적이 다른 것이다. 누가가 막 14:1-9을 개작했거나 아니면 누가복음의 전승과 마가복음의 전승이 궁극적으로는 한 사건을 가리킬 가능성은 없다"(Marshall, *Commentary*, 306). 이 문제에 대한 또 하나의 색다른 의견으로는 Goulder, *Paradigm*, 2:403을 참조하라.

하는 동안 생계 수단을 어떻게 해결했는지를 우리에게 예시해 준다. 이 세 절에서 우리는 예수님의 지상 사역 중 예수님과 그 제자들의 방랑 생활 가운데 다수의 갈릴리 여자들이 따르면서 그들의 소유로 저희를 섬겼던 유일무이한 사례를 발견하게 된다(3절).[28] 비록 예수님과 그의 제자들은 심심찮게 당시의 다양한 계층의 사람들에게 식사 초대를 받았다 해도(5:29; 7:35; 10:38-42; 14:12), 그들이 일상 생활 중에 재정적으로, 특히 여자들의 도움을 받았다는 기록은 복음서에서 오직 이 곳에만 기록되어 있다.[29]

---

[28] 위더링턴(B. Witherington, "On the Road with Mary Magdalene, Joanna, Susanna, and Other Disciples-Luke 8:1-3", *ZNW* 70[1979], 244-5)은 이 같은 사실을 인식하면서 "그러나 한 여자가 집을 떠나 어떤 랍비와 같이 여행한다는 것은 전례가 없을 뿐 아니라 수치스러운 일이었다"고 본다. 그러나 내가 앞서 4장에서 주장했듯이 예수님의 예루살렘으로의 여행 동안에 열두 사도에 대한 언급은 많은 데 비해 여자들에 대한 언급은 더 이상 나오지 않는 것으로 보아 이 여자들이 예수님 및 사도들과 내내 함께 여행했을 가능성은 희박하다.

이상의 지적을 통해 우리는 다음과 같이 추측할 수 있다. 이 여인들은 예수님과 그 사도들을 섬기기 위해 아마도 그 남편들의 허락 하에 일상의 가사 생활로부터 잠시 탈출해 나왔을 것이다. 그러므로 내가 여기서 주장하려는 것은 그들이 위더링턴의 주장처럼 예수님을 섬기고 그와 함께 거하기 위해 섬겨야 할 가정과 식솔들을 저버리지 않았다는 것이다.

[29] 여인들과 예수님의 친분에 대해서는 특히 누가가 주목하고 있는 바로서, 그것은 누가복음의 특징들 중의 하나다(White, *Luke's Case*, 79-81). 이에 동조하여 태니힐(Tannehill, *Narrative Unity*, 139)은 여인들이 예수님과 사도들을 이같이 추종했다는 사실은 "예수님이 나사렛에서 감동적으로 선언했던 사명"(눅 4:18-19), 곧 가난한 자, 눌린 자, 소외된 자들에게 복음을 전파하는 일의 사실상의 성취다. 또한 Witherington, "On the Road", 244, 247을 보라. 이와 관련하여 쉬미탈스(Schmithals, *Lukas*, 101)는 "이 단락의 말씀(눅 8:1-3)은 〈여인들의 복음서 기자〉로서의 누가에게는 핵심적인 전거다"라고 말한다. 참조. Ellis, *Commentary*, 127. 눅 23:49; 24:10을 보라. 또한 행 1:14, 21 이하를 참조하라.

한편, 탈버트(Talbert, *Reading Luke*, 69)는 그의 글에서 여성의 역할과 사

(1) 여기서 우리는 1절에 의하면 예수님과 그의 제자들이 정착지가 없이 방랑하는 생활을 영위했다는 한 가지 측면을 고려해야 하며, 이는 그들이 부유하지 못했으리라는 추측을 가능케 해준다.30) 이런 측면은 예수님이 제자들에게 복음을 전파하도록 파송하면서 한 설교 속에 확증되어 있다(9:3; 10:4, 7). 파송 설교에 의하면 선교 여행 기간 중의 제자들의 생활은 몹시 힘들었던 것 같은데, 왜냐하면 그들은 그들의 복음 전파를 듣는 사람들의 대접에 의지하도록 되어 있었기 때문이다.31) 결국 비록 그들은 엄격한 의미에서 누가 당대의 가난한 자는 아니었다 해도 그래도 실제 생활은 가난했을 것이다. 즉 타인들의 접대를 기대하며 떠돌아다니는 삶을 살았을 것이 분명하다. 따라서 이 같은 맥락에서 이들 갈릴리 여자들의 행동이 구제와 유사한 것이었으리라고 말하는 것은 과장이 아닌 것이다.32)

역에 관한 누가의 특별한 관심을 상세히 기술하고 있다. 이 문제에 대한 그의 결론은 다음과 같다: "누가복음의 구도(構圖)에서 여자들은 그 사역에 있어서(가르치는 사역을 포함하여) 종종 남자들과 협력적으로 기능하고는 했다"(92). 반론은 Evans, *Commentary*, 366-7를 참조하라.
30) 이 일화와 눅 9:59의 말씀을 함께 고려하면 예수님은 너무나 가난해서 집이 없었다는 말이 된다. 하지만 알아야 할 것은 예수님과 그 제자들은 자발적으로 가난해진 것이지 강제로 가난해진 것은 아니라는 사실이다.
31) 그러므로 "제자들의 생활은 불확실했다"고 추측할 수 있을 것이다(Degenhardt, *Lukas*, 201).
32) 예수님이 사역하던 당시에 랍비들은 그들의 율법 해석을 경청하는 사람들의 부양을 받았고, 이는 경건한 행위로 간주되었다고 알려져 있다. 그래서 위더링턴(Witherington, "On the Road", 244)은 "여자들이 자기 돈, 재물, 음식으로 랍비와 그 제자들을 공궤하는 것은 드문 일이 아니었다"고 지적한다. 따라서 갈릴리 여자들에 대한 누가의 진술은 당시 유행했던 이 같은 관습과 일치하는 것으로 보인다. 참조. Plummer, *Commentary*, 215. 또한 Talbert, *Reading Luke*, 92-3도 보라.

(2) 기록된 여자들 중 특히 주의를 끄는 경우는 24장 10절에도 나오는 헤롯의 청지기 구사의 아내 요안나인데, 왜냐하면 그녀는 상류층 출신이었기 때문이다.33) 우리는 이로써 그녀가 부유하고 재물이 많았을 것을 익히 상상할 수 있다.34) 내가 보기에는 누가가 요안나를 예수님에 의해 병을 치유받은 다른 여자들과 함께 소개하는 것은 특히 흥미로운데, 왜냐하면 그녀는 누가 공동체의 부자들에게 부자가 자기 재물을 어떻게 사용할 것인지를 보여주는 모범,35) 즉 가난하고 어려운 자들에게 재물을 나누어 주는 모범이 될 수 있기 때문이다. 이뿐 아니라, 이 기사가 구제 실천의 실례이고 누가복음에만 있다는 사실은 누가의 강조점을 특히 분명하게 해준다.

우리는 당시에는 거의 종교적 모델로 받아들여지지 않았던36) 여자

---

33) 이 사실로 미루어 볼 때 "예수님의 영향력과 설교는 상류층에까지 미쳤으리라"(Fitzmyer, *Commentary*, 698)고 추측할 수 있을 것이다. 참조. Evans, *Commentary*, 366; Witherington, "On the Road", 246.
34) Plummer, *Commentary*, 216; Witherington, "On the Road", 246; Marshall, *Commentary*, 317.
35) Sweetland, *Journey*, 147-8. 눅 8:3의 "자기들의 소유로($\tau\hat{\omega}\nu$ $\dot{\upsilon}\pi\alpha\rho\chi\acute{o}\nu\tau\omega\nu$)"는 이 구절을 마 27:55이나 막 15:41과 구별지어 주는데, 여기서 "섬긴다($\delta\iota$-$\alpha\kappa o\nu\hat{\epsilon}\hat{\iota}\nu$)"는 단지 그를 가까이 모시는 것을 가리키는 것일 수 있다(Plummer, *Commentary*, 217). "빈궁한 사람들을 위해 식사를 대접하는 것은 초대교회의 중요한 기능으로서 계속되고 있다"(행 6:1-6)[Tannehill, *Narrative Unity*, 138]. 그래서 탈버트(Talbert, *Reading Luke*, 91)는 "이 문제에 있어 전반적으로 누가는 초대 기독교와의 연속성을 여실히 보여주고 있다"고 지적한다.
   이러한 측면에 대해 위더링턴(Witherington, "On the Road", 245)은 "세속 헬라어의 $\theta\epsilon\rho\alpha\pi\epsilon\acute{\upsilon}\omega$는 '섬긴다'는 의미로서 $\delta\iota\alpha\kappa o\nu\acute{\epsilon}\omega$와 의미가 같다. 따라서 우리는 누가의 대구법에 대한 선호가 전면에 드러나고 있음을 알 수 있다. 예수님은 이 여자들을 치료로 섬기고, 이에 그들은 감사의 마음에서 예수님을 섬기는 것이다"라는 흥미로운 지적을 하고 있다.
36) 여자들은 모세오경을 이해할 능력 면에서 아이들과 같게 평가되었으므로,

들이 자기 재산으로(누가 시대의 가난한 자들에 비교될 만한) 예수님과 그 제자들을 섬기는, 누가에게만 있는 이 이야기에서 누가복음의 전반부에서 가난한 자들과 구제에 대한 누가의 관심이 명확하게 입증되는 한 실례를 발견하게 된다.

4. 선한 사마리아인의 비유(10:29-37)

누가복음에만 있는 이 비유의 주된 요점은 이웃 사랑이란 곤경에 처한 사람은 누구든지 기꺼이 도우려는 사람이 되라는 것이다(37절).37) 물론 그 내용 중에는 제사장(31절)과 레위인 같은(32절) 당대의 종교 지도자들의 위선에 대한 암시적인 비판도 포함되어 있다.38) 이 이야기를 통해 누가는 인간의 필요는 앞의 두 종교 지도자로 대표되는 종교 의식이나 직무보다 더 중요하다는 것을 보여주려 했던 것으로 보인다.39)

"그들의 남편이나 주인이 그들을 기꺼이 가르치려 하는 랍비가 아니라면"(Witherington, "On the Road", 244) 교육받을 수 없었다. 그래서 그들은 대체로 매우 열등한 지위를 배정받았다(Morris, *Commentary*, 149; Danker, *Jesus*, 10).
37) Caird, *Commentary*, 148: "이웃됨이란 근처에 사는 것이 아니라 이웃다운 교제를 하는 데 있다"(neighbourliness, not neighbourhood).
38) 이 문제에 관한 논쟁은 Evans, *Commentary*, 468-9를 참조하라.
39) 만일 그 제사장이 부상당한 사람의 몸에 손을 대어 그가 죽었음을 알게 된다면, 그는 의식(儀式)적으로 부정하게 생각될 것이기 때문에 7일 동안 성전에서 성례를 집전할 수 없게 된다. 성전 봉사자인 레위인도 같은 이유에서

우선, 비유에서 특별히 흥미를 끄는 것은 한 사마리아인이[40] 자신의 재물과 시간을 희생시켜 가면서 강도들에게 약탈당하고 얻어맞아 거의 죽게 된 사람을 도왔다는 사실이다. 그는 상처를 치유하기 위해 가정 상비약으로 알려진 값비싼 기름과 포도주를 사용하고 그를 여인숙으로 데리고 간다. 그 곳에서 그는 그 사람을 다음날까지 간호하다가 그 숙식비를 지불하면서[41] 여인숙 주인에게 돌아온 후에 필요한 비용을 얼마든 더 지불하겠노라고 약속하면서 그를 돌보아 주라고 부탁한다. 그 사마리아인의 행동에 대한 쉬바이쳐의 평가는 정곡을 찌르는 것이다.

"그것(34-5절)은 단순히 감정에 그치지 않고 심사숙고한 의술적 도움으로 표현되어 나타난다. 직접적인 사랑의 봉사뿐 아니라 금전적 도움을 통한 간접적 사랑도 행해지고 있다. 거기에는 무슨 영웅적인 업적도 없고-선을 행한 사람은 자기 사업차 떠나 버린다- 그렇다고 필요한 일을 소홀히 하는 것도 아니다. 도움을 필요로 하는 그 사람이 무슨 일이 행

시체를 피했을 것이다(참조. 레 21:1-3). 우리는 이로부터 그들이 고통당하는 인간에 대한 관심보다 예배 인도의 의무를 우선시했음을 알 수 있는데, 이는 말하자면 "사랑 없는 경건"이라고 부를 수 있을 것이다(Pilgrim, *Good News*, 142).
40) 왜 누가복음의 예수님은 그의 청중들이 제사장과 레위인 다음에 등장할 것으로 기대했음이 분명한 유대인 평신도 대신 유대인들로부터 버림받은 사마리아인을 등장시킨 것일까? "이로써 인간의 동료를 국적이나 종교 여부로 결정하려는 편협한 (율법사의) 질문이 모든 인간 속에서 만날 수 있는 이웃의 문제로 바뀐 것이다"(Weeber). E. Linnemann, *Parables of Jesus: Introduction and Exposition*(London: SPCK, 1982), 54에서 인용. 참조. Tannehill, *Narrative Unity*, 179-180.
41) "한 데나리온은 노동자의 하루 품삯에 해당했으므로 적은 액수가 아니었다"(Pilgrim, *Good News*, 142).

해져야 할지를 결정하는 유일한 법인 것이다."[42]

둘째로, 이 비유에서 두드러진 것은 예수님의 결론적인 질문의 변화다(36절). 간혹 예수님은 사랑의 대상이 누구냐는 서기관의 질문에(29절) 답변하는 데 실패했다는 주장이 제기되어 왔다. 그러나 실제로 예수님은 그 질문에 직설적으로 답하고 있는데, 즉 참으로 중요한 것은 단순히 누가 나의 이웃인지를 아는 것이 아니라 사마리아인처럼 어려움에 처한 사람들의 이웃이 되는 것이라는 것이다. 이와 더불어 "이를 행하라. 그러면 살리라"($τοῦτο\ ποίει\ καὶ\ ζήσῃ$, 28절)와 "가서 너도 이와 같이 하라"($Πορεύου\ καὶ\ σὺ\ ποίει\ ὁμοίως$, 37절)처럼 예수님의 명령이 두 차례 반복되고 있는 것은 누가가 생각하기에 그의 윤리적 교훈이 실천 가능함을 강조하는 것으로 보인다.[43] 따라서 이 두 가지 점은 구제에 대한 누가의 구체적 관심과 일치하는 것으로 보이며, 누가가 이 비유를 재물의 올바른 사용과 밀접히 관련된 하나의 좋은 사

---

[42] Schweizer, *Luke*, 186. 또한 Evans, *Commentary*, 471를 보라. 쉬바이쳐의 이 같은 논지에 반대하여 샌더스(Sanders, *Ethics*, 8)는 다음과 같이 말한다: "사마리아인의 행위는 언제라도 사마리아인이 보는 것처럼 보는 모든 사람에게 가능한 일은 아니다. 그것은 스스로 선택해서 사마리아인의 세계로 발을 들여놓기로 결심한 사람에게는 불가능한 일이다. 사마리아인의 행동의 특징은 그것이 이 세상적이 아니라는 점이다." 샌더스의 분석에 나타난 의심의 여지없는 과장은 비유의 전체 의미를 왜곡할 위험성을 가진 것으로 보인다.
한편, 이 문제에 대한 플러머의 주장(*Commentary*, 287)은 흥미로워 보인다. "그리스도께서 사마리아인을 자선가(*benefactor*)로 선택한 것은 바로 앞에서 야고보와 요한이 사마리아인들에게 불을 내리려고 명령하려 한 것을(9:54) 점잖게 꾸짖으려는 것이다."

[43] 여기서 명령법 현재형이 사용된 사실에 주목하여 플러머(*Commentary*, 285, 289)는 이 구절을 다음과 같이 부연 설명한다: "너희도 습관적으로 그같이 행하라." 또한 Talbert, *Reading Luke*, 121을 보라.

례로 공동체에 제시했을 가능성이 크다.44)

이와 관련하여 우리가 다루어야 할 것으로 여겨지는 또 하나의 문제가 있다. 강도들의 습격을 받은 사람은 필시 강도당하기 전에($ἐκδύσαντες$, 30절; "옷을 벗기고") 약간의 재물을 가지고 있었을 것이며, 따라서 그는 본래 가난한 자가 아니었을 것이다. 그러나 이 비유에서 중요한 점은 그의 과거 곧 그 사건 이전의 상황이 아니라, 현재 곧 습격당한 후 그의 비참하고 핍절한 상태인 것이다. 누가의 묘사에 의하면 그는 철저하게 탈취당했으며, 심지어 옷을 벗기우고 중한 부상까지 입었다($ἡμιθανῆ$, 30절; "거반 죽은 것을"). 누가는 강도 만난 사람은 정신적, 물질적으로 타인의 도움을 필요로 하는 가난한 자로, 자기 재물을 선용해서 그를 돕는 선한 사마리아인은 상대적이나마 부자로 소개하려는 것으로 보인다.

결론적으로, 우리는 복음서에서 가장 유명한 비유의 하나로부터 누

---

44) D. Juel, *Luke-Acts*(London: SCM, 1983), 91. 탈버트(Talbert, *Reading Luke*, 120-126)는 10:25-42을 하나의 사고 단위(thought unit)로 보면서 다음과 같은 흥미로운 주장을 하고 있다: "10:25-42의 사고 단위는 제자들을 향한 두 가지 위대한 계명의 해설로 이루어져 있다. 이웃을 사랑하는 것은 그 사마리아인처럼 행하는 것을 의미한다. 그리고 하나님을 사랑하는 것은 마리아처럼 행하는 것을 의미한다."
나는 그의 견해의 전반부에는 전적으로 동의하지만 후반부에 대해서는 의구심을 가지고 있다. 하나님을 사랑한다는 것이 그를 위해 아무 일도 하지 않으면서 단지 예수님의 말씀을 듣거나 아니면 그 제자가 되는 것이란 말이 과연 옳은가? 나의 견해로는 비록 마르다가 동생 마리아에 대해 불평한 것 때문에 부드럽고 완곡하게 책망을 들었다 해도, 여기서 유의해야 하는 것은 그녀가 예수님을 많이 섬기려 했다는($πολλὴν διακονίαν$, 40절) 사실로서, 이는 예수님을 향한 그녀의 거짓 없는 사랑에서 비롯된 것임이 분명하다. 따라서 예수님의 말씀을 경청하는 것이 "하나님 사랑"의 유일한 의미라는 것은 불합리하다고 생각한다.

가가 사마리아인의 자비로운 행위를 방편 삼아 재물의 올바른 사용법과 특히 이를 어렵고 가난한 자들에게 나누어 주어야 한다는 사실을 가르치려 하고 있음을 알게 된다.45)

5. "오직 그 안에 있는 것으로 구제하라" (11:41)

이 구절은 난해하기 때문에 오늘날까지 다양한 이론들이 제기되어 왔는데, 그 이론들은 대략 두 가지 범주로 나뉜다. 우선, 그 안에 있는 것(τὰ ἐνόντα)을 마태복음의 병행 구절(마 23:26)과 비교하여 "마음"으로 해석해서 "속(=마음)을 깨끗케 하라 그러면 너희 모든 것이 깨끗하리라"로 해석하는 것이다. 이 같은 해석은 누가의 "구제하라 (δότε ἐλεημοσύνην)"가 마태는 정확히 번역했던 아람어 원문을 그가 오역한 것이라는 주장에서 비롯되었다.46)

---

45) 이 비유의 의미에 관한 필그림의 결론적인 논평은 정곡을 찌르고 있는 것으로 보인다. "이 비유는 사랑이 말이 아니라 행동이라고 주장하고 있다. 그리고 이 행위에는 모험, 희생 및 자기 재산의 분배가 포함된다. 부유한 독자라면 누구라도 개인 재산에 관해 함축하고 있는 의미를 회피할 수 없다. 누군가가 고통당하는 것을 볼 때, 가난하고 어려운 사람들이 있을 때, 우리는 우리의 재물로 친구를 사귀고 하나님의 자비에 대한 깊은 자각에서 재물을 나누어 줄 기회를 갖게 되는 것이다"(*Good News*, 143).
46) 이 같은 주장의 선구자는 벨하우젠(Wellhausen)이었는데, 그는 구제하라는 헬라어 δότε ἐλεημοσύνην는 "깨끗케 하다"란 의미의 아람어 זכו를 "구제하다"란 의미의 זכו으로 잘못 읽은 번역자의 탓이며, 그 같은 추측은 καθάρισον을 사용하는 마태복음에 의해 지지된다고 주장하였다(Moule, *Idiom*, 186; Caird, *Commentary*, 158). 그러나 버니(C. F. Burney, *The Aramaic Origin of*

두 번째 해석은 τὰ ἐνόντα는 일반적으로 인간이 소유한 재물을 상징한다는 것이다. 이 학설에 의하면 τὰ ἐνόντα는 바리새인들이 ἁρπαγή, 곧 부정한 이익으로 모은 재산을 의미한다는 것이다.[47] 이를 종합할 때 이 구절은 두 번째 해석에 의하면 다음과 같은 의미가 된다. "네가 가진 재산으로부터 구제해야 한다. 그러면 즉시 네가 가진 모든 것이 깨끗해질 것이다."[48] 이 같은 맥락에서 우리가 심각한 차이를 보이는 다른 실례들(6:37-38, 12:33-34)을 마태복음의 평행 구절(마 7:1-2; 6:20)과 비교해서 고려해 볼 때, 누가복음 11장 41절과 마태복음 23장 26절의 불일치는 그와 같은 범주에 속하는 것으로 보인다. 즉 그 차이는 복음서 전체를 통해 부단히 나타나는 누가의 구제에 대한 강조점을 보여주고 있는 것이다.[49]

---

the Fourth Gospel[Oxford: Clarendon Press, 1922], 9)는 זכה이 "구제하다"와 "정화하다"의 두 가지 의미를 다 가질 수 있음을 입증한 바 있다(참조. Moule, Idiom, 186). 마샬(Marshall, Commentary, 496)은 버니와 의견을 같이하여 "일반적으로 누가 자신은 아람어의 영향을 받은 아무런 흔적도 보이지 않는다…아람어에 근거한 이 같은 추측은 상당한 문제점을 내포하고 있다"고 주장한다. 따라서 누가가 틀린 번역문을 가졌을 가능성은 남아 있지만, 이는 좀더 철저한 설명을 요한다.

47) Ellis, Commentary, 169; Schweizer, Luke, 200; Gooding, According to Luke, 232.
48) 피츠마이어는 이 같은 입장을 좇아 이 구절을 구제를 강조하는 것으로 설명한다: "누가는 40절을 마 23:26에 대한 평행 구절로 사용했으며, 그 뒤에 자유롭게 구제로 내줄 내용물에 대한 권면을 덧붙였다(Commentary, 947). 한편, 그룬트만(Grundmann, Lukas, 248)은 렝스토르프(Rengstorf)를 인용하여 이 구절을 다음과 같이 주해한다: "Nicht der Weg der Habsucht, sondern der Weg der Hingabe führt dazu, daß für den Menschen alles rein wird". 참조. Evans, Commentary, 505.
49) Goulder, Paradigm, 2:519: "그것[=구제]은 누가가 빈번히 부딪히는 금전 문제에 대해서도 동일한 실제적 해결책인 것이다." 참조. Geldenhuys, Commentary, 341-2; Tannehill, Narrative Unity, 127-132; Schmidt, Hostility,

6. 어리석은 부자의 비유와 뒤이은 말씀(12:13-34)

이 부분은 두 단락으로 대별되는데, 앞 단락은 유산 문제로 말썽이 생긴 한 사람과 예수님의 대화로 되어 있고(13-15절), 이어서 부수적으로 어리석은 부자의 비유가 나온다(16-21절). 뒷 단락은 주로 세상일을 염려하는 문제에 관해 제자들에게 말씀하시는 예수님의 훈계다(22-34절). 그러므로 이 비유를 정확히 해석하려면 앞 단락이 뒷 단락과 연결되어 있는지, 즉 양 단락의 주제가 일치하는지를 살펴볼 필요가 있다.

우선, 유산 분배와 관련된 어떤 사람의 요청(13절)을 구실 삼아 예수님은 명백히 중재자가 되기를 거부하면서[50] 15절에서 격언을 말씀하신다. "사람의 생명이 그 소유의 넉넉한 데 있지 아니하니라." 이 교훈을 더 발전시켜 나가기 위해[51] 예수님은 자기 생명이 소유의 풍부함에 있다고 믿고 더 많은 부를 얻기 위해 안달하는 어리석은 부자의 비

---

145. 세쿰(Seccombe, *Possessions*, 185)은 이 비유를 해석하면서 누가의 자선 개념을 돈이 그 가치를 상실하게 될 하나님의 나라의 도래와 연관짓고 있다. 이 같은 배경에서 그는 "우리가 현재 이것(=돈)을 갖고 할 수 있는 현명한 행동은 이를 시대의 변화를 초월하여(영원히) 가치를 보유할 그 무엇, 즉 형제애와 우애의 가치로 전환시키는 것이다"라고 주장한다.

50) 예수님이 분쟁의 중재자로 나서기를 거부한 이유에 대한 필그림(*Good News*, 110-111)의 설명은 그럴듯하다: "한 가지 분쟁을 중재한다고 해서 인간 내면의 더 깊은 문제를 해결할 수는 없을 것이다"(111).

51) Evans, *Commentary*, 520: "누가가 그 뒤에 덧붙이는 비유는("또 비유로 저희에게 일러 가라사대"는 누가가 흔히 사용하는 서론의 형태다) 15절의 교훈을 강조하기 위한 것이다."

유를 이야기하고 있다. 그리고 그 사람과의 대화 및 뒤따르는 비유를 결론짓기 위해 예수님은 21절에서 또 다른 격언을 말씀하신다. "자기를 위하여 재물을 쌓아 두고 하나님께 대하여 부요치 못한 자가 이와 같으니라." 이 구절의 전반부의 논지는 사람이 그 재산을 자기의 이기적인 탐욕을 위해 지상에 쌓아 두어서는 안 된다는 것이지만[52], 비유 속에서 "하나님께 대하여 부요치 못한($\epsilon\dot{\iota}\varsigma$ $\theta\epsilon\grave{o}\nu$ $\pi\lambda o\upsilon\tau\hat{\omega}\nu$)"의 의미가 무엇인지는 명확하지 않다. 만일 이 비유 다음에 뒷 단락이 따라 나오지 않았더라면, 이는 아마도 재물은 무언가 예배적인(cultic) 목적을 위해 사용되어야 한다는 의미라고 말할 수 있을 것이다.[53]

여기서 두 번째 단락의 내용을 조사해야 할 필요성이 생긴다. 이 부분의 예수님의 말씀은 세상 일로 염려하지 말라는, 즉 소유에 대한 세속적 근심을 버리라는 명령으로 볼 수 있으며,[54] 이는 사실상 15절의 의미와 부합되는 것으로 보인다. 또한 하나님은 그의 백성들에게 지상에서 살 동안 날마다 필요로 하는 것을 공급하시리라는 언질로 볼 수

---

[52] 17절에서 19절까지 1인칭 단수형이 8차례나 나온다: $\pi o\iota\acute{\eta}\sigma\omega$(2회), $\sigma\upsilon\nu\acute{\alpha}\xi\omega$(2회), $\acute{\epsilon}\chi\omega$, $\kappa\alpha\theta\epsilon\lambda\hat{\omega}$, $o\grave{\iota}\kappa o\delta o\mu\acute{\eta}\sigma\omega$, $\acute{\epsilon}\rho\hat{\omega}$ 및 대명사 $\mu o\upsilon$(4회). 참조. Plummer, Commentary, 324; Morris, Commentary, 212. 한편, 탈버트(Talbert, Reading Luke, 141)는 이 첫 단락은 탐욕의 문제와 씨름하기 위한 것으로서, 이는 누가의 동시대뿐 아니라 그 이전 시대에도 문제였다고 주장한다.

[53] 혹자는 이 비유가 원래 "종말론적 비유"로서 그 요점은 하나님의 나라의 도래로 인해 야기되는 위기라고 주장한다(Jeremias, Parables, 164; 참조. Evans, Commentary, 521). 그러나 이에 대해 필그림(Good News, 112-3)은 누가가 21절을 덧붙임으로써 이러한 과거의 원래 의미를 현재의 새로운 의미, 즉 "너무 늦기 전에 자기를 위한 삶을 그만두고 하나님께 대해 재물을 쌓기 시작하라"에 연결시키려 하고 있다고 지적한다.

[54] "제자들의 세속성은 부자의 물질주의보다 (그들의) 염려하는 태도에서 더 빈번히 나타나기 때문이다"(Ellis, Commentary, 176).

있다. 결과적으로 필그림의 논평과 같이 앞 단락, 특히 21절의 의미는 바로 이어지는 뒷 단락에서 상세히 설명되고 있다고 말할 수 있다.55)

양 단락의 특징을 살펴본 결과, 우리는 이들 두 부분은 별개가 아니라 재물의 주제로 긴밀하게 결합되어 있다고 말할 수 있다.56) 즉 12장 13절에서 12장 34절까지의 내용이 재물의 주제 면에서 통일되어 있음을 인정해야 하는데, 이는 비유나 말씀이 접근 방식에 있어서는 약간 다를지 몰라도 그 모티프는 같기 때문이다. 혹은 이를 다른 방식으로 설명할 수 있다. 즉 앞 단락(12:13-21)은 누가복음에만 나오는 내용이므로(이 역시 그에 대한 누가의 특별한 관심을 의미한다), 누가는 마태복음에 평행 구절(마 6:25-34, 19-21)이 있는 뒷 단락(12:22-34)의 재물 모티프를 강조하되, 바로 앞의 말씀의 의미를 명확하게 하고 강화해 주는 그만의 독자적인 자료를 덧붙임으로써 강조하고 있다고 말할 수 있을 것이다.

그렇다면 여기서 누가의 강조점은 무엇인가? 이 질문에 답하기 위해서는 이 기사의 끝 구절인 33-34절을 주목하는 것이 도움이 될 텐데, 여기에는 다음의 두 가지 이유가 있다. (i) 그것은 뒷 단락(22-32절)의 예수님의 말씀의 결론인 동시에 앞 단락(13-21절)의 결론도 되는

---

55) 피츠마이어(Fitzmyer, *Commentary*, 976)는 이에 대해 뒷 단락은 "어리석은 부자의 비유에 대한 주석 역할을 하고 있다"고 말한다.
한편, 태니힐(Tannehill, *Narrative Unity*, 246)은 뒷 단락이 특별히 제자들을 대상으로 한 말씀이므로 그들이 모든 소유를 버리고 주님을 뒤따랐음으로써 힘들고 어려운 생활을 영위했을 것을 보여준다고 생각한다.
56) Talbert, *Reading Luke*, 140. 플러머(Plummer, *Commentary*, 329)도 구제란 탐욕으로부터 해방되는 한 가지 방편이므로 구제자 자신에게도 유익하다고 말하면서, 마찬가지로 탐욕을 매개로 하여 21절을 33절에 연결한다.

것으로 보이는데, 왜냐하면 그 위치가 단락 전체의 맨 끝이기 때문이다.57) (ii) 누가는 재물의 올바른 사용법을 가르치기 위해 한 가지 방법으로서 소개하는 구제의 모티프에 특히 관심을 보이고 있다.58) 이 점은 누가복음을 마태복음(6:19-20)과 비교하면 분명하게 관찰된다. 이 논의의 결과 우리는 주제상의 일치의 견지에서 볼 때 "하나님께 대하여 부요한"(21절)59)을 아마도 "가난한 자를 구제하여"(33절)라는 의미로 설명할 수 있다고60) 제안할 수 있을 것이다.

---

57) 탈버트(Talbert, *Reading Luke*, 142)도 이 항목 전체에서 이 구절들이 차지하는 중요성을 인식하고 있다: "소유에 관한 항목은 구제하라는 특별한 명령인 12:33-34에 와서 클라이맥스에 도달한다." 참조. Evans, *Commentary*, 525. 뿐만 아니라, 우리가 관찰할 수 있듯이, 35절부터는 새로운 항목이 시작되고 있다.
58) 참조. Tannehill, *Narrative*, 247-8.
59) 데겐하르트(Degenhardt, *Lukas*, 79-80)는 "하나님께 대하여 부요"하다는 것은 자비로운 행위와 동일시될 수 있다고 주장한다: "Die Mahung V.21 verschiebt den Akzent auf die Forderung nach richtigem Gebrauch des Besitzes, ihn nämlich nicht egoistisch zu verwenden, sondern durch ihn bei Gott reich zu sein, d.h. gute Werke damit zu tun." 한편, 에반스의 주장은 21절이 "이 야기 속의 '넉넉함'을 15절의 탐심과 연관시키고 있다"는 사실을 지적한 점에서 옳은 것으로 보인다(*Commentary*, 523).
60) 또한 Evans, *Commentary*, 531; Talbert, *Reading Luke*, 141-3; Creed, *Commentary*, 173; Pilgrim, *Good News*, 111; Fitzmyer, *Commentary*, 974를 참조하라. 이 구절은 항목 전체에서 중심 위치를 차지하고 있기 때문에 그에 대해 다양한 지적과 논평이 행해졌는데, 아래의 내용은 그 중 일부로서 우리의 논제와 관계된 것이다.
(i) 여기서 예수님의 교훈에 나오는 "πωλέω(팔다)와 δίδωμι(나눠 주다)"는 눅 18:22에도 다시 나오며(πωλέω와 διαδίδωμι), 사도행전에서는 이 주님의 명령이 성취된 형태로서 나온다(행 2:45; 4:34-35). 따라서 누가의 이 같은 독특한 강조법은 구제 모티프에 있어 그의 두 책 사이의 연속성을 보여주기 위한 것으로 보인다(Tannehill, *Narrative*, 247-8; 참조. Fitzmyer, *Commentary*, 982).
(ii) 이 주님의 교훈은 공동체 내의 교회 지도자들을 겨냥한 것이라는 데겐

이상의 측면 외에도 여기서 논의할 사항이 하나 더 남아 있다. 그것은 이 단락 전체와 앞에서 이미 청지기도의 모티프를 포함한 핵심 비유들 중의 하나로 세밀히 고찰했던 42-48절의 지혜 있고 진실한 청지기의 비유 사이의 관계다. 청지기도의 모티프의 견지에서 본다면 누가는 어리석은 부자를 주인의 재산을 허비하는 불성실한 청지기로서 암암리에 제시하고 있다고 말할 수 있을 것이다.61)

여기서 누가는 그의 공동체의 부유한 신자들에게 "그들이 세상에서 일시적으로 소유하고 있는 재물은 하나님께 속한 것이며, 따라서 하나님께 위탁받은 재물을 그들의 이기적인 쾌락을 위해 사용하거나 또는 지상에 재물을 쌓는다거나 하지 말고 사회의 가난하고 어려운 사람들을 위해 사용해야 한다. 즉 하나님께 대하여 부요해야 한다"라고 깨우치려는 의도를 가진 것으로 보인다.62) 앞서 논의한 바와 같이, 48절은

하르트의 주장은 비유의 요점을 빗나간 것 같다. 왜냐하면 앞서 각주 57에서 지적했지만 여기의 제자들을 저 "직분자들"(*Lukas*, 87)과 동일시할 수 있다고 하면 말이 되지 않기 때문이다. 내 생각으로는 데겐하르트의 이 주장은 누가의 글에 나오는 제자들이 다름 아닌 사도들이라는 그의 기본적 가정에서 비롯된 것으로 생각한다.

(iii) 33절이 "금욕적 색채"를 보이고 있다는 주장(Creed, *Commentary*, 175; 참조. Schottroff & Stegemann, *The Hope*, 75)은 틀린 것으로 생각된다. 왜냐하면 이 구절 및 항목 전체에서 말하려는 것은 금욕이 아니라 자선이기 때문이다. 이는 위에서 우리가 논의했던 바의 당연한 귀결일 것이다. Plummer, *Commentary*, 329를 참조하고 또한 στής(그는 이를 "값비싼 의복을 가리키는 말"로 추측한다)에 관한 그의 의견에 주의하라. 참조. Marshall, *Commentary*, 532.

61) 참조. Tannehill, *Narrative*, 247; Marshall, *Commentary*, 521.
62) 청지기의 비유가 같은 12장에 나오는 것 역시 저자가 그의 부유한 독자들이 자기 재산을 신실하게 쓰도록, 즉 가난한 사람에게 나누어 주도록 격려하려는 그의 의도를 강조하기 위해 자료들을 사려 깊게 배열한 데 기인한 것으로 볼 수 있다.

전체 구절들(12:13-34, 41-47)이 부자를 대상으로 하여 언급되고 있음을 밝혀 주고 있다. 끝으로, 이 같은 의미에서 부자들을 향한 구제하라는 권면은 청지기의 비유와 어리석은 부자의 비유를 포함하는 전체 내용의 주제적 의미로 볼 수 있는 것이다.

7. 큰 잔치의 비유(14:21-24)

누가복음 14장 1-24절은 식탁 교제라는 단일 배경 하에서[63] 바리새인의 한 두령이 예수님을 식사에 초대했을 때 일어난 일들을 서술하고 있다. 역사적 정황은 연속되지만 사건들의 내용은 그렇지 않은 것 같다. 상세히 말한다면, 1-6절은 안식일에 고창병 든 사람을 고치는 문제를 놓고 예수님과 바리새인들 간에 벌어지고 있는 논쟁을 기록하고 있으며, 7-11절은 식사 시(時)의 예법에 관한 예수님의 윤리적 가르침을 기록하고 있다.

따라서 이 두 부분은 각기 별개의 문제를 다루고 있다. 그러나 12-24절은 재물의 올바른 사용과 공동체 내의 가난하고 불우(不遇)한 사람들에 대한 관심이라는 단일 주제를 다루고 있으므로, 이 부분은 그 자체로서 한 단락으로 간주될 수 있을 것이다.

---

63) 탈버트(Talbert, *Reading Luke*, 196)는 "이 장면은 하나의 문학적 장치"로서, 1-6, 7-11, 12-14, 15-24절 의 네 가지 개별적인 전승들을 하나로 묶기 위한 것이라고 주장한다. 참조. Creed, *Commentary*, 188, Ellis, *Commentary*, 191.

(1) 12절에서 예수님은 주인인 바리새인 두령에게 잔치를 배설하면 답례 초청을 기대하여 벗이나 형제, 친척들을 청하지 말고 환대에 보답할 능력이 전혀 없는 가난한 자, 병든 자, 저는 자, 소경들을 청하라고 말한다(13절). 그러면 의인의 부활 시에 그 보상을 받을 것이다(14절).64) 여기서 고려할 점은 12-24절에서 예수님이 가르치고 있는 대상인 바리새인과 그 초대받은 친구들은 부유한 이웃이 있고 또 음식을 대접하거나 그 부유한 이웃들을 집에 초대할 만한 재력을 지닌 누가 공동체의 신자들을 가리키는 것으로 볼 수 있다는 것이다.65) 그가 두령($\breve{\alpha}\rho\chi\omega\nu$)이라는 - 아마도 산헤드린의 회원 - 사실이 이 같은 사실을 말해 주는 것으로 보인다. 이와 관련해서 12-14절에 관한 카리스(Karris)의 지적은 예수님의 이 말씀을 이해하는 데 도움이 될 것이다.

> "이 후반부(14:12-14)의 의미가 통하기 위해서는 누가 공동체에 잔치를 베풀 만한 재력을 갖춘 신자들이 확실히 존재했을 것으로 추정된다. 누가복음 14장 12-14절은 그들에게 하는 말이며, 당대에 만연했던 그리스-로마 세계의 호혜주의 윤리 - 친구에게 빚을 지우라. 그러면 언젠가 훗날 그들의 차용 증서를 현찰로 바꿀 날이 올 것이라 - 와 정면 대치되는 것이다."66)

---

64) 여기서 우리는 하늘의 상급이 너무나 크게 강조된 나머지 지상의 상급은 사소하고 무시해도 되는 것으로 만들고 있음을 보게 된다. 이런 점은 영적이고 내세적인 것으로 특징지어지는 누가의 일반적인 상급 사상을 보여준다(참조. 6:33 이하; 18:22). 한편, 초대받은 세 손님의 변명에 관해서는 부자들에 대한 책망에 관해 다루는 다음 장에서 상세히 논의할 것이다.
65) Talbert, *Reading Luke*, 183.
66) Karris, *Sitz im Leben*, 120; 참조. Unnik, "Motivierung", 284-300.

그러므로 12-14절의 요점은 부자는 자기 재물을 선용하여 공동체 내의 가난하고 불우한 자들을 지상에서의 보답을 기대하지 말고 도와야 한다는 것이다(눅 6:35 참조).67)

(2) 예수님은 앞의 말씀의 모티프를 이어받아 큰 잔치의 비유를 소개하는데, 이 비유는 묘사가 몹시 생생하기 때문에 12-14절에서 이미 나타난 예수님의 가르침에 무게를 더해 주고 있다.68)

어떤 사람이 자신의 잔치에 아마도 "부유한 사람들, 대지주들"로 여겨지는 손님들을 초청하지만,69) 그들은 하나같이 다양한 개인적 이유를 붙여 초청을 거절한다. 그래서 주인은 초청된 자들 대신 가난한 자, 병신, 저는 자, 소경 및 "길과 산울 가의 집 없는 자들"(23절)을 초청한다. 따라서 "잔치 자리가 거지들로 가득 차게 될 것"은 논리적인 귀결이다.70)

---

67) 누가 당시의 헬레니즘 사회에서는 사회 전체가 주로 호혜적인 관계의 영향 아래 있었으며, 후대에도 여전히 마찬가지였다(Stählin, 160 이하). 누가복음에서 이 풍습에 대한 최고의 실례는 앞서 논의한 바 있는 불의한 청지기의 대책(16:3-7)에서 찾아볼 수 있다. 그러므로 눅 14:12-14에 기록된 예수님의 말씀은 이 문화 속에서 통용되는 증여(贈與, gift-giving)의 근본적인 논거를 거부하는 것이며, 결과적으로 사회 혁명과 유사한 그 무엇으로 간주될 수 있을 것이다.
68) 베크(Beck, *Character*, 35)는 이 비유를 12-14절의 예수님의 가르침과 연관 지으면서 이 비유는 "12-14절의 충고에 대한 토대를 제시하려는 의도에서" 소개된 것이라고 주장한다.
69) Jeremias, *Parables*, 176. 그 당시 만연했던 호혜주의 윤리를 고려해 볼 때, 이 주인은 보상적 혜택을 얻기 위해 자기를 다시 초청할 만큼 부유한 사회적 동배(同輩)들을 초청하려 했을 것이다. 따라서 소 다섯 겨리를 산 농부(19절)는 광대한 농경지 – 아마도 45헥타르(13만 5천 평) 이상을 소유했을 것으로 보이며, 마찬가지로 밭을 산 농부(18절)나 갓 장가든 사람도 역시 사회적으로 그와 동류로 보인다.
70) Ibid., 178.

이 같은 상황에서 이 대리 손님들의 명단이 소경과 저는 자의 순서가 바뀐 것 외에는 13절의 내용과 완전히 일치한다는 것은 특기할 일이다. 더욱이, 누가의 이 비유를 마태복음의 평행 비유와 비교해 본다면(22:1-14)[71] - 특히 두 이야기 사이에 원래 초청받은 사람들을 대신하는 손님들을 비교해 보면[72] - 나중에 초대된 사람들을 누가가 추가한 것은 다분히 의도적임이 분명한데,[73] 왜냐하면 그것이 13절의 명단과 일치하기 때문이며,[74] 또한 유사한 명단이 다른 곳, 즉 4장 18절과 7장 22절에도 나오기 때문이다. 복음서에 산재해 있는 이들 네 구절은 누가가 가난하고 불우한 자, 종교적으로 소외된 자,[75] 사회적으로 버림받은 자[76] 및 경제적으로 무능력해서 타인의 도움에 의존해야 하는 사람들에 대해 특별한 관심을 가졌다는 명확한 증거로 간주할 수 있을

---

71) 마태복음에서 약간 다른 모습으로 기록되어 있는 이 비유가 누가가 의존했을 원 자료와 같았는지, 또는 양 기사는 독립된 것인지의 여부는 아직도 해결되지 않고 있다. 좀더 자세한 내용은 Fitzmyer, *Commentary*, 1050-4; Marshall, *Commentary*, 584를 보라.
72) 마 22:10에는 원래 초청받은 사람들 대신에 "악한 자나 선한 자"를 데려왔다고 기록하고 있다. 이와 관련하여 크리드(*Commentary*, 188)는 "마태는 비유를 여기(=누가복음)에 나타난 것보다 좀더 발전되고 우의적(寓意的)인 형태로 제시하고 있다"고 주장한다. 예레미아스(Jeremias, *Parables*, 176)도 마태복음과 비교할 때 누가복음의 명단이 원래의 것이며, "본질상 변화되지 않았다"는 견해를 밝히고 있다. 참조. Marshall, *Commentary*, 590.
73) Fitzmyer, *Commentary*, 1049-50; Schweizer, *Luke*, 238; Schmidt, *Hostility*, 148.
74) 베크는 13절과 21절의 명단이 정확히 일치하는 것을 근거로 하여 "이는 결코 우연일 수 없으며, 우리가 손님들의 경제적 신분에 주의를 집중하는 것을 정당화한다. 거절하는 자들은 부자이고, 받아들이는 자들은 보답할 능력이 없는 가난한 자들이다"라고 주장한다(Beck, *Character*, 35).
75) 참조. 레 21:17-23; Degenhardt, *Lukas*, 100.
76) 이러한 사람들에 대한 배척에 대해서는 삼하 5:8; 1QSa 5:8; 1QS 2:4 이하를 보라.

것이다.

  누가가 당시 이런 부류의 사람들의 비참한 사회·경제적 실상에 대해 알고 있었고, 그래서 그의 공동체 내의 부유한 신자들에게 교회 밖의 부자들과 같은 태도를 취하지 말고, 전혀 달리 처신해서 가난하고 버림받은 자들에게 인색하지 말고 후하게 베풀라고 격려했을 가능성이 있다. 이 점은 갚을 능력이 있는 부자보다 가난하고 어려운 사람들을 초청하는 것이 낫다는 예수님의 충고가 나오는 12절의 모티프와 부합된다. 이와 관련하여 이 비유의 배경으로서, 누가 시대의 교회 밖 세속 사회에서 부유한 귀족이나 후원자들이 베푸는 잔치는 가난한 자들을 돕는, 즉 굶주린 자들을 구제하기 위한 방편이었음도 기억되어야 할 것이다. 그러나 그것은 그들의 우월한 지위를 과시하기 위한 것이었고, 기아 문제의 항구적인 해결책이 되기에는 횟수가 너무 적었다.[77]

> 이 비유와 예수님의 말씀(12-14절)의 관계에 대해서 혹자는 양자를 구분하여 전자를 영적으로 해석하고, 후자는 문자적으로 해석한다.[78]
> 비유의 해석을 놓고 그 배경은 하나님의 나라이며(15절), 또한 예수님은 이 잔치를 내 잔치($\mu o u\ \tau o\hat{u}\ \delta\epsilon i\pi v o u$; 24절)라고 부르고 있다는 사실에 근거해서 혹자는 이 비유를 구속사나 구원론적 시각에 비추어 이해하려고 한다.[79]
> 나는 이 같은 가능성을 부정하지 않는다.[80] 그러나 만일 우리가 누가

---

77) 나중에 10장에서 이 주제는 다시 재론될 것이다.
78) 참조. Schmidt, *Hostility*, 148-9.
79) Geldenhuys, *Commentary*, 393; Morris, *Commentary*, 235; Manson, *Sayings*, 129-130.
80) Fitzmyer, *Commentary*, 1053을 보라.

의 이 비유를 제대로 평가하려면 누가 신학의 주목할 만한 특징인 빈부에 대한 그의 강조를 고려에 넣어야 한다. 일반적으로 우리가 이미 도달한 바 있는 결론으로서 가난하고 불우한 자들에 대한 누가의 이해는 영적이거나 상징적인 것이 아니다. 그 대표적인 실례가 6장 20-21절(마 5:3-10 참조)이며,[81] 그와 유사한 구절이 4장 18절과 7장 22절이다. 따라서 우리가 부(富)에 대한 누가복음의 이 같은 특색을 유념한다면 누가복음의 가난한 자를 저자 누가에게는 익숙치 않은 방식으로 해석한다는 것은 거의 타당치 못할 것이다.[82]

이 점에 관해 13절은 무엇보다도 문자적, 물질적 의미로 이해해야 하며, 이에 비해 21절은 비유적, 영적 의미로 이해해야 한다는 쉬미트의 주장은 지지할 수 없는 것으로 보인다.[83] 누가가 그의 독자들에게 거의 똑같은 구절들을 각각 다르게 읽도록 의도했다는 것이 실제로 가능한 일인가?

결론적으로 말해서, 이 비유와 그 앞의 예수님의 말씀은 누가 공동체 내부의 부자와 가난한 자들 사이에 심각한 괴리가 존재한다는 것과, 비록 양자가 기독교 신앙은 공유하고 있다 해도 부자들은 여전히 호혜주의 윤리가 지배하는 동시대의 문화 관습을 좇아 살고 있음을 시사해 준다. 따라서 그들의 뿌리 깊은 비기독교적 태도를 교정하고 그리스도 안에서 형제애를 일깨우기 위해 누가는 이 주제에 관한 예수님의 견해를 그의 공동체 내의 부자와 가난한 자 사이의 관계에 적용하

---

81) Tannehill, *Narrative*, 64-5; Fitzmyer, *Commentary*, 248-9; Creed, *Commentary*, 191.
82) Beck, *Character*, 35-6을 보라; 참조. Seccombe, *Possessions*, 31-2.
83) Schmidt, *Hostility*, 149.

려 한 것으로 보인다.84) 그러므로 이상의 논의를 종합해 볼 때, 비유에서 가난한 자들을 초청하는 행위는 구제 실천의 한 실례로서 소개된 것이라고 결론지을 수 있을 것이다.

8. 부자와 나사로의 비유(16:19-31)

앞에서 이미 언급했듯이, 누가 시대의 부자들은 때때로 그들의 우월한 지위, 부, 명성을 과시하기 위해 가난한 사람들에게 잔치를 베풀어 음식을 대접하곤 했다. 이것은 드물지만 가난한 자들로서는 그들의 허기를 채울 수 있는 매우 귀한 기회였다. 이 비유의 배경은 누가 시대의 그 같은 사회 관습을 반영하는 것으로 보인다(19절). 그 부자가 날마다($\kappa\alpha\theta$' $\dot{\eta}\mu\acute{\epsilon}\rho\alpha\nu$) 호화로이 잔치를 베풀었고 "고대 세계의 가장 사치스런 직물"인85) 자색 옷과86) 고운 베옷을 입었다는 것은87) 그가 얼마나 부자인지를 분명하게 보여준다. 그러나 그의 풍부함에도 불구하고 그는 그의 대문 앞에 있는 가난한 나사로의 고통스런 기아와88) 질병을

---

84) 참조. Degenhardt, *Lukas*, 101.
85) Manson, *Sayings*, 296; 참조. Plummer, *Commentary*, 391.
86) Πορφύρα(자색 옷)는 "왕이나 왕에 버금가는 권위"와 연관되어 있으며, 극히 값비싼 것이었다고 전해진다(Manson, *Sayings*, 296; Jeremias, *Parables*, 183).
87) 19절의 ἐνεδιδύσκετο(입고 있었다)는 미완료 반복형으로서, 이는 그것이 부자의 습관적인 복장임을 의미한다.
88) 21절의 ἐπιθυμῶν(간절히 바라다)은 부정사와 함께 쓰여(참조. 15:16; 17:22; 22:15) 나사로의 충족되지 못한 욕망, 즉 "열심히 원했지만 그것을 얻지

구제하기 위해서는 아무 일도 하고 있지 않다. 나사로는 온몸이 헌데(궤양)로 덮여 있고 너무나 힘이 없어서 개들이 그 헌데를 핥지 못하게 쫓을 수가 없었으며, 또한 너무나 가난해서 부자의 상에서 떨어지는 부스러기라도 기꺼이 먹으려 하였다.

본문에 의하면, 부자는 그가 이생에서 저지른 행위로 인해서가 아니라 해야 할 일을 하지 않은 것 때문에 지옥의 고통을 받게 된 것으로 보인다. 즉 그는 모든 유대인들에게 행하도록 명령되었던 하나님 사랑과 이웃 사랑을 잊어버렸던 것이다(신 6:5; 레 19:18). 가난한 이웃을 도와야 할 의무의 태만은 이야기 속에, 특히 아브라함과 부자 사이의 대화 속에(25절) 함축되어 있는데, 왜냐하면 부자는 자신이 당하는 고통을 불평하고 그 형벌로부터 풀려 나기를 요구하지 않기 때문이다.[89] 그 부자는 평생 그의 이웃의 궁핍을 도외시함으로써 아브라함과의 영적 유대를 스스로 단절해 버렸다. 이웃을 제 몸같이 사랑하는 대신 그는 하나님을 위해서도 이웃을 위해서도 살지 않고 자기를 위해 살았으

못함"을 의미한다(M. R. Vincent, *Word Studies in the New Testament*[Wilmington: Associated Publishers and Authors, 1888], 1:201). 그래서 예레미아스(Jeremias, *Parables*, 184)는 이 구절을 다음과 같이 부연 설명하고 있다: "나사로는 얼마나 기쁘게 그것들(=빵 부스러기)로라도 자기 허기를 채우려 했을까."

89) Plummer, *Commentary*, 395. 반대 의견은 Evans, *Commentary*, 615. 한편, 25절에 대한 예레미아스의 주해는 주어진 본문을 넘어서는 것으로 보인다(*Parables*, 185). "25절이 실제로 말하려 하는 것은 불경건과 몰인정은 벌받고 경건과 겸손은 상급을 받는다는 것이다." 그러나 우리는 이 이야기가 나사로의 경건과 겸손보다는 부자가 저지른 악행에 관한 것임을 인정해야 한다. 여기서 나사로의 선함에 대해서는 아무 것도 기록되어 있지 않으며, 단지 가난한 자들에 대한 하나님의 편애(partiality)가 기록되어 있는데, 이는 구약과 예수님의 특징인 것이다(Schweizer, *Luke*, 262).

며, 자기 만족을 목표로 추구하였다.[90]

이와 관련하여, 25절에 나타난 누가의 의도($ἀπέλαβες$: "받았고")는 부자들은 이생에서 이미 자기 위로를 받았으니 내세에서는 굶주림, 비탄, 울음이 있으리라는 이유에서 사실상 6장 24-25절의 부자가 당할 화(禍)와 일맥상통하고 있다.[91] 이 같은 일치는 가난한 자들에 대한 누가의 관심과 불경건한 부자들에 대한 경고,[92] 그리고 마리아 송가(1:53)에도 나오는 내세에서의 (빈부간의) 운명의 역전 및 부자가 입을 화(6:24-25; 참조. 18:29-30)와의 연속성을 실증해 준다.[93] 그러므로 우리는 다시금 본 비유의 핵심 역시 "세상 재물의 올바른 사용"이라고 주장할 수 있는 것이다.[94]

---

90) 부자의 죄악에 대한 클라인(H. Klein)의 정의는 정곡을 찌르고 있는 것으로 보인다: "그러므로 그의 죄악은 그가 오직 부(富)만을 바라보며 거기서 만족을 찾았다는 것이다"(*Barmherzigkeit gegenüber den Elenden und Geächteten*[Zürich: Neukirchener Verlag, 1987], 99). 참조. Mealand, *Poverty*, 47.
91) 비유의 요점은 후반부(27-31절)에서 발견할 수 있다는 예레미아스의 주장(*Parables*, 186)에 반대하여 에반스(Evans, *Commentary*, 614-5)는 본 비유(25절)와 누가판(版) 축복(the beatitudes) 사이의 관계를 인식하고 다음과 같이 진술한다: "더욱이 25절의 판결은 사복과 6:20, 24의 화(禍)의 첫 부분을 너무나 정확히 재현하고 있기 때문에 당연히 상당한 무게를 가지면서 매우 강조되고 있으며, 따라서 어떤 다른 내용을 가리키는 서론으로 오해할 소지는 전혀 없는 것이다." 또한 Pilgrim, *Good News*, 114-5; Schottroff & Stegemann, *The Hope*, 99를 보라.
92) 그 비유의 취지는 "가난한 자들에 대한 위로와 부자들에 대한 경고"라는 그의 기본 입장을 견지하면서(Pilgrim, *Good News*, 119), 필그림은 비유의 후반부를 부자들을 향한 경고로 해석한다. 이런 측면과 관련하여, 그의 주해의 한 가지 흥미로운 점은 29절의 모세와 선지자에 대한 그의 견해다. "가난하고 어려운 자들에 대한 구제의 요구가 구약 율법의 핵심이다"(118).
93) Mealand, *Poverty*, 48; 참조. 41-50; A. Verhey, *The Great Reversal: Ethics and the New Testament*(Grand Rapids: Eerdmans, 1986), 15, 94; Evans, *Commentary*, 613; Pilgrim, *Good News*, 615.
94) Plummer, *Commentary*, 390, 392. 참조. Klein, *Barmherzigkeit*, 99.

그런데 이와 관련하여 누가가 이 비유와 불의한 청지기의 비유를 같은 장(章)에 넣고 있다는 사실에 유의하면서 문맥을 고려한다면 도움이 될 것이다.[95]

앞의 비유에서 옳지 못한 청지기는 마침내 그에게 위탁된 재물을 가난한 채무자들의 복지를 위해 올바르게 사용하며, 그래서 16장 9절에 의하면 그는 그의 증인들 곧 그의 이생에서의 자선의 수혜자들의 도움으로 영원한 처소에 받아들여질 것이다. 그러나 뒤의 비유에서 부자는 그의 재물을 오로지 이기주의적 목적을 위해 사용하고 있으며, 결과적으로 16장 9절을 이 경우에 적용한다면 그는 영원한 처소에 받아들여지지 못하게 되는데, 왜냐하면 어떤 친구도 세상에서의 그의 자선을 증언해 주지 않을 것이기 때문이다. 그리하여 마침내 16장 23절의 내용처럼 음부에 떨어지고 마는 것이다.[96] 이런 의미에서 본다면 16장 9절은 양 비유의 의미 전개에 중요한 역할을 담당하고 있는 주제 구절로 간주될 수 있을 것이다.[97]

결론적으로 이들 두 비유는 재물의 바른 사용에 관해 대조적인 두 청지기 모델 상을 제시해 주고 있음이 명확해진다. 한쪽은 선하고 성공한 것으로 묘사되며(불의한 청지기), 다른 쪽은 악하고 실패한 것으로 묘사된다(부자). 이들 한 쌍의 모델을 통해 누가는 그의 동시대인들, 특히 자기의 이기적 쾌락을 위해 재물을 소비하되 이웃의 가난하고 어려운 자들을 위해서는 사용하려 들지 않는 자들의 대표인 비유

---

[95] 이들 두 비유의 관계에 대해서는 이미 전 장(前章)에서 고찰한 바 있으므로, 여기서 나는 그 핵심 요점으로 직행하려 한다.
[96] Plummer, *Commentary*, 390; Caird, *Commentary*, 191.
[97] Evans, *Commentary*, 611.

속의 부자와 같은 부유한 신자들에게 격려와 경고를 전달할 의도를 가졌던 것으로 보인다.

9. 부자 관원과 삭개오 이야기(18:18-19:10)

(1) 부자 관원의 기사는 공관복음에 전부 나오지만, 상세한 내용에 있어서는 차이가 난다. 따라서 그 차이점에 주목하는 것은 누가의 의도를 이해하는 데 도움이 될 것이다. 이 기사의 주된 요점은 부자와 나사로의 경우처럼 구제나 자선이 아니라 재산에 대한 부자 관원의 집착이기 때문에 상세한 분석은 다음 장에서 하고 여기서는 재물과 구제의 모티프에 국한해서 논의하려 한다.

우선, 부자 관원의 사건에서 우리의 주의를 끄는 것은 그에 대한 누가의 묘사로서, 이는 마가복음(10:22)과 마태복음(19:22)의 평행 구절과 차이가 난다: $περίλυπος$(심히 근심하다; 눅) / $λυπούμενος$(근심하다; 막, 마); $πλούσιος\ σφόδρα$(큰 부자; 눅) / $κτήματα\ πολλά$(많은 재산; 막, 마). 일반적으로, 이 구절에서 누가의 표현은 마가나 마태의 표현보다 더 강하다.[98] $περίλυπος$는 부자 관원의 재물에 대한 집착을 보여주며, $πλούσιος\ σφόδρα$는 그의 엄청난 재산을 보여주고 있다.[99] 대체로 이 구절은 그가 얼마나 부유한지를 보여주지만, 그는

---

[98] Evans, *Commentary*, 652.
[99] 마가복음, 마태복음에는 나오지 않는 그의 직함인 $άρχων$(관원) 역시 우리의

자기 소유를 포기하려 하지 않으며, 결과적으로 가난한 자들을 위해 자기 재산을 팔기를 거절하고 만다. 하나의 사례적인 기사로서, 부자 관원에 대한 이 같은 묘사는 약간의 재산을 팔아 가난한 신자들에게 나누어 주기를 망설이고 있는 공동체 내의 부유한 신자들에 대한 혹독한 비난으로 볼 수 있다. 따라서 누가가 부자 관원에 대한 묘사를 이처럼 수정한 것은 그의 강조의 일환으로 생각할 수 있을 것이다.

둘째로, 주목해야 할 또 다른 점은 마가복음 10장 22절과 마태복음 19장 22절에는 부자 관원이 갔다($ἀπῆλθεν$)고 되어 있음에 비해 누가복음에는 이 단어가 빠져 있는 것으로 보아, 그는 여전히 예수님의 청중들 한가운데 "부자들의 대표로서"[100] 남아 있는 것으로 추정된다는 사실이다. 따라서 24-25절의 부(富)의 위험성에 대한 예수님의 교훈은 그에게 직접 주어진 것이지 마가복음처럼(10:23)[101] 오직 제자들에게만 주어진 것이 아니라고 보는 것이 합리적이며, 이로 보아 누가 공동체 내에는 부유한 신자들로 인해 야기된 문제가 있었다고 추측할 수 있을 것이다.[102] 따라서 예수님의 이 말씀은 누가 공동체의 부유한

주의를 끈다. 이는 아마 그가 회당장(참조. 8:41)이거나 산헤드린의 의원임(23:13, 35; 24:20)을 의미하는 것일지 모른다(Marshall, *Commentary*, 684). 따라서 이 직함 역시 그의 큰 재력을 암시해 주는 것으로 생각된다(참조. 14:1; Creed, *Commentary*, 225). 이와 관련하여 에반스(Evans, *Commentary*, 649)는 누가복음의 특징 하나를 지적한다: "누가에게는 재물과 높은 지위가 동의어로 쓰이는 경향이 있다(참조. 16:14 이하)".

100) Evans, *Commentary*, 649.
101) 여기서 누가가 변화를 준 내용을 보라: "저를 보시고"($ἰδὼν δὲ αὐτὸν$). 비교. 막 10:23; 마 19:23("제자들에게"). 참조. Evans, *Commentary*, 652.
102) Esler, *Community*, 185; Schweizer, *Luke*, 286; Schottroff & Stegemann, *The Hope*, 74-77.

신자들에 대한 경고이자 명령으로 간주되어야 할 것이다.

(2) 삭개오 사건의 중요성 역시 재물과 구제에 관한 누가 신학의 완전한 이해를 위해서 인정되어야 한다.[103] 이 이야기에서 우리의 주된 관심은 삭개오가 소유의 절반을 가난한 자들에게 주며 토색한 것을 네 배나 갚겠다고 예수님에게 한 8절의 약속에 있다. 구제하고 배상하겠다는 그의 맹세는 일반적인 구제의 요구선을 훨씬 초과한 것이다.[104] 특히 두드러진 것은 삭개오가 재력과 권력을 가진 자로서 가난한 자들과 권력자들에 의해 착취당하는 자들에 대해 관심을 보이고 있다는 점이다. 여기서 "가난한 자들에게($\tau o\hat{\imath}\varsigma\ \pi\tau\omega\chi o\hat{\imath}\varsigma$)"는 우연히 끼어든 구

---

103) 필그림(Pilgrim, *Good News*, 129)은 삭개오의 이 이야기를 "누가복음에서 재물의 올바른 사용의 주제에 관한 가장 중요한 본문"으로 평가하면서, "누가복음의 재물의 주제는 여기서 가장 철저하게 다루어지고 있다"(130)고 말한다. 참조. Schottroff & Stegemann, *The Hope*, 106-7.
104) "한 사람의 재산 및 장래 수입의 5분의 1이 구제로 내놓을 수 있는 최대의 액수로 생각되었다. 사기 사건의 경우, 배상금 더하기 원금의 20퍼센트를 지불하도록 요구되었다(레 5:16; 민 5:7). 오직 도적질한 가축은 4배나 5배로 배상해야 했다(출 22:1; 삼하 12:6)"(Schweizer, *Luke*, 291). 그러므로 우리는 여기서 삭개오가 표준적인 관습을 뛰어넘어 자신을 가축 도둑에게 부과되는 율법에 얽어매고 있음을 발견하게 된다(출 22:1 – 양도둑은 벌로 4배를 갚아야 한다; Danker, *Commentary*, 172; Morris, *Commentary*, 272-3; Marshall, *Commentary*, 697-8; Derrett, *Law*, 284). 여하튼 여기서 특기할 것은 가난한 자들에게 구제로 주는 액수와 배상금으로 주어진 액수가 전부 유대교 신앙이 정한 한도를 초과하고 있다는 사실이다. 이와 궤를 같이 하여 필그림(Pilgrim, *Good News*, 133)이 삭개오의 모범을 소개하면서 지적한 다음의 말은 옳게 생각된다: "누가는 그의 독자들에게 새로운 제자도의 길은 어떠한 율법의 요구도 능가하는 것임을 강력하게 주지시킨다…곧 가난하고 어려운 사람들에게 전 재산을 헌납하는 것이다."
이와 관련하여 삭개오의 행위를 "산술적인 형태"(arithmetical form)로 받아들여야 한다는 쇼트로프와 쉬테게만의 주장은 터무니없어 보인다(*The Hope*, 109).

절이 아니라 자기 공동체 내의 이같이 빈궁하고 천한 계층민에 대한 누가의 변함없는 관심을 보여주는 것이다. 이러한 점에서, 이 사건은 누가복음에서 저자가 그의 공동체에서 실현되기를 간절히 희구하는 구제가 실현된 의미심장한 사건으로 기억되어야 할 것이다.105) 따라서 "만일 그가 이를 실천한다면, 그는 더 이상 부자로서의 지위도 재산도 신분도 갖지 못하게 될 것이다"106)라는 말은 결코 과장이 아니다. 누가복음에서 이 사건 이전에는 단지 가난한 자들을 위해 구제하라는 격려와 권면만이 나오고 있지만, 삭개오의 사건에서 이 문제에 관한 예수님의 교훈은 마침내 실천에 옮겨지고 있다. 삭개오의 기사는 우리의 주제를 지지해 주고 있으며, 이 부분이 사복음서 중에서 오직 누가복음에만 있다는 사실이 우리의 논지에 무게를 더해 준다는 것이 핵심이다.

(3) 이 사건의 이 같은 현저한 두 가지 특징은 그것이 복음서에서 갖는 중요성을 보여주기에 충분해 보인다. 그러나 이 같은 독특성 외에도 이 기사의 또 다른 중요성을 그 문맥에서 찾아볼 수 있다. 누가복

---

105) 만일 오직 삭개오의 약속만을 역사적 배경을 도외시한 채 고려한다면 8절은 구제가 실현된 실제 사건이라기보다 단순한 약속으로 볼 수도 있을 것이다. 만일 삭개오가 단지 약속만 하고 이를 실천에 옮기지 않았다면 누가가 왜 이 사건을 기록했으며 그 의도가 무엇이었는지의 문제를 쉽게 해결할 수 없을 것이다. 8절은 한 회심자의 결단의 생생한 표현이기 때문에 그 일이 실제로 행해졌다고 보는 것이 자연스럽다(D. Hamm, "Luke 19:8 Once Again: Does Zacchaeus Defend or Resolve?" *JBL* 107[1988], 431-7). 따라서 삭개오가 누가복음의 예수님이 반복적으로 재물의 주제에 관해 말씀하는 교훈의 살아 있는 실례가 되고 있다고 추측하는 것이 합리적일 것이다.
106) J. O'Hanlon, "The Story of Zacchaeus and the Lukan Ethic", *JSNT* 12 (1981), 19.

음의 중간 부분이 마가복음의 순서로부터 완전히 이탈된 여행 기사(the Travel Narrative; 9:51-19:27)를 구성하고 있고, 주로 그만의 독특한 자료들로 되어 있다는 것은 이미 누가의 문학적 기법(技法)의 하나로 알려져 있다. 삭개오 사건은 여행 기사 중에 누가복음에만 있는 마지막 자료인 것이다.107) 따라서 여행 기사의 끝 부분에 구제에 대한 자신의 관심을 실증적으로 보여주는 삭개오 사건을 배치함으로써 누가는 그의 주제를 뚜렷이 부각시키는 데 성공한 것으로 보인다.108) 달

---

107) 누가는 18:15부터 마가복음의 순서를 받아들이고 있다는 근거에서 혹자는 여행 기사가 18:14에서 끝난다는 견해를 주장한다(Reicke, "Travel Narrative", 206). 그러나 다른 사람들은 19:44에서 끝난다고 주장하는데, 왜냐하면 예수님이 19:45에서 실제로 예루살렘에 입성하시기 때문이다(Ellis, *Commentary*, 225).

전자의 주장에 대해서는 우리가 만일 누가복음의 중간 부분을 여행 기사로 부른다면, 마가복음의 순서보다는 여행 자체를 고려할 필요가 있다. 또한 18:35과 19:1을 고려한다면 여행이 18:14에서 끝난다고 주장하는 것은 넌센스다. 후자의 주장을 놓고 본다면, 우리가 19:29, 37의 내용을 고려해 볼 때 예수님과 그 제자들이 예루살렘에 거의 도착했음이 분명하다. 베다니는 예루살렘에서 동남방으로 약 2마일 떨어진 감람산 동편 경사면에 자리잡고 있으며(요 11:18), 벳바게도 산 위의 동네로서 산봉우리 바로 동편이요 예루살렘의 동편 1마일 거리에 위치하고 있다. 특히 21:37과 22:39을 볼 때 예루살렘에서 베다니까지는 하루 이내의 거리이기 때문에 굳이 여행이라는 표현을 사용할 것이 없다. 그리고 마가복음이 누가복음의 주된 원 자료임을 기억한다면 누가가 마가복음에 나오는 예수님의 예루살렘 입성 자료(11:1-11)를 알지 못했다고 주장하는 것은 불합리하다.

이런 의미에서 19:45은 여행이 마침내 거기서 끝난다는 의미가 아니라 단지 예수님의 성전 정화 기사 전체 가운데 부수적인 한 부분일 개연성이 더 큰 것이다. 여행 기사의 끝에 관해서 콘첼만은 "전형적인 '여행 기사'의 범위를 볼 때 그의 구분법은 지지된다"고 말하면서 누가의 지리적인 구도와 관련지어 볼 때 9:51-19:27은 연속된 부분이라고 주장하고 있다(*Theology*, 63-4).

108) 여기서 필그림의 견해는 우리의 견해와 비슷하다. 그는 이 기사를 "누가복음에서 예수님의 공적 사역의 최후 사건"이라고 주장하면서(*Good News*,

리 말하면, 삭개오 사건은 복음서에서 가장 중요한 부분의 하나로 간주되어야 하는데, 왜냐하면 문학적인 기법과 내용 면에서 볼 때 이 사건은 구제에 관한 저자의 의도와 그의 공동체 내의 가난한 신자들에 대한 배려를 효과적으로 보여주기 때문이다.

(4) 이들 두 기사에서 주목할 만한 개별적 특징들을 검토한 후 이를 그 내용이 자리잡은 문맥 속에서 관찰하면, 특히 재물의 주제와 관련된 누가 사상의 흐름을 정확히 인식하는 데 도움이 될 것이다. 나의 견해로는 18장 19절에서 19장 10절까지의 내용은 그 문학적 구조와 내용면에서 볼 때 단일한 사고 단위(a thought unit)를 이루고 있음이 분명하다.[109] 부자 관원의 이야기(18:18-23)는 가난한 자들을 위해 자기 재산을 포기하지 않는 한 사람을 소개하고 있는데,[110] 그 결과 그

---

130), 이에 준하여 "이 이야기가 예수님의 공적 사역의 끝 부분에 위치한다는 것은 예수님의 사역에 대한 누가의 서술에서 그 기사가 갖는 상징적, 요약적 중요성을 강조하려는 것이다"라고 말한다.

109) 세쿰(Seccombe, Possessions, 131-134)은 이 두 이야기를 개인 구원의 맥락, 곧 부자의 구원의 맥락에 비추어 해석한다. 또한 그는 눅 18:9-19:10을 세심하게 구성된 하나의 단락으로 본다. 그는 삭개오 사건을 부자 관원의 사건과 연관지어 "누가는 부자가 구원받을 가능성을 긍정할 뿐 아니라 부자 관원과는 달리 예수님의 인격으로 나타난 하나님의 나라를 즐거이 영접했던 한 부자(삭개오)의 실례를 제시하고 있다"고 주장한다(134). 이 같은 논리의 배후에는 맥코믹의 전제(B. E. McCormick, The Social and Economic Background of Luke, Dissertation[Oxford University: 1960])가 깔려 있는데, 세쿰은 그와 함께 "누가복음의 특색 가운데 하나는 '부자들의 구원에 대한 관심'이다"라는 사실에 동의하고 있다. 참조. Pilgrim, Good News, 129-134.
이와 비슷하게, 마샬(Marshall, Commentary, 677)은 18:9-19:10을 "구원의 범위"로 간주하고 이 부분의 마지막 기사인 삭개오 이야기는 예수님의 사역에서 하나의 주장(claim)을 의미하며, 누가가 중요하게 여겼던 몇 가지 두드러진 특징들을 보여주고 있는데, 그 중의 하나가 재물에 관한 제자도의 의미라고 말한다.

110) 부자 관원과 삭개오를 πλούσιος(부자, 18:23; 19:2)로 묘사한 것은 양자를

사람은 예수님을 따르기를 거부하게 된다. 이 모티프를 이어받아 18장 24-30절에서는 예수님의 제자들이 취해야 하는 재물과 인간관계에 대한 올바른 자세에 관해 서술하며, 18장 35-43절에서는 소경 치유 사건이 나온다.111) 이 사건은 이미 논의했듯이 마가복음에서는 마가의 공동체에 선한 제자도의 모범을 제시하는 중요한 역할을 하며, 또한 제자들의 영적 소경됨을 비판하기 위해 마가가 이용하고 있는 것이다.

이와 유사하게, 누가복음의 소경 사건 역시 시각의 차이는 있을지라도 중대한 역할을 하고 있다. 누가복음에서 부자 관원은 자기 재산을 가난한 자들을 위해 포기하지 않는 실패한 청지기의 모델로 소개되며 (18:22-23), 그 뒤를 이어 치유 사건이 나오고, 그 다음에 삭개오가 가난한 자들을 위해 자기 소유를 포기한 성공적인 청지기의 모델로서 (19:8) 소개되고 있다.112) 이 같은 맥락에서 본다면, 누가복음의 치유

서로 연결하기 위한 "의도적인 상호 참조"(cross-reference)로 볼 수 있다 (Seccombe, *Possessions*, 130).

111) 마가복음에서 이 사건 바로 앞에는 야고보와 요한의 세속적인 요청이 기록되어 있다. 마가복음의 이 기사를 누가가 누락시킨 것은 자기 주제를 첨예하게 부각시키려는 그의 의도를 보여주는 것일 것이다(참조. Danker, *Jesus*, 190).

112) 삭개오를 가난한 자들을 위해 재산을 팔라는 예수님의 명령을 따르지 못했던 부자 관원에 대한 하나의 대조(foil)로 가정하면서(Fitzmyer, *Commentary*, 1222) 아일랜드(Ireland, *Stewardship*, 190)는 그를 "18:24-25에 대한 예외('어떻게 어려운지')가 항상 가능함을 보여주는 산 실례요 '은혜에 의한 기적의 방식'(18:27)"으로 간주한다. 한편, 마샬(Marshall, *Commentary*, 691)은 소경 치유 사건과 삭개오 사건을 지리적 위치 면에서 상호 연결시킨다: "누가복음에서 [치유] 이야기는 지리적 위치 선정을 통하여 별개의 전승인 삭개오의 회심 사건과 긴밀하게 연결되고 있으며, 우리는 이로써 가난하고 소외된 자들을 부르는 예수님의 사역의 절정을 맞게 되는 것이다." 참조. Creed, *Commentary*, 228; Fitzmyer, *Commentary*, 1222.

사건은 비유적으로 부자 관원의 기사를 삭개오 사건과 연결짓는 가교 역할을 하고 있다고 말할 수 있다.[113]

이러한 분석을 통해 우리는 누가가 그의 공동체에 적용하기 위해 이 소경 치유 사건을 한편으로는 그의 공동체 내의 부자들을 재물에만 집착한 나머지 이를 가난한 자들에게 나누어 주지 않는 영적 소경으로 책망하고, 또 다른 한편으로는 바람직한 재물의 청지기도의 선한 모범(곧 가난한 자들에게 기꺼이 그리스도인의 관용을 실천하려 했던 삭개오)을 제시하려는 의도로 사용했다고 말할 수 있을 것이다.[114]

모델을 제시함에 있어서 누가복음과 마가복음의 차이는, 마가복음에서는 소경 바디매오의 치유 사건 하나만으로 마가복음의 주제인 제자도(제자는 예수님이 어디로 가든지 뒤따라야 한다)를 설명하기에 충분함에 비해, 누가복음의 소경 치유 사건은 누가의 주제인 구제 사상을 충분히 표현하지 못하는 듯하다는 점이다. 그래서 누가는 그만의 독특한 자료로서 자신의 주제와 잘 부합하는 삭개오 사건을 덧붙이게

---

113) 참조. Fitzmyer, *Commentary*, 1222; Evans, *Commentary*, 660; Goulder, *Paradigm*, 2:673.
114) 카리스(Karris, *Sitz Im Leben*, 123) 역시 재물의 주제 면에서 부자 관원과 삭개오의 사건 사이의 대조점을 인식한다: "이 편집된 기사(19:1-10)는 누가 공동체 내에서 재물의 문제에 대해 지배적인 한 가지 해답만이 있는 것이 아님을 보여준다는 점에서 18:18-30과 대조된다. 삭개오는 전 재산을 팔지 않아도 된다. 또한 그가 자발적으로 가난한 자들에게 주는 것도 아니다. 그가 재산의 절반을 가난한 자들에게 기부하는 것으로 충분한 것이다." 한편, 18:1에서 19:10까지 연속되는 누가복음의 문맥에 대한 오핸런의 지적(O'Hanlon, "The Story of Zacchaeus", 9-11)은 타당하게 생각된다. 그러나 내가 보기에 그는 자기 논점을 지나치게 밀고 나가는 것으로 보이는데, 왜냐하면 그는 여행 기사의 곳곳에 산재되어 있는 누가의 주요 테마들 중 많은 부분의 탁월한 요약을 바로 삭개오 사건에서 발견하려 하기 때문이다.

된 것이다. 그렇다면 누가는 그의 주제가 강조되도록 지혜롭게 자료들을 배열, 첨가함으로써 자기 목적을 달성한 것으로 보인다. 결국 누가가 그의 공동체에 소개하려 하는 선한 청지기도는 재물에 대한 지나친 애착으로 인해 궁핍한 자들에 대한 구제를 외면하는 부자 관원이 아니라, 눈이 활짝 열려서 자기 재산의 절반이라도 가난한 자들에게 내어주려 하는 삭개오와 같은 존재라고 말할 수 있을 것이다. 그래서 쇼트로프와 쉬테게만은 삭개오를 "누가가 부유한 그리스도인에게서 기대하는 모범(paradigm)"으로 간주한다.115)

10. 요약과 결론

본 장에서 우리는 지금까지 누가복음에서 재물의 올바른 사용, 곧 구제의 모티프와 가난하고 어려운 자들에 대한 누가의 관심을 직·간접적으로 언급하고 있는 재물 관련 자료들을 빠짐없이 논의하였다. 본 장에서 논의된 구절들 대부분은 누가복음에만 있는 특수 자료들로 (3:11-14; 8:2-3; 10:30-37; 12:13-21; 16:1-13, 19-31; 19:1-10) 이루어져 있고, 나머지는 마가와 마태복음에서 평행 구절을 찾아볼 수 있는 자료들이다. 그러나 누가는 자신의 주제를 강조하기 위해 마가복음의 평행 구절들의 원 자료(눅 3:11-14/ 막 1:9-11; 눅 18:23/ 막

---

115) Schottroff & Stegemann, *The Hope*, 107; 참조. Fitzmyer, *Commentary*, 1222.

10:23)를 자신의 주제에 맞도록 변화를 주고, 여기에 주로 여행 기사 속에 기록된 그만의 고유한 자료들을 많이 추가하였다.116) 이러한 누가의 기법은 마태복음의 평행 구절과 차이가 나는 부분에서도 발견된다.117) 따라서 누가복음의 문학적 구성에 대한 이 같은 개관을 통해 우리는 누가가 자신의 주제를 강조하기 위해 사용할 수 있는 원 자료와 전승에 변화를 주기보다는 그만의 특수 자료에 더 의존하고 있음을 알게 된다.

이상의 발견과 함께 이제 우리는 예수님의 모든 말씀은 누가가 그의 공동체의 부유한 신자들에게 하는 말로서, 어리석은 부자, 나사로를 구제하지 않은 부자, 부자 관원과 같은 나쁜 실례들을 통해서 재물에 대한 그들의 그릇된 태도를 비판하고, 갈릴리 여자들, 선한 사마리아인, 삭개오와 같은 선한 실례들을 통해서는 가난한 이웃에게 선행을 베풀도록 격려했다고 결론짓게 된다. 이 같은 실례들 외에도 이를 언급하고 있는 비유들의 의미 이해에 도움이 되도록 다수의 주님의 교훈들이 삽입되어 있다.

통계학적 발견 역시 우리의 주의를 끈다. 먼저, 여행 기사 속의 거의 모든 장에는 재물과 구제에 대한 많은 언급이 나온다(10, 11, 12, 14, 15, 16, 18, 19장) – 13, 17장만 제외하고. 둘째로, 여행 기사(9:51-19:27)의 전 구절들, 곧 407절 가운데 182절(45%)118)은 재물과 구제의

---

116) 8:2-3; 10:30-37; 12:13-21; 14:12-14; 16:19-31; 19:1-10.
117) 눅 6:27-35/ 마 5:38-48; 눅 11:37-41/ 마 23:25-26; 눅 12:33-34/ 마 6:19-21; 눅 14:21/ 마 22:10.
118) 10:30-37; 11:37-41; 12:13-34; 14:12-35; 15:11-32; 16:1-31; 18:18-30; 19:1-27.

주제를 다루는 자료와 관련된 것이다. 복음서의 다른 어떤 주제의 경우보다도 (최소한 여행 기사 내에서) 더 큰 비율인 이 엄청난 비율이 의미하는 것은 그 문제에 대한 누가의 각별한 관심이다. 즉 이는 누가가 그만의 고유 자료를 수집하고, 원 자료와 전승을 가급적 자기 주제를 뚜렷이 부각시키는 방향으로 변화시킬 정도로 그 주제에 열성적임을 뜻한다.

우리는 또한 누가가 자기 자료의 구조를 배열, 구성하는 기법에 주의를 기울여야 한다. 여행 기사의 말미, 곧 그의 주제의 결론 부분에 부자 관원, 소경 치유, 삭개오의 사건을 연속적으로 배열함으로써 누가는 자신의 강조점을 점차 증대시켜 나가다가 마침내 자신의 구제 사상을 극적으로 실현하고 있는 삭개오 사건에서 절정에 이르고 있는 것으로 보인다. 따라서 수정, 변화 및 자기 자료의 추가 등 다른 요소들과 함께 누가가 자신의 강조 목적을 달성하기 위해 구사하는 이같이 능란한 문학적 기술은 누가복음에서 재물의 청지기도뿐 아니라 가난한 자와 구제에 대한 그의 관심을 완전히 이해하기 위해서도 제대로 인정되어야 할 것이다.

이제는 재물의 올바른 사용을 위한 누가의 권면과 관련해서 두 가지 문제를 논의하는 것이 유익할 것이다. 우선, 누가 공동체의 부유한 그리스도인들은 가난한 이웃들에게 얼마나 많이 구제해야 할 것으로 기대되었는가? 둘째로, 구제 대상은 누구인가? 공동체 내부의 가난한 그리스도인인가, 아니면 공동체 밖의 보통의 가난한 자들인가? 아니면 양자 전부인가?

(1) 개인의 재산에 대한 구제금의 비율에 관해서는 복음서에서 구

제가 실천되고 있는 자료나 예수님의 구제 명령이 나오는 자료들을 검토해야 한다. 우선, 예수님은 부자 관원에게 있는 것을 다($πάντα$) 팔아 가난한 자들에게 나누어 주라고 명령하고 있다(18:22). 둘째로, 삭개오는 그의 재산의 절반($τὰ\ ἡμίσια$)을 기꺼이 가난한 자들에게 주려는 것으로 기록되어 있다(19:8). 이들 두 경우를 제외하면 가난한 자들에게 주어야 할 재물의 양을 명시한 부분은 누가복음에 나오지 않는다. 여기서 우리의 관심을 끄는 것은 가진 모든 것을 팔아서 가난한 자들에게 나누어 주라는 부자 관원에 대한 예수님의 권유는 실현되지 않았음에 비해, 삭개오는 스스로 자원하여 자기 재산의 절반을 가난한 자들에게 주려 했다는 점이다. 이 같은 차이를 놓고 볼 때 우리는 누가의 의도가 구제를 위해 재산 전부를 포기하라는 것이 아니라고 말할 수 있을 것이다. 아니면 최소한 이들 두 사건에 비추어 구제에 어떤 고정된 액수나 재산에 대한 비율이 정식으로 소개되어 있지 않다고 말할 수 있을 것이다. 그렇다면 삭개오, 갈릴리 여자들, 선한 사마리아인의 기사에서 보듯이 구제 액수나 재산에 대한 비율은 자발적으로 결단하는 각 개인의 소관이지 강요되거나 율법주의적으로 부과되지 않는다고 말할 수 있을 것이다.

(2) 구제의 수혜자들에 대해서는 기독교 공동체 내부의 가난한 자들에게 주어야 할지, 외부인들에게 주어야 할지, 아니면 양자 모두인지가 불분명한데, 왜냐하면 누가-행전에 이 문제에 관한 명확한 언급이 없기 때문이다. 따라서 구제 모티프가 나오는 기사들을 하나하나 조사하는 것이 유익할 것이다.

[a] 평지 설교의 경우, 돈을 받거나 빌리는 사람의 경우 전혀 제한

이 없음을 알 수 있다(6:29, 30, 35, 38 참조).

[b] 선한 사마리아인의 경우, 우리는 공동체 외부의 가난한 자들도 구제해야 함을 확신할 수 있다. 이 같은 유추는 강도 만난 자를 자기 재물로 도와주었던 선한 사마리아인의 입장에서 볼 때 수혜자는 사실상 외부인이기 때문이다.

[c] 큰 잔치의 비유 역시 공동체 내의 가난한 자들만 편애하지 않으며, 차라리 공동체 외부의 가난하고 집 없는 사람들에 대해 특별한 관심을 보이고 있다(14:23; 참조. 13절).

[d] 삭개오가 재산의 절반을 나누어 줄 가난한 자들이 공동체의 일원인지의 여부 역시 불분명하며(19:8), 이는 구제 행위를 강조하는 세례 요한의 교훈(3:11)이나 예수님의 교훈(11:41; 12:33; 18:22)이나 고넬료의 경우(행 10:2)에도 마찬가지다.

[e] 누가복음 8장 3절은 복음서에서 구제와 유사한 관대한 행위가 오직 공동체 내부인들에게만 적용되는 유일한 기사일 것이다.

[f] 다비다의 기사(행 9:36)는 위에서 언급한 경우들과는 약간 다르다. 그 이유는 41절 후반부에 있다. "성도들과 과부들을($τοὺς\ ἁγίους\ καὶ\ τὰς\ χήρας$) 불러들여 그의 산 것을 보이니." 브루스(Bruce)가 "누가는 과부들이 성도일 리 없다고 말하려는 것은 아니다"[119] 라고 주장한 것은 아마 옳을 것이다. 그럼에도 불구하고, 누가가 명백히 성도들과 과부들을 별개의 두 집단으로 나누어 호칭하고 있음을 간과해서는 안 된다. 이러한 측면은 과부들은 비그리스도인이었을지 모르며, 따라서 다비다는 공동체 내부의 그리스도인들뿐 아니라 외부의 비

---

119) Bruce, *Acts*, 212. 참조. Marshall, *Acts*, 180.

그리스도인들도 도와주었다고 가정하게 하는 것이다.[120]

이 같은 점들을 종합해 보면, 다음과 같은 결론을 도출해 낼 수 있다. 우선, 누가의 저작에서 구제 수혜자를 공동체 내부의 가난한 자들로 할지 아니면 외부인들로 할지의 여부에 관해 명확한 구별은 눈에 띄지 않는다. 따라서 둘째로 구제는 신(信), 불신(不信) 여부를 막론하고 가난하고 어려운 사람들에게 분배되어야 한다고 주장할 수 있을 것이다.

---

[120] Marshall, *Acts*, 180. 1장의 기존 연구의 개관에서 이미 살펴보았지만, 쇼트로프와 쉬테게만은 "누가는 사실상 구제의 수혜자로서 가난한 비그리스도인들을 의중에 두고 있었다"(*The Hope*, 110)고 주장한다. 이 같은 편향된 의견에 대한 나의 비판에 관해서는 서론 1.1.5를 보라.

재물에 대한 그릇된 청지기도
[부(富)의 오용(誤用)]

8

재물에 대한 그릇된 청지기도
[부(富)의 오용(誤用)]

제 8 장

재물의 그릇된 사용에 관한 주제는 누가복음을 마가, 마태복음과 비교할 때 가장 뚜렷하게 부각되는 것으로서, 빈부에 관한 누가 신학의 현저한 특징 중의 하나로 볼 수 있다. 이같이 말할 수 있는 것은 우선 부자를 부정적으로 묘사하는 자료들이 공관복음의 다른 책들보다 누가복음에 더 많이 나오기 때문이며, 둘째로 누가는 이를 강조하기 위해 이 주제가 포함된 기존의 자료에 변화를 주고 그만의 자료를 추가하고 있기 때문이다. 재물의 그릇된 사용에 관한 자료는 누가만의 고유한 자료와 그가 원 자료에 변화를 준 자료로 이루어져 있지만, 이 주제가 좀더 빈번하게 발견되는 것은 대체로 후자의 경우다. 결과적으로 우리는 이러한 부(富)의 오용 주제는 빈부에 관한 누가 신학의 중요한 특징 중의 하나라고 말할 수 있을 것이다.[1]

나는 아래의 내용에서 경고의 주제를 포함하는 자료들을 그 현저한 특징에 따라 재물에 대한 집착, 재물의 낭비 및 재물의 축적이라는 세 가지 범주로 구분하여 논의하고자 한다. 이러한 구분은 우리의 논의에 좀더 정확성을 기하기 위한 것이다. 그러나 이 과정 가운데 어느 정도의 반복과 중복은 피할 수 없을 것으로 보인다.

1. 서론: 부자들이 받을 화(禍) (6:24-26)

각각의 범주를 조사하기에 앞서 먼저 책망의 주제에 대한 서론으로서 부자들이 받을 화(6:24-26)에 관해[2] 논의해야 할 것이다.

---

[1] 부자들이 그들의 재물의 그릇된 사용에 대해 공공연히 경고받는 것은 아니지만, 우리는 부유한 자들이 그들의 재산을 사용하면서 저지르는 악행을 언급하는 본문으로부터 이를 유추해 낼 수 있다. 즉 부자들은 복음서에서 시종일관 재물의 낭비, 집착, 축적 등 부(富)의 오용(誤用)과 가난한 이웃에 대한 소홀로 인해 암암리에 책망받고 경고된다는 말이다.

[2] 재앙의 형식(woe form)은 복음서 전승에서 누가복음 이전에 이미 존재한 것으로 논의되어 왔다. 예를 들면 막 13:17; 막 14:21; 마 23:23(눅 14:12); 마 23:27(눅 11:44). 그러나 "공관복음에서 이를 가장 풍부하게 이용한 것은 (10:13; 11:43, 46, 47, 52; 17:1; 21:23; 22:22) 누가이다"(Fitzmyer, *Commentary*, 636).

(1) 먼저 우리는 이 구절들이 누가복음에서 부자들에 대한 경고의 주제를 전개시켜 나가는 데 담당한 역할에 관해 숙고해야 한다. 무엇보다도 이 구절들이 마가, 마태복음에는 빠져 있는 누가만의 특수한 구절로서 가난한 자들이 받을 복(6:20-23/마 5:1-12)에 대한 반(反)명제를 구성하고 있다는 점은 주목할 만한 가치가 있다. 이 구절 이전에 재물의 주제와 관련된 것으로 볼 수 있는 자료는 세례 요한의 설교(3:10-14)와 예수님의 최초의 설교(4:18-19)다. 그러므로 책망의 주제에 관한 한 누가복음에서는 이들 구절이 첫 번째 자료로서 소개되고 있다.

비록 누가복음에 나오는 세례 요한의 설교(3:7-17)가 마가, 마태복음의 것과 차이가 난다 해도 우리는 세 복음서 속에 보전되어 있는 자료의 기본 구조는 본질상 동일하며, 3:10-14은 가난하고 빈핍한 자들에 대한 관심이라는 그의 감추인 의도를 강조하기 위해 누가가 추가한 것이라고[3] 말할 수 있을 것이다. 반면에 4:18-19과 6:24-26의 내용(6:20-23도 포함)은 마가와 마태복음에 비해 내용과 배경에 있어 완전히 다르다. 전자의 경우(4:18-19) 누가의 자료는 예수님의 사역 초기에 맞추어져 있음에 비해 마가복음(6:1-6)과 마태복음(13:54-58)의 자료는 상당히 후기에 맞추어져 있으며, 따라서 우리는 누가가 이 자료의 저자라고 주장할 수 있다. 후자의 경우(6:24-26) 누가의 자료는 예수님의 제자 임명 다음에 나오며, 장소는 평지다(6:17: $\dot{\epsilon}\pi\grave{\iota}\ \tau\acute{o}$

---

[3] 이 같은 주장의 근거는 이 부분이 누가의 특수한 자료로부터 나왔으리라는 점인데, 왜냐하면 마가와 마태복음에는 그것이 없기 때문이다(Marshall, *Commentary*, 142: Manson, *Sayings*, 253). 참조. Fitzmyer, *Commentary*, 464.

που πεδινοῦ). 이에 비해 마태복음의 경우(5:1-12)는 예수님의 제자 임명 이전에 이 일이 일어나며, 배경은 산이다(5:1; εἰς τὸ ὄρος). 결과적으로, 3:10-14은 기존의 원 자료에 단순히 덧붙인 것으로서 일종의 각색으로 생각될 수 있지만 4:18-19과 6:24-26은 완전히 새로운 자료로 간주할 수 있을 것이다. 따라서 모든 다른 자료들의 초입에 위치한 이 두 단락은 가난한 자들에 대한 축복과 부자에 대한 재앙이라는 양대 주제 전개의 도입부 역할을 할 뿐만 아니라4) 이들 양대 주제

---

4) 가난하고 천대받는 자들의 목록은 누가복음을 통틀어 5번 나온다(4:18-19; 6:20-23; 7:22; 14:13, 21). 이들 5개 목록이 항상 같은 목적으로 기록된 것은 아니다. 예를 들면 4:18-19과 7:22은 복음 설교의 대상을 향한 것이고 6:20-23은 축복 받는 대상이며, 14:13, 21은 메시아적 연회에 초청받은 사람들을 향한 것이다.
그러나 명백한 차이점에도 불구하고, 각각의 목록들의 내용을 면밀히 조사해 보면 공통된 주제의 도출이 가능해 보이는데, 곧 가난한 자들에 대한 관심이다. 이 점은 다음의 두 가지 측면에서 비롯된 것으로 보인다: 첫째, οἱ πτωχοί(가난한 자)는 모든 목록에 나오며, 또한 넓은 의미에서 볼 때 다른 그룹들, 예컨대 οἱ ἀνάπειροι, οἱ χωλοί, οἱ τυφλοί(14:13, 21; 병신들, 저는 자들, 소경들), οἱ λεπροί, οἱ κωφοί(7:22; 문둥이, 귀머거리), οἱ πεινῶντες, οἱ κλαίοντες(6:21; 주린 자, 우는 자) 등은 οἱ πτωχοί와 동일한 것으로 간주될 수 있을 것이다. 둘째로, 4:18-19과 7:22에 나오는 복음 즉 기쁜 소식은 메시아적 연회에의 초청(14:13, 21)과 같은 의미로 이해할 수 있으며, 양자(복음과 초청)를 또 다른 형식으로 표현한다면 6:20-23에 나오는 "가난한 자가 받을 복"이 될 것이다.
이런 의미에서 4:18-19이 이 목록들을 포함하여 누가복음에서 갖는 중요성은 가난하고 어려운 자들에 대한 관심이라는 맥락에서 볼 때 이 구절이 서론 역할을 하며, 또한 뒤따르는 내용 속에서 실현, 확증되어야 할 예언적 선포의 형식을 취하고 있다는 사실이다. 그래서 크리드(Creed, Commentary, 66)는 이 기사의 중요성을 다음과 같이 지적한다. "본문의 진정한 기능은 누가-행전에서 반복 등장하는 주된 모티프를 소개하는 것이며, 본문은 이를 극히 효과적으로 해내고 있다." 마샬(Marshall, Commentary, 177-8)도 마찬가지로 이를 "프로그램적인 의미"를 가진 것으로 묘사하면서 4:18-19은 누가-행전의 많은 주제들을 함축하고 있음을 인정한다. 따라서 가난한 자들이 받을 복의

와 연관된 아래의 자료들의 이해 및 해석을 위한 방법을 제시하는 지도적 위치를 점하고 있다.5)

(2) 내용으로 미루어 볼 때 이 단락(6:24-26)은 부자에 대해 적의를 표명할 정도로 빈부의 주제를 깊이 천착하고 있지는 않은 것처럼 보인다. 이 같은 측면은 가난한 자들을 무조건 축복하고 있는 그 앞 절(6:20-23; 참조. 4:18)과 비교해 볼 때 더욱 분명해진다. 그렇다면 부자들은 단지 부자라는 이유만으로 인해 저주받아야 하고, 이에 반해 가난한 자들은 단지 가난하기 때문에 복받은 존재란 말인가?

이 일견 난처한 문제를 해결하기 위해서는 이 구절을 별개의 단락으로 떼어놓고 생각하기보다 누가복음의 재물과 관련된 모든 자료들과 조화시켜 보는 것이 도움이 될 것이다. 구제에 관한 항목에서 이미 논의했듯이 어리석은 부자(12장), 날마다 잔치를 베푼 부자(16장), 부자 관원(18장) 및 삭개오(19장) 등이 부자의 전형적 실례로서 제시되고 있음에 비해, 오직 한 사람 나사로(16장)만이 가난한 자의 전형으로서 제시되고 있다. 나사로 외의 가난한 자들의 실례는 병신들($οἱ\ ἀνάπειροι$), 저는 자들($οἱ\ χωλοί$), 소경들($οἱ\ τυφλοί$; 이상 14:13, 21), 문둥이($οἱ\ λεπροί$), 귀머거리($οἱ\ κωφοί$; 이상 7:22)와 같이 집단적 형태로 제시되고 있다. 이들 두 대조적 유형에서 지적할 만한 흥미로운 점

주제는 누가 신학의 주요한 주제 중 하나로 포함될 수 있을 것이다. 참조. Conzelmann, *Theology*, 34; Creed, *Commentary*, 65; Johnson, *Literary Function*, 91; F. W. Horn, *Glaube und Handeln in der Theologie des Lukas*[GTA 26] (Göttingen: Vandenbroek & Ruprecht, 1983), 171; Fitzmyer, *Commentary*, 248; Karris, *Artist*, 32-33; Talbert, *Reading Luke*, 54.
5) 참조. Pilgrim, *Good News*, 103-107.

은 부자의 실례는 가난한 자보다 더 개별적이고 빈번하게 제시되며, 각각의 경우는 일반적으로 부유한 사람들이 취하는 다양한 특징들 – 재물의 축적(어리석은 부자), 재물의 낭비(16장의 부자), 재물에의 집착(부자 관원) – 을 하나씩 보여주고 있다는 사실이다. 반대로 가난한 자의 실례의 경우에는 위에서 언급된 가난한 자에 관한 다양한 묘사가 특정한 한 사람 나사로에게 집중될 수 있는 것으로 보인다. 왜냐하면 그는 거지($πτωκός$)일 뿐 아니라 헌데를 앓고 있는데($εἱλκωμένος$; 20절), 이는 "배불리려 하매"($ἐπιθυμῶν\ χορτασθῆναι$; 21절)와 함께 그가 병신($οἱ\ ἀνάπειροι$)임을 의미하는 것이기 때문이다.6) 따라서 그는 $οἱ\ ἀνάπειροι, οἱ\ χωλοί, οἱ\ τυφλοί$ 및 $οἱ\ λεπροί, οἱ\ κωφοί$와 같은 범주에 든다고 볼 수 있다. 이런 의미에서 누가복음에 나오는 나사로는 누가 시대의 다양한 부류의 빈민들을 대표할 수 있는 전형적인 실례로서 제시되고 있다고 추정할 수 있을 것이다.7)

이 점과 관련하여 지적해야 할 또 다른 중요한 점은 복음서에 나오는 부자들은 대부분 저주받은 존재로 묘사되는 데 비해,8) 가난한 자의

---

6) $ἐπιθυμῶν$은 부정사를 동반하여(15:16; 17:22; 22:15 참조) 충족되지 못한 욕망을 의미한다(Vincent, *Studies*, 1:201). 따라서 이 구절과 21절에 $οἱ\ χύνες$(개들)가 나오는 점으로 보아 $οἱ\ κύνες$는 나사로가 미처 몸을 움직이기도 전에 부자의 상에서 떨어지는 부스러기를 먹을 수 있었을 것으로 유추할 수 있다. 그렇다면 이는 그가 절름발이임을 의미한다. 이 점에 관해 예레미아스(Jeremias, *Parables*, 184)는 다음과 같이 그럴듯하게 설명한다: "그 개들은 힘없고 헐벗은 절름발이를 괴롭히는 것을 망설이지 않는 거리를 떠도는 사나운 개들이다."
7) 참조. Tannehill, *Narrative Unity*, 186.
8) 예를 들면, 우리는 몇몇 실례를 지적할 수 있는데, 마리아 송가의 권세 있는 자(1:52), 6:24-26의 부자들이 받을 화, 12:13-21의 어리석은 부자, 큰 잔치의 비유에서 먼저 초청받은 손님들(14:17-24), 16:19-31의 부자 및 18:18-27

전형인 나사로는 축복받고 있다는 사실이다. 이와 관련하여 우리는 6:24-26이 4:18-19과 더불어 마치 사도행전에서 사도행전 1:8처럼[9] 누가복음에서 실현되어야 할 예언적 선포의 구실을 하며,[10] 구조적으로도 복음서의 서두에 위치하여 극히 중요한 역할을 하고 있다고 말할 수 있을 것이다. 결론적으로 6:24-26은 부자가 단지 그 부유함 때문에 저주받는다는 의미가 아니고,[11] 가난한 자들은 단지 그 가난 덕분에 축복받는다는 의미가 아니라,[12] 실제 생활 속에서 실현될 수 있는 가능성을 뜻한다고 말할 수 있을 것이다. 그러나 그 같은 가능성은 뒤따

의 부자 관원이 그것이다.

이와 관련하여 삭개오의 사건이 빈부에 관한 누가 신학에서 차지하는 중요성을 다시금 인정해야 할 것이다. 즉 재물의 모티프를 다루고 있는 자료들 중 이 사건은 유일무이한데, 왜냐하면 부자에 대한 적의가 전혀 나타나지 않으며, 구제가 실제로 실현되었기 때문이다. 따라서 내가 앞서도 주장했듯이 그것은 누가복음에서 빈부를 다루는 모든 자료들의 확실한 결론으로서 소개된 것이다.

9) 사도행전에서 우리는 부활한 예수님의 예언적 선언(1:8)이 역사적 맥락 속에 실현되고 있음을 알 수 있다. 그래서 브루스(Bruce, *Acts*, 39)는 "8절의 지명들은 사도행전의 일종의 '내용 색인'을 제공해 준다"고 말한다. 또한 Marshall, *Acts*, 39; Neil, *Commentary*, 66을 참조하라.

그러므로 우리는 행 1:8, 눅 4:18-19 및 눅 6:24-26의 세 구절들이 그 나름의 특수한 주제 제시에서 동일한 서론적 역할을 하고 있다고 말할 수 있을 것이다.

10) 누가복음에서 우리는 그 재물에도 불구하고 저주받지 않은 부자들의 실례를 발견하는데, 삭개오, 갈릴리 여자들, 아리마대 요셉(23:50) 등이 바로 그런 부자들이다. 그래서 필그림(Pilgrim, *Good News*, 77)은 "축복이나 저주받는 것은 단순히 가난이나 부귀 그 자체가 아니라 하나님을 신뢰하면서 가난한 경우와 하나님을 거부하면서 부유한 경우다"라고 말한다. 참조. R. F. O'Toole, *The Unity of Luke's Theology*(Delaware: Michael Glazier, 1984), 129; Schnackenburg, *Teaching*, 125.

11) 참조. Schnackenburg, *Teaching*, 128.
12) Danker, *Luke*, 83.

라 나오는 자료를 통해 확인되듯이 실제 사실로 판명되고 만다.[13] 따라서 이 구절은 복음서 서두에서는 하나의 가정적인 예언으로 간주될지 몰라도 동시에 복음서 전체로 본다면 실제 사실이라 말할 수 있을 것이다.

여기서 우리는 다시금 자료들을 자기 의도에 맞게 배열하는 누가의 문학적 수완을 보게 된다. 즉 누가는 그의 주제 구절 중 하나(6:24-26)를 예언적 선포의 형태로 복음서 서두에 놓고 그 뒤에 후속적인 자료들을 통해 이를 점진적으로 확인해 나감으로써 자기 독자들에게 그가 의도한 주제를 효과적으로 주입시키고 있는 것이다.

2. 재물에 대한 집착

1) 큰 잔치의 비유(14:16-24)

재물에 대한 집착의 실례로서 지적할 수 있는 첫 번째 경우는 큰 잔치 비유에 나오는 초청받은 세 사람의 부자다. 그 셋 가운데 최소한 두 사람(18, 19절)이 잔치 초청을 거절하는데, 왜냐하면 그들은 잔치에 참석하는 것보다 밭과 다섯 겨리의 황소 같은 자기 재산을 더 중요시하고 있기 때문이다.[14] 그러나 실상 그들의 변명은 빈약하며 거짓된

---

13) 참조. Schweizer, *Luke*, 287.
14) 참조. Danker, *Luke*, 166.

것이 명백한데, 왜냐하면 그들의 행위는 방금 완료된 행위를 가리키는 부정과거형(ἠγόρασσα, 18절, 19절; 샀다)으로 되어 있기 때문이다.15) 따라서(그 물건들을 사기 위해) 조사하는 행위가 사는 행위보다 앞서지 않고 뒤에 나온다는 것은 이상하게 보인다.16) 뿐만 아니라, 누가 시대의 모든 사람들은 타인의 잔치 초청을 존중해 주는 것이 지배적인 관습이라는 것과 또한 아랍 부족들에게는 두 번째 초청까지 거부하는 것은 전쟁 선포와 맞먹는 명명백백한 모욕이라는 사실을 알고 있었다.17) 따라서 초청은 마치 명령이나 되는 양 존중되어야 하는데도 본 비유에서 초청받은 사람들은 이를 고의로 거절하고 있는 것이다. 따라서 이 같은 거절로부터 그들의 부(富)에 대한 집착이 그들의 잔치 참여를 가로막은 요인이 되었음을 추론해 낼 수 있는 것이다.

앞서 논의했지만 마태복음에 나오는 내용(22:1-14)과 비교해 볼 때 누가복음에서는 손님들의 변명에 초점이 모아지고 있다고 지적할 수 있다. 마태복음에서 그들이 초청에 응하지 못하는 이유로서 제시하는 처음 두 변명은 누가복음의 경우보다 짧고 간략하며 세 번째 변명은 완전히 다르다.18) 또한 마태복음의 손님들이 부유하거나 그들의 변명이 누가복음처럼 재물의 주제와 유관한 것 같지도 않다. 따라서 양 복음서 기자들이 번안한 내용을 비교해 보면 재물의 주제, 특별히 재물에 대한 집착의 주제는 마태복음보다 누가복음에서 더 강조되고 있음

---

15) M. Black, *An Aramaic Approcach to the Gospels and Acts*(Oxford: Clarendon Press, 1967), 129.
16) Morris, *Commentary*, 234.
17) Plummer, *Commentary*, 360.
18) 참조. Schweizer, *Luke*, 287; Johnson, *Literary Function*, 146.

을 알 수 있다.

15, 24절을 놓고 볼 때 이 잔치는 단순한 지상적 잔치가 아니라 메시아적 연회다(Messianic Banquet: 이는 마태복음의 평행 구절에 더 명확히 표현되어 있다; 마 22:1-14).[19] 우리가 본 비유의 해석에서 이 점을 고려한다면 손님 후보자의 거절은 대단한 중요성을 갖는데, 왜냐하면 그들은 메시아적 연회 곧 하나님의 나라에 들어가도록 결코 허락받지 못할 것이기 때문이다.[20] 즉 그들은 영적 구원을 상실할 운명인 것이다.[21] 결국 그들은 재물에 집착했기 때문에 자신의 영적 구원을 잃어야 하는 모양새가 되고 만다. 이 문제에 대한 마샬(Marshall)의 다음과 같은 평은 적절해 보인다.

"세 변명은 모두 한결같이 상업적, 가정적인 대소사와 관련된 것으로서, 소유나 가정적인 연줄에 대한 집착의 위험성이 제자도에의 소명에 온전히 헌신하지 못하도록 방해한다는 예수님의 가르침과 부합한다. 그것을

---

19) 예레미아스(Jeremias, *Parables*, 69)는 누가가 이 비유에 나오는 잔치를 구원의 잔치로 간주했다고 주장한다(Creed, *Commentary*, 191-2; Ellis, *Commentary*, 194). 참조. Grundmann, *Lukas*, 299; Schmithals, *Lukas*, 159-160; Marshall, *Commentary*, 591; Hunter, *Parables*, 56-7.
20) 에반스(Evans, *Commentary*, 574)는 초청받은 사람들의 변명을 신명기에 기록된 율법과 연관지으면서 다음과 같이 말한다: "그 변명들은 의무의 허용 가능한 면제에 대한 성경 말씀 속에 은신하고 있지만, 전부 종합해 보면 아마도 경제적, 사회적인 애착이 하늘 나라의 소명에 응답하지 못하도록 가로막는 위력이 어떠한지를 보여 주려는 것으로 보인다." 참조. Danker, *Luke*, 165; Schweizer, *Luke*, 237.
21) 13:25-30에도 잔치에 참석하지 못하는 사람들이 나온다. 이 구절과 14:16-24의 차이점은 곧 13장의 등장 인물들은 무심코(비고의적으로) 참석하지 못한 것임에 비해, 14장의 등장 인물들은 고의로 그같이 한 것이라는 사실이다. 그들은 오도록 초청받고 정해진 시각에 그들의 좌석을 차지하도록 부름받았음에도 이를 일부러 거절한 것이다(Gooding, *Luke*, 267-8).

굳이 비유 외적(外的)으로 해석하기 위해 풍유적으로 이해할 필요는 없다."[22]

이 비유를 보면 주요한 두 주제가 하나의 줄거리 속에 혼합되어 있다. 첫 번째 주제는 구제와 관련된 것으로서 이미 앞서 논의한 바 있는데, 여기서 그 적용은 곧 잔치를 베풀면 부자보다는 사회의 가난하고 천대받는 사람들을 초청해야 하는데, 그 이유는 그러지 않으면 하늘의 상급을 잃을 것이기 때문이라는 것이다(14:14). 두 번째 주제는 여기서 논의하는 재물에의 집착과 관련된 것으로서, 소유에 극단적으로 집착한 나머지 초청을 거절하는 손님의 사례를 통해 부자에 대한 가혹한 태도를 분명하게 보여준다.

결론적으로 누가는 이 이야기에서 두 가지 주제를 구사하여 그의 공동체 내의 부유한 신자들에게 비유에 나오는 초대된 사람들처럼 자기 재물에만 집착하지 말고(그럴 경우 자신의 영적 구원을 잃어버릴 수도 있으므로) 그 재물을 가난하고 소외된 사람들에게 나누어 주라, 그러면 하늘의 상급을 받을 것이라고 충고하는 것으로 생각된다.

2) 부자 관원(18:23)

우리는 앞에서 이미 마태복음과 마가복음의 평행 구절을 비교함으로써 누가복음에 기록된 부자 관원의 재산은 마가와 마태복음의 것보다 더 많음을 지적한 바 있는데($\pi\lambda o\acute{u}\sigma\iota o\varsigma\ \sigma\phi\acute{o}\delta\rho a$; 23절), 이는 부자

---

[22] Marshall, Commentary, 588.

의 문제점에 대한 누가의 특별한 관심을 보여주는 것이다. 이 같은 특징은 그가 관원($ἄρχων$)이었고(18절), 또한 모든 재산을 팔아 가난한 자들에게 주라는 예수님의 권고를 "듣자 심히 근심했다($περίλυπος$; 23절)"는 사실로부터 확인할 수 있다.23) 이 중 $περίλυπος$는 부자 관원이 마가와 마태복음의 경우보다 누가복음에서 더욱 심각하게 재물에 집착하는 것으로 그려지고 있음을 암시한다.24) 결과적으로 24-25절의 예수님의 말씀대로 한다면 부자 관원이 자기 재산에의 집착을 고집한다면 삭개오와 달리 영생을 유업으로 받지 못할 뿐 아니라 하나님의 나라에 들어갈 수도 없을 것이다.25)

이 일화에서 유의해야 할 한 가지 사항은 그것은 비유가 아니라 실제 사건이라는 점이다. 따라서 이 사건의 의미는 비유나 말씀보다도 누가의 회중에게 훨씬 더 분명했을 가능성이 크다.26) 더욱이, 삭개오

---

23) $περίλυπος$(심히 근심하더라)는 막 10:22과 마 19:22의 $λυπούμενος$(근심하며)보다 어의(語義)가 강하다.
   이에 관해 플러머(Plummer, *Commentary*, 424)는 흥미롭게도 부자 관원의 이 사례를 최초의 제자들의 경우(5:11)와 예수님의 부름에 대한 반응의 측면에서 비교하고 있다: "그(부자 관원)는 배와 그물보다 훨씬 많은 것을 소유하고 있었다. 그리고 베드로, 야고보, 요한은 그들의 배와 그물을 팔아서 가난한 자들에게 주라는 분부를 받지 않았다. 왜냐하면 그들의 마음은 그것들에 집착하고 있지 않았기 때문이다." 참조. Fitzmyer, *Commentary*, 1200.
24) 굴더(Goulder, *Paradigm*, 2:673)는 부자 관원과 소경의 반응(18:35-43)을 비교하면서 그 재물로 인한 그의 슬픔을 강조한다. 참조. Evans, *Commentary*, 652.
25) "우리는 눅 18:23(참조. 16:14 이하; 18:9-14)로부터 하나님의 통치 아래 있는 자들은 재물에 대한 집착으로부터 벗어나야 함을 깨닫게 된다"(Grundmann, *Lukas*, 354-5). 참조. Schmithals, *Lukas*, 182; Caird, *Commentary*, 205.
26) Ernst, *Lukas*, 503. "누가가 대상으로 삼고 있는 공동체는 특별히 이 점에 있어서 문제가 있었던 것으로 추정된다."

는 그 이름이 소개되고 있는 반면에 관원은 그렇지 못하다는 점으로 볼 때, 삭개오와 관원이 모두 누가 공동체의 부유한 신자들의 대표이지만 관원은 예수님의 권고를 따르지 못했으므로 그 이름이 소개되지 않은 반면에 삭개오는 재산 문제의 극복에 성공했으므로 그의 이름이 재물에 대한 청지기도의 선한 실례로서 소개되고 있는 것으로 보인다.[27] 달리 말한다면, 누가는 마가와 마태복음보다 부자 관원의 재물에 대한 집착을 더욱 뚜렷이 부각시킴으로써 그의 공동체의 부유한 신자들에게 재물에의 집착이 가져다 줄 위험성, 곧 영적 구원의 상실을 경고하려 했던 것으로 보인다.[28] 이러한 위험성이 큰 잔치의 비유가 나오는 14장에서도 언급되고 있다는 사실은 재물의 그릇된 청지기도의 결과로 임할 형벌에 대한 누가의 사상적 연속성을 보여주는 것이다.

3. 재물의 낭비

본 항목에서는 소유의 낭비에 대한 경고의 주제를 탐구하기 위해 세 가지 비유를 다룬다: 탕자의 비유(15:11-32), 불의한 청지기의 비유

---

[27] 세쿰(Seccombe, *Possessions*, 131)은 누가가 삭개오를 중요한 인물로 의중에 두고 있었으며, 또한 그 독자들도 마찬가지였을 것이라고 주장하는데, "왜냐하면 그의 독자들은 그에 관해 어느 정도 알고 있었거나, 아니면 삭개오는 아마도 그들이 자기들과 동일시할 수 있는 부류의 사람이었기 때문이다."

[28] Seccombe, *Possessions*, 131-2.

(16:1-13), 부자와 나사로의 비유(16:9-31). 먼저 지적할 것은 세 비유에서 이 재물의 낭비 주제는 주된 모티프가 아니라 주된 모티프를 지원함으로써 그 효과를 증진시키고 있는 보조적 모티프라는 사실이다. 그럼에도 불구하고 각각의 비유에서 그것이 차지하는 비중은 경시될 수 없다. 오히려 보조적 주제로서 나름의 중요성을 가지며, 그와 동시에 빈부에 관한 주된 주제에 대한 누가 신학의 형성에 기여함으로써 중요한 역할을 담당하고 있다.

1) 탕자의 비유(15:11-32)[29]

15장의 문맥으로 미루어 볼 때 본 비유의 주제는 그 앞의 두 비유, 곧 잃어버린 양의 비유와 잃어버린 동전의 비유와 마찬가지로 주로 회개에 맞추어져 있다(7, 10, 32절). 그러나 우리는 여기서 부차적 모티프로서 재물에 대한 작은 아들의 잘못된 태도에 주목하고자 한다.

일반적으로 동양에서 부친이 죽으면 그의 재산은 장자가 두 몫을 받고 나머지 자식들은 각각 한 몫씩 받는다는 사실이 주지되어 왔다.[30] 재산의 대부분은 맏형에게 돌아간다는 사실을 아는 동생들은 때때로 자기의 상속분을 요구해서 이를 현금으로 바꾼 뒤 세상에서 출세하기 위해 집을 떠나곤 했다.[31] 이 이야기에서 작은 아들은 당시의 다른 젊

---

[29] 예레미아스(Jeremias, *Parables*, 128)는 이 비유는 우화가 아니라 "실생활에서 얻어진 이야기"라고 주장한다(참조. Linnemann, *Parables*, 74; Hunter, *Parables*, 61).
[30] 고대 근동의 유산의 상속에 관해 좀더 자세히 알고 싶으면 Jeremias, *Parables*, 128-9를 참조하라. 참조. 눅 12:13 이하.
[31] 이스라엘을 빠져 나와 디아스포라가 되는 것은 극히 다반사였는데, 왜냐하면

은이들처럼 자기 몫을 요구해서 이를 매각한 후 집을 떠나 버렸다. 누가 시대의 많은 유대의 젊은이들이 집을 떠나 멀리 외국에서 자기 운(運)을 시험해 보았다고 전해진다. 그러나 그는 자기 돈을 투자하는 대신32) "허랑방탕하여 그 재산을 허비"(13절)했고, "살림을 창기와 함께 먹어"(30절) 버렸다. 재물의 주제에 관한 누가의 견해에 비추어 볼 때 둘째 아들의 그 같은 행실은 누가에게 충격적이고 도발적으로 보이는데, 왜냐하면 재물은 가난하고 어려운 사람들을 위해 사용해야 한다는 그의 의도와는 반대로 둘째 아들은 자기 재산을 오직 이기적인 쾌락 추구에 탕진해 버렸기 때문이다.

이와 더불어 둘째 아들의 행위의 내용도 주목해야 한다. 본문에 의하면 그는 회개해야만 하는 죄인의 전형으로 묘사되고 있지만, 그가 종교적 규율과 계명을 위반했다는 의미의 죄인은 아니라는 점을 유념해야 할 것이다(21절). 그의 악행의 내용은 자기 재산을 잘못 사용했다는 데 있다. 이 같은 단정은 그의 악행이 오직 두 절에만 서술되어 있고(13, 30절), 그것은 단지 그의 그릇된 재물 사용 즉 상속분을 방탕하게 낭비했다는 사실을 가리킨다는 사실에 근거하고 있다. 그래서 에반스(Evans)는 이 점을 다음과 같이 설명한다.

"…둘째 아들이 아버지에게 저지른 죄(18절)는 아버지가 죽기 전에 그

"팔레스타인 땅은 빈번한 기근으로 인해 이스라엘 사람들을 제대로 먹여살릴 수 없었고, 누구든지 성공하기 원하는 사람들은 레반트 지방의 무역을 하는 대도시에서 더 나은 기회를 얻을 수 있었기 때문이다"(Linnemann, *Parables*, 75). 이스라엘에 사는 유대인들(50만)보다 약 8배(4백만)가 디아스포라로서 살았다(Jeremias, *Parables*, 129).
32) Marshall, *Commentary*, 608.

가 집을 떠난 사실이었는지 모른다. 그러나 12절에는 이를 비판하는 내용이 들어 있지 않으며, 30절을 보면 그가 저지른 악은 아버지의 재산을 방탕하게 낭비했다는 사실인 것이다."[33]

따라서 그의 죄는 특별히 의식적(ritual)인 것이 아니라[34] 도덕적인 것으로서 자기 재산을 잘못 사용한 데 있다. 결과적으로 그의 회개는 오직 그의 사치스런 생활에 대한 것으로 보인다(18, 21절; 참조. 13, 30절). 이와 관련하여 우리가 주목할 것은 21절 전반부다. "아버지여 내가 하늘과 아버지께 죄를 얻었사오니." 그의 잘못은 13, 30절에 의하면 재산을 허비한 것이었는데, 재물의 탕진은 하나님께 대한 범죄를 의미할 수 있기 때문이다. 그래서 그룬트만(Grundmann)은 "그의 죄과는 아버지가 그에게 생활하도록 위탁했던 재산에 대한 불성실한 자세에 있다"[35] 고 지적한다. 이런 의미로 본다면, 누가는 재물의 허비를 하나님에 대한 범죄라고 생각했으며, 이 점에서 특히 그의 공동체 내의 부유한 그리스도인들을 염두에 두고 있었다고 말할 수 있을 것이

---

33) Evans, *Commentary*, 592; Johnson, *Literary Function*, 161; 참조. Fitzmyer, *Commentary*, 1088, 1091.
34) 15절에 근거하여 둘째 아들이 율법상의 죄를 지었다고 말하는 것도 가능한데, 왜냐하면 돼지를 치는 것은 유대 율법에서 엄격히 금하는 일이었기 때문이다. 또한 이방인에게 고용될 때 "그는 자신의 종교의 정규적인 예배 의식을 포기하도록 강요받았을 것이 틀림없다"(Jeremias, *Parables*, 129; 참조. Linnemann, *Parables*, 76). 그러나 이 같은 주장은 본문에 의해 입증되지 못한다. 여기서 결정적인 것은 그의 악행, 곧 재물의 탕진에 대한 명백한 언급인 것이다. 결국, 둘째 아들의 죄를 정하는 문제에 관해서는 본문에 함축적으로 감추어 있는 의미보다 명백하게 드러난 내용을 고려하는 것이 현명하다.
35) Grundmann, *Lukas*, 312.

다.[36] 이 같은 사실을 누가 공동체의 상황에 적용한다면, 누가는 이 비유에서 부자들에게 자기 재산을 개인적 쾌락 추구에 낭비하는 부자들은 하나님께 죄를 짓는 것이라고 지적함으로써 그들이 재산을 탕진하지 말도록 경고하고 있는 것으로 보인다.

여기서 문맥상 이 이야기의 전후 순서를 살펴보는 것이 도움이 될 터인데, 곧 이 비유 바로 뒤에 불의한 청지기의 비유가 접속사 δέ(또한, 16:1)로 연결되어 나오며, 양 비유에 모두 허비한다는 의미의 διασκορπίζω(διασκόρπισεν - 15:13; διασκορπίζων - 16:1)가 사용되고 있다. 그룬트만은 두 비유의 이 같은 상호관계를 다음과 같이 설명하고 있다.

"두 아들에 관한 이야기와의 관계는 대조를 통하여 입증된다. 즉 두 비유의 상호관계는 15장 13절과 16장 1절에서 διασκορπίζειν이 두 번 사용됨을 통하여 드러나고 있다. 맡겨진 재물의 낭비는 둘째 아들과 청지기를 하나로 묶고 있는 것이다."[37]

이러한 근거에서 본다면 누가는 양 비유를 재물의 주제 – 특히 이

---

36) 이 비유의 배경은 부유한 농장으로서 아버지인 소유주가 넓은 토지뿐 아니라 종, 고용인, 가축들을 소유하고 있었음은 의심의 여지가 없다. 참조. Goulder, *Paradigm*, 2:613.

37) Grundmann, *Lukas*, 317. 또한 Ernst, *Lukas*, 462; Beck, *Character*, 28-9; Marshall, *Commentary*, 608; Fitzmyer, *Commentary*, 1100; Hendrickx, *Parables*, 170을 참조하라. 한편, 쉬미탈스(Schmithals, *Lukas*, 167-8)도 마찬가지로 이 비유를 그 앞의 비유 및 14:25-35과 구빈(救貧, Armenfrömmigkeit)의 모티프로 연결짓는데, 그는 이 모티프를 다음과 같이 정의하고 있다: "하나님을 절대적으로 섬기는 사람은 그의 세상 재물을 이웃을 섬기기 위해 사용할 것이다."

경우는 재물의 낭비의 주제 - 를 매개로 하여 연결짓는 데 관심이 있었다고 말할 수 있을 것이다. 따라서 이런 의미에서 15:3-10과 16:1-13 사이에 놓인 이 비유는 과도적인 성격을 띠고 있다고 할 수 있는데, 왜냐하면 여기에는 회개와 재물의 낭비라는 두 주제가 다 포함되어 있고, 뒤이어 나오는 비유는 재물 주제의 또 다른 중요한 모티프인 구제의 모티프를 형성하기 위해 두 주제 중 하나인 빈부의 주제를 수용하고 있기 때문이다.38)

끝으로, 본 비유의 주제를 청지기도와 관련시켜 본다면 자기 재산을 개인적 쾌락 추구에 탕진해 버린 탕자는 재물에 대한 악한 청지기의 실례로서 제시되고 있다고 볼 수 있을 것이다.

2) 불의한 청지기의 비유(16:1-13)39)

탕자의 비유에 관한 논의에서 이미 지적했지만 양 비유는 보조적 주제에 있어서는 같다고 생각할 수 있다. 즉 탕자의 비유에서는 재물의 낭비가 회개라는 주된 주제와 함께 보조적 주제로서 도입되고 있음에 비해, 본 비유에서도 마찬가지로 구제라는 주된 주제와 함께 재물의 낭비가 보조적 주제로서 제시되고 있는 것이다. 그러므로 보조적 주제의 맥락에서 본다면 두 비유는 동일 사상의 연속선 위에 있으며, 이는 16:1의 "또한"($\delta \grave{\epsilon}\ \kappa \alpha \iota$)이 분명하게 보여주고 있다.40)

---

38) Fitzmyer, *Commentary*, 1095; 참조. Hendrickx, *Parables*, 170.
39) 우리는 이 비유를 6장에서 자세히 논의했으므로, 여기서는 본 주제와 관계된 주된 요점만 다루기로 한다.
40) 앞의 각주 37을 보라.

이 비유에서 청지기가 저지른 것으로 지적된 유일한 악행은 자기 주인의 소유를 허비한 것이다(1절). 그래서 그는 청지기직에서 해고당할 처지에 놓이게 되었다(2-3절).

본문의 청지기가 불의하다($ἀδικίας$)고 묘사되고 있는 것 역시 우리의 주의를 끈다(8절 전반부). 만일 우리가 이 비유의 주된 주제를 구제로 보았던 앞서의 결론을 받아들인다면 그가 옳지 못하다고 묘사하는 것(8절)은 부당해 보인다. 오히려 그는 자기에게 위탁된 재물을 올바르게 사용했으므로 의롭다($δίκαιος$)고 묘사되어야 마땅하다. 그렇다면 그가 불의하다고 묘사된 이유는 과연 무엇인가? 이 같은 질문에 대한 답변은 바로 앞의 비유로부터 유추할 수 있는데, 왜냐하면 이 비유는 앞의 비유와 보조적 주제 면에서 같기 때문이다.[41] 탕자의 비유에서 둘째 아들은 재산을 탕진한 자신의 악행은 하늘과 아버지에게 범한 죄라고 시인한 바 있다(21절). 이 말은 재산의 낭비는 하나님께 죄짓는 것이라는 누가의 사상을 반영한 것일 것이다. 이러한 의미에서 본 비유를 살펴본다면 주인의 재산을 허비한 청지기 역시 하나님과 자기 주인에게 죄를 지은 것으로 볼 수 있으며, 따라서 불의하다고 묘사하는 것이 합당할 것이다.[42] 따라서 이 말은 채무자에 대한 청지기의 소행에 적용되는 것은 아니다. 그것은 주인의 재산을 낭비하던 청지기의 초기 생활을 특징짓는다. 즉 그가 16:8에서 불의하다고 묘사되고

---

[41] 여기서 청지기는 15:13에서 둘째 아들이 행한 죄와 같은 죄목으로 비난받고 있다. 따라서 재물의 낭비의 측면에서 양 비유 사이에는 연속성이 존재한다. 참조. Grundmann, *Lukas*, 317; Ernst, *Lukas*, 595; Danker, *Luke*, 173; Ellis, *Commentary*, 200.

[42] Talbert, *Reading Luke*, 154; Beck, *Character*, 29.

있는 것은 과거의 그의 수상한 돈 거래의 경력에 일부 원인이 있는 것이다.43) 양 비유 속에 감추인 이 같은 측면은 재물의 위험성을 경고할 뿐 아니라 그 낭비의 위험성을 강조하려는 누가의 의도의 반영일 것이다.44) 청지기도와 관련지어 볼 때, 자기 주인이 위탁한 재산을 관리하도록 허락받은 사람이 이를 마치 자기 돈인 양 낭비해 버리는 것은 심각한 죄악인 것이 사실이다. 위의 논의를 요약하면, 누가가 이 비유에서 특별히 강조점을 두는 것은 곧 재산을 낭비하는 것은 불의한 행위이며, 아울러 파멸적인 위기를 초래할 수 있다는 점이다.

3) 부자와 나사로의 비유(16:19-31)

이 비유에는 $διασκορπίζω$(15:13; 16:1; "허비하다")가 앞의 비유들처럼 나오지 않지만45) 19절은 분명히 부자의 호사스런 생활을 예시하는 것으로서, 이는 재물의 방탕한 낭비를 묘사하는 것으로 볼 수 있다. 이 구절에서 받는 인상은 그가 사치스런 삶을 살면서 개인적 쾌락의 추구를 탐닉했다는 것이다($εὐφραινόμενος$; 19절; "연락하였다"). 비록 그가 자신의 부유한 신분에 걸맞게 자색옷($πορφύραν$)과 고운 베옷($βύσσον$; 19절)을 입는 것은 용인될 수 있을지 몰라도, 그럼에도 불구하고 날마다($καθ' ἡμέραν$; 19절) 잔치를 베푸는 것은 명백한 재

---

43) Kistemaker, *Parables*, 232; Fitzmyer, *Commentary*, 1100.
44) Jeremias, *Parables*, 47; 참조. Ernst, *Lukas*, 600.
45) 그러나 16장의 두 비유가 같은 문장으로 시작되고 있다는 사실에 주목해야 한다: $ἄνθρωπός$ $τις$ $ἦν$ $πλούσιος$(어떤 부자에게, 1절) / $ἄνθρωπός$ $δέ$ $τις$ $ἦν$ $πλούσιος$(한 부자가 있어, 19절). 그것은 양 비유가 동질적이라는 누가의 취지를 증명해 주는 것이다.

물의 낭비인 것이다.[46] 그리고 우리가 이 같은 관점에서 25절을 본다면 탕자와 부자의 사치한 생활에 대한 비난이 25절 속에 내포되어 있음을 알 수 있다. "네 좋은 것을 받았고($ἀπέλαβες\ τὰ\ ἀγαθά\ σου$)".[47] 결국 그가 음부에 떨어지게 된 주된 이유는 그가 생전에 자기 좋은 것을 받았기 때문이며(25절), 이는 그의 풍부한 재물로부터 기인되었을 것이다.[48] 즉 그는 일생 동안 그의 재산을 호사스럽게 낭비하면서 자기의 개인적 쾌락을 추구했다는 의미인 것이다.

여기서 우리의 관심을 끄는 것은 자기 재산을 호화로이 써 버리면서도 나사로를 결코 구제하지 않았던 그 부자가 지옥에 떨어졌다는 사실이다. 우리는 앞서의 비유에서 재물의 낭비는 불의하며($ἀδικίας$; 16:1) 죄($ἁμαρτία$; 15:21)라고 묘사되었다는 사실에 주목한 바 있다. 그러나 이 비유에는 그 같은 사법적인 표현이 나오지 않는다. 그 대신 그가 세상에서 저지른 악행의 직접적 결과가 기록되어 있다. 따라서 이 이야기로부터 재물의 낭비는 누구라도 지옥으로 이끌 수 있는 죄악이라는 사실을 알 수 있다. 이는 동양적인 과장일지도 모른다. 그러나 부자의 그 같은 공공연한 행위는 우리가 부자들의 태도에서 일반적으

---

46) 참조. Grundmann, *Lukas*, 327; Ernst, *Lukas*, 473.
47) 참조. 눅 6:24. Fitzmyer, *Commentary*, 1133; 참조. Grundmann, *Lukas*, 327.
48) Grundmann, *Lukas*, 329.
　　부자가 음부에 떨어진 이유를 설명하면서 밀랜드(Mealand, *Poverty*, 32)는 부자에 대한 비난은 부수적인 것으로 치부해 버리면서 운명의 역전의 모티프에 주의를 기울이는데, 그의 주장에 의하면 이는 (부자들이 받을) 화(禍, 6:24-26)나 마리아 송가(1:51-53)의 관점과 일치한다. 그러나 우리가 본문의 이야기와는 동떨어진 자료들을 고려하는 대신, 본문과 그 주변의 문맥 곧 불의한 청지기의 비유를 직접 대면한다면, 부자가 음부에 떨어진 이유는 가난한 이웃에 대한 관심의 소홀에 있다는 것이 분명해지는 것이다.

로 발견할 수 있는 경향이라고 보는 것이 합리적이다. 즉 그 부자의 그런 공공연한 행위 배후에는 더 많은 악행의 가능성이 그의 재물 낭비와 구제 거부에 밀접하게 연결되어 있었고, 그것들이 결과적으로 그를 지옥으로 보냈다는 것이다. 따라서 이 이야기는 자기 재물은 사치스럽게 낭비하되 공동체 내의 가난하고 어려운 사람들은 절대 구제하지 않는 부자들에게는[49] 두려운 경고가 되었을 것이다.[50]

15:11-16:31은 재물의 주제와 관련하여 하나의 단원을 이루고 있다는 사실이 지적되어야 할 것이다.[51] 이 단원은 주로 세 개의 비유로 구성되어 있으며, 각각의 비유들은 주된 주제와 보조적 주제를 가지고 있다. 탕자의 비유의 경우 회개가 주된 주제이고, 재물의 낭비는 보조적인 주제이다. 불의한 청지기의 비유의 경우 구제가 일차적이고, 재물의 낭비는 이차적 주제다. 부자와 나사로의 비유는 재물의 낭비가 일차적이고, 구제는 이차적 주제다. 따라서 각각의 비유는 이중적 모티프의 구조, 곧 주된 주제와 보조적 주제로 되어 있다. 이 점은 누가복음 저자의 탁월한 문학적 기량의 또 다른 증거로 간주될 수 있을 것이다.

---

49) 16장의 두 비유를 하나로 연결하면서 쉴라터(A. Schlatter, *Das Evangelium des Lukas*[Stuttgart: Calwer, 1960], 376)는 그 요점을 다음과 같이 간결하게 표현하고 있다: "그러므로 첫 번째 비유는 '주라, 그러면 너는 자신을 구원하게 될 것이다'라고 말하고 있으며, 두 번째 비유는 '남을 도와주지 말고 흥청망청 쓰거라, 그러면 너는 파멸에 이르게 될 것이다'라고 말하고 있다."
50) Plummer, *Commentary*, 390; Mealand, *Poverty*, 47; Schmidt, *Hostility*, 157.
51) Ernst, *Lukas*, 472. Fitzmyer, *Commentary*, 1095.

4. 재물의 축적: 어리석은 부자의 비유(12:13-21)

이미 구제의 장에서 논의한 바 있는 이 비유를 여기서는 재물 축적에 대한 경고의 주제와 관련지어 간략하게 다루고자 한다. 재물의 주제를 다루는 자료들 중 오직 이 비유만이 재물에 대한 집착과 낭비의 주제와는 구별되는 상이한 측면의 주제, 곧 재물의 축적에 초점을 맞추고 있다. 이 같은 주장을 지지하는 증거는 원문에서 찾아볼 수 있는데, 곧 축적(쌓아 두다)과 관련된 단어가 세 종류나 별개의 형태로 소개되고 있는 것이다: συνάξω(17, 18절), κείμενα(19절), θησαυρίζων (21절). 축적한다는 의미의 이 단어들이 이 이야기 속에서 네 차례나 사용되고 있다는 사실은 이 비유가 본 주제와 관련하여 갖는 중요성을 시사해 준다. 그래서 예루살렘 성경(Jerusalem Bible)에서는 이 비유의 소제목을 "재산을 쌓아 둠에 관하여"라고 붙이고 있다.

유산 분배의 심판관이 되어 달라는 어떤 사람의 요청에 대하여 예수님은 15절에서 "사람의 생명이 그 소유의 넉넉한 데 있지 아니하니라"고 대답하고 있다. 그 후에 이 점을 좀더 분명하게 설명하기 위해 누가복음의 예수님은 이 비유를 말씀하는데, 그 결론은 21절에 나온다. 15절과 21절을 종합해 볼 때 결국 우리는 15절을 다음과 같이 바꿔 쓸 수 있다. "인간의 생명은 하나님께 대해 부요한가의 여부에 달려 있다." 이 말의 정반대의 경우는 21절이 분명하게 보여주듯이 자기에 대해 부요한 것, 즉 재물을 오직 이생의 안락과 쾌락을 위하여 쌓아 두는

것이다.52)

여기서 우리는 누가가 자기의 육신적 쾌락을 추구하기 위해 어리석은 부자가 이생에서 재물을 쌓기를 원했던 점을 하나님께서 그날 밤에 그의 영혼을 불러 가실 것이라고 기술함으로써 비판하고 있음을 알 수 있다.53) 이 비유와 동일한 맥락 하에 있는 12:33을 놓고 볼 때,54) 여기서 누가가 말하고자 하는 의도는 부유한 그리스도인들은 그들의 개인적 쾌락을 위해 지상에서 재물을 쌓아서는 안 되며, 이를 끼니를 채잇지 못하는 가난한 사람들에게 나누어 주어야 한다는 것으로 생각된다. 비유의 이 같은 배경과 누가의 경고를 놓고 에른스트(Ernst)는 우리에게 다음과 같이 적절한 논평을 제공하고 있다.

"이 말씀의 배후에는 공동체의 삶에 대한 실제적인 사회적 문제 제기가 있었던 것으로 생각된다. 부유한 그리스도인들은 부의 위험에 대해 경고 받고 있으며, 또한 그들이 가난한 자들의 보호자가 되어야 함을 기억하도록 요청받고 있는 것이다."55)

---

52) 참조. Marshall, *Commentary*, 521. 이와 함께 이 점을 충분히 이해하기 위해 μου(내)라는 대명사를 다섯 번 사용한 점에서 확인할 수 있는 어리석은 부자의 극단적인 이기심을 고려에 넣어야 할 것이다. 따라서 이기심과 재물의 축적은 이 비유에서 부자의 우매함을 보여주기 위해 개념적 쌍(雙)을 이루고 있는 것이다. 참조. Plummer, *Commentary*, 324; Hendrickx, *Parables*, 101; Ernst, *Lukas*, 400.
53) Karris, "Poor and Rich", 120.
54) 그룬트만(Grundmann, *Lukas*, 258)은 21절의 "하나님께 대하여 부요함"의 문제에 대한 해답이 33절에 주어져 있다고 주장한다. 또한 단커(Danker, *New Age*, 252)는 33절이 결국 21절에 대한 해설이라고 말한다.
55) Ernst, *Lukas*, 400. 참조. Fitzmyer, *Commentary*, 972. 드러리(Drury, *Parables*, 137)는 토비트 7:9-12의 토비아스 이야기를 언급하고 "이 이야기에는 비유(알레고리)가 전혀 없다"고 주장하면서 이 비유를 "일상 세계에서 일어

5. 결론

본 장에서 우리는 누가복음에 나타난 재물의 그릇된 사용의 주제를 조사하였다. 우리는 자료들을 세 가지 범주, 곧 재물에 대한 집착, 낭비, 축적으로 구분하였다. 이 같은 조사를 통해 누가가 재물 사용 시 부자들이 저지르는 잘못이 뚜렷하게 묘사된 그만의 고유한 자료들-어리석은 부자, 탕자, 불의한 청지기, 부자와 나사로의 비유-을 상당수 보유했으며, 또한 이 주제를 강조하기 위해 큰 잔치의 비유나 부자 관원의 기사와 같은 원 자료들에 변화를 주었음을 알 수 있었다. 이 같은 누가의 수정 의도는 빈부에 대한 그의 견해를 전체적으로 고려할 때 그의 공동체 내의 가난한 자와 부자들에 대한 배려와 무관하지 않은 것으로 보인다. 따라서 우리는 누가가 그의 공동체 내의 부유한 그리스도인들이 자행하는 재물의 오용(이는 누가로서는 재물의 부적절한 청지기도의 명백한 표지다)을 비판하고자 했다고 결론내리려 한다.[56]

우리는 재물의 올바른 청지기도와 그릇된 청지기도에 대한 누가의

난 실제 사건이며, 그 도덕적인 의미는 일반인들이 이해 가능한 것이다"라고 평가한다.

[56] 쇼트로프와 쉬테게만(Schottroff & Stegemann, *The Hope*, 87-92)은 누가를 "부자와 존경받는 사람들의 복음서 기자"로 묘사하면서 누가는 부자와 존경받는 사람들이 "회심하여" 현존하는 하나님의 나라(*basileia*)에 참여하기 위해 자원하여 가난하게 된 "예수님과 그 제자들의 교훈과 생활 방식에 일치된 삶을 살게" 하려고 이 모티프와 연관된 자료들을 제공한 것이라고 주장한다. 쇼트로프와 쉬테게만의 이 같은 견해에는 필그림도 동조하고 있다(Pilgrim, *Good News*, 103-122). 참조. Ireland, *Stewardship*, 175-180.

사상을 확인했으므로, 이제는 사도행전을 살펴볼 차례가 되었다. 왜냐하면 만일 사도행전의 저자가 누가복음의 저자와 동일 인물이라면 그의 청지기 사상은 저자의 의도의 연속성을 위해서 두 번째 책에도 나타날 것이기 때문이다.

사도행전의 구제 모티프

9

사도행전의 구제 모티프
제 9 장

우리는 본 장에서 구제의 모티프에 관한 연구를 복음서 연구에서 얻은 성과에 유념하면서 사도행전으로 확대 진척시키고자 한다. 우리는 이로써 누가복음과 사도행전 사이에 재물의 청지기도 수행의 올바른 실천 양식으로 누가가 간주했던 구제 모티프 면에서 주제의 연속성이 존재하는지의 여부를 규명하려 한다. 이러한 과제를 수행하기 위해 우리가 취하려는 절차는 우선 실제 상황에서 구제를 실천했던 사례를 검토하고, 다음에 초대 교회의 공동 생활에 대한 귀중한 정보를 제공해 주는 요약 구절(summary passages)을 두 군데 검토할 것이다. 이 구절들은 아마도 누가가 그의 회중들에게 본받을 만한 교회 생활의 모범으로서 소개하려 했던 것으로 보인다. 셋째로, 우리는 이상 두 부분에 관한 논의의 결과 얻어진 내용에 유의하면서 구제 모티프의 측면에서 누가복음과 사도행전의 연속성 여부를 고찰할 것이다. 그리고 끝으로 우리는 예루살렘 공동체와 쿰란 공동체 사이의 유사점과 상이점 문제에 관해 공동 기금과 공동 식사의 측면에서 상세한 추기(추기)를 덧붙이려 하는데, 이는 양 공동체 간의 밀접한 관계를 주장하는 사람들이 있기 때문이다.

1. 사도행전의 구제의 실례들

사도행전을 보면, 복음서에 종종 나오는 것과 같은 가난한 자들을 구제하라는 부자들을 향한 직설적이고 분명한 권면이 전혀 없음을 알게 된다. 그 대신 우리는 구제의 모티프를 분명하게 관찰할 수 있는 몇몇 요약 구절들을 발견할 수 있으며(2:42-47; 4:32-37), 개인들과 한 교회가 실천했던 구제 행위에 대한 기록을 찾아볼 수 있다. 요약 구절들은 나중에 상세히 논의할 것이므로, 여기서는 다비다, 고넬료, 안디옥 교회 및 구제에 관한 예수님의 말씀 하나를 살펴보려 한다.

1) 다비다(9:36-43)

누가는 베드로가 기도로 다비다를 살렸던 독특한 사건을 서술하고 있는데[1], 그녀는 선행과 구제로 잘 알려졌던 여제자였다(36절). 다비다의 아낌없는 선행에 관한 이 같은 묘사는 구제의 모티프를 다루는 우리의 주의를 끈다. 모든 과부가 다비다를 위해 울면서 그녀가 자기들을 위해 지은 속옷과 겉옷을 보여주었다는 구절로 미루어 보면(39절), 다비다의 그 같은 자비로운 행실 때문에 다른 제자들이 당시 욥바 근처 룻다에 있던 베드로를 불렀던 것으로 보인다.[2] 이 과부들은 다비다에게 금전적인 도움을 받은 것이 분명한데, 왜냐하면 당시의 과부들은 대개 부유한 사람들의 선의와 구제에 의존했기 때문이다.[3] 그리하여 브루스는 적절하게 다음과 같이 지적한다. "본문에서 언급되는 과부들은 나중에 디모데전서 5장 3-16절에 나오듯이 교회에 부속된 특수한 계층의 신도들이 아니라 사도행전 6장 1절의 경우처럼 구제의

---

[1] 또 다른 소생 사건은 바울이 설교하는 동안 깊이 졸다가 삼층에서 땅에 떨어져 죽은 유두고에 대한 기사로서 20:7-12에 기록되어 있다.
   그러나 이 두 사건은 동일한 범주에 속하지 않는 것으로 보이는데, 우선 여기서 유두고는 기피해야 할 나쁜 실례로 나타나며, 둘째로 유두고는 기도와 명령에 의해 소생한 것이 아니었기 때문이다(참조. Marshall, *Acts*, 180). 그러므로 우리는 이 같은 관점에서 볼 때 다비다의 사건을 유일무이하다고 말할 수 있을 것이다.
[2] ἐπιδεικνύμεναι("다 내어 보이거늘")가 중간태라는 사실은 과부들이 실제로 다비다가 그들을 위해 만든 속옷과 겉옷을 입고 있었음을 보여주는 것으로 보인다(Bruce, *Acts*, 212; Marshall, *Acts*, 179).
[3] 핸슨(R. P. C. Hanson, *The Acts*[New Clarendon Bible][Oxford: Clarendon Press, 1967], 118)은 과부들이 운 이유에 관해 흥미로운 설명을 하는데, 곧 "그들이 다비다의 죽음으로 인해 그녀의 구제를 받지 못하게 된 빈궁한 사람들이었기 때문"이라는 것이다.

자연스런 수혜자들이다."4) 그렇다면 가난한 과부들에 대한 다비다의 자선 행위는 그녀가 다시 소생할 만한 자격을 얻게 한 것으로 보인다.5) 결국 누가는 다비다가 가난한 자들에 대한 선행과 구제 덕분에 다시 살아났다는 것으로 서술함으로써 구제의 중요성을 강조하고자 했던 것으로 보인다.6)

2) 고넬료(10:1-48)

이방인의 최초의 회심 기사인 본문에서 로마의 백부장 고넬료는 하나님을 경외하며 백성들(2절: $τῷ λαῷ$; 즉 이스라엘 사람들)7)을 많이 ($πολλὰς$: 2절) 구제했고, 그래서 하나님은 그의 기도와 함께 이를 기억하셨고(4, 31절)8) 유대 온 족속도 그를 칭찬했다(22절)고 기록되어 있다.9) 요컨대 고넬료는 그의 경건한 신앙심과 어려운 사람들에 대한

---

4) Bruce, *Acts*, 212. 참조. Hanson, *Acts*, 118; G. A. Krodel, *Acts*, [Augsburg Commentary on the NT](Minneapolis: Augsburg Publishing House, 1986), 185; Marshall, *Acts*, 179-180.
5) 뤼데만(Lüdemann, *Traditions*, 121)은 다비다에 관해 누가가 36절 후반부에서 "선행과 구제하는 일이 심히 많더니"라고 묘사한 것과 39절 후반부의 옷에 대해 언급한 것을 편집으로 간주하고, "이는 그 여인이 기적을 체험할 자격이 있음을 보여주려는 것"(참조. 눅 7:2-5; 7:12; 행 10:2, 4)이라고 말한다. 벵겔(Bengel)의 논평 역시 이 점을 지지하는 것으로 보인다: "주로 옷 짓는 일인 이 사역은 극히 가치 있는 것으로 평가되었고, 크나큰 상급으로 보답되었다"(*Gnomon*, 2:598). 참조. Haenchen, *Acts*, 339; Marshall, *Acts*, 180.
6) 참조. Krodel, *Acts*, 185.
7) Conzelmann, *Commentary*, 81.
8) Cf. 시 141:2; 토비트 12:12; 시락 50:16; 빌 4:18.
9) 이 점으로 볼 때 우리는 눅 16:9의 예수님의 명령이 여기서 고넬료와 다비다의 기사(9:49, 41)에도 반영되어 있다고 볼 수 있다. 사도행전의 이 두 인물은 재물을 통해 친구를 사귀었고, 그 결과 보상을 받은 것으로 보이기 때문이

구제 행위로 인해 하나님과 이웃의 인정을 받았던 것이다.10) 이 같은 측면에서 보면 고넬료가 실천했던 구제 행위가 하나님의 인정을 받을 수 있는 자격 요건이 된 것이다. 우리는 지금까지 구제에 관한 적잖은 주님의 가르침과 몇몇 개인과 초대 교회 같은 교회의 실천에 관해 살펴보았지만, 구제의 실천이 가져올 결과에 대해서는 살필 기회가 없었다. 그러나 우리는 이 이야기로부터 하나님이 고넬료의 후한 구제와 기도를 인정하셨고, 이는 마침내 예루살렘 교회가 이방인들에 대한 전도를 승인하는 결과를 가져왔음을 명확히 보게 되는 것이다. 따라서 우리는 고넬료의 후한 구제와 기도가 하나님의 인정을 받게 되었고, 모(母) 교회가 이방인 선교를 공식 승인하게 만드는 역사적 원동력이 되었음을 알 수 있다. 그러므로 우리는 이로써 누가가 예수님의 명령대로 구제를 실천하는 것이 얼마나 중요한 것인지를 그의 교회에 보여주려 했다고 말할 수 있을 것이다.

3) 안디옥 교회(11:27-30)11)

자기 재산으로 구제를 실천한 몇몇 개인들처럼 안디옥 교회의 경우

다. 다비다의 친구들은 그녀가 소생하도록 도움을 주었으며, 고넬료의 친구들은 그가 그리스도의 교회에 받아들여지도록 도움을 주었던 것이다.
10) 그래서 벵겔(*Gnomon*, 2:599)은 이 개념을 다음과 같이 표현한다: "당시 수많은 유대인들은 극심한 기아 상태에 놓여 있었다. 하나님은 그들을 대신하여 가난한 자들의 채무를 갚아 주셨다. 이스라엘을 향하신 하나님의 은혜가 이스라엘 백성들에 대한 고넬료의 호의를 갚아 주신 것이다." 참조. Beck, *Character*, 111; O. Cone, *Rich and Poor in the New Testament*(London: A & C Black, 1902), 146. 또한 2:47을 보라. 참조. 4:21; 5:13.
11) 참조. 행 12:25; 24:17.

도 짚고 넘어가야 할 것이다. 선지자 아가보는 천하가 크게 흉년 들리라고 예언했는데(28절), 누가는 글라우디오의 치세 동안에(주후 41-54년) 그 일이 일어났다고 기록하였다. 그러나 로마 제국의 전 기간 동안 범세계적 규모의 기근은 일어난 적이 없고 단지 글라우디오의 치세 동안 여러 지역에서 흉작과 빈번한 기근이 발생했다는 기록이 남아 있다.[12] 이와 함께, 요세푸스에 의하면 주후 46-48년 어간에 유대에 기근이 발생했으므로 아디아베네의 헬레나 여왕(Queen of Helena of Adiabene)이 예루살렘의 가난하고 굶주린 사람들을 구호하기 위해 이집트로부터 곡물을 보냈다는 기록이 남아 있다.[13] 예루살렘의 그리스도인들에게도 마찬가지로 영향을 미쳤을 이 같은 고난에 대응하여 안디옥 교회는 부조금($\delta\iota\alpha\kappa o\nu\acute{\iota}\alpha$)[14]을 유대의 형제들에게 보내기로 결정하고 이 직무의 수행을 위해 바나바와 사울을 선임하였다. 그러므로 우리는 안디옥 교회의 이 같은 기근 구제 활동을 종류는 달라도 일종의 구제 행위, 곧 부유한 기관이 빈궁한 기관에 베푼 자선으로 간주할 수 있을 것이다.[15]

---

12) Suetonous, *Life of Claudius*, 18.2; Tacitus, *Annals*, 12.43; Dio Cassius, *Roman History*, 60:11; Orosius, *History*, 7.6.17. 참조. Haenchen, *Acts*, 374; Bruce, *Acts*, 243-4; Lüdemann, *Traditions*, 135.
13) Josephus, *Ant.*, 3:15.3; 20.2.5; 20.5.2. 유대의 이 같은 기근에 대해 예레미아스(J. Jeremias, "Sabbatjahr und neutestamentliche Chronologie", ZNW 27 [1928], 98-103)는 그 기근은 극심했을 것이라고 주장하는데, 왜냐하면 그것이 유대인들이 율법을 좇아 충실히 지켰던 "안식년의 결과와 시기적으로 일치했기 때문이다."
14) 바울도 그가 모금한 돈을 $\delta\iota\alpha\kappa o\nu\acute{\iota}\alpha$라고 부르고 있다(고전 16:15; 고후 8:4; 9:1, 13; 롬 15:31).
15) 크로들(Krodel, *Acts*, 210)은 이 사건을 "교회들 간의 구제"라고 부르면서 다음과 같이 적절한 지적을 하고 있다: "신생 유대인-이방인 공동체는…예루

결국, 사도행전의 이 독특한 사건으로부터 우리는 구제의 규모가 고난에 처한 한 교회의 필요에 부응하여 확대되었음을 관찰할 수 있고, 구제 행위는 개개인뿐 아니라 경제적 곤경에 처하게 됨으로써 외부의 재정적 지원에 의존하게 된 기독교 공동체들도 대상으로 해야 한다고 결론내릴 수 있을 것이다.

4) 예수님의 명령(20:35)

우리가 기대를 갖고 살펴보려는 구절은 밀레도의 장로들에게 한 바울의 고별 설교의 일부인 사도행전 20장 35절이다. 여기서 바울은 주의 명령을 인용하면서 약한 자들을 도우라고 권면한다: "주는 것이 받는 것보다 복이 있다."[16] 여기서 문맥상(33-35절) 약한 자(οἱ ἀσθενο-

---

살렘 교회의 가난하고 어려운 사람들을 도움으로써 그 교회의 이상을 새롭게 표현하였다." 참조. Marshall, *Acts*. 204.

16) 우리는 이 주님의 말씀이 신약이나 초기 기독교 문헌 속에 나오지 않으며, Μακάριόν ἐστιν μᾶλλον διδόναι ἢ λαμβάνειν("주는 것이 받는 것보다 복이 있다")은 페르시아의 격언을 상기시켜 준다는 것을 알고 있다. 투키디데스에 의하면(Thucydides, 2.97.4), 페르시아의 왕들은 선물을 받기보다 주는 것을 즐겨 했던 것으로 알려져 있다(참조. Xenophon, *Cyrop*. 8.2.7). 이들 구절 외에도 비슷한 모티프를 담고 있는 다수의 구절들을 헬라와 로마의 문헌에서 찾아볼 수 있다(Plutarch, *Moralia*, 173d, 182e, 778c; Seneca, *Epistle*, 81.17).
그러나 핸슨의 주장처럼(Hanson, *Acts*, 206), 팔레스타인에서 헬레니즘이 끼친 문화적 영향력을 고려에 넣는다면 예수님이 헬라의 격언을 인용하거나 각색해서 사용하지 않을 이유가 없다고 여겨진다. 여기서 μακάριον은 헬라적 표현 스타일이라기보다는 유대적 스타일임을 분명히 보여주며, 또한 Did. 1.5에서 우리는 이 구절의 반향을 발견할 수 있다: "네게 구하는 모든 자들에게 주고 되돌려 받지 말라! 왜냐하면 천부께서는 모든 사람들에게 자신의 은혜의 선물이 주어지기를 원하시기 때문이다. 계명대로 **주는 자는 복이 있**

ὔντες)는 재력이 약하다는 의미에서 가난한 자를 포함하며,17) 따라서 바울의 이 명령은 사실상 구제하라는 명령으로 볼 수 있다. 35절 전반부에 대한 이 같은 해석이 타당하게 보이는 것은 바울의 권면 속에 함축된 의미가 바로 뒤에 나오는 예수님의 명령과 조화되기 때문이다. 크로들(Krodel)은 이 점을 다음과 같이 인식하고 있다.

"이 말씀의 배경은 누가가 구제에 대한 예수님의 명령과 유비시켜 이해했던(눅 6:30, 34-35, 38), 기독교화된 헬라적 격언이었을 것이다"(Thucydides, 2.97.4, Plutarch, Moralia, 173D).18)

또한 예수님의 이 말씀은 유일무이한 것임을 주목해야 하는데, 사도행전에서 예수님의 다른 말씀은 일체 인용되고 있지 않으며 구제하라는 명확한 명령도 전혀 기록되어 있지 않기 때문이다. 그러므로 이런

으리니, 그는 책망받을 것이 없기 때문이다. **받는 자에게는 화가 있으리로다.** 확실한 것은, 만일 고통당하는 자가 원해서 받는 것이라면 그는 무죄하리라."
 이외에도 눅 6:38, 11:9 이하, 14:12-14과 요 13:34에도 이 구절의 정신이 나타나고 있다(Bruce, *Acts*, 418; Pilgrim, *Good News*, 159; 참조. W. Neil, *The Acts of the Apostles*[NCB][London: Oliphants, 1973], 215). 따라서 그 구절의 진정성에 대해서는 콘첼만(Conzelmann, *Commentary*, 176)이 인정하는 이상으로 할 말이 많은 것이다.
17) Schottroff & Stegemann, *The Hope*, 111. 참조. Krodel, *Acts*, 94, 392; Marshall, *Acts*, 336; Pilgrim, *Good News*, 158-9; Beck, *Character*, 531; Sweetland, *Journey*, 188. 참조. 엡 4:28.
18) Krodel, *Acts*, 392; 참조. Bruce, *Acts*, 418.
 페쉬(R. Pesch, *Die Apostelgeschichte*(*Apg 13-28*)[EKKNT](Zürich: Benziger Verlag, 1986), 206) 역시 누가는 행 20:35의 이 말씀을 눅 6:30-46과 10:30-37에 나오는 예수님의 사회적 설교와 연관시켜 이해하고 있다고 주장한다.

의미에서 예수님의 이 마지막 말씀은 누가가 누가-행전을 통해 두드러지게 강조하고 있는 구제에 대한 예수님의 가르침의 요약으로서 소개했다고 말할 수 있다. 이 점에서 볼 때 필그림의 다음과 같은 논평은 적절해 보인다.

"'주는 것이 받는 것보다 복이 있다'는 주님의 말씀은 누가의 빈부의 주제 제시 및 가난한 자들을 향한 복음 선포에 가장 적합한 결론임을 깨닫게 된다."[19]

2. 요약 구절들(행 2:43-47; 4:32-35)

앞에서 구제의 실천과 관련하여 언급한 구절들 가운데 특히 사도행전 2장 42-47절과 사도행전 4장 32-37절의 두 부분은 숙고할 필요가 있는데, 이들 구절은 초대 교회의 그리스도인들이 그들의 재산을 공유한 것과 그들 중에는 핍절한 사람이 없었다는 사실을 간략하게 기술해 주기 때문이다.[20]

본문에는 구제에 대한 명확한 언급이나 구제에 대한 권면이 포함되어 있지 않기 때문에 본 논제에 포함될 수 없는 것처럼 보일지 모른다.

---

19) Pilgrim, *Good News*, 159.
20) 사도행전에는 초대 교회의 성장 및 상태에 관해 좀더 진전된 또 다른 요약문들이 나오지만(예컨대 5:12-16; 6:7; 9:31), 초대 기독교 공동체의 경제 생활에 관한 지식을 제공해 주지는 않는다.

그러나 본문은 예루살렘 기독교 공동체의 신자들이 소유를 서로 통용하고 어려운 사람들에게 주었다는 사실을 분명히 적시하고 있다. 따라서 여기서 몇 가지 문제에 면밀하게 주의를 기울일 필요가 생긴다: 누가는 왜 초대 교회의 공동 생활을 기술하면서 이들 두 요약 구절을 기록하였을까? 빈부에 관한 누가 신학의 영역에서 이들 요약 구절은 어떠한 중요성을 갖는가? 끝으로, 그것들은 복음서의 교훈과 어떠한 관계가 있는가? 이들 질문에 답하기에 앞서 우리는 예루살렘 교회의 공동 생활에 관한 누가의 서술에 미쳤던 문학적, 역사적 제 영향들을 조사할 필요가 있다.

1) 구약성경과 그리스의 유토피아적 이상(理想)의 반향(反響)

일반적으로 이들 요약 구절은 누가가 신명기 15장 4절과 같은 구약 예언의 성취인 동시에 "공동체의 그리스적 이상 곧 그리스 유토피아주의의 실현"으로서 기록한 것이라고 주장되어 왔다.[21] 따라서 이 같은 측면을 세밀하게 조사하는 것이 유익할 것이다.

---

[21] Haenchen, *Acts*, 233; D. L. Mealand, "Community of Goods and Utopian Allusions in Acts II-IV", *JTS* 28(1977), 96-99; Degenhardt, *Lukas*, 165; Conzelmann, *Commentary*, 36; R. M. Grant, *Early Christianity and Society* (London: Collins, 1978), 100; Marshall, *Acts*, 108-9; Pilgrim, *Good News*, 151-2; Countryman, *Rich Christian*, 80; Schottroff & Stegemann, *The Hope*, 118; M. Hengel, *Property and Riches in the Early Church*(London: SCM, 1974), 31; L. T. Johnson, *Sharing Possession: Mandate and Symbol of Faith* (Philadelphia: Fortress Press, 1981), 128; H. J. Klauck, "Gütergemeinschaft in der klassischen Antike in Qumran und im neuen Testament", *RevQ* 11 (1982-4), 69-70; Krodel, *Acts*, 117.

(1) 신명기 15장 4절의 말씀(70인역; οὐκ ἔσται ἐν σοι ἐνδεής)이 실제로 사도행전 4장 34절에 반영되어 있음에 유의해야 한다.22) 처음부터 누가는 이 예언이 토지의 세습과 관련된 것임을 인식했고, 종말론적인 구원 예언의 이러한 특징이 초대 교회 공동체에서 어떻게 실현되고 있는지를 보여주었다.23) 혹자는 "그 중에 핍절한 사람이 없으니"(οὐδὲ γάρ ἐνδεής τις ἦν ἐν αὐτοῖς)와 같은 묘사는 저자가 이상화한 것이라고 주장하지만,24) 만일 사도행전의 요약 구절에 묘사되어 있듯이 자선 목적의 모종의 공동 기금이 존재했다고 가정한다면,25) 이 같은 공동 기금을 통해 가난한 사람들의 일체의 필요가 넉넉히 충족되었으리라고 추정하는 것은 어렵지 않을 것이다(그것이 얼마나 오래 지속되었는지는 확실치 않아도).26)

---

22) Haenchen, Acts, 231; Conzelmann, Commentary, 36. 또한 우리는 이 모티프를 고전 문헌의 저자들에게서도 발견한다. 참조. Seneca, Epistle, 90.38.
23) Klauck, "Gütergemeinschaft", 74; Haenchen, Acts, 233.
24) 예를 들면, 크로델(Krodel, Acts, 117)은 34절을 "누가가 그의 독자들이 자기 재산을 새로운 시각으로 보고 **그 공동체 신자들 가운데 궁핍한 사람이 없도록** 하기 위해 기록한, 비현실적으로 이상화된 묘사"로 간주한다(참조. 94). 콘첼만(Conzelmann, Commentary, 24) 역시 이를 이상화된 묘사로 간주하면서 초대 교회에서 이 사건이 역사적으로 일어났다는 주장을 반박한다.
25) 2:45; 4:34-5; 5:2; 6:1.
26) 클라우크(Klauck, "Gütergemeinschaft", 69-70)는 이 같은 이상화된 상태는 일정한 과정을 거친 결과일 것으로 추측하며, 여기에는 공동 기금이 포함된 것으로 본다.
    이 예언과는 별도로 클라우크는 몇몇 단어와 문구, 예를 들면 요약 구절들과 개별적인 두 사건(바나바와 아나니아)에서 "ἐπὶ τὸ αὐτό"(2:43, 47), "zu-Füße-legen"(발 앞에 두다; 4:35, 37; 5:2), "νοσφίσασθαι"(감추다; 5:2, 3)를 언급하면서 이것들은 구약과 모종의 연관성을 가지고 있다고 주장한다. 그는 이 같은 증거를 제시함으로써 누가가 구약의 단어와 문구 몇 개를 사용했다고 주장하는 것으로 보인다(74). 이는 누가가 요약 구절과 개별적인 두 일화를 기술하면서 헬레니즘적 이상뿐 아니라 구약도 대단히 깊이 의존했음

(2) 그리스의 유토피아적 이상(理想)은 요약 구절의 καρδία καὶ ψυχὴ μία("한 마음과 한 뜻이 되어", 4:32)나 (ἅ) πάντα κοινά("모든 물건을 서로", 2:44; 4:32)나 οὐδέ(ν) ἴδιον("그리고 자기 것이 아니다", 4:32)과 같은 문구들의 형태에서 엿볼 수 있는데, 이는 플라톤 이래로 그리스 문학에서 빈번히 나타난다. 우선 καρδία καὶ ψυχὴ μία를 놓고 보면 헬라-로마의 문헌에서 ψυχὴ μία는 이상적 공동체의 원형으로서 피타고라스 학파의 공동체 생활의 활기 찬 특성을 묘사할 때 심심찮게 등장하며,[27] 또한 다수의 그리스-라틴 문학 작품 속에서 하나의 경구(驚句)처럼 빈번히 인용된다.[28] 이 ψυχὴ μία는 라틴 문학에서 animus unus나 mens una나 spiritus unus처럼 "진정한 우애"를 가리키는 표현으로 사용되었다.[29] 또한 καρδία καὶ ψυχὴ μία는 70인역 구약

을 가리키는 것이다.

[27] Iamblichus, *Vit. Pyth.* 30.167; Diodorus Siculus, 10.3; Cicero, *De Off.* 1.17. 56.

아마도 여기서 디오게네스 라에르티우스(Diogenes Laertius), 포르피리우스(Porphyrius), 얌블리쿠스가 저술한 후대(주후 3세기)의 전기(傳記)들과 피타고라스 학파 공동체들의 원래 전승(주전 6세기) 사이의 관계에 대한 문제가 발생할 것이다. 이 문제들을 해결하기 위한 주된 실마리는 재물에 대한 플라톤의 표현이 후대의 전기들의 표현과 몹시 흡사하다는 점으로서, 이는 믿을 만한 전승과 후대의 전기들 사이의 연속성을 시사해 주는 것으로 보인다. 우리가 플라톤의 글에 나오는 이 격언을 이 같은 연속성의 관점에서 조사해 볼 때 플라톤 자신이 피타고라스 학파의 전승에 의존했다는 사실이 밝혀질 것이다(Johnson, *Sharing*, 139-140).

[28] Diogenes Laertius, *Lives*, 5.1.20; Diogenes, *Cynicus in Stobaeus*, 2.33.8; Plutarch, *Moralia*, 478c(*De fraterno amore*); Aristotle, *N. E.*, 1168b; Cicero, *De amicitia*, 25.92. 여기서 플라톤이 인류를 단일한 실재로 간주한 것으로 알려져 있다는 사실을 지적하는 것은 적절하다고 생각한다(*Statesman*, 274e; *Gorgias*, 507e-8a; 참조. H. C. Baldry, *The Unity of Mankind in Greek Thought*[Cambridge: University Press, 1965], 76-77).

[29] D. W. Van der Horst, "Hellenistic Parallels to Acts", *JSNT* 35(1989), 46;

성경에도 약간 반영되고 있는데, 왜냐하면 "마음(heart)"과 "정신(soul)"을 나란히 병치시켜 놓은 문구가 구약, 특히 신명기에서 "마음을 다하고 성품을 다하여"라는 표현으로 자주 등장하기 때문이다.30)

둘째로, 견유 학파-스토아 학파-파타고라스 학파의 이상이기도 한 "친구들 간에 모든 것은 공동 소유"(κοινὰ τὰ φίλων)라는 구호는 사도행전 4장 32절 후반절에 몹시 가깝다: "모든 물건을 서로 통용하고 제 재물을 조금이라도 제 것이라 하는 이가 하나도 없더라"(οὐδὲ εἷς τι τῶν ὑπαρχόντων αὐτῷ ἔλεγεν ἴδιον εἶναι, ἀλλ' ἦν αὐτοῖς ἅπαντα κοινά). 이 같은 부류의 공동체 생활의 원조로 생각되는 피타고라스 학파의 공동체에서는 아무도 무엇이건 자기 소유로 주장하지 않았으며, 공동체 성원들은 모든 것을 공유했다.31) 이 문구는 플라톤 이래로 그리스 문헌에서 이상 사회의 특징으로 자주 등장한다.32)

참조. A. Otto, *Die Sprichwörter und sprichtwörtlichen Redensarten der Römer*(Leipzig: Teubner, 1890), 25-6. Cicero, *SRosc*, 48.7: "animus unus"; Silius Italicus, *Pun.*, 11.307; Zeno of Verona, *Serm.*, 2.27.10: "mens una".

30) 신 6:5; 10:12; 11:13; 13:3; 26:16; 30:2, 6, 10 기타. 참조. Klauck, "Gütergemeinschaft", 74.

31) Iamblichus, *Vit. Pyth.* 30.167-8(6.32.2; 19.92.21). 이 격언의 배후에는 몇 가지 요인이 있다. 헬레니즘 윤리의 고전적인 3대 악덕 중의 하나가 돈을 좋아하는 것(φιλάργυρια)이다(참조. 눅 16:14). 헬라 철학자들은 φιλάργυρια가 사람들을 피차 격렬하게 경쟁케 하고 사회를 분열시킨다는 것을 알았다. 그들은 또한 친구들 간의 관계에는 경쟁이 없다는 사실에 주목하고, 그 결과 인간 사회의 이상적인 관계는 친우(親友)관계임을 인식하게 되었다(Johnson, *Sharing*, 119-120).

32) Plato, *Republic*, 424a; 494c; *Laws*, 739c. 이 구절은 다음의 헬라-로마의 문헌들에서도 발견된다; Aelius, 16.241; Aristotle, *E. E.* 1237b; *E. N.* 1159b; 1168b; *Pol.* 1263a - 플라톤의 사상에 대한 아리스토텔레스의 비판은 친구들은 재산의 사용에 있어서는 공유해야 하지만 소유권에 있어서는 그렇지 않다는 것이다(참조. Euripides, *Androm.*, 376-7).; Clemens(Alexandrinus),

셋째로, 앞의 중요한 두 구절과 함께 οὐδέν(또는 μεδέν) ἴδιον[33])도 플라톤의 소개로 그리스 문헌에서 유토피아적 내용의 이상적 상태를 묘사하기 위해 사용되고 있다.[34]

요컨대 수많은 그리스와 로마의 작가들이 καρδία καὶ ψυχὴ μία, πάντα κοινά나 οὐδέ(ν) ἴδιον 같은 문구들을 사용했다는 것은 "오래 전에 소멸된 어느 황금 시대 혹은 먼 나라 아니면 어떤 미래 이상 국가의 국민들은 모든 것을 공유했거나 공유하거나 아니면 장차 공유할 것이라"[35])는 그들의 바람을 보여주는 것일지 모른다.

이 같은 사실이 맞다면, 당대의 헬레니즘 문화에 물들은 작가인 누가가 그리스 문헌에 나타나는 그 같은 유토피아적 단어나 문구들에 익숙했을 것이며, 또한 자신의 헬레니즘권(圈) 독자들에게 누가-행전을

1.12. 122; Diogenes Laertius, *Lives*, 4.53; 8.10; 10.11; Libanus, *Epistle*, 1209.4; 1537.5; Olympiodorus, 4.88; Philo, *Moses*, 1.156 이하; Plutarch, *Moralia*, 490e; 644c; 767d; Theophrastus, 10.75.1; Cicero, *De. Off.* 1.16.51, "amicorum esse communia omnia"; Ps. Clem., *Recog.* 10.5.

33) Plato, *Critias*, 110d; *Republic*, 416d; 464d; 543b; Tim. 18b; 참조. Diogenes Laertius, *Lives*, 8.23.

34) 얌블리쿠스의 책의 한 구절에서 우리는 요약 구절에서 언급하고 있는 단어와 문구들을 집약적으로 발견하게 되는데, 이는 특기할 만한 일이다(*Vit. Pyth.* 167 이하).

35) Mealand, "Utopian Allusions", 98; 참조. Klauck, "Gütergemeinschaft", 73; Aristotle, *Pol.* 1263a; "그 같은 제도는 오늘날에도 몇몇 국가에 윤곽이 남아 있어서 그것이 실천 불가능한 일이 아님을 보여주며, 특히 잘 통치되는 국가들에서는 부분적으로 이미 실현되었거나 아니면 실현될 것이다. 왜냐하면 개인들은 자기 재산을 사적으로 소유하면서도 이를 친구들을 위해 내어 놓으며, 또한 자기 친구들의 재산을 공동 재산으로 이용하기 때문이다. 예컨대 스파르타에서는 사람들이 상대방의 노예를 사실상 자기 노예로 부리며, 말과 사냥개는 더 말할 나위가 없다. 그리고 그들이 여행 중에 식량을 필요로 할 경우에는 전국의 밭의 소출을 이용하는 것이다"(*Pol.* 1263a.30-40).

제공하려 할 때 이를 참작했으리라고 보는 것이 온당할 것이다. 따라서 이 같은 의미에서 우리는, 그리스적 이상을 나타내는 경구들을 구약적 전승과 결합시켰던 2:44-45과 4:32-35의 부분에서,36) 누가가 예루살렘의 초대 교회 공동체를 헬레니즘-로마적 공동 소유의 배경에 놓고 이를 그리스 유토피아적 이상의 실현인 것으로 묘사함으로써, 그리스 유토피아적 이상에 빗대어 설명하는 누가의 방식을 이해하는 헬라파 회중들이 팔레스타인에서 기원한 신흥 종교의 이 같은 메시지에 친숙함을 느끼도록 했으리라고 추정할 수 있을 것이다.37) 클라우크(Klauck)는 이 같은 모티프를 다음과 같이 설명한다.

> "Man wird aber festhalten: Lukas wollte seinen hellenistischen Lesern zeigen, daβ all die Träume und Wunschgebilde hellenstischen Sozialdenkens in der christlichen Urgemeinde vorbildlich verwirklicht wurden."38)

요약컨대, 우리는 이 간략한 요약문에서 누가가 신생 기독교 공동체를 "신명기뿐만 아니라 그리스 유토피아주의의 희망, 약속, 이상의 실

---

36) Schottroff & Stegemann, *The Hope*, 118; Haenchen, *Acts*, 231.
37) 요약 구절들의 이 같은 특징들에 관해 호른(Horn, *Glaube*, 47-49)은 여기서 누가는 가난 그 자체를 이상화하지 않고 오히려 그의 공동체의 부유한 그리스도인들이 "그의 공동체의 하나됨"(die Einheit der seine Gemeinde)을 위해 구제하는 일의 중요성을 깨닫도록 돕기 위해 그들에게 호소한 것이라고 주장한다.
38) Klauck, "Gütergemeinschaft", 73; "그러나 헬라적 사회 사상의 모든 꿈과 이상들이 초기 기독교 공동체에서 모범적으로 실현되었다는 것을 누가가 그의 헬라 독자들에게 알려 주기를 원했다는 사실을 사람들은 인식해야만 할 것이다."

현으로 묘사하려 했음을 깨닫게 된다.39)

2) 공상적인 이상화(理想化)?

혹자는 이러한 이상적인 상태가 예루살렘 공동체를 지배했다는 사실을 부정하고, 누가 자신도 그들의 실패를 증언했다고 주장한다.40) 이 같은 주장의 근거는 5장 1-16절에 공동 기금의 설치가 실패했다는 사례가 기록되어 있으며, 또한 12장 12절에는 마가 요한의 어머니인 마리아가 여전히 자신의 집을 소유하고 있는 것으로 기술되어 있는 바, 이는 그녀가 공동 기금을 위해 집을 팔지 않았다는 증거라는 것이다. 끝으로 6장 1절 이하에서 원래의 공동체에 소속된 어떤 헬라파 과부들은 구제 대상에서 제외되었다.41) 이상의 주장을 고집하는 사람들

---

39) Mealand, "Utopian Allusions", 99; Haenchen, Acts, 233; Klauck, "Gütergemeinschaft", 72-4.
40) Conzelmann, Commentary, 24; Krodel, Acts, 117-8. 이 문제에 관해 핸첸(Haenchen, Acts, 193-5)은 이들 요약 구절이 "역사적으로 신뢰할 만한 전거로부터 나왔는지 아니면 가치 없는 전설로부터 나온 것인지"(193)를 구명하기 위해 다양한 이론들을 논의했다. 이 문제에 관한 그의 견해는 "우리가 보기에 요약 구절들은 전적으로 누가의 펜에서 나온 것 같다"는 것이다(195; 참조. 233).
   한편, 이 문제에 대한 쇼트로프와 쉬테게만의 입장은 중도적으로서 양자택일을 거부한다. "두 구절[2:41-47; 4:32-37]은 원시 예루살렘 공동체에 대한 역사적으로 믿을 만한 설명을 제공해 주지 않지만, 그렇다고 그것이 누가의 편에서 단순히 이상화한 것도 아니다. 오히려 누가는 우리가 더 이상 재구성할 수 없는 원시 기독교 공동체에 대한 정보를 토대로 하여, 여기서 자기 생각에 마땅히 그래야 한다고 보는 기독교 공동체상(像)을 그리고 있는 것이다"(The Hope, 117).
41) 쇼트로프와 쉬테게만(Schottroff & Stegemann, The Hope)은 행 6:1 이하와 5:1-11의 두 사건으로부터 "상류층과 하층민 사이에 사회적 긴장이 존재했

은 4장 36-37절에 나오는 바나바에 관한 기사를 예외적인 사례로 해석하려 한다.[42] 그들은 그것이 예외적인 경우였으므로 초대 교회 공동체 전체의 일반적 관행을 반영하고 있지 않다고 주장한다. 그래서 그들은 앞의 요약문들을 저자 자신과 그 당시의 "사회주의적" 관점에서 비롯된 과장이자 순전한 이상화로 간주해 버리는 경향이 있다.[43] 즉 그들

> 다"는 결론을 도출해 내고 있다. 그들은 헬라파 과부들은 실제로는 가난하지 않았는데, 왜냐하면 로마의 속주(屬州)에서 헬라파 주민들은 "번영하고 존경받는" 것으로 생각되었기 때문이라는 것이다. 그들은 그 증거로 헬라파는 "통상적으로 로마 시민권을 받는 첫 주민들이었다"고 주장한다(118). 따라서 헬라파 과부들은 부유하고 성공한 그리스도인인 아나니아/삽비라와 같은 수준인 것으로 주장하고 있다. 따라서 이 같은 논리의 결과 아나니아/삽비라 부부나 헬라파 과부들같이 "부유하고 성공한" 부류들이 "이상적 공동체의 토대를 잠식하고 있었다"는 것이다(118-9).
> 누가복음과 사도행전에 사회적 긴장을 가리키는 구절들이 몇 군데 있을지 모른다. 그러나 이 사건들이 그 같은 경우에 속하는 것 같지는 않다. 과부들의 경우에는 그들이 참으로 가난했다는 사실을 지지하는 명백한 본문의 증거가 있다. 그것은 διακονία라는 단어다. 사도행전에서 이 어근은 명사로 7회(1:17; 6:1, 4; 11:29; 12:25; 20:24; 21:19) 사용되고 동사로 1회(διακονέω; 6:2) 사용되고 있다. 대부분의 경우 그것은 사역이나 봉사의 의미로 사용되고 있지만, 6:1과 11:29(참조, 고후 8:4)의 두 경우에는 **기금이나 식품과 구제품의 분배**의 의미로 사용되고 있다. 이와 관련하여, 만일 헬라파 과부들이 참으로 가난한 것이 아니었다면 그들은 절대로 **날마다** 식량을 분배받을 필요가 없었을 것이다. 따라서 나의 의견으로는 이들 두 사건을 사회적 긴장의 징표로 이용하는 쇼트로프와 쉬테게만은 이 문맥에서 받아들이기에는 지나치게 공상적이다(참조, M. Hengel, *Between Jesus and Paul*[London: SCM, 1983], 16; H. W. Beyer, "Διακονέω", *TDNT*, 2:81-93). 그러나 만일 사회적 긴장을 문화적 내지 인종적인 시각에서 이해할 수 있다면, 이 경우가 바로 그 경우임에 분명하다.

42) Haenchen, *Acts*, 233.
43) Cone, *Rich and Poor*, 143-158; Pilgrim, *Good News*, 148; Conzelmann, *Commentary*, 24; Esler, *Community*, 196. 존슨(Johnson, *Sharing*, 129)도 마찬가지로 요약 구절들은 이상화된 것으로 볼 수 있다고 주장하지만 그 이유가 다르다. 그는 누가가 후대의 기독교 공동체에서 엄격한 재물의 공유가 실천 가능하리라고는 기대하지 않았다고 주장한다.

은 여기서 누가가 실제로 일어나지 않고 단지 그가 자기 공동체는 마땅히 그래야 한다고 생각한 바를 묘사한 것이라고 주장하는 것이다.

이들 구절 속에는 οὐδέν(또는 μηδέν) ἴδιον이나 πάντα(또는 ἅπαντα) κοινά(2:44; 4:32) 같은 몇몇 문구가 있는데, 이는 누가의 묘사에서 이상화의 경향의 일례를 보여주며, 또한 어느 정도 이상화가 있었음을 부정할 수 없게 한다는 사실은 인정해야 할 것이다. 그럼에도 불구하고, 공동체 내의 가난한 사람들을 위해 재산을 판다거나 공동체 성원들 간에 모든 것을 공유하고 곤경에 처한 가난한 사람들을 구제하기 위해 공동 기금을 설치했다는 등의 주된 사실들은 단순한 이상화로 생각될 수는 없는 것이다.44)

재물의 공유에 관한 한 그의 견해가 맞을지 모른다. 그러나 구제하라는 교훈의 견지에서 본다면 그의 주장은 유지될 수 없다. 재산 공유의 관습 자체에 대한 비판적 판단은 Johnson, Sharing, 131-2를 참조하라.

44) 쇼트로프와 쉬테게만(Schottroff & Stegemann, The Hope)은 초대 교회 신자들 간의 재산과 소유의 분배를 "소유의 평등화"로 보면서 누가는 "평등화를 단순한 산술적 의미의 평등으로 생각한다"고 주장한다(119). 그러나 각자의 필요에 따른 분배를 "단순한 산술적 의미로서의 평등"으로 간주할 수 있는지는 의심스럽다.

여기서 인식해야 하는 것은 평등화가 아니라 그들이 모든 물건을 서로 통용했다는 사실이다(πάντα κοινά). 각인의 필요에 따른 분배의 궁극적 목적은 가난한 자를 부자와 같게 만들려는 것이 아니라 부자들의 도움이 없이는 생존할 수 없는 가난한 자들을 보살피려는 것이다.

이러한 맥락에서 ἰσότης(ἴσος: 평등, 동등한)의 의미를 검토할 때 일차적으로 밝혀지는 것은 물량적인 평등이 아니라 가치나 능력의 평등으로서, 이는 때때로 동일한 중요성을 갖는 것이다. 예를 들면, ἰσότης는 그리스의 정치적·법제적인 관점에서는 "공정한 분배"를 의미할 수 있으며, 그래서 그리스 도시 국가들에서는 자유와 함께 민주주의의 기본 원리가 된다[Aristotle, Pol., 1291b.35; 1279a.9](G. Stählin, "ἴσος/ἰσότης", TDNT, 3:346). 그리스 사회 속에서 표현되는 그 같은 ἰσότης의 개념은 그것이 판단 기준(ἐξ ἰσότητος) 겸 목표(ὅπως γένηται ἰσότης: 평균하게 하려 함이라)로 사용되고 이와 관련하여 우리는 이 같은 서술 배후에 역사적 사실이 내재해 있을 개연성이 극히 다분하다고 주장하고자 한다.

이 주장에 대한 내적 증거로서 우리는 사도행전의 두 사건 – 바나바의 일화(4:36-37)와 아나니아/삽비라 사건(5:1-11) – 이 공동 기금 조성과 관련되어 있음을 지적하려 한다. 여기서 바나바의 일화는 예루살렘의 초대 그리스도인들이 실제로 어떻게 그들의 재산을 공동 출연해서 공동 기금을 조성했는지에 대한 전형적인 구체적 사례로서 소개되고, 아나니아/삽비라의 일화는 이를 실행하는 과정 중의 실패 사례로서 언급되고 있다.45) 이들 두 사건은 역사적 근거를 지닌 것으로 보이는데, 왜냐하면 그 사건들에는 관련된 개인들의 이름이 명시되고 있으며, 그 중 특히 바나바는 사도행전의 뒷 부분에서 사도로서 자주 등

있는 고후 8:13-14의 *ἰσότης*와 연결되는 것일지 모른다. 이상의 고찰로부터 고후 8:13-14에서 강조하는 것은 한편으로 가난한 자들의 부족과 다른 한편으로는 부자들의 유여함 사이의 균형인데, 이는 상호 조력을 통해 실천되어야 함을 알 수 있다.

그러므로 이상의 논의로부터 우리는 *ἰσότης*가 산술적인 평등을 의미할 수도 있지만 그것만이 유일한 의미는 아니며, 그것이 질적인 평등 즉 공평한 분배를 의미하는 것으로 사용되고 있기 때문에 쇼트로프와 쉬테게만이 초대 그리스도인들의 재산과 소유의 분배에 관해 주장했던 "단순한 산술적 의미로서의 평등"은 적절하지 않은 것으로 보인다(참조. Pilgrim, *Good News*, 150; Neil, *Commentary*, 93).

45) 여기서 아나니아/삽비라의 사건은 초대 기독교 공동체의 공동 생활의 제 특징들과 모순되지 않는 것으로 보이는데, 왜냐하면 4:34에 의하면 초대 교회의 모든 신자들이 자기 재산을 팔아서 그 돈을 사도들에게 바친 것이 아니라 오직 집과 토지를 소유한 사람들만이 그렇게 했기 때문이다. 따라서 이 경우는 완전한 헌신의 측면에서는 실패로 볼 수 있겠지만, 이를 공동 생활 전체와 공동 기금 제도 전체를 파괴하는 실패로 간주해서는 안 된다. 이 점은 나중에 우리가 초대 기독교 공동체와 쿰란 공동체를 비교할 때 더 자세히 논의하게 될 것이다.

장하고 있기 때문이다.46) 만일 우리가 여기서 역사성을 인정한다면, 우리는 요약 구절에 묘사된 이 같은 공동 생활이 저자가 지어낸 순전히 이상화된 그림일 가능성을 받아들이기가 힘들어지게 될 것이다.47)

외적 증거로는, 만일 우리가 이 같은 생활 양식을 채택한 것으로 알려져 있는 당대의 또 다른 유대인 집단인 쿰란 공동체의 공동 생활의 실제 관습이나48) 엣세네파의 공동 생활에 관한 전문(傳聞)과 비교해 본다면,49) 요약 구절의 이 같은 현저한 특징들이 예루살렘 공동체에서 최소한 초창기 수 년 동안은 (그 기간의 길이 여부를 떠나) 실제로 일어났다고 보는 것이 당연할 것이다.50)

비록 우리가 예루살렘 초대 기독교 공동체에서 이 같은 성취가 있었음을 인정한다 해도, 그렇다고 그 일이 그 이후의 교회적 상황에서도 반드시 실현될 수 있다고 누가가 기대했다고 결론내릴 필요는 없다. 심지어 예루살렘 공동체 자체에서도 그 "이상(理想)"은 오래 지속되

---

46) 9:27; 11:22, 24-30; 13:2-4, 43, 46, 50; 14:12; 15:2, 12, 22, 26, 35-39.
47) 위의 각주 37을 참조하라.
48) 1QS 1:12; 6:16-20. 이에 대한 반론은 Conzelmann, *Acts*, 24를 보라. 한편, 존슨(S. E. Johnson, "The Dead Sea Manual of Discipline and the Jerusalem Church of Acts", in *The Scrolls and the New Testament*[ed., by K. Stendahl, London: SCM, 1958], 129-136)은 예루살렘 교회와 쿰란 공동체의 유사점 8가지를 열거하고 있다.
49) Josephus, *Ant.* 15.371. 아래의 부기(附記)를 참조하라.
50) Marshall, *Acts*, 84; 반론은 Conzelmann, *Acts*, 24를 보라. 한편, 이 요소에 대한 클라우크의 결론은 타당성이 있어 보인다: "Der Vergleich der Essenerberichte bie PHILO und JOSEPHUS mit den Texten aus Qumran hat erwiesen, daβ auch unter vielfach überlagerten und verzerrten Traditionen verlässliche Nachrichten geborgen werden können. Angesichts dieses parallelen Sachverhalts wäre es ein methodischer Fehler, alle Angaben bei Lukas als unhistorisch über Bord zu werfen"("Gütergemeinschaft", 76).

지 않았을지 모른다. 결론적으로, 우리가 이 문제에 관해 추측할 수 있는 것은 이 같은 성취가 단지 예루살렘 공동체의 초기에만 이루어졌다는 것이며,[51] 저자는 그의 독자들이 예루살렘 교회 공동체의 공동 생활에서 주된 영감의 원천을 발견하여 그 같은 삶을 살도록 격려하기 위한 목적으로 이것을 사용했다는 것이다. 누가는 반드시 자신의 공동체와 후대의 교회들이 재산의 완전한 공유를 확립하도록 고무하려는 것이 아니라, 단지 구제하라는 예수님의 권면은 실행되어야 한다고 말하려 한 것이다. 결론적으로, 재산의 공유 자체는 본질적인 것으로 생각되지 않는다. 정작 중요한 것은 오히려 구제가 초대 기독교 공동체와 같은 재산 공동체에서 공동체적 나눔(communal sharing)이라는 색다른 형태로 실천되었다는 사실이다.[52] 이는 누가가 최소한 부분적으

---

[51] 만일 초대 기독교 공동체의 신자 수(數)를 사도행전의 앞 부분에 기록된 대로 고려한다면(1:15-120명; 2:41-3000명; 4:4-5000명, 남자만), 그렇게 큰 공동체에서 공동 생활이 장기간 기능을 발휘할 수 있다는 것은 생각하기 힘들지 모른다. 이 같은 맥락에서 클라우크는 다음과 같이 지적한다: "Um die organisatorische Bewältigung der Gütergemeinschaft, die angesichts solcher Zahlen illusorisch bleiben muβ, hat sich der Redaktor wenig gekümmert" ("Gütergemeinschaft", 69).

[52] 호른(*Glaube*, 39-49)은 누가가 각각의 요약 구절에 의도적으로 καθότι ἄν τις χρείαν εἶχεν("각 사람의 필요를 따라", 2:45; 4:35)을 삽입함으로써 "구제 윤리"를 강조하려 했다고 주장한다 – 이는 개별적인 두 일화(4:36-39의 바나바의 헌납과 5:1-11의 아나니아/삽비라의 실패)의 누가 이전 전승에는 결여되어 있는 가난한 자들에 대한 구제의 모티프를 의미한다. 달리 말해, 호른에 의하면 누가가 이들 사건과 요약 구절들을 기술하면서 부각시키려 한 것은 그의 공동체 내의 부유한 그리스도인들에게 가난한 자들을 구제하라고 권면하려는 것으로서, 누가는 공동체의 일치를 위해 이를 원했다는 것이다: "Was Lk von seiner Gemeinde erwartet, projeziert erparadigmatisch zurück in die Zeit der Urgemeinde"(ibid., 43). 그의 이 같은 진술의 배후에는 플뤼마허(Plümacher)의 다음과 같은 주장이 깔려 있다: "die geschene Geschichte …fähig sein müsse, gegenwärtiges Geschehen inaugurieren und lenken zu

로나마 실현 가능한 형태로서 하나의 이상을 소개했음을 의미한다. 그래서 호른(Horn)은 이 같은 측면을 다음과 같이 명확하게 진술하고 있다: "die intendierte Sache bleibt trotz der idealisierendem Sprache praktikabel."53) 달리 말한다면, 우리는 누가가 예루살렘 공동체의 구제를 실천하는 공동 생활을 "그 자신의 공동체를 위한 하나의 귀감으로 제시하면서 그들이 이를 통해 지도받게 되기를 희망했다"54)고 말할 수 있을 것이다.

3) 요약 구절과 윤리적 명령의 관계

그것이 실제 역사적 상황의 묘사인지의 여부와는 상관없이 요약 구절과 사도행전에 나오는 구제와 관련된 구절들을 복음서에 나오는 교훈들처럼 명령으로 간주할 수는 없을 것이다. 그러나 내가 보기에는 비록 그것들이 명령 형식은 아니지만 사도행전에서 사실상 그와 동일한 역할을 하고 있다. 이 같은 주장의 근거는 다음과 같다.

누가가 복음서에서 명령어를 사용하기란 쉬운 일인데, 왜냐하면 그는 초대 기독교 공동체의 최고 권위로 간주되었던(그들의 메시아와 주님으로 믿어졌으므로) 예수님의 인격과 사역을 소개하고 있기 때문이다. 그러나 사도행전에서 그에 버금가는 최종 권위자들이었을 사도들은 예수님의 증인으로 묘사되고 있으며(1:8, 22; 3:15), 따라서 그

---

helfen"(ibid., 46).
53) Horn, *Glaube*, 36; "이상화된 표현에도 불구하고 의도된 사건은 실천 가능한 것이다."
54) Schottroff & Stegemann, *The Hope*, 118; 참조. Krodel, *Acts*, 117.

들은 최소한 구제의 모티프에 관한 한 그 자신들의 독자적인 메시지를 갖지 못하고 단지 예수님의 가르침을 전달하는 사람들로 간주된 것으로 보인다.55)

따라서 누가가 사도행전에서 구제에 관한 사도들의 교훈을 소개하기보다 구제에 관한 예수님의 교훈의 성취를 기술한 것은 극히 타당한 일이었을 것이다. 즉 구제에 관한 예수님의 명령의 실현은 일종의 세련된 형태의 구제 명령으로 간주될 수 있는데,56) 그 이유는 그것이 누가가 그의 공동체가 본받아야 할 모범으로 소개한 것이기 때문이다.57)

---

55) 예를 들면 20:35을 보라.
56) 이러한 맥락에서 우리의 주의를 끄는 한 가지는 $\epsilon\lambda\epsilon\eta\mu o\sigma\acute{u}\nu\eta$(구제)가 누가복음(11:41; 12:33)보다 사도행전에 4회 더 나온다는 사실이다(3:2, 3; 9:36; 10:2, 4, 31; 24:17) — 비록 이를 이 문제의 결정적인 요인으로 간주할 수는 없겠지만. 그럼에도 불구하고, 저자가 복음서보다 사도행전에서 이 단어를 더 자주 사용한다는 것은 사도행전에서의 구제의 실천을 강조하려는 그의 의도의 일단을 보여주는 것일 수 있다.

한편, 하일리겐탈(R. Heiligenthal, "Werke der Barmherzigkeit oder Almosen?", *NovT* 25[1983], 301)은 유대와 헬레니즘 문헌들과 신약에서 $\epsilon\lambda\epsilon\eta\mu o\sigma\acute{u}\nu\eta$의 용례들을 조사한 후 다음과 같은 결론을 내리고 있다: "Die übernahme des pagan-griechischen Terminus für tugendhafte Tat($\emph{ἔργον καλόν}$/$\emph{ἀγαθόν}$) in die Sprache des hellenistischen Judentums und des frühen Christentums vollzog sich unter Aufnahmeund in Verschmelzung mit jüdisch-orientalischer Wertvorstellung, für die ursprünglichüdie Septuaginta den spezifischen Terminus $\epsilon\lambda\epsilon\eta\mu o\sigma\acute{u}\nu\eta$ prägte".
57) 이 점은 또한 누가의 두 책, 곧 예수님의 사역과 인격의 기록인 누가복음과 기독교 운동의 역사인 사도행전의 상이한 성격에도 연결될 수 있을 것이다. 이런 의미에서 사도행전에는 명령형 동사가 쓰일 여지가 그리 많지 않은 것으로 생각되는데, 왜냐하면 사도행전은 예루살렘으로부터 로마까지 기독교 운동이 성장해 간 과정을 약술하기 위해 의도된 것이기 때문이다.

3. 누가복음과 사도행전의 연속성 문제

 구제의 개별적 실례들과 초대 교회의 구제 관행을 암시해 주는 요약 구절들을 고찰했으므로, 이제는 누가복음과 사도행전에서 구제 모티프의 연속성 여부 문제를 다루고자 한다. 바울이 그의 설교에서 인용한 주님의 명령인 20:35을 제외하면 위에서 논의한 다른 모든 경우들은 몇몇 개인이나 교회들이 실천한 구제의 실제 사례들이다. 우리는 복음서의 본 주제에 관한 앞서의 논의에서 구제에 관한 예수님의 가르침을 예수님의 추종자들이 실천한 경우는 오직 두 차례 곧 갈릴리 여자들과 삭개오를 통해서였고, 빈부의 주제를 다루는 나머지 자료들은 예수님의 교훈과 명령으로 구성되어 있음을 살펴보았다. 이 같은 맥락에서 우리는 복음서에서 구제를 실천한 이들 두 사례는 구제 모티프의 측면에서 복음서와 사도행전을 연결짓는 역할을 하며, 후에 초대 교회에서의 구제에 관한 교훈과 명령의 완전한 실행을 예고하고 있다고 말할 수 있을 것이다. 따라서 복음서와 사도행전 간의 이 같은 비교로부터 우리는 누가가 그의 공동체에 초대 교회 당시의 제자들은 예수님의 이 명령을 신실하게 따랐음과[58] 주님의 구제 교훈은 교회뿐 아니라 개인들의 실생활 속에서 완전하게 구현되었음을 보여주려 했고, 또한 이를 통해 그의 독자들에게 초대 교회와 그 신자 개개인들이 보여준 모범을 본받아 살도록 격려하려 했다고 유추할 수 있을 것이다. 달리 말해, 누

---

58) R. J. Cassidy, *Jesus, Politics and Society*(New York; Maryknoll, 1978), 147-8; 참조. Pilgrim, *Good News*, 151.

가가 참으로 보여주려 한 것은 예수님의 구제 가르침이 초기 기독교 공동체의 관습 속에서 실제로 행해졌으므로, 누가의 공동체도 선배들의 모범을 따라 공동체 내의 가난한 자들에게 재물을 나누어 주고 궁핍한 자들과 재산을 공유해야 한다는 것이었다. 이런 점에서 보면 사도행전에 구제의 실천에 관한 내용을 도입한 것은 구제하라는 일종의 적극적인 권면으로 볼 수 있다. 따라서 우리는 여기서 누가의 구제 신학의 측면에서 볼 때 복음서 전승과 초대 기독교 공동체 사이에 연속성을 찾아볼 수 있는 것이다.[59]

4. 부기(附記): 예루살렘 공동체와 쿰란 공동체 사이의 유사점과 상이점

본 절에서 우리는 예루살렘 공동체와 쿰란 공동체 사이의 유사점과 상이점에 관해 논의하고자 하는데, 왜냐하면 이들 두 공동체가 고대에 몇 가지 측면에서 유사한 생활 양식을 공유했던 것으로 보이기 때문이다. 아래에서 전개하는 논의는 양 공동체의 주요한 제도와 신조들의 제반 특징들을 포괄적으로 다루지 않고 주된 두 가지 특징 곧 공동 기금과 공동 식사에만 국한시키려 하는데, 이는 우리의 주제인 구제와 가장 밀접한 관계가 있기 때문이다.

---

59) 참조. Esler, *Community*, 169.

1) 쿰란 공동체

여러 면에서 쿰란 공동체는 당대의 유일무이한 집단이었다. 쿰란 공동체의 사람들은 예루살렘에서 활동 중인 성전 주변의 부패한 종교 지도자들과 널리 만연된 종교 활동에 심히 환멸을 느낀 나머지,[60] 그들과 같은 선민들에게 주어진 모세오경과 계명에 대한 순수한 신앙을 보존하기 위해 수도 예루살렘으로부터 멀리 떨어진 사해 근처의 고립된 장소에 그들만의 공동체를 건립하고 독자적인 생활을 추구하였다. 신앙을 순전 무결하게 보전하려는 그들의 종교적 열심은 그들의 실생활 가운데 뚜렷이 나타났으며, 그 결과 그들은 종교적으로는 성전을 무시하고 그 대신 그들 고유의 예배 양식을 채택했으며, 정통 유대교의 달력과 다른 태양력을 사용했고, 경제적으로는 위에서 언급했듯이 그들이 소유한 전 재산을 공동체에 헌납하는 공동 생활 양식을 채택하였다.

쿰란 공동체에서 사람들이 공동체의 정회원으로 받아들여질 때 그들의 사유 재산을 공동체의 회계에게 헌납했다는 것은 주지의 사실이다. 그들은 공동 기금을 조성하기 위해 이같이 했다.[61] 이같이 해서 출

---

[60] 그 같은 환멸로 인해 그들은 모세오경, 달력, 성전 예배를 정통 유대교와는 다르게 해석하게 되었다(E. J. Pryke, "Beliefs and Practices of the Qumran Community", *CQR* 168[1967], 316-7).
[61] 사유 재산의 문제에 관해 사독 문서는 개인 소유권을 시사하고 있지만(CD 9:10-16; 14:12-13), 치리서는 그렇지 않다. 따라서 비록 양 집단의 생활 방식이 동일하지는 않았지만 공통점은 양자가 모두 공동 기금 제도를 보유했으며, 이를 통해 빈민, 고아, 집 없는 자 및 과부들을 구제했다는 사실이다(G. Vermes, *The Dead Sea Scrolls in English*[London: Penguin Book, 1987] 15; Pryke, "Beliefs", 319; 참조. T. S. Beall, *Josephus' Description of the Essenes*

연된 재산으로 공동체 성원들의 일체의 필요에 공정하고 적절하게 대응하였다. 결과적으로, 그 사회에는 가난한 자도 부자도 없었다는 것을 상상할 수 있는데, 그만큼 모든 사람들이 경제 생활 면에서 평등했기 때문이다.62) 요컨대, 쿰란 공동체의 사람들이 신구약 중간기에 사해 근처에 있는 그들의 외진 공동체에서 영위했던 삶은 공동체적 생활 방식이었다.63) 여기서 우리가 사도행전의 요약 구절(2:44-45, 4:32-35) 속에 묘사된 내용과 매우 유사한 형태를 발견하게 되는 것은 바로 쿰란에서의 이 같은 극히 이례적인 형태의 경제 생활인 것이다.

Illustrated by the Dead Sea Scrolls[Cambridge: University Press, 1988], 126, 129).

62) 이 특징과 관련하여 멘델스(Mendels)는 "완전한 협력과 평등이라는 이 개념은 고대에 제안된 다른 생활 방식들에 비추어 볼 때 예외적이라는 사실이 강조되어야 한다"고 주장하고 있다(D. Mendels, "Hellenistic Utopia and the Essenes", *HTR* 72[1979], 212). 그러나 우리가 본문에서 명확히 찾아볼 수 있듯이 쿰란 종파의 모든 사람들이 종교적 계급과 서열에 있어 동등한 것은 아니었다(1QS 5:20-6:8). 참조. G. Vermes, *The Dead Sea Scrolls: Qumran in Perspective*(London: SCM, 1988), 90-2.

63) 혹자는 쿰란에 사유 재산이 존재했다는 반론을 제기해 왔으며, 따라서 쿰란 공동체가 실제로 공산주의가 실시되었던 사회였다고 단순히 말하는 것보다 실상은 더 복잡한 것이다(C. Rabin, *Qumran Studies*[Oxford: University Press, 1957], 22-56; J. T. Milik, *Ten Years of Discovery in the Wilderness of Judea*[London: SCM, 1959], 102). 그러나 "쿰란에서 최소한 초기에는 모종의 형태로서 재산의 공유가 실천되었다"는 충분한 증거가 있다(D. L. Mealand, "*Community of Goods at Qumran*", *TZ* 31[1975], 129). 참조. Beall, *Essenes*, 45; A. R. C. Leaney, *The Rule of Qumran and its Meaning*(London: SCM, 1966), 122-3; M. A. Knibb, *The Qumran Community*(Cambridge: University Press, 1987), 126; Mendels, "Utopia" 212.

2) 쿰란 공동체와 엣세네파 공동체의 관계

여기서 쿰란 공동체와 엣세네파 공동체를 구별하는 것이 도움이 될 텐데, 왜냐하면 양자는 완전히 같은 조직체로는 여겨지지 않기 때문이다.

다수의 학자들은 주류 유대교로부터 분리해 나와 독립적 생활을 영위한 종파들에는 두 가지 조직 유형이 있었다고 주장한다. 하나는 치리서(Manual of Discipline)와 관련된 "폐쇄 독신 교단"이고 다른 하나는 사독 문서(Zadokite Document)와 관련된 "개방 교단"이다.[64] 전자는 쿰란에 거주했던 것으로 알려져 있는 반면에, 후자는 성읍과 촌락에 분산되어 있었다고 한다.[65] 필로(Philo)는 엣세네파는 주로 유대 지방의 여러 성읍들에 거주했다고 말했지만,[66] 요세푸스는 그들이 팔레스타인의 모든 성읍들에 살고 있었다고 주장하였다.[67] 플리니우스(Pliny)에 의하면, 그들은 도시의 주민들을 부패하고 부도덕하다고 믿었기 때문에 도시를 피했다고 한다.[68]

이러한 지리적인 차이점뿐 아니라 다른 분야에서의 두 집단의 차이점도 지적할 수 있다.

우선, 유대교 예배 의식에 대한 그들의 종교적 입장에서 상당한 차이점을 발견하게 된다. 사독 문서에 나타난 공동체의 성읍 종파(town

---

64) Pryke, "Beliefs", 319.
65) Vermes, *Scrolls*, 15.
66) Philo, *Apol*. 1.
67) Josephus, *Jewish War*, 2.124.
68) Pliny, *N.H.*, 5.73.

sect)는 성전 제사장들의 부패를 비판하고 이를 불순하고 불법적인 것으로 보았지만, 그래도 여전히 성전과 느슨하게나마 관계를 유지한 것으로 보인다. 그러나 쿰란의 광야 종파(desert sect)는 치리서에 나타나 있듯이 그에 대해 좀더 적대적인 입장을 견지하고 성전 및 유대교 예배 의식과의 관계를 완전히 단절한 것으로 보이는데, 왜냐하면 그들은 성전을 "틀린 달력에 따라 불법적인 제사를 드리는 오염된 장소"라고 확신했기 때문이다.69) 둘째로, 양 집단 사이의 또 다른 차이점은 공동체 평의회의 구성에서 찾아볼 수 있다. 쿰란의 경우에는 사제 3인과 평신도 12인으로 구성되어 있었음에 비해,70) 사독 문서에 나오는 종파는 사제 4인과 평신도 6인으로 구성되어 있다.71) 셋째로, 사독 문서에 나타난 계율에는 치리서와는 달리 사유 재산에 관한 법규가 포함되어 있다.72)

광야 종파를 성읍 종파와 비교하면서 게자 버미스(Geza Vermes)는 처음에는 양 종파 사이에는 유사점보다도 상이점을 더 많이 발견하게 되겠지만, 차이점들에도 불구하고 양 종파 집단은 완전히 분리되지는 않고 피차 "교리, 목적, 원칙" 면에서 연결되어 있다고 주장한다.73) 나

---

69) Vermes, *Scrolls*, 1-18; G. Vermes & M. D. Goodman, *The Essenes according to the Classical Sources*(Sheffield: JSOT, 1989), 11. 참조. B. Gärtner, *The Temple and the Community in Qumran and the New Testament*(Cambridge: University Press, 1965), 16-46.
70) 1QS 8:1 이하.
71) CD 10:4 이하.
72) CD 9:10-16; 14:12-13; Beall, *Essenes*, 45; G. Vermes, "Essenes and History", *JJS* 32(1981), 20. 쿰란 공동체가 사용했던 달력에 관해서는 Milik, *Discovery*, 107-113을 참조하라.
73) Vermes, *Scrolls*, 16.

아가 그는 몇몇 문학적·고고학적 증거에 입각하여 "이는 단일 종교 운동의 두 분파였다"고 주장하고 있다.[74]

3) 공동 기금

두 종파 집단 중 우리는 여기서 주로 쿰란 종파에 주목하고자 하는데, 왜냐하면 공동 기금과 공동 식사 문제에서 예루살렘 교회와의 유사점이 자주 지적되어 왔기 때문이다.

A. 유사점

무엇보다도 이 문제에 있어서 가장 우리의 주의를 끄는 것은 이미 지적했듯이 쿰란 사람들이 "공동 기금"을 설치했다는 사실이다. 달리 말해, 이는 "재산의 공동 소유제"로 표현할 수 있는데, 이는 그들이 사유 재산을 포기하고 그들이 가진 여하한 재산도 공유했다는 의미다.[75] 쿰란의 이 극히 이례적인 형태의 경제 생활에서 우리는 사도행전의 요약 구절(2:44-45; 4:32-35)과 대단히 비슷한 유형을 발견하게 된다.

양 공동체(쿰란과 예루살렘)의 역사적 배경을 고려할 때 예루살렘

---

74) Ibid., 16, 17-8. 엣세네파와 쿰란 종파 사이의 유사점과 상이점에 대해 좀더 상세한 내용은 버미스와 굿맨이 발표한 최근의 논문(G. Vermes & M. D. Goodman, *The Essenes according to the Classical Sources*)을 참조하라.
75) 1QS 1:11-13; 3:2; 5:1-2; 6:17-22. 참조. 1QpHab. 12:9 이하; Josephus, *J.W.*, 2.122; *Ant.*, 18.20; Philo, *Hyp.*, 11.2, 4; *Q.o.p.* 76-77, 86. "회원들을 결속시키는 가장 강력한 유대는 재물의 절대적인 공동 소유였다"(E. Schürer, *The History of the Jewish People in the Age of Jesus Christ*[Edinburgh: T & T Clark, 1979], 2:565).

초대 교회는 어느 정도 쿰란 공동체의 경제 제도의 영향을 받았다고 말하는 것이 가능할 것이다. 왜냐하면 어떤 의미에서는 가난한 자가 없었던 쿰란 공동체는 초대 교회 공동체가 보기에 구약 곧 신명기 15: 4에 예언된 이상 사회처럼 보였을 것이기 때문이다.76)

이 같은 주장의 근거는, 기독교가 유대교의 모태로부터 갓 태어났기 때문에 그 공동체의 유지를 위한 엄격한 조직과 규율을 보유했던 것 같지는 않으며,77) 쿰란 공동체는 앞에서 언급했듯이 초대 기독교 공동체보다 시기적으로 약간 앞섰고 양 공동체가 다른 몇 가지 점에서는 차이가 나도 다수의 유사점을 공유하고 있었으므로, 마치 구제(救濟) 관습과 같은 초대 기독교 공동체의 다른 특성들이 유대교의 영향을 받았던 것처럼, 초대 기독교 공동체가 쿰란 공동체로부터 어느 정도 영향을 받았을(특히 공동 기금 제도의 경우) 가능성을 배제하기란 어렵다는 것이다.

바르트케(H. Bardtke)와 틸록(W. Tyloch) 같은 그의 선배들의 연구 결과를 이어받아 바인펠트(M. Weinfeld)는 "쿰란 종파의 조직 유형과, 또한 제1쿰란 사본(1 QS) 속에 포함된 형법(刑法)은 프톨레미 왕조의

---

76) 이뿐 아니라, 양 공동체 간의 수많은 유사점들이 다양한 주제 면에서 주목받아 왔는데, 예를 들면 종말(H. Braun, "The Qumran Community", in *Jesus in His Time*(ed., by H. J. Schultz[London: SPCK, 1971]), 72; Pryke, "Beliefs", 1969)과 메시아(Brown, Bruce)가 그것이다.
77) "조직은 최소한으로 유지되었으며, 예수님의 재림에 대한 강렬한 기대감으로 인해 그 이후의 미래에 대한 계획이 전혀 부재하였다"(Hengel, *Property*, 34). 참조. F. F. Bruce, "Jesus and the Gospels in the Light of the Scrolls", in *The Scrolls and Christianity*(ed., by M. Black, [London: SPCK, 1969]), 77.

이집트나 헬레니즘 및 로마 세계 여타 지역의 종파 집단들과 일치한다"[78]고 지적한다. 그는 자신의 논지를 견지하기 위해 예컨대 종파에 입교하려는 후보들의 심사 절차, 총회의 투표에 의한 후보자 승인 및 회원 등록(이는 쿰란 종파나 그리스-로마의 길드와 공동체에 공통된다)들을 열거하고 있다. 비록 쿰란 공동체와 동시대의 헬레니즘 공동체들의 조직상의 유사성에 주목해야 함에도 불구하고, 그들 사이에는 바인펠트가 스스로 토로하듯 현저한 상이점이 존재한다는 사실 또한 인정해야 할 것이다.[79]

이러한 맥락에서 볼 때, 조직과 형법 면에서 쿰란 공동체와 그리스-로마의 길드 및 공동체들 사이의 공통점을 지적하는 것은 가치 있는 일로 생각되지만, 쿰란 공동체가 단지 당시 헬레니즘권(圈)의 단체들 중 하나에 불과하다고 추론해서는 안 된다. 왜냐하면 비록 헬레니즘권의 단체들에서 우리가 회원들 간의 상호 조력이나 가난한 자들을 도우라는 명령을 발견하게 된다 해도,[80] 공동 기금을 조성하기 위해 개인의 재산을 출연하는 제도는 없었으니, 이는 오직 쿰란 공동체와 초대 기독교 공동체에서만 유일무이하게 발견되기 때문이다. 따라서 최소한 공동 기금에 관한 한, 초대 기독교 공동체에 미친 쿰란 공동체의 모종의 영향력은 인정해 주어야 할 것이다.[81]

B. 상이점

비록 공동 기금 면에서는 양 공동체 간에 유사점이 발견된다 해도,

---

78) M. Weinfeld, *The Organizational Pattern and the Penal Code of the Qumran Sect*(Göttingen: Vandenhoek & Ruprecht, 1986), 7.
79) Ibid., 46-7.
80) Ibid., 31-4.
81) 참조. Ibid., 49.

그것이 곧 예루살렘 공동체가 쿰란의 관습을 단순히 모방, 복사했다는 의미는 아니다. 내가 보기에, 예루살렘 공동체는 비록 어떤 점에서는 쿰란적 생활 방식의 영향을 받았을지 몰라도, 쿰란 공동체의 관습을 단순히 모방하지 않고 그 신자들의 이익에 맞도록 나름대로 편리하게 각색했던 것이다. 이 같은 논지를 유지하기 위해 우리는 다음에서 두 공동체 간의 몇 가지 불일치점에 관해 논하고자 한다.

첫째로, 공동 기금을 조성하려는 동기 면에서 볼 때 쿰란의 경우는 고립된 지역에서 그 공동체 생활을 유지하기 위한 방편이었음에 비해, 예루살렘 공동체의 경우는 가난한 자들에 대한 사랑의 발로였다. 사도행전에는 예루살렘 공동체의 공동 기금을 사용한 단 하나의 구체적 사례가 기록되어 있는데, 곧 공동체 내의 과부들에게 제공되는 매일의 양식 분배였다(6:1). 과부들에게 날마다 구제품이 공급되었다는 것은 요약 구절(2:45; 4:34-35)의 내용과 일맥상통하는 것으로 보이며, 이는 공동 기금의 목적을 정의하기 위한 좀더 진전된 증거로서 소개될 수 있을 것이다.

공동 기금에는 이 같은 차이점을 더욱 뚜렷하게 만드는 또 다른 특징이 있다. 비록 요약 구절에는 명확히 표현되어 있지 않지만 기독교 공동 기금의 용도 중 하나는 사도와 같은 교회 지도자들에 대한 재정적 뒷받침이었음을 상상할 수 있는데, 왜냐하면 그들은 어부, 세리 등의 본업을 떠났으므로 이젠 무일푼이었기 때문이다(3:6; 6:4). 따라서 과부나 기타 공동체 내의 불우(不遇)한 사람들과 마찬가지로 그들도 교회 지도자로서의 직책에 걸맞는 모종의 재정적 지원을 받았으리라는 것은 상상하기 어렵지 않은 일이다. 이 같은 종류의 기금을 문자 그대로 구제라고 부를 수 없다는 것은 분명하다. 따라서 우리는 이 점에서 쿰란 공동체의 공동 기금 제도와는 직접 상응하지 않는 기독교 공동 기금만의 또 다른 중요한 특징을 찾아볼 수 있는 것이다.

둘째로, 쿰란에서는 공동체에 들어오는 모든 사람들에게 재산의 포기가 요구되었음에 비해, 예루살렘 공동체의 경우는 일반적으로 모든 이에게 그같이 요구된 것이 아니었다. 예를 들면, 사도행전 12장 12절에서 우리는 마가 요한의 어머니 마리아가 예루살렘에 기도회 장소로 사용된 그녀 소유의 집을 여전히 소유하고 있었음을 볼 수 있다. 이는 곧 그녀가 이를 팔아 그 금액을 공동체에 헌납하지 않았음을 뜻한다.[82] 2장 46절에서는 떡을 떼는 일이 믿는 자의 집에서 있었다고 하며, 5장 42절에서는 초대 그리스도인들이 집에서 복음을 가르치고 설교한 것으로 되어 있다. 이 같은 기사들로부터 우리는 예루살렘 공동체의 어떤 신자들은 실상 자기 집을 팔지 않았음을 알 수 있다.[83] 이것은 4장 34절의 단어($ὅσον$)가 전체의 일치된 실천을 암시하는 것이라는 사실에도 불구하고 그러하다. 따라서 우리는 공동체의 신자들 전부가 그들의 재산을 팔아서 공동체에 헌납한 것은 아니라고 결론내릴 수 있다.[84]

---

[82] Haenchen, *Acts*, 233. 타이센과 믹스에 의하면, 그녀가 초대 교회 시대에 예배와 기도 집회를 수용할 만한 집을 소유하고 있었다는 사실은 마리아가 꽤 부유했으리라는 것을 의미한다(Meeks, *Christians*, 60-61).
[83] 핸첸(*Acts*, 233)이 지적하듯이 이는 "극히 합당한 일"이었는데, 왜냐하면 초대 교회는 예배와 공동 식사를 할 수 있는 가옥을 필요로 했기 때문이다. 참조. Klauck, "Gütergemeinschaft", 69; Pilgrim, *Good News*, 150.
[84] 이러한 측면과 관련하여, 혹자는 바나바의 헌납에 대해 다른 주장을 하는데, 곧 재산의 헌납은 오직 **핵심 집단**(*inner group*) 즉 교회 지도자들에게만 요구되는 의무라는 것이다(Schmitt and Trocmé; 이에 대한 반론으로는 B. J.

이 같은 측면과 관련하여 우리의 주의를 끄는 한 가지는 4장 34절의 "밭과 집 있는 자(κτήτορες χωρίων ἤ οἰκιῶν)"는 일반적으로 대지주를 가리킨다는 사실이다.[85] 그렇다면 이 같은 사실로부터 도출할 수 있는 것은 초대 기독교 공동체 내의 부자들이 공동체 내의 의지할 데 없는 과부와 같은 가난한 사람들을 돕기 위해 그들의 집이나 토지를 팔았다는 사실이다. 이것이 사실이라면 요약 구절에서 특기할 만한 점은 예루살렘 공동체가 가난한 사람들을 구제하기 위한 공동 기금을 조성한 것이야말로 복음서에서 예수님이 부자들에게 권면한 말씀의 정확한 실현이라는 사실이다.

셋째로, 재산의 헌납 면에서 볼 때도 양 공동체는 차이가 난다. 공동체 규약(Rule of the Community)에 의하면 쿰란 공동체에 가입하기를 원하는 사람은 누구든지 그의 전 재산을 공동체에 바쳐야 하며,[86] 보통 2년 이상 소요되는 수습 기간을 거쳐야 한다.[87] 이 기간 동안 그의 재산은 공동체의 재무 담당에게 넘겨지며 봉쇄 계정에 보관된다.[88] 이후에, 곧 제2년 말엽에 그가 정회원으로 받아들여지면 그의 전 재산은

Capper, "The Interpretation of Acts 5:4", *JSNT* 19[1983], 122를 참조하라). 그러나 여기서도 바나바의 사건을 제외하면 사도행전에서 그와 같은 경우를 찾아볼 수 없는데, 이 역시 이 같은 논지를 위태롭게 하는 것이다.

85) Capper, "Interpretation", 121-2.
86) 1QS 1:12.
87) 1QS 6:13-23. 참조. Josephus, *J.W.* 2.137-9.
88) 1QS 6:20. 참조. Josephus, *J.W.* 2.122-3; Apol. 10.
  이 점은 캐퍼의 다른 논문("〈In der Hand des Ananias…〉 Erwägungen zu 1QS VI, 20 und urchristlichen Gütergemeinschaft", *RevQ* 12(1985), 223-236)에서 초대 교회의 제도와 비교하여 잘 설명되어 있다. 참조. Leaney, *Rule*, 196; P. Wernberg-Moller, *The Manual of Discipline*(Gran Rapids: Eerdmans, 1957), 109-110.

마침내 공동체의 공동 기금에 편입된다.89) 이는 예외 없이 모든 회원들에게 의무적이다. 그러나 만일 신입 회원이 부적합하다고 여겨지면 그의 재산은 수습 기간이 끝날 때 반환된다.90)

이와는 반대로, 예루살렘 공동체에서는 무엇보다 재산의 헌납이 강제가 아니라 자발적이었다.91) 기독교 공동체의 이 같은 특징은 2장 44-45절과 4장 32, 34절 및 바나바의 헌납(4:36-37), 아나니아와 삽비라 사건(5:1-11)에서도 찾아볼 수 있다. 이들 사건과 구절에서 우리는 초대 그리스도인들이 자기 재산을 공동체에 헌납하도록 강요받지 않고 필요할 때 자발적으로 재산을 출연했음을 알 수 있다. 따라서 데렛(Derrett)이 "교회는 재산이 법적으로 헌납되어야 하고 더 이상 개종자의 합법적 재산으로 남을 수 없다는 규정을 갖지 **않았다**"고 주장한 것은92) 정당하게 생각되는 것이다.

둘째로, 2:44과 4:32 두 절을 놓고 볼 때 우리는 성령의 기적적 역사를 통해 생겨난 신앙적인 열심으로 충만했던 초대 그리스도인들(4:31; 2:43; 4:33)은 그 영적 열심으로 인해 그들의 재물을 공유하고, 공동체 내의 가난한 형제 그리스도인들의 궁핍을 해결하기 위해 재산

---

89) 1QS 6:22.
90) 우리는 여타의 헬레니즘권 예배 공동체들에도 모종의 입회 허가 절차가 있었다고 전해 듣고 있는데, 예컨대 입회 서약, 등록, 심사, 추첨에 의한 결정 및 견습 기간 등이 있었지만, 사유 재산의 포기는 오직 쿰란 공동체에서만 볼 수 있는 일이었다(Weinfeld, *Pattern and the Penal Code*, 21-23, 78).
91) Josephus, *J.W.* 2.122, 124-7; Philo, *Q.o.P.* 77; Bruce, *Acts*, 113; Marshall, *Acts*, 84; Pilgrim, *Good News*, 149; Knibb, *Qumran*, 82; L. Mowry, *The Dead Sea Scrolls and the Early Church*(Notre Dame: 1966), 67.
92) J. D. M. Derrett, "Ananias, Sapphira, and the Right of Property", in *Studies in the New Testament*(Leiden: E. J. Brill, 1977), 195.

을 팔기를 갈망했다는 인상을 받는다.93) 이 같은 행위는 신앙적 열정에서 비롯되어 행한 일로 보이며, 또한 그들은 여전히 임박한 재림(parousia)을 대망하고 있었으므로(1:6-7, 11) 그것이 그들의 재물관에 영향을 미치어 "재물은 그다지 장구(長久)한 가치를 갖지 못했을 것이므로",94) 쿰란 공동체와 비교해 볼 때 원시 기독교 공동체에는 공동 기금에 관한 규정이 엄격하게 마련되어 있지 않았을 가능성이 있다.95)

결론적으로, 재산 헌납은 비조직적이었을 뿐 아니라 자발적이었다는 이 두 특징을 놓고 볼 때 예루살렘 공동체의 제도는 쿰란 공동체의 제도와 전혀 다르다. 이뿐 아니라, 유념해야 할 것은 쿰란 공동체에서는 신입 회원이 입회할 때 자기 재산을 다른 회원들과 단번에 완전히

---

93) 핸첸(Haenchen, *Acts*, 232)은 성령의 역사는 기쁘고 담대한 복음 선포뿐 아니라 그리스도인의 **교제**(*koinonia*) 및 재산의 공유를 가져온다고 지적하고 있다. 참조. Bruce, *Acts*, 108.
94) 모우리(Mowry, *Scrolls*, 67)는 색다른 입장을 견지하고 있는데, 곧 초대 교회는 공동 기금을 쿰란 공동체처럼 용의주도하게 관리하지 않았기 때문에 경제적 파국을 맞게 되었고, 그래서 바울이 이방인들의 교회에서 구제금을 모금한 것이라는 것이다. 그러나 행 11:27-30을 고려해 볼 때 예루살렘 교회의 가난은 공동 기금의 경영 부실에서 비롯된 것이 아니라 글라우디오 치세 기간 동안 빈발했던 기근 때문으로, 그 중 주후 46년경 유대의 기근은 특히 혹심했던 것으로 기록되어 있다(Haenchen, *Acts*, 62-3; Marshall, *Acts*, 204). 요세푸스는 이 유대의 기근에 대해 다음과 같이 기술하였다: "티베리우스 알렉산더(Tiberius Alexander)가 통치할 당시 대기근이 유대를 엄습했다. 그 기간 동안 앞서 기술했듯이 헬레나 여왕(Queen Helena)이 이집트로부터 곡물을 대량으로 매입해 들여와 빈궁한 자들에게 분배했다"(*Ant*. 20.101; 참조. 20:51; 3:320).
95) 쿰란 공동체와 초대 기독교 공동체를 공동 기금의 조직의 측면에서 비교하려 한 헹겔의 시도(*Property*, 32-33)는 이 점에서 도움이 될 것이다. 참조. Leaney, *Rule*, 122. 마샬(Marshall, *Acts*, 84) 역시 "그러므로 우리는 신자가 된다는 것이 반드시 엄격하게 짜인 기독교 공동체 안에서의 삶을 요구하지는 않았다고 결론내려야 할 것이다"라고 말한다.

나누었음에 비해 예루살렘 공동체에서는 가난한 신자들은 부자들의 자발적인 헌납을 통해 조성된 공동 기금을 통해 정기적으로 꾸준히 도움을 받았던 것이다.[96]

예루살렘 공동체의 이 같은 특징들에 대해 캐퍼(B. Capper)는 아나니아/삽비라 사건의 배후에는[97] 쿰란 공동체에서 찾아볼 수 있는, 신입 회원이 공동체의 공동 기금에 재산을 헌납하는 데 대한 엄격한 규정을 갖춘 공개적이고 조직적인 입교 절차가 있었다는 독특한 이론을 주장하고 있다. 그 논지에 대해 캐퍼가 제시하는 증거는 자기 재산을 판 사람들은 그 돈을 사도들의 발 앞에 놓았다는 것이다(4:35, 37; 5:2). 캐퍼에 의하면 입교 절차는 두 단계로 구성되어 있다. 첫 번째 단계는 잠정적인 것으로서, 만일 신입 교인이 공동 생활을 맛보고 "그에 수반되는 무소유(무소유)와 독립 제자직의 상실"을 경험한 후에[98]

---

96) 여기서 2:45과 4:34-35에 사용된 여러 동사들의 시제에 주의를 기울여야 할 것이다: ἐπίπρασκον(팔았다), διεμέριζον(나눠 주었다; 2:45); ὑπῆρχον([집] 있는), ἔφερον(가져왔다; 4:34); ἐτίθουν(놓았다), διεδίδετο(나눠지고 있었다), εἶχεν(4:35). 이 모든 동사들은 미완료형이다. 일반적으로 알려져 있듯이 헬라어에서 미완료 시제는 지속되거나 반복되는 행동을 나타내며, 이는 단 일회로 끝나는 행동을 가리키는 부정과거 시제와 구별된다. 핸첸(Acts, 192)은 이러한 관점에 입각하여 행 2:45을 다음과 같이 재해석하고 있다: "회중 가운데 가난한 자들에게 돈이 필요할 때마다 재산 소유주 중 한 사람이 그의 토지나 귀중품의 일부를 팔고, 그 대금을 가난한 자에게 내어주고는 하였다."
97) 콘첼만(Conzelmann, Acts, 37)은 이 이야기 속에는 "역사적인 알맹이가 없다"고 주장하고 이를 "통속적이고 전설적인 이야기들"의 하나로 치부하면서, 또한 행 5:4은 "결과('재산'의 공유)보다는 행동(사랑의 교제)의 관점에서 묘사된 것"이라고 주장한다. 이런 논증에도 불구하고, 콘첼만은 행 5:1-2에 상응하는 것으로서, 재산 헌납의 문제로 공동체를 속인 사람이 받은 형벌을 묘사하고 있는 쿰란 공동체의 사례(1QS 6:24-25)를 언급하고 있다.
98) Capper, "Interpretation", 124.

공동체를 떠나기를 원한다면 그는 자기 재산을 돌려줄 것을 요구할 수 있다. 캐퍼는 이를 "입교 요리문답 단계"라고 부르면서[99] 이는 아나니아에게 베드로가 "땅이 그대로 있을 때에는(unsold) 네 땅이 아니더냐?"(5:4 전반부)고 한 말과 상응한다고 주장한다.

두 번째 단계는 최종적 헌신이다. 만일 신입 교인이 공동체에 머물기로 결심한다면, 그가 공동체에 바친 돈은 공동 기금으로 전액 이전, 포함될 것이다. 그 때까지는 비록 그가 재산을 판 금액 전부를 공동체에 바치는 첫 번째 단계를 통과한 후라도 그 돈은 법적으로는 여전히 그의 소유인 것이다. 이 같은 원칙은 5:4 후반절에서 찾아볼 수 있다. "판 후에도 네 임의로 할 수가 없더냐?"

캐퍼는 자기 논지를 지지하는 증거를 제시하기 위해 쿰란 공동체와 피타고라스 학파의 공동체도 마찬가지로 2단계의 입회 절차를 거치는 재물의 공동 소유를 실천하고 있다는 사실에 주의를 환기시키고 있다.

그의 주장은 매우 흥미롭지만 지나친 상상력의 소산이라는 인상을 준다.

그의 논지에 대해 우선 내가 지적하고 싶은 반론은 모든 그리스도인들이 자기 재산을 팔고 그 금액을 공동체의 공동 기금에 바치도록 요구된 것은 아니라는 것이다. 예를 들면, 12:12과 2:46의 두 경우는 본장의 앞 부분에서 증거로 제시된 바 있다. 따라서 캐퍼 자신도 시인하듯이 바나바나 아나니아같이 "부유한 사람들만이" 공동체에 헌납하기 위해 그들의 재산을 팔았을 개연성이 있는 것이다.[100]

---

99) Ibid., 125.
100) Ibid., 122. 참조. Haenchen, *Acts*, 233: "오직 소수의 그리스도인들만이 집

둘째로, 헌납하려는 아나니아의 의사 표시의 시기에 관해 나는 그들 부부가, 레이크(Lake)와 캐드베리(Cadbury)가 시사하듯이, 유대교의 봉헌 풍습인 고르반(Korban)과 같은 무언가 특별한 서원을 하지 않았다는 캐퍼의 견해에 동의한다.101) 본문을 보면 우리는 그들이 공동체에 무언가 헌납하기로 마음속에 모종의 결심을 했으며, 그래서 공동체는 그들이 재산을 판 돈 전액을 바칠 것으로 이해하고 있었음을 보게 된다.102)

그러나 그들이 실제로 자기들의 재산을 가져다 사도들의 발 앞에 내놓고자 했을 때, 그들은 자기 재산을 판 돈을 보자 그 돈의 일부를 감추려는 유혹에 빠졌던 것 같다. 그것은 물질에 대한 인간의 전형적인 본성을 보여주는 것이다. 이런 의미에서 아나니아에 대한 베드로의 책망은 캐퍼가 해결하려 했던 복잡성 없이도 이해할 수 있다. 그렇다면 베드로는 그들 부부가 돈의 일부를 감춘 것을 어떻게 알았을까? 그들 부부를 죽게 한 성령께서 베드로를 통해 이루신 기적들을 상기한다면, 베드로가 속이고 있다고 비난하면서 언급했던 그 성령이 베드로에게 그들 부부가 나아올 때 그들의 속임수와 횡령 사실을 계시하신 것이 불가능하지 않을 것이다. 결과적으로 우리는 공동체에 재산을 헌납하는 행위와 관련하여 2단계의 입교 절차 같은 것은 없었다는 결론에 도

이나 부동산을 소유할 수 있었다."
101) Capper, "Interpretation", 118.
102) 이는 그들이 소유를 팔아 그 수익금의 일부를 가져왔다는 사실로부터 도출해 낼 수 있다. 그것은 자발적인 헌납의 전형적인 성격을 보여준다. 헌납하겠다는 결정은 공개적으로 하지 않고 마음속으로 했을 것이다. 헌납 결정이 그들의 마음속에서 은밀히 내려진 것이므로, 그 금액은 판매 전이나 후나 법적으로 그들에게 귀속되는 것이 당연한 것이다.

달하게 된다. 만일 절차가 있었다면 필시 1단계 절차였을 것이다. 이에 대한 근거는 아나니아의 사건을 제외하고는 오직 4:34과 바나바의 경우만이 캐퍼의 논지에 대한 실례로서 언급될 수 있지만, 거기서도 그의 논지를 지지할 만한 내용을 도출할 만한 것은 발견할 수 없다.

셋째로, 아나니아의 사건은 공식적인 입교 절차를 묘사하고 있는 것이 아니다. 예루살렘 공동체는 쿰란 공동체처럼 폐쇄된 종파가 아니었다. 교회는 예수님에 대한 사도들의 증거를 받아들이는 모든 사람들에게 개방되어 있었으며(2:41; 5:14), 또한 사람들을 공동체로 이끄는 자는 사도들이 아니라 주님이었던 것이다(2:47). 이런 맥락에서, 아나니아와 바나바의 사건이 접속사 δέ(또한 5:1)로 연결되어 있다는 사실에 주목해야 하며, 따라서 4:32로부터 5:11까지는 하나의 이야기임을 인정해야 한다.103) 만일 2부로 구성된 이 이야기가 캐퍼의 주장처럼 입교 절차를 다루고 있다면 바나바의 사건에서도 동일한 모티프가 언급되었어야 할 것이다. 그러나 그렇지 않다. 결국 본문은 신자 후보들에 대한 입교 절차를 다루는 것이 아니라 신자들 중 부자들이 재산을 공동체의 공동 기금에 헌납하는 경위를 기술하고 있다고 주장하는 편이 안전하다.104) 따라서 재물의 포기는 기독교 공동체의 일원이 되기 위한 전제 조건이 아닌 것이다. 캐퍼가 일방적으로 의존하는 베드

---

103) Derrett, "Ananias", 194; Marshall, *Acts* 107, 111; Pilgrim, *Good News*, 152. 한편, 핸첸(Haenchen, *Acts*)은 이 기사가 31절부터 시작된다고 주장한다: "요약 구절은 결정적인 사건을 묘사하고 있는 31절의 미완료형 *elaloun*(전하니라)으로부터 정식으로 시작된다. '무리가 다 성령이 충만하여…'".

104) Bruce, *Acts*, 108.

로의 아나니아에 대한 힐문은 오히려 다음과 같은 의미다. "그것(=땅)이 팔리지 않고 그대로 있을 때는 네 것으로 있지 않았더냐? 판 후에는 그것이 네 권한 안에 있지 않더냐?"(5:4)105)

넷째로, 아나니아 사건에 대한 캐퍼의 논지는 공동 기금의 박애적 목적을 충분히 설명해 주지 못한다. 4:35과 2:45에는 가난한 자들에게 돈이나 음식을 분배했다는 명확한 언급이 나와 있다. 이 두 절과 과부들에게 구제품을 분배하는 일을 언급하고 있는 6:1은 사도행전에서 예루살렘 공동체의 공동 기금 사용의 유일한 실례로 소개된 것이다. 따라서 그 이야기를 전체적으로 고려해 볼 때 본문에 나타난 자선에의 동기를 캐퍼처럼 쉽게 폐기해 버릴 수는 없을 것이다.

나의 견해로는 여기서 바나바는 누가가 그의 공동체의 신자들에게 복음서에 나오는 부자에 대한 예수님의 권유(눅 12:33)를 실천한 긍정적 모델로서 소개하고 있는데, 바나바는 실제로 자기 재산을 매각하여 그 돈을 사도들이 관리하는 공동 기금을 통해 가난한 자들에 대한 구제금으로 내놓았던 것이며, 반면에 아나니아/삽비라는 예수님이 복음서에서 경고했듯이(눅 8:14; 18:22-23) 자기 재산은 팔았지만 재물의 올무에 걸려 질식해 버린 부정적인 모델로서 소개한 것이다.106) 이와 관련하여 우리는 이미 누가가 복음서에서 특별히 강조했던 청지기도의 주제를 지적한 바 있다.

바나바나 아나니아/삽비라는 모두 하나님으로부터 일정 분량의 재

---

105) Leaney, *Rule*, 122.
106) 그들 부부가 "성령 중심적인 교제의 일치"를 재물에 대한 탐욕적인 태도로 인해 파괴했다는 것은 누가와 그 독자들에게는 명백한 경고가 되었을 것이다.

물을 위탁받았고, 청지기로서 이를 주인의 뜻에 따라 올바르고 지혜롭게 사용하도록 기대되고 있었을 것이다. 바나바는 이 시험을 통과했지만, 아나니아 부부는 실패하고 말았다.107) 이와 관련하여 누가는 여기서 선하고 악한 두 가지 형태의 청지기도를 제시하면서,108) 복음서에서 이미 표명했듯이 공동체의 부유한 신자들은 삭개오나 갈릴리 여자들과 같이 주인이 맡긴 재물을 올바로 사용하는 선한 청지기가 되어야 하며, 하나님이 보시기에 재물에 대한 탐욕의 올무에 걸려 재물을 자기만을 위해 쌓거나 낭비함으로써 재물의 청지기 직분을 망각한 부자들은 처벌받고 공동체로부터 추방되리라는(예컨대 눅 12장의 어리석은 부자, 눅 16장의 부자, 눅 18장의 부자 관원처럼) 자신의 취지를 여전히 주장하고 있는 것이다.

따라서 여기서 우리는 누가의 두 책을 통해 청지기도 주제의 연속성을 간파할 수 있는 것이다.

4) 공동 식사

양 공동체에는 그 성원들이 공동으로 식사하는 관습이 있었다는 사실도 주목해야 할 것이다.109) 예루살렘 공동체의 공동 식사 풍습에 대한 기록은 짧고 간략한 데 비해, 쿰란 공동체의 경우는 상대적으로 길

---

107) 참조. 눅 8:14; 12:33; 18:22-23.
108) Derrett, "Ananias", 194; Pilgrim, *Good News*, 152-3.
109) 행 2:42, 46; 20:7-11; 1QS 6:1-6; 참조. 1QSa 2:11-22; Josephus, *J.W.* 2.129-133. 이 공동 식사 문제에 대해 1QSa의 설명은 이스라엘의 종말론적 메시아의 특수한 성격을 제외하면 1QS의 설명과 대단히 유사하다.

고 상세하며, 따라서 많은 정보를 얻을 수 있다. 쿰란의 공동체 생활에서는 무엇보다도 위계 질서가 중요시되고 있음을 보게 되며,110) 이는 공동 식사의 문제에만 국한된 것이 아니다. 매 식사 때마다 식사 전후에 사제는 빵과 새 포도주를 축복해야 하며, 음식에 제일 먼저 손을 대야 한다. 그런 연후에 공동체의 전 회중이 사제의 행동 방식을 그대로 따라 하면서 실제로 공동 식사가 시작되는 것이다.111) 따라서 사제의 우선권과 함께 위계 질서의 개념은 쿰란 공동체의 공동 식사 관습에서 가장 중요시된다.

둘째로, "대우의 형평성"에 대해 언급할 수 있다.112) 이 말은 사제들을 포함해서 공동체의 모든 성원들이 먹고 마시는 동안은 평등하게 대접받는다는 것이다. 그러나 공동 식사의 이 같은 측면에 대해서 명심해야 할 것은 쿰란에서는 오직 완전히 입회 승인된 회원만 공동 식사에 참여할 수 있다는 사실이다. 치리서에 의하면113) 신입 회원은 1년 간의 수습 기간을 거친 후에야 공동 식사에 참여할 수 있으며, 적어도 2년을 요하는 수습 기간을 통과하여 공동체의 정회원이 된 후에는 대단히 엄격하게 규제되는 공동 음주(common drinking)에 참여할 수 있게 된다.114) 그러나 공동체의 정회원들 간에는 전혀 차별이 없으니, 즉

---

110) 쿰란 종파의 이 같은 요소에 대해 게트너(Gärtner, *Temple*, 8)는 "쿰란 공동체의 엄격한 위계 질서는 성전 제사장들이 지키는 제도와 너무나 흡사하기 때문에 이를 일찍이 예루살렘 성전으로부터 분리되어 나온 집단을 상기시키는 것으로 보려는 유혹을 느끼게 된다"고 지적하고 있다.
111) 1QS 6:2-6.
112) Beall, *Essenes*, 59.
113) 1QS 6:22.
114) 1QS 6:20-21. "랍비들의 글에서 우리는 바리새인들이 액체는 고체 음식보다 제의상의 오염에 더 잘 물들기 쉽다고 믿었으며, 바리새 집단(*haburoth*)

모든 회원들은 식사에 관한 한 계급과 신분에 상관없이 평등하게 대접받는다(비록 법규 위반자들은 달리 대우받지만).115) 이 두 가지 특징 외에도 요세푸스는 우리에게 쿰란의 공동 식사의 또 다른 측면에 관해 전해 주는데, 그것은 곧 검소함이다: "각인에게는 한 가지 종류의 음식이 담긴 접시 하나가 주어진다."116) 이 같은 양태는 그들의 절주(節酒)와 금욕과 일맥상통하며, 또한 그들이 스스로 택한 이름인 "가난한 자"라는 호칭과도 일치한다.117)

셋째로, 쿰란에서의 공동 식사는 성격상 종교적이며, 회원들 자신은 그것이 성전의 제사 장소에서 행해지는 일이었기 때문에 하나의 예배 행위로 간주했다고 주장되어 왔다.118) 그러나 오늘날은 쿰란에서의 식사가 성격상 제의적(祭儀的)도 또는 본질상 예배 행위도 아니었다고 널리 인정되고 있다. 쿰란 공동 식사의 이 같은 측면에 대해 쉬프만(Schiffman)은 우리에게 명쾌한 개념을 제공해 준다.

에 가입한 후보자들은 입회 초기 동안 액체를 만지는 것이 허용되지 않았다. 액체에 대한 동일한 종류의 태도가 계율 제정의 기초가 되고 있다"(Knibb, *Qumran*, 122). L. H. Schiffman, *The Eschatological Community of the Dead Sea Scrolls*(Atlanta: Ga Scholars Press, 1989), 62. 리니(Leaney, *Rule*)는 공동 음주에 관한 이러한 규정들은 "레위기의 순수성을 지키기 위한 보호 장치"라고 주장한다(196; 참조. 191-4).

115) 1QS 6:24-25; 참조. CD 14:20-21.
116) *J.W.* 2.130, 참조. 2.133; *Apol.* 11; *Hyp.* 11.5,11; Diod. Sic. 2.59.1-3, 5. 이 같은 검소한 식사에 보조를 맞추어 그들은 그들의 옷과 신발이 낡아서 조각이 날 때까지 입었다고 전해진다(*J.W.* 2.126).
117) "가난한 무리들"(The poor of the flock; CD 7:20C).
118) M. Burrows, *More Light on the Dead Sea Scrolls*(London: Secker & Warburg, 1958), 365-6; M. Black, *The Scrolls and Christian Origins*(Edinburgh: Nelson, 1961), 1961, 102-115; Gärtner, *The Temple*, 13.

"위에서 인용한 쿰란 문서의 구절들에 묘사된 '식사'가 제의적이거나 신성한 식사라는 증거는 전혀 없다. 음식의 정결함과 식사 전후의 감사 기도에 수반되는 의식들은 그 당시에는 널리 보급되어 있었음이 분명하고, 또한 모든 식사가 신성했다고는 결코 말할 수 없다. 정결, 식사 기도, 빵과 포도주 및 사제의 역할 등 일체의 모티프들은 동시대의 유대교 의식과 예배 관습의 배경에 비추어 설명할 수 있다."[119]

예루살렘 공동체도 공동 식사를 한 것으로 알려져 있지만, 사도행전에서 이 관습을 기술하고 있는 구절은 그리 상세한 내용을 전해 주지 않는다. 따라서 우리는 예루살렘의 초대 교회에서 그 관습이 어떻게 실천되었는지 실제로 확인할 길이 없다. 이 구절들로부터 추론할 수 있는 것은 초대 그리스도인들은 예배나 기타 집회를 위해 그들의 집에 모일 때 떡을 떼고[120] 함께 식사했지만 포도주에 대한 언급은 없다는 사실이다. 따라서 이들 구절에서 밝혀진 공동 식사의 모습을 기독교 성찬식이라고 볼 수 있는지의 여부는 말하기 힘들 것이다.[121] 오히려

---

[119] Scrolls, 62. 참조. N. S. Fujita, *A Crack in the Jar: What ancient Jewish Documents tell us about the New Testament*(New York: Paulist Press, 1986), 151-2; E. Yamauchi, *The Stones and the Scriptures*(London: SCM, 1973), 138. 상세한 내용은 그 문제에 관해 쉬프만이 철저하게 논의한 "공동 식사의 비성례적(非聖禮的) 특징"을 참조하라(Schiffman, *Scrolls*, 59-67).

[120] 참조. 행 20:7; 27:35.

[121] 예레미아스(J. Jeremias, *The Eucharisic Words of Jesus*[London: SCM, 1966])는 특히 행 2:42에 의거하여 본문은 초대 교회 예배의 예배 순서, 즉 "처음에는 사도들의 가르침과 (식탁) 교제가 있고 다음에는 떡을 떼고 기도하는 순서"(119)를 묘사하고 있으므로, κλάσις τοῦ ἄρτου("떡을 떼며")는 성찬식의 전문 용어라고 지적한다. 그는 식사가 성찬식보다 앞선다고 하면서, 또한 2:42의 κοινωνία는 아가페 "(식탁) 교제"로 번역되어야 한다고

나에게는 그것은 빈부를 막론하고 예배와 기도회에 모인 모든 그리스도인들이 함께 나누었던 공동 식사에 불과했던 것으로 보인다.122)

주장한다. 예레미아스의 이러한 논지는 콘첼만이나 핸첸과 같은 다른 학자들에 의해 이미 논박된 바 있다. 여기서 문제는 예레미아스가 최후 만찬의 전문 용어라고 주장했던 어구 κλάσις τοῦ ἄρτου의 해석에 집중되고 있다. 한편, 마샬(Acts, 83)은 이를 "문자 그대로 성찬식의 초기 팔레스타인식 명칭"으로 본다.

예레미아스에 반대하여 콘첼만(Commentary, 23)은 떡을 뗀다는 것은 누가에게는 "평범한 매일의 식사"를 의미한다고 주장한다 - 비록 그가 매일의 식사와 성찬을 명확히 구분하고 있지는 않지만. 핸첸(Acts, 191)은 콘첼만을 좇아 같은 노선을 취하고 있는 것으로 보이나, 한 걸음 더 나아가 "κλάσις τοῦ ἄρτου"는 "그리스도인들의 공동 식사의 명칭"이라고 주장한다.

우리가 만일 κλάσις τοῦ ἄρτου를 균형 있게 논의하고자 한다면, 초대 교회의 공동 생활의 전 국면을 묘사하는 요약 구절의 일부인 2:46, κλῶντές …ἄρτον 절에 대해서도 마찬가지로 주의를 기울여야 할 것이다. 여기서 κλῶντές는 현재분사로서 이는 떡을 떼는 것과 음식을 나누어 먹는 일이 동시에 일어났음을 의미한다. 그러므로 κλάσις τοῦ ἄρτου는 "식사 그 자체"와 분리되지 않으며 오히려 공동 식사의 참석자들이 음식을 나누어 먹는 방식을 표시한다(눅 24:30, 35; 행 20:7, 11; 27:35). 결과적으로, 식사와 성찬식을 2:42의 문맥에 의거하여 분리시키려는 예레미아스의 노력은 헛수고로 판명나는 것이다. 내가 보기에 2:42의 κλάσις τοῦ ἄρτου가 반드시 기독교 성찬식이어야 할 필요는 없다. 오히려 예레미아스가 다른 곳에서 주장하듯이(Words, 66), 초대 교회가 실천한 공동 식사는 "주님과 제자들의 매일의 식탁 교제의…재현"일 수도 있는 것이다. 참조. K. G. Kuhn, "The Lord's Supper and the Communal Meal at Qumran", in *The Scrolls and the New Testament*(ed., by K. Stendahl[London: SCM, 1957], 77, 86; Hanson, *Acts*, 70.

한편, 마가, 누가복음과 고린도전서에 묘사된 최후의 만찬의 성찬 제정문(formula of institution)에 초점을 맞추어 쿤("Communal Meal")은 "이 제정문은 그 가장 원초적인 형식(즉 마가 전승의 형식)을 볼 때 최후의 만찬을 유월절 잔치가 아닌 공동 식사로 묘사하고 있으며, 그 형식은 엣세네파의 예배 식사의 형식과 일치한다"고 지적한다(85). 최종적으로 그는 이 점에 근거하여 예루살렘 공동체의 매일의 식사는 쿰란 공동체의 공동 식사와 대단히 유사하다는 결론을 내리고 있다(93).

122) Hengel, *Property*, 33; Capper, "Interpretation", 123; Haenchen, *Acts*, 191.

이러한 맥락에서 이해해야 할 것은 고대에는 잔치를 특별한 의미를 지닌 것으로 보았다는 사실이다. 그것은 드물었지만 가난한 사람들에게는 귀중한 기회였다(눅 14장 참조). 당시에는 하루 벌어 하루 먹고 살아야 하며 그러지 않으면 온 가족이 굶게 되는 수많은 가난한 사람들이 있었다. 그 가난한 사람들에게는 공짜로 음식을 대접하는 잔치에 참석하는 것은 그들의 굶주림을 해소할 드문 기회였다. 따라서 고대의 부자들은 대중으로부터 좋은 평판과 명예를 얻으려는 목적에서 때때로 가난한 자들에게 그 같은 잔치를 베풀었던 것이다(눅 22:25 참조). 우리가 만일 고대에는 잔치가 희귀했다는 사실을 염두에 두고 사도행전의 구절들을 조사한다면, 초대 그리스도인들이 **날마다**($καθ' ἡμέραν$ 2:46, 47) 일종의 잔치를 베풀었다는 것을 알고 놀라게 될 것이다 – 비록 잔치의 규모는 누가 당시의 부자들이 베풀었던 세속적 잔치보다는 작고 소박했겠지만.

그러나 기독교 공동 식사에서 특히 두드러지는 것은 예배와 기도회에 참석한 모든 신자들이 음식과 떡을 함께 나누었다는 사실이다. 이와 관련하여 만일 우리가 사도행전 6장 1절의 과부들을 위한 구제품의 분배(이는 필시 음식의 분배였는데)가 "날마다($καθημερινῇ$)" 이루어졌다는 사실을 참작한다면,[123] 사도행전의 두 구절에 나오는 예루살렘 공동체의 공동 식사 관습 역시 공동체 내의 가난한 자들이 가난으로 인한 굶주림을 해결할 수 있도록 돕고자 하는 의도였거나, 아니면 최

---

[123] 이런 의미에서 그것은 약혼, 결혼, 할례, 장례와 같은 특별한 기회에 베풀어지며 집단의 성원만이 참석할 수 있는 유대교의 식사인 *haburah*와도 구별된다(Jeremias, *Words*, 29-31; Encyclopedia Judaica, 8:441).

소한 누가와 그의 독자들에게는 그같이 이해되었다고 말할 수 있을 것이다.

쿰란의 공동 식사 관습에 관한 이상의 논의로부터 우리는 그것이 위에서 지적했듯이 공동체 내의 가난한 사람들을 굶주림으로부터 구제하는 수단이었다는 입장을 견지한다. 요컨대 공동 식사는 6장 1절의 과부들처럼 궁핍한 자들의 구제를 의도한 것이었다. 이런 의미에서 양 공동체의 공동 식사의 본질은 전혀 다르다 – 비록 최근 발표된 논문에 의하면[124] 공동 식사는 쿰란 종파뿐 아니라 바리새파 및 다양한 헬레니즘권의 단체와 공동체들에서도 실천되었다고 하지만. 둘째로, 양 공동체 사이에 공동 식사 면에서 공통되는 점은 양 공동체의 회원들이 공동체 내에서 음식을 함께 나누었다는 사실이다. 앞서 지적했듯이 요세푸스에 의하면 음식은 쿰란 공동체의 회원들에게 공평하게 분배되었지만, 이 원칙은 예루살렘 공동체의 경우에는 명확치 않다. 그러나 이는 "모든 물건을 서로 통용하고"($ἅπαντα\ κοινά$, 2:44; 4:32)와 "기쁨과 순전한(generous) 마음으로"(2:46) 속에 함축되어 있다고 할 수 있을 것이다. 여하튼, 여기서 중요한 것은 양 공동체가 회원들끼리 음식을 나누는 동일한 관습을 가지고 있었다는 사실이다.

이 관습에 있어 양 공동체의 근본적인 차이점은 그 관습의 동기다. 본 장의 앞 부분에서 우리는 이미 공동 기금의 조성을 위해 공동체의 성원들의 재물을 출연하는 동기의 차이점을 지적한 바 있다. 쿰란에서 공동 식사는 그같이 고립되고 자급적인 공동체를 유지하기 위한 수단으로서 이용되었다. 그러나 예루살렘 공동체에서는 앞서 지적했듯이

---

[124] Schiffman, *Scrolls*, 59-67; Weinfeld, *Penal Code*, 49, 78.

일면 공동체 내의 가난한 자들의 허기를 면하게 하기 위한 수단으로서 시행되었다. 요컨대, 공동 식사는 6장 1절의 과부들처럼 궁핍한 자들의 구제를 위한 것이다. 이러한 의미에서 양 공동체의 공동 식사는 외관상 관습은 유사해 보여도 본질은 판이하게 다른 것이다.

결론적으로 우리가 사회적인 잔치와 같은 공동 식사의 관습이 고대에 부자들에 의해 구빈을 목적으로 이용되었다는 사실을 고려한다면, 공동체의 성원들 간에 음식을 나누는 관습에서 우리가 알 수 있는 것은 공동체 식사가 초대 교회에서는 예루살렘 공동체의 빈민들을 구제하는 구빈(救貧)의 방편으로 이용되었다는 사실이다.

5) 결론

우리는 위에서 예루살렘 공동체와 쿰란 공동체의 유사점과 차이점을 공동 기금과 공동 식사 제도에 초점을 맞추어 논의하였다. 이는 양 공동체가 제도를 공유했다고 주장하는 학자들이 있기 때문이다. 그러나 우리의 논의를 통해 비록 양 공동체가 공동 생활을 영위하기 위해 약간 유사한 제도를 시행했다 해도 그 근본 동기는 너무나 상이하기 때문에 양 집단은 명백히 구분된다는 것이 판명되었다. 예루살렘 공동체가 이를 계속 시행하려 한 근본 동기는 공동체 주변의 가난하고 어려운 자들에 대한 박애적 관심이었음에 비해, 쿰란 공동체의 경우는 공동체를 외부 세계로부터 순수하고 깨끗하게 보전하려는 것이었으며, 이를 위해 공동 기금과 식사 제도가 편의상 사용된 것이다.

이 점에 하나 더 첨가한다면, 엄격하게 말해서 초대 기독교 공동체에는 공동 기금 제도가 없었는데, 공동체의 모든 신자들이 공동 기금을 조성하기 위해 재산을 출연한 것이 아니라 단지 어느 정도 재산을 소유한 사람들만이 실제로 이 일에 동참했기 때문이다. 결과적으로 이를 공동 기금이라고 부르는 대신 가난한 이웃을 향한 부자들의 "자선 기부금"이라고 부르는 것이 적당해 보인다. 초대 교회 공동체에서 성행했던 공동 생활의 이 같은 특징들은 복음서에서 부자들에게 구제하라고 권면했던 예수님의 말씀과 본질상 일치하는 것이다.

그리스-로마 세계의 자선 제도

10

그리스-로마 세계의 자선 제도
제 10 장

이제까지 우리는 누가복음과 사도행전에서 가난한 자들에게 구제하라는 명령이나 재물을 축적하거나 낭비하거나 또 재물에 집착하지 말라는 부자들에 대한 명령을 담고 있는 자료들이 꽤나 많이 등장하고 있음을 발견하였다. 이런 누가-행전 자체의 정보의 토대 위에서 이제 우리는 누가 공동체의 역사적 배경이 되는 1세기 당시 로마 제국의 사회·경제적 상황과, 당시의 가난한 자들과 그들의 필요와 관련하여 실제로 어떤 일들이 벌어졌는지를 살펴보는 것이 유익하리라고 생각된다.

이 장에서 내가 목표로 삼는 것은, 우선은 그리스-로마 사회에서 가난한 자들을 위하여 운영(運營)되었던 자선 또는 구제 제도를 연구하는 것이다. 둘째로는 이 연구의 결과를 재물의 청지기도와 관련된 누가의 구제 개념과 비교하고자 하는데, 이를 통하여 우리는 그리스-로마 사회의 자선 제도들이 우리가 위에서 이미 정의한 바 있는 누가의 구제 개념과 동등한 것으로 간주할 수 있을지를 고찰하고자 한다. 이러한 지식은, 내가 믿기에, 누가의 구제 신학을 이해하는 데 도움이 될 줄로 생각한다.

1. 가난한 자들의 궁핍: 그리스-로마 세계에서의 가난한 자들에 대한 태도

사회·경제적 조건의 견지에서 볼 때 그리스-로마 시대는 극심한 불평등의 시기라고 특징지을 수 있을 것이다. 부자와 권력자들은 그들의 현재의 유리한 입장(특권), 즉 정치적 세력과 사회적 지위로 인해 더욱더 부유해지고 강하여졌다.[1] 한편, 가난한 자들과 힘없는 자들은 그들의 현재의 불리한 입장으로 인해 더욱더 빈궁하고 무력하게 되었다.[2] 부유한 자들과 가난한 자들의 이러한 유리한 입장과 불리한 입장은 부자들에게 유리한 당대의 사회·경제적 구조로부터 비롯되었으며,

---

1) Esler, *Community*, 172; P. A. Brunt, *Social Conflicts in the Roman Republic* (London: Chatto & Windus, 1971), 17.
2) S. Dill, *Roman Society from Nero to Marcus Aurelius*(London: MacMillan, 1904), 94f.

따라서 재물과 정치 권력의 분배의 견지에서 볼 때 불평등은 고대 세계에서 가난한 자들을 크게 괴롭히는 고질적이고 만성적인 문제였던 것이다.[3]

이제 이런 맥락에서 1세기의 그리스-로마의 사회 계층 구조를 일별(一瞥)하는 것은 당대에 만연되어 있던 사회의 불평등을 이해하는 데 도움이 되리라 생각한다. 당대 사회의 피라미드의 최상층은 로마 제국의 귀족 계급, 즉 원로원,[4] 기사,[5] 지방 귀족 등이 차지하였다. 앞의 두 계층은 로마 귀족 계급의 상층부를 형성했고, 뒤의 계층 즉 지방 귀족은 그 하층부를 형성하였다.[6] 고대 문헌에 따르면, 중앙 및 지방 귀족 계급은 로마 제국 전체 인구의 1퍼센트 이하에 불과했으나,[7] 이 지극히 적은 수의 귀족들이 제국 재산, 주로 땅과[8] 기타 당대의 유용

---

[3] 이 점에 관하여 핀리(Finley)는 "법 앞에서의 평등은 실제에 있어서 항상 이상에 미치지 못했다는 사실에 이의를 제기할 사람은 없을 것이다"라고 진술하고 있다(*Ancient Economy*, 87). Cf. A. H. M. Jones, *The Roman Economy* (Oxford: Basil Blackwell, 1974), 136-7.

[4] Dill, Roman, *Society*, 213f.

[5] Ibid., 215f

[6] R. MacMullen, *Roman Social Relations*(New Haven: Yale University Press, 1974), 93-94; Finley, *Ancient Economy*, 46-47.

[7] W. A. Meeks, *The Moral World of the First Christians*(London: SPCK, 1987), 33. Cf. MacMullen, *Relations*, 88-89; G. Sjoberg, *The Preindustrial City*(Glencoe: Free Press, 1960), 110.

[8] 고대 세계에서 땅은 부유하고 권력 있는 자들에게 가장 인기 있는 수입원(收入源)이었을 뿐만 아니라 가장 안전한 재산 보호의 방편이었다(Finley, *Ancient Economy*, 102; Brunt, *Conflicts*, 21). "땅이 고대 세계에서 필수불가결한 일용품인 음식을 생산하는 까닭에, 땅은 몇 년의 흉작을 견디낼 수 있을 만큼의 여유가 있는 부자들에게는 보상이 높은 투자였다. 따라서 엘리트 그룹의 재산은, 그것이 상속받은 것이든, 지불 불능의 이웃이나 채무로부터 획득하게 된 것이든 아니면 전쟁의 전리품이든 간에, 땅에 근거했던 것이다"(Stambaugh & Balch, *Social World*, 65).

가능했던 재원의 대부분을 차지했던 것으로 알려지고 있다.9) 이런 의미에서 볼 때, 그리스-로마 세계의 고대 사회는 특별히 그 사회의 엘리트 그룹을 위하여 만들어졌던 사회로 간주할 수 있으며, 반면에 그 사회의 나머지는 단지 특권층이 그 삶을 편리하게 향유(享有)할 수 있도록 돕기 위해 존재했다고 말하는 것은 결코 지나친 과장이 아닌 것이다.10) 브런트(Brunt)는 이런 개념을 다음과 같이 표현하고 있다.

"현대적 기준에 의한다면 고대 세계는 항상 가난하고 '후진적'이었다. 만일 어떤 발전과 진보가 이루어지려면, 불가피하게 백성의 다수는 극소수의 가진 자들이 예술과 학문을 발달시키기 위한 수단과 여유를 갖도록 하기 위해 생활 필수품을 만들고자 노력해야만 했다."11)

이 지배 계층 아래에는 상인과 무역업자들이 경제적 여유의 견지에서 볼 때 그 다음 위치를 차지하였다. 그 이유는 그들이 사업으로부터 얻은 수익으로 말미암아 부유하게 될 수 있었기 때문이다.12) 이들 상인과 무역업자들과 함께, 기술자와 장인(匠人)들 또한 적정한 임금을 벌었으며, 따라서 보통의 상황 하에서는 생활에 큰 어려움을 겪지 않

더욱이, 제국의 부자들은 또한 로마 제국 인구의 상당 부분을 차지하는 소작농에게 땅을 대여해 줌으로써 얻게 된 임대료(地代)를 통하여 그들의 재산을 증식시켜 나갔다. 이런 까닭에 소작농은 높은 임대료와 무거운 세금으로 말미암아 더욱더 가난하게 되었던 것이다(Jones, *Roman Economy*, 30-31, 38, 42, 122, 125-6, 130, 136).
9) Dill, *Roman Society*, 94f. Cf. MacMullen, *Relations*, 94-98.
10) Cf. Dill, *Roman Society*, 95-6.
11) Brunt, *Conflicts*, 40.
12) Stambaugh & Balch, *Social World*, 70-71; Cf. 행 9:36-43; 16:14-15.

았던 것으로 보인다.13)

　사회의 최상층과 중간4) 계층 외에, 두 종류의 낮은 계층이 존재하였다. 하나는 소작농과 날품팔이인데, 특히 날품팔이는 공개 시장에서 얻을 수 있는 여러 가지 비천한 직업들; 이를테면 "짐꾼, 편지 배달부, 가축몰이꾼, 땅 파는 일" 등을 통하여 생계를 꾸려 나가야만 했다.15) 다른 하나는 부유한 개인이나 국가에 의해 소유된 노예들이었다.16) 비록 그 사회적 지위의 견지에서 볼 때 노예는 당대 사회의 가장 낮은 계층이지만, 그 주인에게서 의식주(衣食住)를 제공받았기 때문에17) 항상 얻을 수 없었던 고용에 의존해야만 했던 날품팔이(막노동자)들보다는 더 나은 생활을 누릴 수 있었던 것으로 알려져 있다.

　게다가 노예들의 생활 조건은 꽤나 다양했던 것으로 알려져 있다. 상류층의 시각에서 볼 때 이들 두 계층은 가난한 자들로 간주되었다.18) 특별히 취약했던 부류(部類)는 날품팔이들인데, 고용이 되지 못

---

13) Jones, *Roman Economy*, 43f.; Dill, *Roman Society*, 253.
14) 여기서 나는 중간층이란 용어를 상인과 장인을 가리키는 데 사용하고 있는데, 그 이유는 그들이 생계를 염려하지 않고 살아갈 수 있을 만큼의 재산을 가지고 있었기 때문이다. 그러나 힐(H. Hill)은 이 용어를 기사 계급(equestrians)을 위하여 사용하고 있는데, 왜냐하면 그들이 두 개의 두드러진 계층, 즉 원로원과 일반 백성들 사이에 위치했기 때문이다(*The Roman Middle Class in the Republican Class*[Oxford: Basil Blackwell, 1952], 45-86). 힐은 계속하여 말하기를 상인과 장인들은 중간층에 포함되지 못했다고 주장한다 (84). Cf. MacMullen, *Relations*, 89-90.
15) Sjoberg, *Preindustrial City*, 122.
16) 핀리는 고대 세계에서 노예와 날품팔이는 분명하게 구별되지 않았는데, 그 이유는 일단 누군가가 고용되면 그는 고용주에게 복종해야 하는 노예와 다름이 없었기 때문이라고 주장했다(*Ancient Economy*, 73-4). Cf. MacMullen, *Relations*, 114-5.
17) MacMullen, *Relations*, 92.
18) Cf. Jones, *Roman Economy*, 38.

하면 그날 하루는 굶어야 했기 때문이다. 그러나 그래도 그들은 여전히 생계를 위하여 일을 찾을 수 있는 가능성은 갖고 있었다. 따라서 좀더 절대적인 의미에서 볼 때 "πτωχός(가난한 자)"란 용어는 전혀 일할 수 없는 사람들, 즉 소경, 앉은뱅이, 저는 자, 문둥병자, 귀머거리, 정신 장애자[19] 등과 같이 고대 세계의 힘겨운 삶에서 생존하기 위한 유일한 방편이 구걸이었던 사람들에게 적용되는 것이다.[20]

지극히 불평등한 사회 구조 외에, 자연 현상 또한 가난한 자들의 고통을 더욱 심각하게 만들었다. 즉 로마 세계의 여러 지방에서 드물지 않게 발생했던 기근이나 흉작은 심각한 곡식의 부족을 야기시켰고, 이로 인해 가난한 자들은 막대한 고통을 당했던 것이다.[21] 그 이유는 그들이 그런 자연 재해로부터 자신들을 보호하거나 도피할 만한 여건을 갖고 있지 못했기 때문이다. 일반적으로 알려진 바에 따르면, 이런 역경의 시기에 고대 국가나 사회는 그 시민들을 자연 재해로부터 보호하기 위하여 나름대로의 대책을 갖고 있었다고 한다. 그러나 오늘날 우리에게 전해진 고대 문헌과 서적에 따르면 그런 위기에 어떠한 국가나 사회도 가난한 자들을 기아와 궁핍에서 벗어날 수 있도록 하기 위한 제도나 장치를 갖고 있지 않았던 것으로 알려져 있다.

따라서 고대 세계에 가난한 자들은 어쩔 수 없이 버려진 존재들이었고, 이런 이유 때문에 부유하고 권세 있는 자들은 항상 이들을 천대하

---

19) 눅 4:18; 7:22; 14:13, 21을 참조할 것.
20) 눅 16:20-21; 18:35; 행 3:2을 참조할 것. See Dill, *Roman Society*, 96. 아리스토파네스의 플루투스(Plutus)를 인용하면서, 핀리는 πτωχός와 πενής의 대조를 통하여 πτωχός를 "전혀 재산을 갖고 있지 않은 사람"으로 정의하고 있다(*Ancient Economy*, 41).
21) Brunt, *Conflicts*, 20.

였다.[22] 그러므로 부자들이 가난한 자들을 돕기 위해 어떤 행동을 취하지 않는다면 결국 이들은 죽을 수밖에 없었던 것이다. 따라서 아래에서 우리는 누가가 권면하고 있는 "재물의 청지기도"와 유사한 종류의 제도가 누가 당대 사회에 있었는지, 있었다면 어떤 형태를 취했는지를 좀더 자세히 살펴보고자 한다.

2. 국가 구제 및 그 한계

1) 그리스

그리스-로마 세계의 배급 구조에 관해 연구해 볼 때, 일반적으로 도시와 국가의 정부들은 그 시민들에게 간혹 양식을 나누어 주었지만 정기적으로 곡물을 염가나 무료로 배급하지는 않았다.

고대의 국가들 중에 크레타(Crete)의 경우는 너무나 독특하고 유명했으므로, 이를 공급과 배급 제도의 모델로 소개했던 플라톤과 아리스토텔레스의 칭찬을 듣기도 했다.[23] 크레타의 배급 제도의 주된 사상은

---

22) MacMullen, *Relations*, 116-7; Esler, *Community*, 172-3.
23) 크레타의 배급 제도에 의하면 토지의 모든 소산 곧 수확과 가축 일체는 12등분 되어야 한다. 첫 번째 몫은 자유 시민들에게, 두 번째 몫은 그 종들에게, 세 번째 몫은 수공업자와 외국인 일반에게 돌아갈 텐데, 또한 이는 강제로 판매되어야 하는 유일한 몫이었다(Plato, *Law*, 847).
아리스토텔레스는 이를 약간 다르게 서술한다: "공유지로부터 얻어진 모든 소출의 일부는 제사와 공공 업무용으로 할당되고, 다른 일부는 공동 식탁

"폴리스는 곧 그 시민들이며, 따라서 어떠한 재화가 전리품, 벌금, 세금, 생산물의 형태로 취득되든지 그것은 시민들의 소유로서 그들에게 분배되어야 한다"[24]는 것이다. 그러나 그리스의 도시들 가운데 유일무이한 크레타의 제도는 주전 4세기 말에 와서 현저한 변화를 겪었고, 그 결과 국가의 총 수입금은 국민들에게 배분되지 않고 종내는 소실되어 버렸으며, 주후 2세기가 되자 격년제로 시행되었던 크레타의 배급은 부자들의 부담으로 유지되었다.

사모스(Samos)의 경우도 주전 3세기경에 그리스 세계에서는 유일하게 지속적으로 매년 배급이 시행되었다는 의미에서 상당히 독특하다.[25] 그러나 여기서 주의 깊게 인식해야 할 것은 사모스에서 그 제도의 주된 목적은 식량 공급과 관련된 긴급 상황에 대비하여 미리 공급

용으로 할당된다. 결과적으로 모든 시민들은 남녀노소를 무론하고 공동 기금에 의해 부양받게 되는 것이다"(*Pol.* 1272a).

크레타의 배급 제도에 관한 이들 두 해석의 공통점은 그들이 공유지의 모든 소출을 공유하는 일종의 공동 생활을 했다는 점이다.

24) P. Garnsey, *Famine and Food Supply in the Graeco-Roman World*(Cambridge: University Press, 1988), 79.
25) 우리는 한 비문의 내용에서 아마도 항상 자선금(*epidoseis*)을 기부할 것으로 기대되는 부유한 시민들로 보이는 100명 이상의 사모스인들이 곡물 기금을 위해 상당한 금액을 기부했던 것을 알고 있다. 기부금의 이자는 "거주 시민들에게 그들의 거주 구역별로 매월 각자 두 몫씩 무료로 할당하여" 배급하기 위해 아나이아 지역으로부터 곡물을 구입하는 데 사용되었다(A. R. Hands, *Charities and Social Aid in Greece and Rome*[London: Thames & Hudson, 1968], 179). 그러나 이 비문에는 그 같은 배급이 얼마나 오래 계속되었는지에 대해서는 나와 있지 않다.

이외에도 간지(Garnsey, *Famine*)는 그 일의 효율성에 대해 의심을 표명했는데, 왜냐하면 "현금 총액은 시민 전체가 필요로 하는 곡물의 일부분을 구입하기에도 미흡한 것"(81)이었기 때문이라는 것이다. 사모스의 배급에 관해서는 Hands, *Charities* 178, D6을 참조하라.

하기에 충분한 연례 수입을 마련하기 위한 항구적인 기금을 확보하려는 것이었다. 즉 사모스의 배급 제도는 국가의 만성적인 경제 문제에 대처하기 위해[26] "항구적으로 어김없는 식량 공급"[27]을 제공하기 위한 수단으로 이해되어야 할 것이다. 사모트라키(Samothrace), 야소스(Iasos), 메세니아의 투리아(Thouria of Messenia), 델로스(Delos)와 테스피아이(Thespiae)와 같은 그리스의 다른 도시들 역시 그리스 도시들의 배급 구조의 주된 목적이 항구적인 식량 공급 기금을 확립하는 것이었다는 의미에서 볼 때 사모스의 배급 구조와 동일한 패턴을 따랐던 것으로 알려지고 있다.[28]

여기서 한 가지 점을 분명히 해 두어야 할 것이다. 식량 부족과 관련된 항구적인 기금의 확립 면에서 모든 그리스 도시들은 일반적으로 동일한 어려움에 봉착했던 것 같다. 그러나 문제의 대처 방식에 있어서 차이점을 보이고 있는 것이다. 사모트라키(주전 2세기 초나 중엽)와 야소스(주전 150년)는 사모스와 동일한 패턴을 따랐던 것으로 보이는데, 이는 그들이 전 시민을 위한 공동 기금을 설치했음을 의미하며, 균등 배급(sitometria)의 원칙을 좇아 무료로 배급이 시행되었던 것으로 알려져 있다.[29] 그러나 메세니아의 투리아(주전 2세기)와 델로

---

[26] G. Rickman, *The Corn Supply of Ancient Rome*(Oxford: Clarendon Press, 1980), 156. 그 문제에 대한 이유는 절대로 곡물 공급의 실패가 아니라 일련의 우발적인 사건들이 모든 국가에서 발생했기 때문이다. 이런 까닭에 백성들은 연속되는 재정 위기를 감수해야 했던 것이다(Hands, *Charities*, 39). 따라서 부자들에 의한 *epidoseis*(자선금)는 만성적인 문제를 극복하기 위해 이 같은 절박한 상황으로부터 비롯된 것이다.

[27] Hands, *Charities*, 95.
[28] Hands, *Charities*, 96-97.
[29] Ibid.

스, 테스피아이의 경우 시(市) 당국은 곡물 기금을 보유하고 있었지만, 이는 무료 배급을 위한 것이 아니라 영리를 목적으로 하고 있었다. 이 말은 그 곡물 기금을 무료 배급한 것이 아니라 이를 필요로 하는 개인들(아마 농부들)에게 이듬해에 이자를 붙여 갚는다는 조건으로 판매했음을 의미한다.[30]

그러나 만일 우리가 사모트라키의 배급의 경우(아마 야소스의 경우도)는 "사모스 스타일의 정기적 배급"이 아니었다는 간지(Garnsey)의 주장을 따른다면, 이들 두 도시의 사례를 사모스의 사례와 동일시하는 것은 옳지 않을 것이다. 따라서 "다른 어떤 도시 국가도 사모스의 제도에 비견할 만한 제도를 가진 것으로 볼 수 없다"[31]는 간지의 지적은 정확한 것으로 보인다.

아테네의 경우 무료 배급을 위한 항구적인 기금이 존재했다는 증거는 없다.[32] 이와 궤를 같이하여, 우리는 심각한 식량 부족 기간 동안(주전 329-324) 곡물은 정상 가격으로 판매되었지만 무료로 주어지지는 않았음을 보게 된다. 오직 5세기 중엽에 이집트의 사메티코스(Psammetichos) 왕이 아테네 사람들에게 예기치 않게 곡물을 원조했을 때에만 시민들에게 무료로 배급되었는데, 당시 수혜자의 수를 줄이기 위해 비(非)시민들을 제거하기 위한 시민 명단 조사가 실시되었다. 결국, "원조 물자를 가장 궁핍한 자들에게 배급하려는 시도는 없었음"[33]이 분명하다.

---

30) Garnsey, *Famine*, 81.
31) Ibid.
32) Hands, *Charities*, 97.
33) Ibid., 참조. Garnsey, *Famine*, 81.

결론적으로, 그리스 사회의 배급 제도에 관해 크레타와 사모스라는 두 예외적 경우를 포함해서 주목할 점은 배급 제도가 시민들을 위한 것이었다는 사실이다. 노예와 외국인들을 포함한 비(非)시민들은 제외되었다. 따라서 솔직하게 말해 그것은 구제 제도가 아니었다 – 즉 기금은 사회의 가난한 자들을 위한 것이 아니었던 것이다.[34] 그 제도는 대체로 적정한 재산을 소유하고 최소한 궁핍하지는 않았던 시민들을 위한 것이었다. 또한 이 경우에도 크레타와 사모스의 경우를 제외하면 무료 곡물 배급은 정기적, 반복적인 것이 아니었으며(사모트라키와 야소스), 곡물은 무료가 아니라 일정한 대금을 지불해야 했다(투리아, 델로스, 테스피아이). 그러므로 엄밀히 말할 때 가난한 평민들이 이들 제도로부터 큰 혜택을 입었는지는 의심스러운 것이다.

2) 로마

로마의 경우는 그리스 도시들과 판이하다. 양자의 최대의 차이점은 그리스인들의 주된 문제가 로마인들에게는 문제가 아니었다는 점이다. 로마인들은 항구적인 기금을 염려할 필요가 없었는데, 이는 로마의 해외 재산의 세입과 수익금으로부터 어떻게 하든 재원을 염출할 수 있었을 것이기 때문이다.[35] 차이점의 두 번째 이유는 그리스의 행정 기관들과는 달리 로마 정부는 수도의 곡물 공급에 종종 개입했기 때문이

---

34) 이와 관련하여 핸즈(Hands, *Charities*)는 심지어 사모스의 경우에도 "대가족의 가장들에게 좀더 후한 공급이 이루어졌다는 아무런 암시도 없었기" 때문에, 그것은 가난한 자들을 위해 의도된 것이 아니었다고 주장한다(96).
35) Rickman, *Corn*, 156.

다.36) 이 같은 관행은 공화국 초창기로까지 거슬러 올라가며, 다양한 시기에 조영관(造營官, aediles)들에 의해 특별 배급이 시행되었다. 하지만 그리스의 제도와 마찬가지로 곡물은 시민들에게 무료로 배급되지 않고 적정한 고정 가격으로 아마도 연중 무휴로 배급되었다.37) 그러나 이는 주전 58년에 극적으로 변화하였다. 클로디우스(Clodius)는 곡물법(lex frumentaria)을 제정함으로써 곡물 배급 시 시민들이 지불하는 대금을 폐지하고 곡물의 무료 배급 제도를 확립하였다.38) 그러나 그 이후로 수혜자의 숫자를 줄이려는 시도가 끊임없이 있어 왔다. 주전 46년경에 수혜자의 수효는 32만 명으로 늘어났던 것으로 추정되었다. 그래서 줄리어스 시이저(Julius Caesar)는 그의 집정관 재임 동안(주전 49-44년) 무료 곡물을 받을 세대주의 수효를 32만에서 15만 명

---

36) 식량 수입은 로마 황제들의 가장 중요한 직무 중의 하나로 알려져 있으며, 따라서 이러한 맥락에서 "로마의 '자본주의'는…대(對) 로마 수출용 곡물의 국영 재배 농장과 연관되어 발전해 가는 경향을 보였다"(P. W. Pleket, "Economic History of the Ancient World and Epigraphy: Some Introductory Remarks", *Akten des vi Internationalen Kongresses für Griechische und Lateinische Epigraphik*[München: 1972], 249).

37) 매월 배급되는 곡물 배급량의 고정 가격은 모디우스 당 6 1/3애스였는데, 이는 가이우스 그라우쿠스(Gaius Graucchus)의 시대에(123 BC) 셈프로니우스 법(*lex Sempronia*)에 의해 확정된 것이다(Rickman, *Corn*, 158-9). 그러므로 무료 곡물의 도입 이전에 65년 동안(123-58 BC) 국가가 공급하는 곡물은 무료라기보다 염가로 판매되었던 것이었다. Hands, *Charities*, 102.

릭맨(*Corn*, 154)과는 정반대로 드 니이브(de Neeve)는 "평균" 가격과 "정상" 가격을 구분하면서 중요한 것은 고정적이거나 "평균적인" 가격이 아니라 가격의 안정성이라고 주장하고 있다(P. W. de Neeve, "Review of 'The Corn Supply of Ancient Rome' by G. Rickman", *Mnemosoyne* 38[1985], 447).

38) 키케로의 주장에 의하면 대금 철폐에는 로마의 세입금의 5분의 1이 소요되었는데, 클로디우스는 이를 주전 58년에 합병한 키프러스의 왕가 재산을 매각하여 충당하였다(Rickman, *Corn*, 172).

으로 삭감하였다.39) 그러나 주전 5년까지 수혜자의 수효는 계속 증가하여 다시 32만 명에 달했으며, 그래서 아우구스투스 황제(Augustus)는 시민들의 명단이 상당수의 최근에 해방된 노예들로 인해 부풀려졌다는 것을 알고는 로마 전역에 인구 재조사를 시행하여 수효를 20만 명으로 삭감하였다.40) 최종적으로 그 수효는 티베리우스 황제(Tiberius)의 치세 중인 주후 37년경에는 15만 명으로 고정되었던 것으로 보인다.41) 그러나 로마의 배급 계획에서 이 곡물은 오직 감소된 수효의 시민들에게만 주어졌으며, 가난한 사람들이 특별히 구제를 위해 선정되었다는 증거가 없음 또한 분명히 인식해야 할 것이다.42)

따라서 시민들을 대상으로 하는 로마의 곡물 배급안(案)을 살펴볼 때 이 역시 로마인들이 가난한 자들을 기아로부터 구하기 위한 자선안이 아니라 그리스의 경우와 마찬가지로 시민들을 위한 계획이었음이 일반적으로 인정되고 있다.43) 이와 함께 아우구스투스 시대에 "로마 시민의 인구는 시 거주민의 총수의 5분의 1을 넘지 않았을 것"44)이라

---

39) Suet. *Caesar*, 41:3.
40) Suet. *Aug.*, 42:3; *Res Gestae*, 15:21.
41) Suet. *Aug.* 101; Tac. *Ann.* 1; Suet. *Tib.* 76.
42) "그 외에 그것(=무료 곡물 배급)이 무엇이었건 간에 그것은 가난한 자들을 위한 구제가 아니었다. 비록 자격상의 제한이 있었다 해도 그 기준이 가난이나 특별한 필요였던 것으로 보이지는 않는다"(Rickman, *Corn*, 172).
43) 주전 73년에 그 아래서 혜택을 입을 수 있는 시민들의 수효 내지는 각 사람이 구입할 수 있는 곡물의 양을 제한하는 법이 통과되자 그 법에 대한 대중의 항의가 일어났다. 이 항의에서 우리의 주의를 끄는 것은 그 항의가 "인간으로서 빈민들의 특별한 필요보다는 시민으로서 자유인들의 권리"에 강조점이 주어졌다는 사실이다(Hands, *Charities*, 103). 이것은 고대 로마 사회에서 시민권이 얼마나 중시되었는지를 보여주는 명확한 증거다.
44) Ibid., 106. *Res Gestae* 15:16에서 아우구스투스는 주전 5년 호민관으로서의 그의 18번째 임기이자 집정관으로서 12번째 임기인 해에 32만 명의 도시 서

는 사실을 고려한다면(이는 로마 제국 인구의 전반적인 실상과 일치한다), 그리고 주후 2세기 초엽에는 로마 주민(plebs Romana)과 그 무슨 희생을 치러서라도 보호되어야 하는 진정한 시민단인 곡물 수혜민(plebs frumentaria)이 구별되어 있었다는 사실을 고려할 때,[45] 로마 주민의 대다수는 굶주림과 기아의 위협에 노출되어 있었을 것이다. 이 같은 맥락에서 우리는 로마인들에게 피에타스(pietas: 경건)의 개념은 통상 정서적이라기보다 실제적인 방식으로 표현되었다고 이해할 수 있는데, 곧 "피에타스는 본질상 로마의 영원성 사상을 신봉하고 이에 헌신하는 것과 연관되어 있으며, 이는 다른 일체의 고려 사항에 우선했던"[46] 것이다. 그러므로 결론적으로 로마 정부의 배급안 속에는 자선에 대한 부분은 전혀 없었음이 분명하며, 또한 로마 시를 제외하면 특히 주후 1세기경에 로마 제국 내에서 로마 외의 그 어디에도 그와 유사한 배급 제도가 존재했다는 증거가 없다.

지금까지의 논의를 종합한다면, 고대 그리스-로마의 국가 부담의 배급안은 수혜자 폭이 극히 좁았음이 뚜렷이 부각되는데, 이 말은 그것이 오직 시민들에게만 적용되었으며, 더구나 고대 그리스의 경우에

민들에게 각기 60데나리우스를 하사했다고 기록하고 있다. 릭맨은 여기에 그들의 아내, 자녀와 노예들의 수를 가산하여 (비록 추산이지만) 그 당시 로마의 인구 규모를 근 1백만에 달하는 것으로 결론내렸다(F. W. Danker, *Benefactor: Epigraphic Study of a Graeco-Roman and New Testament Semantic Field*[St. Louis: Clayton Publishing House, 1982], 263; Rickman, *Corn*, 9-10; 참조. 179-185).

45) Rickman, *Corn*, 185. 또한 각주 43을 참조하라.
46) Hands, *Charities*, 112-3. 이러한 요소에 관하여 라움(Laum, *Stiftungen*, 252)은 정부의 식량 배급안을 "순수한 인간애라기보다는 정치 행위"로 간주했는데, 이는 로마의 배급 구조에 대한 냉소적이나마 정확한 평가로 볼 수 있다.

는 빈도수도 적었다는 의미다. 결국 역사적 증거에 의하면 누가 공동체가 생활했던 주후 1세기의[47] 로마 제국에는 고정되고 정규적인 자선 제도가 존재하지 않았음을 알 수 있다.[48] 그러므로 고대 로마 제국의 모든 시대를 통하여 곡물 공급이야말로 핵심적인 문제였기 때문에 그것이 "에클레시아의 의제에서 정기적으로 등장하는 극히 중요한 문제"였음을 발견하는 것은 하등 놀라운 일이 아닌 것이다.[49]

이상의 논의에 맞추어 고대 그리스-로마 세계의 가난한 자들의 빈곤도를 측정하는 데 도움이 되는 실례를 하나 소개할까 한다. 그것은 한 기부자가 장례식에서 부담하게 될 일체 비용의 분배에 관한 것이다. 이 사건에 관한 핸즈(Hands)의 설명은 고대의 빈민들의 빈곤도가 얼마나 극심했는지를 이해하는 데 큰 도움이 될 것이다.

> "실상은 가장 빈곤한 계층만이, (선물의) 수혜 자격을 갖춘 사람들이 너무 많기 때문에 비교적 근소해질 수밖에 없는 선물을 받기 위해 참석하리라고 우리는 얼마나 추측하기 쉬운가? 그같이 가정하는 데는 조심해야 할 충분한 이유가 있다. 앞서 살펴보았듯이 대부분의 도시 국가에서 인구의 대다수는 비록 무일푼은 아니었다 해도 사소한 물질적 이득조차 무시해 버릴 여유가 없었는데, 특히 노동을 통해 수입을 얻을 기회가 없

---

[47] Finley, *Ancient Economy*, 39; Stambaugh & Balch, *Social World*, 64.
[48] Esler, *Community*, 175. 극히 많은 수의 개인적인 선물이 있었는데, 이는 어떤 사람의 생전, 혹은 때로는 사후에 주어졌고, 반복적이거나 일회적이었다. 그러나 핸즈의 주장에 의하면 이 같은 자선에 있어 "사회의 극빈 계층이 선정되어 특별히 유리한 대우를 받은 것은 결코 아니었다"(*Charities*, 89). 따라서 극빈 계층의 빈곤 문제는 고대에는 대체로 무시되었다고 말할 수 있을 것이다.
[49] Pleket, "Economic History", 247.

는 공휴일일 경우에는 그러했다. 그 같은 경우에 '가난한 자들'은 극빈자들과 어깨를 부비는 것도 마다하지 않았을 것이다."50)

3. 사적(私的)인 구제

1) 도시에 대한 자선(EUERGETISM)

고대의 사회・경제적이고 정치적인 생활의 거의 모든 방면에서 부유한 시민들의 역할은 무한한 것이었으며, 따라서 그들의 영향력은 그리스-로마 세계의 도처에서 찾아볼 수 있었다. 이에 상응하여 부자들은 다양한 공공 사업의 비용을 담당할 것으로 기대되었다.51) 그 중에 특출한 실례로서 정부의 공직을 맡는 경우를 들 수 있다. 이는 거의 노골적으로 경기와 축제 같은 공사(公事)에 소요될 것으로 예상되는 비용 부담을 떠맡는 것을 의미하는데,52) 그 중에 전형적인 실례가 특히 흉작으로 인해 식량이 부족한 시기에 사람들에게 양식을 제공하는 직책이었다.53) 결과적으로, 정부의 관리들은 지역 사회의 부자들로 구

---

50) Hands, *Charities*, 93-4.
51) Danker, *Benefactor*, D.12,17,19,20.
52) Dill, *Roman Society*, 228 이하.
53) "어려운 시기에 시(市)는 또한 고대의 전례 관습, 곧 중요한 공공 사업의 실행을 위해 부유한 시민들에게 강제로 기부케 하는 관습으로 되돌아갔다"(M. Rostovtzeff, *The Social and Economic History of the Roman Empire*, [Oxford: Clarendon Press, 1957]. 2:148). 이러한 의미에서 컨트리맨의 견해는 타당한 것으로 보이는데, 곧 "상류층이 소유한 부(富)에는 일정한 사회적 권

성되어 있었으며,54) 정부 관리들이 가능한 한 대중의 이익보다는 자기 이익을 늘리는 데 관심을 가졌다는 것은 자연스러운 일이었다. 따라서 "모종의 조세 제도를 통해 그들 자신의 돈을 써 가면서 공공 재산을 늘린다는 것"은 기대할 수 없는 일이었다.55) 그러나 기근이나56) 흉작, 전염병, 전쟁57) 등의 비상 사태로 인해 급박하고 심각한 위기가 조성되거나 국가 기금이 이를 담당하기에 불충분할 때, 부자들은 상황이 전보다 더 악화된 가난한 자들을 위해 무언가를 하도록 기대받고 설득당하였다. 곡물 공급 담당관(curator annonae)이란 명예직은 식량 부족이나 기근의 시기에 부유한 시민들이 차지했던 주요 직책 중의 하나였다.58) 따라서 지역 사회의 당국이 부유한 개인들 즉 지방 유지

리와 의무가 함축되어 있다"(Countryman, *Rich Christian*, 25).
54) Dill, *Roman Society*, 211, 220.
55) Garnsey, *Famine*, 82.
56) 기근은 고대인들에게는 끊임없는 위협이었는데, 비단 지나친 비, 한발, 혹심한 겨울과 같은 자연 재해에 의해서 뿐 아니라 농경과 수송을 가로막는 전쟁에 의해서도 유발되었다.
    그 같은 곤경이 닥칠 때 부자들은 토지로부터 일체의 곡물을 거두어들이고 평민 대중에게는 "기타 콩과(科)의 작물"을 남겨 놓음으로써 가난한 자들은 이 같은 빈약한 음식 때문에 기아에 직면하는 동시에 각종 질병에 쉽게 떨어졌던 것이다(R. MacMullen, *Enemies of the Roman Order*[Cambridge, Mass.: Harvard University Press, 1967], 249-254). 참조. Esler, *Community*, 177-8.
57) 예컨대 칼란티아(Callantia)의 주민들이 리시마쿠스(Lysimachus)에 의해 포위되어 식량 부족으로 심하게 고통당하고 있었을 때(313 BC) 유멜루스(Eumelus)는 기근으로 인해 고향을 등졌던 일천명을 책임지고 보살폈다(Diodorus Siculus, 20.25.1; 참조. Dionysius Halicarnassus, *Antiq Rom*. 4.48.3).
58) 자신가들이 곡물 공급 담당관(curator annonae: 동방에서는 sitones나 ἀγορανόμοι로 호칭되었다)의 직책을 맡았다고 기록하는 비문들의 증거에 관해서는 Hands, *Charities*, 175-209를 참조하되 특히 문서 no.2(330-325 BC), no.6(주전 2세기), no.7(150 BC), no.12(42 AD), no.14(주후 1세기 초), no.15(주후 1세기), no.23(주후 50년보다 후대임), no.29(100-150 AD)를 보

들59)의 자선에 의지하는 것은 자연스러운 일로 보였는데, 왜냐하면 국가 기금은 부족했고 대체로 고대의 재물의 대부분은 소수의 개인들이 차지하고 있었기 때문이다.60)

간지는 이 같은 맥락에서 고대의 부자들의 자선을 "euergetism"으로 정의하고, 이를 다음과 같이 설명한다.

"부자들의 공적인 자선을 뜻하는 euergetism은 우리 시대를 통해 표준적인 지중해 도시들의 품질 보증서다. 주전 4세기 말 민주주의가 사실상 소멸된 후 euergetism은 도시에 사는 평민들이 생존 위기 속에서 굶주림과 기아로부터 보호받는 주된 안전장치였다."61)

요컨대, 로마 통치 하의 지중해 세계는 도시들에 양식을 공급하고

라. 이 모든 문서들의 출처는 그리스나 소아시아다.
윈터에 의하면(B. W. Winter, "Secular and Christian Responses to Corinthian Famines", *TynBul* 40[1989], 86-106) 주후 51-54년 어간에 고린도에서 일련의 간헐적인 곡물 부족 사태가 발생하자 티베리우스 클라우디우스 디니푸스(Tiberius Claudius Dinippus)가 지역 사회에서 고위직(곧 곡물 공급 감독관)을 세 차례나 역임했으며, 이 자선가를 칭송하기 위해 기념비가 11차례나 건립되었다고 한다. 문헌상의 증거를 좀더 원하면 Rostovtzeff, *Economic History*, 598-600을 참조하라.

59) 중대한 경우가 아니면 속주의 로마 관리들은 민간 문제에 거의 개입하지 않았다(Winter, "Responses", 82; 참조. Garnsey, *Famine*, 69).
60) Garnsey, *Famine*, 82; Dill, *Roman Society*, 219; 참조. 223.
61) Garnsey, *Famine*, 82. 이외에도 간지는 euergetism을 다음의 네 가지 소제목으로 요약, 평가하고 있다.
　[1] euergetism은 이타주의에 의해 유발되지 않았다.
　[2] euergetist들을 배출한 계급은 동시에 투기꾼도 배출하였다.
　[3] euergetism에는 분명한 한계가 있었다.
　[4] euergetism은 본질상 영속적인 해결책이 아니라 임기응변적 대응책이었다.

식량 부족을 피하기 위해 다른 특별한 조직보다 euergetism에 주로 의지하고 있었다. 이 같은 측면은 역으로 분명히 "대중의 빈곤과 몇몇 개인의 풍요 사이의 현저한 격차"를 반영해 주고 있다.62) 이 점과 관련하여 우리는 헬라어와 라틴어로 된 비문(碑文)에서 주전 5세기부터 주후 2세기까지 그리스와 로마 전역에서 자선의 형태로서 euergetism이 널리 실행되었다는 적잖은 증거를 발견하게 된다.63) 이러한 비문들의 증거들은 자선가들이 곤경에 처한 어떤 도시의 주민들에게 여러 가지로 선을 베풀었고,64) 그래서 그 도시의 주민들이 그 선행에 대한 보답

---

62) Ibid., 84.
63) W. Larfeld, *Griechische Epigraphik*(München: Beck, 1914), 377-81, 422-23. 호머 시대 이래로 고대에는 신과 통치자들은 그들에게 자기 이익을 의존하고 있는 인간들의 안전과 복지를 책임져 주는 것을 의무처럼 생각했다. 만일 그 같은 사명을 잘 수행하면 그들 곧 신과 왕들은 자선가 내지는 구원자로 인정되었다. 세월이 흐름에 따라 이익을 받은 자들은 그 같은 인정을 통상 돌에 새겼던 전통적인 시민법의 형태로 기록하고는 했다. 지금까지 발굴된 비문들에 의하면 세월이 흐름에 따라 자선가의 범주는 신과 통치자에게만 국한되지 않고 사회적 지위와는 상관없이 부유한 시민들에게도 미쳤는데, 고대에 그들이 맡은 역할은 너무나 중요했으므로 도시와 국가들은 특히 기근, 전쟁 및 기타 재난과 같은 위기의 시기에 그들에게 지나칠 정도로 의지했던 것으로 알려져 있다.
  이와 관련하여 단커(Danker, *Benefactor*)는 대략 6세기에 걸친 53개의 비문과 문헌들을 소개하면서 유력하고 부유한 사람들과 그들의 영향을 입은 사람들 사이의 상호작용의 문화적 현상과 연관된 용어들을 구명하여 신약성경 전체에서 그것들이 지닌 의미를 정의하려 하고 있다(56-316).
64) 자선에는 공무에 드는 비용의 부담(Danker, *Benefactor*, D.17, 19)이나 지진의 참화에 대한 엄청난 액수의 구제비(ibid., D.19), 전쟁 물자의 공급(ibid., D.15) 및 곤궁한 시기에 곡물 운반선의 목적지를 도시로 돌려 곡물을 공급하거나 이를 시장에서 시장 가격 이하로 판매함으로써 가격을 하락시키는 행위(ibid., D.11)가 포함되어 있었다.
  에베소와 고린도에서는 극장을 개수하고, 도로를 확장하며, 공공 시설 건축을 돕고, 시(市)를 위한 특권을 획득하기 위해 사절로서 나가고, 국가 변란의 시기에 시를 돕는 행위뿐 아니라 공공 건물의 건립과 낡은 건물의 장식

으로 그들의 구제 행위를 공식적으로 인정하고 기리기 위해 그들을 칭송하며 기념비를 세우고 공식적인 기념 행사를 개최하기로 결정했음을 보여준다.[65]

이러한 비문들의 증거와 더불어 로마서 13장 3절과 베드로전서 2장 14절은 구제를 찬성하고 회중들이 선을 행하고 공적인 자선가가 되도록 격려하는(참조. 롬 2:10) 신약의 증거로 예시될 수 있을 것이다.[66] 이들 구절 속에 묘사된 모습은 "부유한 그리스도인들이 지역 사회의 복지 전반에 기여하기 위해 적극적인 역할을 담당할 것과 국가 당국이 그들의 기여를 제대로 인정하는 것이 적절하고 중요하다"는 사실을 말

역시 자선으로 간주되었다(ibid., D.8, 11, 20; B. W. Winter, "The Public Honouring of Christian Benefactors: Romans 13:3-4 and 1 Peter 2:14-15", *JSNT* 34[1988], 101). 참조. J. Triantaphyllopoulos, 'PARAPRASIS', *Acta of the Fifth International Congress of Greek and Latin Epigraphy*, Cambridge: 1967(Oxford: Blackwell, 1971), 65-66).

65) 할리카르나수스의 디오니시우스에 의하면 고대 로마에서는 권투와 레슬링 같은 경기 사이의 막간에 로마인들은 그리스인들과 마찬가지로 이 같은 의식을 거행했다고 한다(Dionysius of Halicarnassus, *Antiq Rom.* 7.7, 3.4). 그리스에서 라케다이몬들은 공공 축제에서 안티고누스(Antigonus)를 그들의 구원자이자 자선가로 선포했으며(Polybius, *Hist.* 9.3, 6.5; 참조. 5.9.10), 시라쿠스인들은 디온(Dion)을 그같이 선포하였다(Diodorus Siculus, 16.20. 6). 또한 Winter, "Honouring", 92를 참조하라.

66) 윈터는 그의 논문에서 이들 두 구절을 다루고 있다("The Public Honouring of Christian Benefactors", 각주 64에서 인용). 거기서 그는 고대 비문들의 증거를 의지하여 "신약의 저자들은 단지 공적 자선가들을 제대로 인정해 주는 오래된 사회 관습을 반영한 데 불과했다"고 주장했다(90). 그러나 불행하게도 신약의 저자들이 독자들에게 선행을 격려한 갈 6:10, 엡 4:28, 딤전 6:18, 딛 3:8, 히 13:16과 같은 신약의 다른 구절들에서는 공적 자선가들에 대한 적절한 평가에 대한 언급을 전혀 찾아볼 수가 없다. 따라서 그것이 오직 이 두 구절(롬 13:3, 벧전 2:14)에만 국한된다고 말할 때만 윈터의 주장은 타당할 것이다.

해 주고 있다.67) 따라서 바울과 베드로의 회중을 포함하는 초대 교회의 실제 상황의 반영으로서 누가-행전 밖의 책에 기록되어 있는 이들 구절은 누가의 회중들과, 아울러 구제를 권면하는 누가-행전의 본문과 중요한 관계를 가진 것으로 보인다.

그러므로 우리는 이 같은 관찰로부터 누가가 그의 공동체에 속한 부자들에게 그들의 재물로 가난하고 궁핍한 자들을 구제하라고 한 권면은 고대 그리스-로마 세계의 "오래 전에 확립된 사회적 관습"과 궤를 같이 한다고 결론지을 수 있을 것이다. 달리 말하면, 고대 그리스-로마 세계, 특히 주후 1세기 당시의 부유한 시민들은 일반적으로 그들이 속한 공동체의 일부로서 재정적인 기여를 했으며, 초대 교회(필시 누가의 교회도 포함해서)는 그들이 공적인 자선가로서 활동하도록 권면했다고 말할 수 있을 것이다.

2) 가신(家臣, CLIENTS)들에 대한 EUERGETISM

euergetism은 심한 경제적 곤경에 처한 지방 정부나 시민들에 대한 부자들의 기부와 같은 공적 영역뿐만 아니라 사적인 영역에서도 발견할 수 있다. 여기서 "사적"이라는 말은 관련 당사자들 간의 모종의 개인적인 관계를 가리킨다. euergetism과 관련된 이 같은 부류의 사적 관계는 고대에 널리 퍼진 사회적 관습인 후원자 제도(patronage) 속에서 찾아볼 수 있는데, 이 제도는 고대 사회를 지탱하는 지주 역할을 하였

---

67) Winter, "Honouring", 95.

다. 그래서 간지는 "후원자 제도는 고금을 막론하고 지방 정치의 중요한 요소"라고 정확히 주장하고 있다.[68]

후원자 제도란 무엇인가? 샐러(Saller)는 이에 관해 여기에 인용할 만한 가치가 있는 극히 균형 잡힌 정의를 제공해 주고 있다.

> "첫째로, 그것은 재물과 봉사의 상호 교환을 포함한다. 둘째로, 이를 시장의 상거래와 구별하기 위해 그 관계는 일정 기간 지속되는 사적인 관계여야 한다. 셋째로, 그것은 양측의 지위가 불평등하며 교환되는 재물과 봉사의 성격이 상이하다는 의미에서 불균형적인데, 이는 후원자 제도를 동등한 사람들 간의 교우관계와 구별짓는 속성이다."[69]

아이젠슈타트(Eisenstadt)와 로니거(Roniger)는 후원자-가신 관계로 그들이 식별하는 세 가지 다른 집단을 우리에게 제시하고 있다. 첫째는 주인과 해방 노예 간의 관계다. 둘째는 한 귀족 개인과 a) 평민(보통 병사), b) 지방 공동체(municipia, colonia)나 클럽, c) 기사(knight) 계급 같은 공동체의 성원들 사이의 관계다. 셋째는 지배 계급과 다른 강력한 하위 엘리트들(sub-elites) 간의 우호관계(amicitia)다.[70] 이들 세 종류의 후원자 관계 가운데 첫 번째 범주를 여기서 논의

---

68) Garnsey, *Social Status*, 273. 참조. Moxnes, *Economy*, 42-47; S. N. Eisenstadt & L. Roniger, *Patrons, Clients and Friends*(Cambridge: University Press, 1984), 55.
69) R. P. Saller, *Personal Patronage under the Early Empire*(Cambridge: University Press, 1982), 1. 후원자 제도에 관한 또 다른 정의가 목스니스의 책에 나온다(Moxnes, *Economy*, 42).
70) Eisenstadt & Roniger, *Patrons*, 52-64; Stambaugh & Balch, *Social World*, 63-64.

하려 하는데, 왜냐하면 셋째 범주는 그 관계상 가난한 자가 포함되지 않는 것으로 보이며, 사적이지 않은 둘째 범주는 클럽, 조합, 장례 단체들에 관해 논의할 때 다루게 될 것이기 때문이다.

주인-해방 노예의 관계는 전 주인과 그의 이전 노예 사이에 맺어지는 것으로서 이 부류 중 가장 오래 된 사적 관계로 알려져 있다.71) 고대 사회에서 노예는 종종 주인에 대한 그의 충성된 봉사 덕분에 자유를 획득할 기회를 얻거나, 그 주인이 경제적 곤경에 처했을 때 자기 노예 때문에 경제적 부담을 지기를 원치 않기 때문에 예속 상태에서 해방되곤 했다.72) 이러한 노예 해방은 로마 당국이 해방 노예들이 무료로 곡물 배급을 받도록 허용한 후 한때 인기를 끌었던 것으로 관찰되고 있다.73) 또는 주인을 위해 상공업에 종사하는 노예는 그의 재산 (peculium)으로 자기 자유를 사는 사례가 빈번했지만 해방된 후에도 여전히 전 주인을 자신의 사적 후원자로 모시는 관계를 지속하였다.74)

후원자와 이제는 가신인 해방 노예 간의 이 같은 상호관계는 양자 모두에게 유익했던 것으로 알려졌다. 후원자는 그들의 합작 사업을 추진하도록 돕기 위해 그의 가신에게 모든 종류의 보호를 제공했는데,75) 왜냐하면 그것은 보통 양측 다 포함되는 일종의 합작 모험 사업이었기 때문이다. 달리 말하면, 원로원 계급은 법에 의해 상공업에 종사하는

---

71) 참조. G. Hamel, *Poverty and Charity in Roman Palestine, First Three Centuries C.E.*(Berkeley: University of California Press, 1990), 160.
72) Eisenstadt & Roniger, *Patrons*, 54.
73) Hands, *Charities*, 94.
74) Dill, *Roman Society*, 118-9, 267.
75) Dill, *Roman Society*, 119; P. Garnsey, *Social Status and Legal Privilege in the Roman Empire*(Oxford: Clarendon Press, 1970), 189, 218.

것이 금지되어 있었으므로 그들은 사업 경영의 경험이 풍부한 이전 노예들을 이용하여 그들에게도 수익의 배분을 보장해 주면서 양자를 위해 독립적으로 일하게 한 것이다. 따라서 어떤 의미로는 후원자와 가신 사이의 이 같은 관계는 사업상의 동업자 관계와 같아 보인다. 후원자는 투자 자금을 공급하고 일체의 법적·재정적 보호를 제공하는 데 비해, 가신은 사업을 위해 기술과 노동력을 제공했던 것이다.

고대에 다양한 형태로 유행했던 후원자 제도의 기본적 특징들을 검토했으므로, 그것이 고대 사회의 가난한 자들에게 실제로 도움이 되었던 제도인지의 여부를 문제 삼아야 할 것이다. 이 질문에 답하기 위해서는 후원자 제도 역시 고대 그리스-로마 세계의 전형적인 사회 윤리인 호혜주의 원칙에 입각했다는 사실에 유의해야 한다.[76] 이는 그것이 상대방에 대한 일방적인 선행이 아니라 무언가 주고 받는 관계, 즉 한쪽은 법적·재정적으로 공급하고 다른 쪽은 상대방에 대한 감사로서 봉사를 공급하는 관계였음을 뜻한다. 그러므로 우리는 후원자 제도가 부자가 제공하는 양식에 대해 가난한 자는 보답할 것이 전혀 없는 자선과는 종류를 달리하는 것이었다고 결론지어야 할 것이다.[77]

---

76) Stambaugh & Balch, *Social World*, 64; Garnsey, *Social Status*, 189, 218. 참조. Eisenstadt & Roniger, *Patrons*, 252-6.
77) 그래서 스탬보우와 발쉬(Stambaugh & Balch, *Social World*, 64)는 이 점에 관해 다음과 같이 논평한다: "답례로 아무 것도 줄 능력이 없었던 가난하고 궁핍한 자들에 대한 구제란 사실상 알려져 있지 않았다."

3) EUERGETISM의 동기와 한계

여기서 명심해야 할 것은 역사적 증거에 의하면 로마 제국 내의 도시들에서 부유한 시민들이 행한 자선은 근거가 일정치 않았다는 사실이다. 그에 대한 한 가지 이유는 앞서 지적했지만 구제가 이타주의나 지방자치 정신에서 비롯되지 않고 부자들의 유익으로부터 비롯되었기 때문이다.[78] 심지어 식량 위기의 경우에도 몇몇 부자들은 그들의 창고에 곡물을 매점해 두었다가 나중에 평소보다 비싼 가격으로 판매하거나, 고가의 프리미엄을 붙여 해외에 수출하거나, 심지어 곡물가를 억지로 올리기 위해 타 지역으로부터의 수입을 방해함으로써 이익을 얻

---

[78] 부자들의 이 같은 이해관계에 대해 우리는 한 가지 사항을 유념해야 하는데, 곧 "기근 그 자체보다 기근에 대한 공포심은 사람들을 주전 57년이나 주후 51년의 경우처럼 광란에 몰아넣기에 충분했다"(Garnsey, *Famine*, 31). 이 같은 측면을 고려할 때, 우리는 기근과 식량 부족의 시기에 사람들이 쉽사리 폭동과 부자들의 재산과 물품에 대한 약탈에 호소했을 것으로 추정할 수 있다. 따라서 그 같은 사태를 피하기 위해, 즉 자기 재산과 심지어 생명을 보전하기 위해 부유한 시민들은 가난하고 빈곤한 자들을 구제하지 않을 수 없었을 것이다(참조. Winter, "Responses", 91-2). 예컨대, 우리는 주후 51년의 식량 부족 시기에 폭도들이 공회(公會)용 광장(the Forum)에서 클라우디우스 황제를 습격했던 사건을 들 수 있다(Suet. *Claud*. 18).

드 생 크로아(G. E. M. De Ste. Croix, *The Class Struggle in the Ancient Greek World, from the Archaic Age to the Arab Conquests*[London: Duckworth, 1981])는 마르크스주의적 시각에서 "로마의 정치 제도는 대중에 대한 — 노예건 자유인이건 막론하고 — 가장 극심하고 궁극적으로 파괴적인 경제적 착취를 조장했으며, 그로 인해 급진적인 개혁은 불가능하게 되었다. 그 결과 자기 이익을 위해 이 제도를 교묘하게 창출해 낸 유산 계급은 그들의 세계로부터 생명력을 고갈시킴으로써 제국의 대부분을 차지하고 있는 그리스-로마 문명을 파괴하고 말았다"(502)고 말함으로써 역시 이 같은 관점을 개진하고 있다.

으려 했던 것으로 알려지고 있다.[79] 자선이 순수한 이타주의로부터 나왔다는 생각에 반박하는 주된 이유는 대부분의 경우 부유한 시민이나 왕들에 의해 구제가 이루어지면 자선가들은 물질적인 보상뿐만 아니라 명예도 얻게 되었기 때문이다.[80] 자선가가 보상을 기대하는 것은[81]

---

79) 그래서 이러한 사건을 방지하기 위해 시 당국은 그들 투기꾼을 처단할 수 있는 법령을 빈번히 공포하였다(Garnsey, *Famine*, 76-78; 32-33).
80) 자선 행위의 강력하고 근본적인 동기들 가운데 하나는 명예욕(*philotimia* 또는 *philodoxia*)이었으니, 곧 대중의 인정에 연연(love)하는 것으로서 이는 호칭, 기념비, 조각상 및 기타 특권들로 표출되었다(Hands, *Charities*, 43, 48; Dill, *Roman Society*, 210, 214, 231).
　이 같은 맥락에서 무시하면 안 되는 것은 그리스 문헌에는 자선의 동기를 반드시 자기 중심적인 것으로 묘사하지 않은 구절도 있다는 점이다. 아리스토텔레스와 소(小) 플리니(Pliny the Younger)는 자선의 이타적인 측면에 관해 다음과 같이 개진하고 있다.
　"잘못된(=구제 대상이 아닌) 사람들에게 주는 사람이나 혹은 주는 행위의 고귀함이 아닌 다른 모종의 동기에서 주는 사람은 너그럽다고 불리지 않고 다른 칭호로 불리게 될 것이다. 그리고 괴로워하면서 주는 사람도 마찬가지인데, 그는 고상한 행위보다는 돈을 선호하기 때문으로서, 이는 너그러운 인간의 표지가 아닌 것이다(Aristotle, *N.E.* 1120a).
　"나 역시 고귀한 정신의 소유자는 대중의 의견보다는 미덕에 대한 자각에서 그에 대한 보상을 찾으려 할 것임을 익히 알고 있다…나의 자선의 목적과 효과가 알려지기를 원했던 바로 그때, 나는 나 자신의 자기 영광보다는 일반의 이익을 고려하고 있었던 것이다"(Pliny the Younger, *Ep.* 1.8.13).
　그러므로 자선이 행해진 모든 경우마다 모든 부자들이 명예와 물질적 보상을 얻으려 했다고 절대적으로 단언해서는 안 될 것이다. 자선에의 선한 동기도 역시 존재하였다(참조. Dill, *Roman Society*, 232). 비록 이 같은 자선의 이타적 측면에도 주의를 기울여야겠지만, 더욱 중요한 것은 위에서 논의되었듯이 헬라-로마 문헌에서 자선을 다루고 있는 자료의 대부분이 자기 중심주의를 예시해 주고 있다는 사실에 강조점이 주어져야 한다는 것이다.
81) Seneca, *Ben.* 1.1.4-8; 2.11.6; 2.24.4; Diodorus Siculus, 1.70.6 1.90.2-3; 11.58.4; 5.4.3; 참조. 38/39.21; 37.6. "Geschenke spielen bei Naturvölkern eine grosse Rolle, aber sie erfolgen niemals ohne die Erwartung einer Gegengabe"(Bolkestein, *Armenpflege*, 156). 그리스에서 "보수에의 기대"에 관해서는 Bolkestein, *Armenpflege*, 156-170을 참조하고, 로마의 경우는 ibid., 317-8

문화적 관습일 뿐 아니라 "하나의 법칙"이며,[82] 따라서 그의 구제는 일종의 대부로 간주될 수 있다.[83] 세네카는 그 같은 견해를 시정하려고 노력했는데, 즉 자선가들은 반드시 되받을 것을 기대해서는 안 된다는 것이다.[84] 이 법칙은 세네카에 의하면 수혜자들이 구제를 하나의 채무로 간주해야 하며,[85] 만일 그들이 되갚지 못한다면 죄짓는 게 되리라는 식으로 그들의 태도를 강조했던 것이다.[86] 필로(Philo) 역시 수혜자들은 감사로 보답해야 한다고 강조했고,[87] 키케로도 마찬가지로 감사로 보답하는 행위의 크나큰 중요성을 강조한 바 있다.[88] 자선의

을 참조하라.
82) Winter, "Honouring", 90.
83) *Ben.* 4.12.1; 1.1.3.
84) *Ben.* 1.1.9-10; 4.12.1-2; 참조. Philo, *Dec.* 167. 세네카는 자선의 보상이 무엇이냐는 질문을 받았을 때 그는 "평안한 양심(bona conscientia)"이라고 대답하였다(*Ben.* 4.12.4).
85) Seneca, *Ben.* 1.4.3-5; 참조. Dionysius of Halicarnassus, *Antiq Rom.* 4.9.2-3; 4.10.5; 6.77.2; 8.49.1-2; Diodorus Siculus, 13.26.3.
86) Seneca, *Ben.* 1.1.13. "Qui beneficium non reddit, magis peccat; qui non dat citius".
87) Philo, *Dec.* 165-7.
88) Cicero, *Off.* 1.47. "Nullum enim officium referenda gratia magis necessarium est".
　　호혜주의에 대한 이 같은 관심은 "신들의 관계를 포함하여 상류층의 거의 모든 인간관계에 영향을 미쳤다"(S. C. Mott, "The Power of Giving and Receiving: Reciprocity in Hellenistic Benevolence", in *Current Issues in Biblical and Patristic Interpretation-Studies in Honour of M.C. Tenny*〈ed., by G. F. Hawthorne[Grand Rapids: Eerdmans, 1975]〉, 72). 이 같은 근거에서 모트는 호혜주의를 "그리스-로마 사회를 결속시키는 - 특히 다른 차원의 권력을 소유한 집단들 사이에 수직적으로 - 중요한 요소로" 생각한다(67). 따라서 이 같은 맥락에서 본다면 "헬레니즘적 자선은 자발적이고 온정주의적이되, 하층민들에게 거의 침투하지 못하였다"(72). 그리스-로마 사회에 널리 퍼진 자선의 호혜주의에 대한 좀더 자세한 내용은 Hands, *Charities*, 3장을 참조하라.

이 같은 실제적인 측면 곧 호혜주의를 염두에 둔다면,[89] 자선은 가난하고 곤궁한 자들의 현실적인 궁핍에 대한 관심에서 비롯되었다고 믿기란 거의 불가능해 보인다.[90] 이러한 증거의 밑바탕에 깔려 있는 것으로, 그리스-로마의 동정(同情) 개념(헬라어 - $\epsilon\lambda\epsilon\eta o\sigma\acute{u}\nu\eta$; 라틴어 - misericordia)을 들 수 있는데, 이는 다음과 같이 요약할 수 있다. "동정이란 비슷한 기질의 사람들에게 교환 기초로서 적절히 주어진 것으로서, 그에 대한 답례로 동정을 보이려 하지 않는 사람에게는 주어지지 않는다."[91] 그래서 핸즈(Hands)는 이와 관련하여 비록 구제를 통해 가난한 자들이 제한적이나마 부자들의 도움을 받았다 해도, "그렇다고 일반적으로 가난한 자들의 상태가 부자들에 의해 나아진 것은 거의 없었다"[92]고 주장하고 있다.

---

89) 고대의 문헌에서 우리는 사회의 상이한 계층들을 통해 만연되었던 다양한 부류의 호혜주의를 발견할 수 있다.
   1. 신들과 신자들 사이: Diodorus Siculus, 1.29.2; 5.4.3; 5.67.5; 5.71.1; 5.77.4.
   2. 왕들과 신하들 사이: Strabo, *Geogr.* 17.2.3; Diodorus Siculus, 5.83.3; 6.1.8; 11.26.6; 11.58.4; 19.9.6; 37.6; Dionysius of Halicarnassus, *Antiq Rom.* 2.10.1-2.
   3. 도시나 국가들 사이: Diodorus Siculus, 13.26.3; 17.14.2; 17.81.1-2; 참조. 27.18.2.
90) 윈터의 주장에 의하면 가장 궁핍한 사람들 중에 "참" 과부가 포함되었을 것이다("*Providentia* for the widows of 1 Timothy 5:3-16", *TynBul* 39[1988], 86-87).
91) Hands, *Charities*, 80.
92) Ibid., 76.

4. 클럽, 조합 및 장례 단체

우리가 그리스-로마 세계에서 고대의 사회를 움직이는 결정적인 역할을 담당했던 자선 제도를 논함에 있어 잊지 말아야 할 것은 그것이 클럽이나 조합 생활에서도 발견된다는 사실이다. 따라서 고대의 이 방면의 자선에 관해서 논의할 필요가 생긴다.

위에서 살펴 보았듯이 고대 세계는 주로 귀족 계급을 위해 존재했던 것처럼 보이는데, 왜냐하면 고대 사회의 모든 사회·정치·경제 제도는 부자와 권력자들의 이익을 위해 작동되고, 반면에 나머지 민중들은 이 제도가 원활하고 편리하게 움직이도록 하기 위해 존재한 것으로 보이기 때문이다. 그러나 세월이 지남에 따라 이 같은 양극화된 상황도 점차 변모해 갔는데, 왜냐하면 경제력이 점차 성장해 갔던 전문적인 상인과 수공업자들이 출현했기 때문이며,[93] 따라서 결과적으로 귀족 계급은 그들의 존재를 결코 무시해 버릴 수 없었던 것이다. 비록 상인들과 수공업자들(匠人)이 어느 정도 부를 소유하고 금융 시장을 좌우했다 해도, 그들은 정치 권력으로부터 완전히 격리되어 있었고, 귀족과 같은 사회적 여건을 향유하도록 허락받지도 못했다. 따라서 처음에는 사회적 친교의 목적으로[94] 같은 전문 직종에 종사하는 사람들이 기분 전환을 위해 공동 식사와 같은 사교 모임을 갖기 위해 일정한 장소

---

93) 그들의 지위는 전에는 노예들이 차지했다.
94) 맥뮬렌(MacMullen, *Relations*, 77)은 이 같은 생각을 "순수한 동료애"로 간주한다.

에 모이기 시작했는데,[95] 그 이유는 "개별적으로 힘없고 멸시받고 있었던 그들이 단결함으로써 집단적인 위엄과 능력을 의식하고자 했기 때문이다."[96]

그러므로 그리스-로마 세계 전역에서 다른 직종들, 예컨대 하송인(荷送人), 짐꾼, 제빵업자, 목수 등은[97] 현존하는 비문들에서 증거를 찾아볼 수 있는 다양한 클럽을 결성하였다. 비록 그들 클럽이나 조합의 주된 목표는 회원들 간의 친목 도모였지만,[98] 특히 우리의 주의를 끄는 것은 사후에 올바르고 품위 있는 장례를 보장하기 위한 클럽들이 존재했다는 사실이다.[99] 고대에는 "매장지는 누구나 탐내는 재산이었으며", 그래서 오직 지역 사회 내의 부유하고 권력 있는 자들만이 차지할 수 있었다.[100] 품위 있는 장례를 바라는 것은 모든 인간에게 공통된 것으로 보이며, 이 같은 관심사는 가난한 사람들에게 더 강렬한 영향을 미쳤는데, 왜냐하면 그들은 초라하게 묻히기를 원치 않았기 때문이

---

95) 이 때문에 그리스-로마 세계의 이들 클럽을 자기들의 직업상의 이익을 외부인들로부터 보호하는 것을 주된 목적으로 하는 중세의 길드나 현대의 노동조합과 동일하게 생각해서는 안 될 것이다. 참조. MacMullen, *Relations*, 75 ; Meeks, *Urban Christians*, 31 ; Finley, *Ancient Economy*, 81, 138, 194 57.
96) Dill, *Roman Society*, 256 ; 참조. 253.
97) 이들은 고대 사회에 존재했던 모든 직종들의 일부분에 불과하다. 맥뮬렌(MacMullen, *Relations*, 73)은 우리에게 고대 경제의 다양한 전문직의 목록을 제시해 주고 있다.
98) Dill, *Roman Society*, 268 ; Meeks, *Urban Christians*, 79 ; *Moral World*, 113.
99) Dill, *Roman Society*, 259-260 ; MacMullen, *Relations*, 79 ; Meeks, *Urban Christians*, 32, 78, 162.
100) Dill, *Roman Society*, 259. "순수한 산업적 직능 조합들 중 다수는 별도의 매장지를 구입할 수 없고 남의 도움 없이는 마지막 의식을 치를 비용을 감당하기도 쉽지 않은 빈민들로 구성되어 있었으므로, 공동의 매장지를 준비함으로써 즉시 그들의 편의를 보살피고 형제애의 감정을 충족시켰다"(ibid., 263).

다. 그래서 앞서 언급한 사교 클럽들과 함께 그리스-로마 제국의 대부분의 도시 지역에는 이 같은 부류의 장례 클럽(collegia tenuiorum)이 직업과는 상관없이 가난한 사람들 가운데 몹시 인기를 끌었던 것이다.[101] 이들 장례 클럽은 때때로 "가장 사교적인 단체도 정치적 색채를 띨 잠재력" 때문에 전문인 클럽들을 억압했던 로마 당국에 의해서조차 더욱 관대하게 취급되었다.[102]

클럽 운영 면에서 보면, 장례 클럽을 포함하여 전문 조합들은 개별 집단들의 필요에 의해 정해진 일정한 정관과 규칙에 의해 운영되었다. 그러나 통례적으로 그들은 입회비와 매월 회비를 부과하고 규율 위반자들에 대해서는 벌금을 부과하는 등의 가외 수입을 올렸던 것으로 알려졌다. 그러나 장례 클럽의 경우에는 사회 맨 밑바닥에 있는 빈민들에게도 기회를 주기 위해 이들 비용과 벌금을 최소화한 것으로 알려지고 있다. 이 점에 대해 스탬보우와 발쉬(Stambaugh & Balch)는 그같이 적은 가입비조차 부담할 여력이 없는 극빈자들에 대해 다음과 같이 기술한다. "그조차 부담할 수 없을 만큼 가난한 자들은 빈민 묘지에 짐수레로 실려가서 제대로 된 예식도 없이 그 속에 던져졌다."[103]

이들 클럽과 조합들은 대체로 재원을 회비에 의존했지만 또한 부자들의 선심에 크게 의존했으며, 그들의 기부금은 클럽의 복지를 위해 필수적이었다. 왜냐하면 그 단체들, 특히 장례 클럽과 같은 가난한 클럽들은 그 목적 중 하나(예컨대 회원들 간의 친목)라도 달성하기가 언

---

101) Hands, *Charities*, 60; Meeks, *Moral World*, 113.
102) Stambaugh & Balch, *Social World*, 125; 참조. 127; Dill, *Roman Society*, 254; Meeks, *Moral World*, 113.
103) Stambaugh & Balch, *Social World*, 125; 참조. Esler, *Community*, 177.

제나 쉽지만은 않았기 때문이다.104) 그래서 클럽들은 그들이 살고 일하는 지역 사회의 부유하거나 영향력 있는 인사를 수호신들과 함께 그들의 후원자로 선정하여, 그들이 클럽에 후하게 음식과 금전을 희사하고 월차로 모이거나 축일에105) 공동 식사를 할 수 있는 장소를106) 제공할 것을 기대했던 것이다. 후원자들이 그들의 가신 클럽이나 조합에 이같이 자선을 베푼 증거는 비문으로 많이 남아 있는데, 우리가 앞서 살펴보았듯이 후원자들의 자선에 대한 응답으로 클럽들은 거의 언제나 후원자나 자선가에게 명예와 감사를 돌리기 위한 기념비를 건립했기 때문이다.107)

그리스-로마 세계의 클럽 생활의 제 양상을 전반적으로 검토한 결과, 우리는 부유한 사람들이 가난한 단체들에 베푼 자선을 그 본질과 목적상 참으로 자선이라고 볼 수 있는지 의문을 갖게 된다. 이 같은 질문에 대한 해답은 후원자들이 가신 클럽에 베푼 금전이나 음식이 회원들의 계급에 따라(이런 계급은 심지어 회원들 사이에서도 지켜졌

---

104) Stambaugh & Balch, *Social World*, 126; Meeks, *Urban Christians*, 78.
105) 다음의 목록은 클럽의 모임이 열리는 전형적인 경우들이다: "클럽 창립 기념일, 창립자나 자선가의 생일, 수호신의 축일, 황제의 생일 등. 이들 및 그와 유사한 경우들은 협회의 모임을 위한 합법적인 구실을 제공했으며, 그때 회원들은 공동으로 식사를 했고, 그 때의 대화는 언제나 조합의 장례 업무에만 국한되지는 않았을 것이다"(Dill, *Roman Society*, 259).
106) Dill, *Roman Society*, 267.
107) Hands, *Charities*, 36: "진실로 benefactor/euergetes의 명칭 그 자체가 *philanthropon*이었는데, 왜냐하면 그것은 단순히 사실을 진술하는 데 그치지 않고 하나의 지위를 부여해 주는 것으로서, 이 명칭을 부여받은 인물은 말하자면 우호적인 행동에 대한 평가에서 신뢰를 얻었음을 뜻한다. 이 같은 의미에서 고전적인 자선가는 바로 그의 호칭만으로도 보상을 받은 것이다"(참조. ibid., 52, 79). Meeks, *Urban Christians*, 78; Stambaugh & Balch, *Social World*, 125.

다) 불평등하게 배급되었다는 사실 속에 들어 있는 것으로 보인다. 딜 (Dill)은 이 점에 관해 다음과 같이 적절한 지적을 하고 있다.

"이들 단체 중 가장 비천한 경우에도 음식과 금전의 분배는 회원들의 필요를 좇아 이루어지지 않고 그들의 사회적·직업적 계급에 의해 규제되었다."108)

이 같은 배급상의 불평등뿐 아니라 우리는 또한 부유한 후원자들의 자선의 동기도 주목해야 하는데, 이 역시 딜이 간결하게 요약하였다.

"부유한 후원자들의 기증물이나 유증(遺贈)은 주로 두 가지 목적을 가진 것으로 보이는데, 곧 죽은 자에 대한 기념과 사교적·친목적인 즐거움을 위한 공급이 그것이다."109)

앞서 말했듯이, 대체로 부유한 후원자들에 의한 기증은 본래 가난한 자들에 대한 순수하고 진실한 동정심의 발로가 아니라 그들 자신의 이익과 목적 달성을 위한 것으로서, 예컨대 후원자의 남편이나 아내였을 고인을 기념하거나110) 창설자나 그들의 친지의 생일을 기념하려는 것이었다.111) 비록 부자들이 이기적인 동기에서 그들의 재물을 나누어

---

108) Dill, *Roman Society*, 282; 참조. 278-9; Meeks, *Urban Christians*, 68; G. Theißen, "Soziale Integration und sakramentales Handeln", *Studien zur Soziologie des Urchristentums*(Tübingen: J. C. B. Mohr, 1979), 291-2.
109) Dill, *Roman Society*, 282.
110) Ibid., 262.
111) Dill, *Roman Society*, 268, 277. 에슬러(Esler, *Community*, 176) 역시 발칭 (Waltzing)의 명제에 의지하여 "더 나아가, 발칭이 보여준 증거에 대한 면

주었다 할지라도 이 같은 도움이 (아무리 사소했다 해도) 가난한 자들에게 전혀 중요치 않았다는 말은 아니다. 다음 끼니가 어디서 생겨날지 알지 못했던 사람들에게는 부자가 뿌려 주는 적은 음식과 돈이라할지라도 극히 감지덕지했으리라는 것은 의심의 여지가 없다.

5. 공동체 생활

본 절에서 우리는 누가의 동시대에 역시 존재했던 가난한 자들을 위한 재정적 원조 제도의 또 다른 사례에 관해 논의하고자 한다. 이는 팔레스타인의 쿰란 공동체와 엣세네파 공동체가 실천했던 재산의 공유 내지는 공동 생활이다. 이에 관한 앞서의 연구 결과 쿰란 공동체는 공동 기금을 설치하고 회원들 간에 공동 식사를 실천함으로써 일종의 재산 공동체를 실천했음이 드러났다.112)

여기서 우리의 관심사는 쿰란에서 실천했던 재산 공동체가 가난하고 궁핍한 자들에 대한 자선의 목적을 지녔는지의 여부다. 우리는 이 질문에 대해 쿰란 공동체와 예루살렘 공동체의 차이점을 지적함으로

밀한 검토를 통해 직능 조합도 장례 조합도 자선적 목적을 지닌 것이 아니었음이 드러났다. 병들거나 빈궁한 회원들을 돕는 것은 그들의 관행이 아니었던 것이다"라는 동일한 결론을 도출해 내고 있다.
112) 여기서 우리는 또한 이집트의 명상적 종파인 테라퓨타이(Therapeutae)도 포함시킬 수 있을 것이다. 테라퓨타이, 엣세네, 쿰란 사이의 연관성에 관해서는 G. Vermes, "Essenes-Therapeutae-Qumran", *Durham University Journal*, 21(1960), 97-115; Schürer, *History*, 2:593-7을 참조하라.

써 답변할 수 있는데, 이에 관해서는 이미 공동 기금과 공동 식사 제도를 다룰 때 살펴본 바 있다. 그 같은 제도를 만들어 낸 동기는 다음과 같다. 쿰란의 경우 그것은 부패하고 타락된 것으로 그들이 믿었던 외부 세계로부터 공동체를 보호하기 위해 고립된 장소에서 나름대로의 공동 생활을 유지하려는 방편이었음에 비해, 예루살렘 공동체의 경우는 가난한 자에 대한 사랑의 관심이었던 것이다.

쿰란 종파의 신자들 중에 가난한 사람이 없었을 것은 분명한데, 왜냐하면 그들은 일단 공동체의 정회원으로 받아들여진 후에는 모든 것을 피차 공유했던 것으로 알려져 있기 때문이다. 그것은 가난한 자들이 그 공동체에 허입(許入)된다면 잘 보살펴질 것임을 의미한다. 그럼에도 불구하고, 쿰란 종파의 경우 구제의 명확한 동기가 밝혀져 있지 않다. 오히려, 엣세네파 공동체의 경우에는 구제의 동기를 다마스커스 규약(CD), 14장 12-16절에서 찾아볼 수 있다.

> "그들은 매달 최소한 이틀 분의 수입을 유사(Guardian)와 사사(Judge)들의 손에 내어 놓고, 그들은 이를 고아들에게 주고 또한 가난하고 빈핍한 자들과 나이든 병자들과 집 없는 자들과 외국인의 포로들과 근친이 없는 동정녀와 아무 남자도 돌보지 않는 처녀를 도울지어다…."[113]

그래서 그 형제 공동체(=쿰란 종파)가 순수성을 지키기 위해 확고하게 고수했던 공동 생활 대신, 성읍 종파(=엣세네파)들은 하나님이 율법을 통해 명하시고 역사를 통해 대대로 이어져 내려온 가난하고 궁

---

113) Vermes, *Scrolls*, 98; 참조. 15.

핍한 자들에 대한 구제라는 전통적 관습을 충실하게 지켰던 것으로 믿어진다.

이 같은 맥락에서 볼 때, 우리가 주의해야 할 중요한 점이 있다. 사도행전에는 예루살렘 기독교 공동체가 실천에 옮긴 유일한 구제 사례가 나오는데, 곧 가난한 과부들에게 구제품을 배급해 준 것이다(행 6:1 이하). 그러나 누가복음에서 예수님이 말씀하신 구제하라는 많은 권면들 중에는 소경, 절뚝발이, 문둥이들은 구제 대상으로 선정되어 있지만 과부에 대한 명확한 언급은 나오지 않는다. 이 사실이 보여주는 것은 예루살렘의 초대 교회는 다른 분야와 마찬가지로 - 예컨대 성전이나 회당에서 기도와 예배드리는 것 같은(행 3:1 이하; 13:13 이하; 14:1 이하) - 유대교의 전통을 따랐던 것으로 보인다는 것이다.

6. 유대교의 구제

우리는 이상의 내용을 유념하면서 유대교의 구제 관습을 고찰해야 할 텐데, 왜냐하면 기독교 구제 제도는 그 선배(유대교)로부터 기원했고, 또한 양자 사이의 실질적인 차이점에도 불구하고 그에 의해 크게 영향을 받았음을 의심할 수 없기 때문이다. 그래서 아래에서 우리는 유대교 구제 관습의 본질과 실제를 간략하게 논의하고, 그 후 이를 앞에서 자세히 서술한 그리스-로마 세계의 자선 제도와 비교하고자 한다.

유대교에서 구제의 기원은 신학적으로는 이스라엘 백성의 출애굽에 근거를 두고 있다. 성경에서 하나님은 이스라엘 백성들에게 이스라엘 역사를 통해 사회 하층민이었던[114] 과부, 고아, 나그네들을 위해 명령하실 때[115] 이 독특한 사건을 자주 상기시키시는 것으로 묘사되어 있다(신 14:28-29; 26:12).

우리는 모세 오경과 미쉬나에 함께 기록되어 있는 가난하고 궁핍한 사람들의 복지를 위해 특별히 명령된 조직적인 몇 가지 구제 제도들을 열거할 수 있을 것이다.[116] 우선, 매 안식년 주기의 제3년과 6년에 가난한 사람들을 위해 제2의 십일조를 바치도록 규정하고 있다.[117] 두 번째 명령은 곡식 경작에 대한 안식년 법과 관련되어 있는데, 하나님은 이스라엘 백성들이 제7년에는 밭을 경작하지 말고 묵혀 두어 가난한 자들이 그 소출을 먹도록 명령하셨다(출 23:10-11). 세 번째 명령은 추수에 관한 규정으로서, 가난한 자들을 굶주림과 기아로부터 구원해 줄 "세 가지 관습적인 권리"를 주장할 수 있게 해주었다.[118] 네 번

---

114) 참조. L. J. Hoppe, *Being Poor*(Wilmington: Michael Glazier, 1987), 5-13.
115) 신 24:17-18; 10:18-20; 27:19; 출 22:21-27.
116) 예레미아스(J. Jeremias, *Jerusalem in Time of Jesus*[London: SCM, 1969]), 132)는 이 같은 구제를 "공적 자선"이라고 부르면서 이를 개인들이 행했던 사적 자선과 구별하고 있다.
117) 신 14:28-29; 26:12-15. M. Peah 8.2-9; M. Shebiith, 5.6, 9, 10. 이에 대한 좀더 진전된 설명은 R. Brooks, *Support the Poor in the Mishnaic Law of Agriculture: Tractate Peah*(Chico, Calif.: Scholars Press, 1983), 139-156을 보라. 참조. E. P. Sanders, *Jewish Law from Jesus to the Mishnah*(London: SCM, 1990), 236-7.
118) 규정들은 다음과 같다. "(1) 추수하는 사람들은 땅에 떨어진 낱개의 곡식 이삭이나 포도를 주우면 안 되었다. (2) 그들은 되돌아가서 밭이나 나무를 다시 수확하여 잊었던 곡식단이나 가지를 자르면 안되었다. (3) 그들은 밭을 완전히 다 수확하지 말고 한 귀퉁이는 남겨 두어야 했다"(Hamel, *Poverty*, 217). 이들 규정에 대한 완전한 주석은 M. Peah에 보존되어 있다. M.

째 명령은 희년의 명령 속에서 발견할 수 있다.[119] 만일 어떤 사람이 몰락하여 그 기업을 떠나야만 했다면 그는 이를 희년에 도로 찾을 수 있었다(레 25:25-28). 또한 이스라엘 사람들 간에는 가난한 자들을 위해 변리를 붙여 돈을 대부하는 행위가 금지되었으며, 따라서 가난한 자들은 필요할 때 손해보지 않고 돈을 빌릴 수 있었다(레 25:35-38; 참조. 신 15:7-8). 다섯 번째 명령은 이스라엘 백성 중의 노예 제도에 관한 것이다(레 25:39-55). 만일 파산한 이스라엘 사람이 자신을 종으로 팔게 되면 그는 이방인들보다 유리한 조건을 기대할 수 있으며, 또한 희년이 되면 율법에 의해 해방될 수 있었다. 이는 가난한 자들을 위한 하나님의 명령의 또 다른 전형적인 실례인 것이다. 이상 언급한 모든 명령들은 가난한 자들을 위한 다양한 자선 형식으로 볼 수 있을 것이다.[120]

가난한 자들의 유익을 위해 만들어진 이 같은 성경의 규정들과는 별도로, 유대인 공동체에는 가난한 자들을 위한 공적 자선의 전통이 존재했다. 실제로 유대 공동체 내에는 특별히 가난하고 궁핍한 자들을 위한 "두 종류의 공동체 규모의 구제 제도"가 존재했다.[121] 하나는 תמחוי(무료 급식)이고 다른 하나는 קופה(공동 기금)이다.[122] 그 명칭이

Peah에 대한 해설은 R. Brooks, *Support for the Poor in the Mishnaic Law of Agriculture: Tractate Peah*를 보라. 참조. Jeremias, *Jerusalem*, 132.
119) 좀더 상세한 내용은 Jeremias, *Jerusalem*, 110-1; 314를 보라.
120) 위의 명령들 외에도 우리는 구약에서 가난하고 빈핍한 자들에 대한 명백한 배려를 보여주는 많은 다른 구절들을 찾을 수 있다(시 94:6; 112:9; 사 1: 17, 23; 10:2; 겔 22:7; 슥 7:10; 렘 5:28; 잠 11:24; 19:17; 22:9; 28: 27; 전 11:1).
121) Brooks, *Tractate Peah*, 147.
122) *M. Peah*, 8.7. 예레미아스가 קופה를 "빈민 기금"(poor-basket)으로 번역한

보여주듯이 이들 두 제도의 목표는 달랐다. תמחוי는 단기적인 필요에 대한 대책이며 "즉각적인 생존의 어려움에 처한" 빈민들에게 일용할 양식을 공급함으로써 그들을 돕기 위해 조직되었다.123) 이 같은 의미에서 이 제도는 통상적으로 특히 가난한 여행자들이 이용하였다. 반면에, קופה는 장기적인 필요에 대한 대책으로서 지역 사회의 빈민들을 매주(每週) 단위로 돕기 위해 설치되었다. 따라서 이 같은 혜택을 받을 자격자를 결정하기 위한 모종의 규칙이 있었다.124) 이 같은 상세한 규칙의 이면에는 자립할 여력이 없는 빈민들에 대한 공동체의 배려가 깔려 있음이 분명하다.125)

따라서 만일 우리가 이 같은 명령과 전통을 함께 고려한다면, 유대교에서 구제는 그 시초부터 유대 사회에 깊이 뿌리 박고 있음이 분명해진다. 즉 유대 사회의 가난한 사람들은 완전히 멸시받고 홀대된 것이 아니라 유대 역사상 시종일관 기억되었던 것이다(신 15:11). 그래서 후기 유대교에서 구제는 모세오경, 성전 제사와 함께 세계의 3대 지주 가운데 하나로 간주되었으며,126) 가난한 자들에 대한 관심은 후

것은 오역일 것이다(Jeremias, *Jerusalem*, 131). 참조. Schürer, *History*, 2: 437.
123) Brooks, *Tractate Peah*, 147.
124) *Tosefta Peah* 4.9를 보라(Brooks, *Tractate Peah*, 148).
125) 예레미아스가 음식과 의복을 공급하는 유대인 공동체의 이 같은 자선 제도들을 예루살렘의 초대 교회가 개최했던 공동 식사와 비교하는 것은 우리의 관심을 끈다: "그러므로 이러한 (유대의) 제도들이 초대 교회의 모델 역할을 했다는 것은 의심의 여지가 없다…기독교 공동체가 날마다 개최했던 친교의 식사는 자연히 그 자체로서 가난한 신자들을 돕는 일용할 구제품 분배 역할을 했던 것이다"(*Jerusalem*, 131).
126) *Aboth*, 1.2.

기 유대교에서도 여전히 유지되었는 바, 우리는 그에 대한 증거로서 페아 문서(Tractate Peah)와 마세로트 문서(Tractate Maaserot)를 언급할 수 있을 것이다.127)

이와 관련하여 논의할 필요가 있는 문제가 하나 더 있다. 유대 민족은 그 역사를 통해 이들 규칙을 지키는 데 충성스러웠던 것으로 보이지만, 이들 규정을 꼼꼼하게 준수하려는 그들의 뜨거운 열심은 구제를 "의(義)" 자체와 동일시할 수 있다는 사상으로 나아갔던 것으로 보이는 것이다. "자선과 의로운 행위는 모세오경의 다른 모든 계명을 능가한다."128) 따라서 우리는 이 같은 의미에서 유대교도들에게 구제는 가난하고 빈핍한 사람들에 대한 단순한 동정심의 발로라기보다는 종교적 열정에서 비롯된 일종의 종교 행위였다고 볼 수 있을지 모른다.129)

---

127) 이 논문에 대한 주석은 Martin S. Jaffee, *Mishnah's Theology of Tithing: A Study of Tractate Maaserot*(Chico, Calif.: Scholars Press, 1981)를 참조하라.

128) *Tosefta Peah*, 4.19. 이 주제에 관한 논평으로는 Brooks, *Tractate Peah*, 155를 보라. 참조. Sanders, *Jewish Law*, 71. 이 같은 측면에 관해 러셀(D. S. Russel, *From Early Judaism to Early Church*[London: SCM, 1986], 61-2) 역시 흥미로운 지적을 하고 있다: "이미 벤 시라(BenSira)의 시대(주전 180년)에 70인역 구약 성경에서 '의(義)'를 뜻하는 히브리어 sedaqah를 번역하기 위해 17회 사용되었던 $\epsilon\lambda\epsilon\eta\mu o\sigma\nu\nu\eta$가 '구제'의 의미로 사용되었다는 것은 흥미롭다."

129) 외경에서 이 같은 의미를 함축하는 구절들을 몇 군데 찾아볼 수 있다.
토비트 4:11: "이를 실천하는 모든 사람들에게 자선은 지극히 높으신 이께 드리는 탁월한 헌물이니라."
토비트 12:8: "기도는 금식, 구제, 공의와 병행할 때 효력이 있다."
토비트 12:9: "구제는 사망으로부터 구원하며, 모든 죄를 정결케 하리라."
집회서 3:30: "물은 타오르는 불을 꺼뜨린다. 그같이 구제는 죄를 속하느니라."
집회서 29:12: "네 보물 창고에 구제를 쌓아라. 그러면 그것이 너를 모든 재앙으로부터 구원해 주리라."

이제는 유대교의 구제 제도를 그리스-로마 사회의 제도와 비교하고 양자 간의 현저한 차이점을 구명하고자 한다.

우선 구제의 대상이 다르다. 유대교의 경우, 구제는 참으로 가난하고 궁핍한 사람들에게 주어진다. 이에 반해 그리스-로마 사회에서의 재정적 원조는 가난한 사람들 자체가 아니라 앞서 기술했듯이 경제적 지위는 어떠하든지 보답할 능력이 있는 자기 친구나 동료 시민들을 대상으로 한다. 따라서 그 사회의 동정(同情) 개념이 보여주듯이 구제품을 배급해 줄 때 가난한 자들만 선정되는 것이 아니었던 까닭에, 이러한 의미에서 그리스-로마 사회에는 진정한 의미의 구제란 존재하지 않았다고 주장해도 하등 과장이 아닐 것이다.

관찰할 수 있는 두 번째 차이점은 보상과 관련되어 있다. 유대교에서 구제의 보상은 이생이나 혹 내세에 하나님께로부터 받을 것으로 기대하지, 수혜자로부터 받을 것으로 기대하지는 않는다. 잠언 19장 17절로부터 도출할 수 있는 유대교의 구제에 대한 보상의 일반적 의미는 시혜자는 그의 수혜자로부터가 아니라 하나님께로부터 보상을 기대해야 한다는 것인데, 왜냐하면 가난한 자가 받은 구제품에 보답하여 할 수 있는 일이란 거의 없기 때문이다. 그러나 그리스-로마 사회에서 구제에 대한 보상은 그 수혜자로부터 실제적, 직접적인 형태로 오는 것으로 생각되고 있으며, 그것이 시민들 간의 모든 거래와 교제의 근간이 되는 호혜주의 원칙을 구성했던 것이다.

이상의 비교로부터 우리는 유대교의 구제안은 그리스-로마 사회의 그것과 전혀 다르다는 것을 분명히 알 수 있다. 그것은 기독교적 구제로의 길을 열었던 것인데, 왜냐하면 후자는 구제 실천의 핵심을 전자로부터 빌어온 것으로 보이기 때문이다.

7. 결론: 사회적 맥락 속에서 본 누가의 구제

지금까지 우리는 주후 1세기경 그리스-로마 사회에서 발견할 수 있는 다양한 유형의 자선 제도들 - 국가 주도의 자선, 도시나 지역 사회에 대한 개인 차원의 자선 - 과 특히 클럽과 장례 조합들의 역할에 관해 살펴보았다. 또한 우리는 그 같은 자선 제도의 한계와 더불어 동기도 살펴보았다.

이 같은 검토로부터 우리는 누가 공동체의 사회적·역사적 정황, 즉 주후 1세기 그리스-로마 제국에서 기근 자체는 그리 빈번히 발생하지 않았지만 흉작, 전쟁 및 전염병으로 인한 식량 부족은 빈번했던 것을 알게 되었다. 실제로 어려운 때에 지역 사회의 가난한 사람들은 속수무책이었으며, 부자들이 곡식과 돈을 희사하여 도와주지 않으면 굶어 죽었다. 그러나 부유한 시민들로부터의 그 같은 도움이 자주 있을 것은 거의 기대할 수 없었는데, 왜냐하면 부자들은 그 자신의 이익을 추구했고 속주의 로마 관리들은 오직 드물게만 개입했기 때문이다. 한편, 자연 재해가 일어나지 않는 정상적 상황에서는 부유한 개인들은 그들이 후원자로서 참여하고 있는 클럽이나 조합에 재정적 원조를 제공하였다. 그러나 그 같은 재정적 협찬의 동기 역시 그리스-로마 사회에서 찾아볼 수 있는 다른 자선들과 대동소이한 것이었다. 요컨대 우리는 그 당시 공동체의 생존은 주로 부자들에게 의존하고 있었다고 말할 수 있는데, 그 이유는 그들의 도움과 협조가 아니었다면 대다수 인구가 죽었을 것이기 때문이다. 따라서 문제는 부자들 편에 있었는데, 이는 그들이 고대 사회에서 담당했던 역할이 생각보다 더 중요했을 것임을 의미한다.

이 같은 구제 제도와는 별도로 엣세네파 공동체가 실천했던 관습은 우리의 주의를 끄는데, 왜냐하면 생계를 벌 능력이 있는 신자들은 그들이 매달 떼어두는 소액의 돈으로 고아, 과부, 노인 및 집 없는 자들을 돕도록 되어 있었기 때문이다. 엣세네파 공동체의 이러한 관행은 하나님이 그같이 가난한 자들의 아버지로 자처하신다고 보는 유대교의 구제 개념을 우리에게 상기시켜 준다.

이상의 발견들을 살펴보았으므로, 이제는 가난한 자를 돕기 위한 누가의 처방과 그 동시대 그리스-로마 사회에서 발견되는 다양한 종류의 자선 제도 사이의 차이점을 지적하고자 한다. 일반적으로 볼 때 그리스-로마 사회에 존재했던 자선 제도는 호혜주의에 근거하고 있었으며, 따라서 순수한 이타주의에서 비롯된, 특별히 가난한 자들을 위해 계획된 자선이란 절대로 존재하지 않았다고 말할 수 있다. 반면, 엣세네파 공동체를 포함하는 유대인 사회는 호혜주의 정신 없이 구제를 실천했다고 볼 수 있을 것이다.

여기서 우리가 발견한 사실은 누가의 구제 사상의 급진적 성격을 기억할 때 더욱 극명해질 것이다. 누가-행전의 많은 부분에서[130] 재산

---

[130] 예를 들면 눅 11:41; 12:33; 18:22. 참조. 눅 3:11; 6:38; 14:33; 16:9; 행 20:35.

있는 사람들은 그들의 소유를 포기할 것을, 즉 이를 팔아서 대금을 가난한 자들에게 나누어 주도록 요구받지만, 그리스-로마 사회의 다른 자선가들과는 달리 지상에서 그들의 수혜자로부터 아무런 보상도 기대하지 말도록 가르침 받고 있는 것이다.[131]

따라서 우리는 당시의 여타 자선 제도들과는 비견할 수 없는 이 누가의 구제 사상을 볼 때 부자들을 향한 누가의 구제 권면은 너무나 급진적이어서 그의 공동체 내의 부유한 신자들을 놀라게 했으리라고 말할 수 있을 것이다. 그러나 부자와 가난한 자들 사이에는 엄청난 사회·경제적 여건상의 격차가 존재하며, 가난한 자들은 밥 먹듯이 굶주리고 늘 기아에 직면해 있음을 누가가 인식했음을 감안한다면 부자들에게 그같이 놀라운 충고를 한 것은 당연하게 여겨진다. 따라서 부자들에 대한 누가의 특별한 관심이 가난한 자들에 대한 동정심과 결부되어 나타난 것은 극히 당연해 보이며, 우리는 이와 더불어 누가가 그의 공동체의 부유한 신자들에게 그들에게 재물을 맡기신 하나님 앞에서 청지기 된 그들의 신분을 일깨워 주려 했다고 말할 수 있을 것이다.

이 같은 맥락에서 볼 때 기억해야 할 한 가지 사실이 있다. 동시대에 만연했던 호혜주의 윤리에 반대하여 누가는 자기 회중들에게 그들의 구제 범위가 교회 내에 국한되지 말고 가난하고 궁핍한 자들에 대한 진정한 기독교적 사랑으로 말미암아 상대가 교회의 신자인지 아닌지의 여부를 뛰어넘을 것을 권면했던 것으로 보이는 것이다(참조. 눅 6:27-38; 14:13, 21-23; 행 9:41).

---

131) 참조. Schürer, *History*, 2:437.

결 론 : 청지기도와 구제
—누가 신학의 재물관

11

결론: 청지기도와 구제
—누가 신학의 재물관

제 11 장

우리는 지난 3세기 동안 누가 신학의 빈부(貧富) 문제를 다루었던 여러 가지 다양한 저작들의 결과를 살펴봄으로써 이 논문을 시작하였다. 그런데 그 결과는 우리가 누가-행전에서 발견하는 바 문제들, 즉 누가 신학에 있어서 재물과 제자도를 관련시키려는 시도에서 비롯된 문제들을 해결함에 있어서 만족스럽지 못함이 드러나게 되었다. 그 문제들이란 다음과 같다.

1) 누가는 두 종류의 제자를 염두에 두고 있는가?
2) 재물의 포기는 모든 제자들에게 요구되는 것인가? 아니면 12사

도들에게만 국한된 것인가? 그런 완전한 재물 포기에 의해 누가가 의도했던 바는 무엇인가?

3) 재물과 제자도의 관계성을 논함에 있어서 "제자도"란 모티프는 과연 적절한 것인가, 아니면 누가의 신학을 이해함에 있어서 어떤 다른 모티프가 사용될 수는 없는 것일까?

4) 누가는 "어떻게 재물이 사용되어져야만 하는가"라는 실제적 문제를 과연 강조하고 있는가?

본 논문을 진행하는 첫 단계로서(제 2장), 우리는 우선 누가-행전의 사회적 배경을 연구하였다. 그 결과로, 우리는 누가 교회 공동체가 1세기 말 로마 제국의 동쪽 지방 중 헬라 문화에 물들은 어떤 도회지에 위치했다는 것과, 그 교회 공동체가 인종적(人種的) 견지에서는 이방인들이었고, 사회·경제적 신분 면에서 볼 때는 당대 사회 계층의 중간층과 최하층을 대표하는 부자와 가난한 자들로 구성되었다는 사실을 얻게 되었다.

제3장에서 우리는 누가복음의 제자도와 제자들에 대한 견해를 알고자 하여 최초의 복음인 마가복음과 비교하기 위해 마가복음의 제자도를 고찰하였다. 이 연구 결과, 그 교회 공동체 내의 핍박 위협에 직면하여 마가는 신실한 제자도의 완전한 모범으로서 주 예수님께서 그들 앞서 가졌던 그 길을 죽기까지 따를 것을 그 동료 그리스도인들에게 당부하고 있다. 제자들의 실패를 억제 모델로 제시하면서, 동시에 제자도의 이런 개념에 부합하게도 마가복음에서의 제자들은 예수님을 따른 추종자들의 제한된 그룹이었으며, 예수님의 특별한 노력에도 불구하고 예수님의 가르침을 제대로 이해하지 못했던 것으로 나타나고

있다. 제자도의 이런 개념과 관련해서, 마가복음에서의 제자들은 그 재물을 문자적으로 포기하는 것이 요구되었던 것이다(막 1:18, 10:2; 14:10-28).

마가복음의 제자도의 이런 개념은 제4장에서 이 문제에 대한 누가복음의 독특한 사상이 충분히 드러나도록 하기 위해 누가복음의 제자도와 비교되었다. 누가복음의 공동체는 마가복음의 공동체를 위협했던 그런 종류의 박해에 직면하지 않았으며 파루시아($\pi\alpha\rho o \upsilon \sigma \acute{\iota} \alpha$)가 연기됨으로 인하여 그리스도인들의 일상 생활에 대한 관심이 강조되었던 그런 분위기였다. 이런 까닭에 누가복음의 제자도는 여러 면에서 마가복음의 그것과 다름이 드러나게 되었다. 요컨대, 누가복음의 제자들과 사도행전에 등장하는 많은 무리의 제자들을 동일시하면서 누가는 제자들을 호의적으로 묘사하고 있으며, 예수님의 제자를 두 종류의 제자, 즉 사도(使徒)와 동일시되는 유랑 제자들과, 비록 문자적으로 전도 여행에서 예수님을 뒤좇지는 않았지만, 그 처한 위치에서 예수님의 가르침을 받고 따랐던 정착 제자들로 구분짓고 있다.

이런 맥락에서 특별히 우리의 관심을 끄는 것은, 모든 것을 버리고 자신을 따르라는 매우 엄격한 자신의 명령에도 불구하고, 예수님은 그 재산과 재물을 포기하지 않았던 것으로 보이는 복음서의 정착 제자들을 책망하지 않았으며, 오히려 그들이 자신과 그의 유랑 제자들을 그 집에 초대했을 때 이를 기꺼이 수락하면서 그들의 있는 그대로의 모습을 받아들였다는 사실이다. 여기서 우리는 놓쳐서는 안 될 한 가지 매우 중요한 사실을 발견하게 된다. 즉 재물의 완전한 포기에 대한 예수님의 명령의 견지에서 볼 때 제자도에 대한 예수님의 견해는 소수의 유랑 제자들은 모든 것을 실제적으로 포기하도록 요구되었지만, 반면에 누가 공동체의 회중들과 동일시되었던 정착 제자들은 그들이 가진 모든 것의 소유권을 포기할 것이 요청되었다는 사실이다.

재물과 관련된 누가의 제자도의 개념을 파악한 연후에, 이제 우리는 이 제자도 개념이 누가복음의 재조정(再調整)된 재물관을 온전히 포용하기에 적합하느냐는 문제를 제기해야 할 것으로 보인다. 이런 의문은 우리로 하여금 제자도를 구성하고 있는 사제관계 대신에 다른 관계 모티프를 찾도록 만든다. 그리고 주의 깊은 관찰 결과, 우리는 누가복음에서 사제(師弟)관계보다 더 유력한 새로운 관계 모티프를 발견하게 되었는데, 이것은 바로 주종(主從)관계 모티프인 것이다. 복음서의 새로운 이 유력한 모티프의 견지에서 볼 때, 누가복음은 하나님/예수님과 그리스도인들 사이의 바른 관계를 주종관계로 정의하고 있음이 드러나게 되었다.

이처럼 재물에 대한 새로운 개념과 주종관계 모티프가 이제까지 합당한 주목을 받지 못했던 누가 신학의 독특한 특징으로 드러나게 됨으로써 우리는 누가복음의 독특한 이 두 특성을 결합하게 되었고, 그 결과로 새로운 형태의 그리스도인들을 위한 모범(패러다임)을 발견하게 되었으니, 그것이 곧 청지기도인 것이다. 이후 청지기도를 그 주제로 다루고 있는 세 개의 비유[1]를 논구(論究)한 끝에 우리는 누가가 염두에 두었을 청지기도의 특징들을 확인하게 되었다.

1) 청지기가 소유하고 있는 것은 자신에게 속한 것이 아니라 그 주

---

[1] 불의한 청지기 비유(눅 16:1-13), 지혜롭고 슬기로운 청지기 비유(눅 12:41-48), 열 므나의 비유(눅 19:11-27).

인에게 속한 것이다.

2) 청지기 직분은 임시적인 것으로, 언제든지 회계를 위해 소환될 수 있으므로 청지기는 항상 긴장을 풀어서는 안 된다.

3) 청지기의 일에 대한 평가, 곧 심판이 있을 것이다. 만일 그 의무에 성실한 것으로 드러나면 상급이 있을 것이나, 그 반대의 경우에는 형벌이 뒤따를 것이다.

이와 같은 청지기도에 대한 누가의 특별한 관심을 확인한 후에, 이어서 우리는 누가가 어떻게, 또 어떤 영역에서 청지기도를 그리스도인들의 삶에 적용시키고 있는지를 발견하기 위하여 좀더 나아갔다. 이 작업은 매우 어렵지는 않았다. 그 이유는 누가복음과 사도행전에서 부자와 가난한 자들의 갈등이나 빈부(貧富) 문제가 크게 대두되고 있다는 것이 일반적으로 인정되어 왔기 때문이다. 그리하여 청지기 주제의 견지에서 우리는 누가-행전에서 빈부 문제와 관련된 다양한 여러 기사들을 검토했으며, 이 검토의 결과로 우리는 청지기로서의 그리스도인들이 그 가진 바 재물을 사용해야 할 바른 방법으로 교회 안팎의 가난하고 어려운 이들을 돕는 구제가 제시되고 있음을 발견하게 되었다.

이에서 한 걸음 더 나아가, 우리는 또한 이 구제(救濟) 문제가 누가의 속편인 사도행전에서도 계속 발견되고 있으며, 따라서 구제에 대한 누가복음의 각별한 관심이 주제의 연속성의 측면에서 볼 때 사도행전을 통하여 확증되고 있음을 깨닫게 되었다. 아울러, 가난한 자들을 돕기 위해 실시된 공동체 생활(행 2:42-47; 4:32-35)은 쿰란(Qumran) 공동체의 생활보다는 도시(都市)에 근거를 둔 엣센파(Essenees) 생활에 더 유사했음을 우리는 발견하게 되었다.

여기서 일보 전진하여 청지기도에 기반을 둔 누가의 구제 개념에 상응하는 제도가 누가 당대에 있었는지를 알기 위해, 우리는 누가 당대에 그리스-로마 도시에 만연했던 자선(慈善) 제도를 누가의 개념과 비교, 검토하게 되었다. 그 결과, 누가복음의 구제 개념은 당대의 상호 호혜주의(相互 互惠主義: reciprocity)와 정면 대립되는 급진적인 것이었으며, 그 기원은 기독교의 모체인 유대교에서 찾을 수 있음이 드러나게 되었다.

마지막으로, 청지기도에 근거를 둔 누가의 구제 개념이 누가의 교회가 위치했던 그 시대적 상황에서는 유례를 찾을 수 없는 독특하고 급진적인 것이었음을 확인한 연후에, 우리는 다음과 같은 진술로 이 논문을 마감짓고자 한다. 가난한 이들에 대한 진정한 동정심의 발로에서, 누가는 그 교회 내의 부유한 그리스도인들에게 그 신분이 청지기임을 기억하면서 자신의 가진 바 모든 재산의 소유권을 포기하여 그 재물로 가난한 자들에게 구제할 것을 권면하고 있는 것이다.

SELECT BIBLIOGRAPHY

Alexander, L., "Luke's Preface in the Context of Greek Preface-Writing", *NovT* 28(1986), 48-74.

Allen, W. C., *The Gospel according to St. Mark*(London: MacMillan, 1915).

Allison, D. C., "Was There a 'Lukan Community'?", *IBS* 10(1988), 62-70.

Anderson, H., *The Gospel of Mark*[NCB](London: Oliphants, 1976).

Bailey, K. E., *Poet and Peasant and Through Peasant Eyes*(Grand Rapids: Eerdmans, 1988).

Baldry, H. C., *The Unity of Mankind in Greek Thought*(Cambridge: University Press, 1965).

Barclay, J. M. G., "Paul, Philemon and the Dilemma of Christian Slave-Ownership", *NTS* 37(1991), 161-186.

Barr, D. L. & Wentling, J. L., "The Conventions of Classical Biography and the Genre of Luke-Acts: A Preliminary Study", in *Luke-Acts: New Perspectives from the Society of Biblical Literature Seminar*(ed., by C. H. Talbert[New York: Crossroad, 1984]), 63-88.

Barrow, R. H., *Slavery in the Roman Empire*(London: Methuen & Co., 1928).

Baumeister, T., *Die Anfänge der Theologie des Martyriums*(Münster: Aschendorff, 1980).

Beall, T. S., *Josephus' Description of the Essenes Illustrated by the Dead Sea Scrolls*(Cambridge: University Press, 1988)

Beare, F. W., *The First Epistle of Peter*(Oxford: Basil Blackwell, 1947).

Beavis, M. A., *Mark's Audience: The Literary and Social Setting of Mark 4.11-12*(Sheffield: JSOT, 1989).

Beck, B. E., *Christian Character in the Gospel of Luke*(London: SPCK, 1989).

Belkin, S., "The Problem of Paul's Background", *JBL* 54(1935), 41-60.

Bengel, J. A., *Gnomon of the New Testament*(Edinburgh: T & T Clark, 1866).

Best, E., *Following Jesus*(Sheffield: JSOT, 1981).

───────, *1 Peter*[NCB](London: Oliphants, 1971).

───────, *Disciples and Discipleship*(Edinburgh: T & T Clark, 1986).

───────, *Mark: The gospel as Story*(Edinburgh: T & T Clark, 1988).

Beyer, H. W., "διακονία", *TDNT*, 2:81-93.

───────, "κατηχέω", *TDNT*, 3:638-640

Bigg, C., *Commentary of St. Peter and St. Jude*[ICC](Edinburgh: T & T Clark, 1969).

Black, M., *The Scrolls and Christian Origins*(Edinburgh: Nelson, 1961).

_____, *An Aramaic Approach to the Gospels and Acts*(Oxford: Clarendon Press, 1967).

_____, "The Dead Sea Scrolls and Christian Origins", in *The Scrolls and Christianity*(ed., by M. Black[London: SPCK, 1969]).

Blinzler, J., "Jesus and his Disciples", in *Jesus in his Time*(ed., by H. J. Schultz[London: SPCK, 1971]), 84-95.

Boldestein, H., *Wohltätigkeit und Armenpflege im vorchristlichen Altertum*(Utrecht: A. Oosthoek, 1939).

Bornkamm, G., *Jesus of Nazareth*(London: Hodder & Stoughton, 1984).

Bovon, F., *Luke the Theologian: Thirty-Three Years of Research(1950 -83)*(Alison Park, PA: Pickwick Publication, 1987).

_____, *Das Evangelium nach Lukas*[EKKNT], Lk 1, 1-9, 50, (Zürich: Benziger Verlag, 1989).

Bradley, K. R., *Slavery and the Rebellion in the Roman World, 140 B.C.-70 B.C.*(London: Indiana Press, 1989).

Brandon, S. G. F., *Jesus and the Zealots*(Manchester: University Press 1967).

_____, "The Date of the Markan Gospel", *NTS* 7(1960-61), 126-41.

Braun, H., "The Qumran Community", in *Jesus in His Time*(ed., by H. J. Schultz[London: SPCK, 1971]), 66-74.

Brockmeyer, N., *Antike Sklaverei*(Darmstadt: Wissenschaftliche Buchgesellschaft, 1979).

Brooks, R., *Support the Poor in the Mishnaic Law of Agriculture: Tractate Peah*(Chico, Calif.: Scholars Press, 1983).

Brown, R. E. & Meier, J. P., *Antioch and Rome*(London: Geoffrey Chapman, 1983).

Brown, R. E., "The Teacher of Righteousness and the Messiah", in *The Scrolls and Christianity*(ed., by M. Black[London: SPCK, 1969).

──────, "Luke's Method in the Annunciation Narrative of Chapter One", in *Perspectives on Luke-Acts*(ed., by C. H. Talbert [Edinburgh: T & T Clark, 1978]), 126-138.

Brown, S., *Apostasy and Perseverance in the Theology of Luke*(Rome" Pontifical Biblical Institute, 1969).

Bruce, F. F., "Jesus and the Gospels in the Light of the Scrolls", in *The Scrolls and Christianity*(ed. by M. Black[London: SPCK, 1969]).

──────, *The Book of the Acts*[NICNT](London: Marshall, morgan & Scott, 1972).

Brunt, P. A., *Social Conflicts in the Roman Republic*(London: Chatto & Windus, 1971).

Bundy, W. E., *Jesus and the First Three Gospels*(Cambridge, Mass.: Harvard University Press, 1955).

Burney, C. F., *The Aramaic Origin of the Fourth Gospel*(Oxford: Clarendon Press, 1922).

Burrows, M., *More Light on the Dead Sea Scrolls*(London: Secker & Warburg, 1958).

Butler, B. C., *The Originality of St. Matthew*(Cambridge: University Press, 1951).

Byrne, B., "Forceful Stewardship and Neglectful Wealth: A Contemporary Reading of Luke 16," *Pacifica* 1(1988), 1-14.

Cadbury, H. J., *The Style and Literary Method of Luke*(Cambridge, Mass.: Harvard University Press, 1920).

―――, *The Making of Luke-Acts*(London: MacMillan, 1927).

―――, "Erastus of Corinth", *JBL* 50(1931), 42-58.

Caird, G. B., *The Gospel of St Luke*[Pelican GC](London: A & C Black, 1968).

Capper, B. J., "The Interpretation of Acts 5.4", *JSNT* 19(1983), 117-131.

―――, "〈In der Hand des Ananias…〉 Erwägungen zu 1 QS VI, 20 und der urchristlichen Gütergemeinschaft", *RevQ* 12 (1985), 223-236.

Carson, D. A., Moo, D. J. & Morris, L., *An Introduction to the New Testament*(Grand Rapids: Zondervan Publishing House, 1992).

Cassidy, R. J., *Jesus, Politics and Society*(New York: Maryknoll, 1978).

Charles, R. H., *Apocrypha and Pseudepigrapha*(Oxford: Clarendon Press, 1977).

Cone, O., *Rich and Poor in the New Testament*(London: A & C Black, 1902).

Conzelmann, H., *The Theology of St Luke*(London: Faber & Faber, 1961).

―――, *Acts of the Apostles*(Philadelphia: Fortress Press, 1987).

Countryman, L. Wm., *The Rich Christian in the Church of the Early Empire: Contradictions and Accommodations*(New York:

Edwin Mellen Press, 1980).

Cranfield, C. E. B., *I & II Peter and Jude*[Torch Bible Commentary] (London: SCM, 1960).

_____, *The Gospel according to Saint Mark*(Cambridge: University Press, 1963).

Creed, J. M., *The Gospel according to St. Luke*(London: Macmillan & Co., 1950).

Crossan, J. D., *In Parables*(New York: Harper & Row, 1973).

Cullmann, O., *The Christology of the New Testament*(London: SCM, 1973).

Danker, F. W., *Jesus and the New Age*(St. Louis: Clayton Publishing House, 1974).

_____, *Benefactor: Epigraphic Study of a Graeco-Roman and New Testament Semantic Field*(St. Louis: Clayton Publishing House, 1982).

_____, *Luke*[Proclamation Commentaries](Philadelphia: Fortress Press, 1983).

De neeve, P. W., "Review of 'The Corn Supply of Ancient Rome' by G. Rickman", *Mnemosoyne 38*(1985), 443-448.

De Ste. Croix, G. E. M., *The Class Struggle in the Ancient Greek World from the Archaic Age to the Arab Conquests*(London: Duckworth, 1981).

Degenhardt, H-J., *Lukas Evangelist der Armen*(Stuttgart: Berlag Kath. Bibelwerk, 1965).

Den Boer, W., *Private Morality in Greece and Rome*(Leiden: E. J. Brill, 1979).

Derrett, J. D. M., *Law in the New Testament*(London: Darton, Longman & Todd: 1974).

──────, "Ananias, Sapphira, and the Right of Property", in *Studies in the New Testament*(Leiden: E. J. Brill, 1977), 193-201.

Dicharry, W., *Human Authors of the New Testament, vol. 1: Mark, Matthew & Luke*(Slough: St. Paul Publications, 1990).

Dill, S., *Roman Society from Nero to Marcus Aurelius*(London: MacMillan, 1904).

Dillon, R. J., "Previewing Luke's Project from His Prologue(Luke 1:1-4)", *CBQ* 43(1981), 205-227.

Dodd, C. H., *The Parables of the Kingdom*(New York: Charles Scribner's Sons, 1961).

Donahue, J. R., "Two Decades of Research on the Rich and the Poor in Luke-Acts", in *Justice and the Holy*(ed., by Knight, D. A. & Paris, P. J.[Atlanta: Scholars Press, 1989]), 129-144.

Drury, J., *The Parables in the Gospels*(London: SPCK, 1985).

Dunn, J. D. G., "The Incident at Antioch(Gal. 2:11-18)", *JSNT* 18 (1983), 3-75.

Dupont J., *Les Béatitudes*, 3 vols.(Paris: J. Gabalda, 1973).

Easton, B. S., *The Gospel according to St. Luke*(Edinburgh: T & T Clark, 1926).

Eisenstast, S. N. & Roniger, L., *Patrons, Clients and Friedns*(Cambridge: University Press, 1984).

Elloitt, J. K., (ed.), *The Principles and Practise of the New Testament Textual Criticism: Collected Essays of G. D. Kilpatrick*(Leuven: University Press, 1990).

Ellis, E. E., *The Gospel of Luke*[The Century Bible](London: Nelson, 1966).

Encyclopaedia Judaica, "Havurah", vol. 8, Jerusalem, 1971.

Ernst, J., *Das Evangelium nach Lukas*(Regensburg: Friedirch Pustet Regensburg, 1976).

Esler, P. F., *Community and Gospel in Luke-Acts*(Cambridge: University Press, 1987).

Evans, C. F., *Saint Luke*[TPI NTC](London: SCM, 1990).

Farmer, W., *The Synoptic Problem*(New York: The Macmillan & Co., 1964).

Farrar, F. W., *St. Luke*(Cambridge: Uniersity Press, 1899).

Farrer, A., "On Dispensing with Q", in *Studies in the Gospels*, 55-88.

Fearghail, F. O., *The Introduction to Luke-Acts: A Study of the Role of LK 1, 1-4, 11 in the Compostion of Luke's Two-Volume Work*(Roma: Editrice Pontificio Istututo, 1991).

Findlay, J. A., *Jesus and His Parables*(London: Epworth, 1951).

─────, *The Gospel according to St Luke*(London: SCM, 1937).

Finley, M. I., *The Ancient Economy*(Berkeley: University of California Press, 1973).

─────, *Ancient Slavery and Modern Ideology*(London: Chatto & Windus, 1980).

─────, (ed.) *Classical Slavery*(London: Frank Cass, 1987).

Firth, C. B., "The Parable of the Unrighteous Steward", *ExpTim 63* (1951-2), 93-95.

Fitzmyer, J. A., "Jewish Christianity in Acts in Light of the Qumran Scrolls", in *Studies in Luke-Acts*(ed. by L. E. Keck, & J. L.

Martyn[London: SPCK, 1968]).

..............., *The Gospel according to Luke*, 2 Vols, [The Anchor Bible] (New York: Doubleday, 1981).

..............., *Luke the Theologian*(London: Geoffrey Chapman, 1989).

Fleddermann, H., "The Plight of a Naked Young Man(Mk 14. 51-52)", *CBQ* 41(1979), 412-418.

Flender, H., *St Luke: Theologian of Redemptive History*(London: SCM, 1967).

Fletcher, D. R., "The Riddle of the Unjust Steward: Is Irony the Key?", *JBL* 82(1963), 15-30.

Förster, W. & Quell, G., "κύριος", TDNT, 3:1039-1095.

Friedel, L. M., "The Parable of the Unjust Steward", *CBQ* 3(1941), 337-348.

Fujita, N. S., *A Crack in the Jar: What ancient Jewish Documents tell us about the New Testament*(New York: Paulist Press, 1986).

Gächter, P., "The Parable of the Dishonest Steward after Oriental Conceptions", *CBQ* 12(1950), 121-131.

Garnsey, P., *Social Status and Legal Privilege in the Roman Empire* (Oxford: Clarendon Press, 1970).

..............., *Famine and Food Supply in the Graeco-Roman World* (Cambridge: University Press, 1988).

Gärtner, B., *The Temple and the Community in Qumran and the New Testament*(Cambridge: University Press, 1965).

Gaston, L., *No Stone on Another: Studies in the Significance of the Fall of Jerusalem in the Synoptic Gospels*[NovTSup 23](Leiden: E. J. Brill, 1970).

Geldenhuys, N., *The Gospel of Luke*[NICNT](Grand Rapids: Eerdmans, 1977).

Gibson, M. D., "On the Parable of the Unjust Steward", *ExpTim* 14 (1903), 334.

Giles, K. N., "The Church in the Gospel of Luke", *SJT* 34(1981), 121-146.

Gnilka, J., *Das Evangelium nach Markus*[EKKNT](Zürich: Benziger Verlag, 1989).

Gooding, D., *According to Luke*(Leicester: IVP, 1988).

Gordon, B., *The Economic Problem in Biblical and Patristic Thought* (Leiden: E. J. Brill, 1989).

Goulder, M. D., *Luke: A New Paradigm*, 2 vols(Sheffield: JSOT, 1989).

────, "A House Built on Sand", *in Alternative Apoproaches to New Testament Study*(ed., by A. E. harvey[London: SPCK, 1985]), 1-24.

Grant, F. C., *The Gospels: Their Origin and their Growth*(London: Faber & Faber, 1957).

Grant, R. M., *Early Christianity and Society*(London: Collins, 1978).

Grundmann, W., *Das Evangelium nach Lukas*[ThHK](Berlin: Evangelische Verlagsanstalt, 1974).

Gundry, R. H., *A Survey of the New Testament*(Grand Rapids: Zondervan, 1981).

Guthrie, D., *New Testament Introduction*(Leicester: IVP, 1978).

────, *New Testament Theology*(Leicester: IVP, 1981).

Haacker, K., "Verwendung und Vermeidung des Apostelbegriffs im Lukanische Werk", *NovT* 30(1988), 9-38.

Haenchen, E., *The Acts of the Apostles: A Commentary*(Oxford: Basil Blackwell, 1971).

Hahn, F., *The Titles of Jesus in Christology*(London: Lutterworth, 1969).

Hahn, F., Strobel, A. & Schweizer, E., *The Beginnings of the Church in the New Testament*(Edinburgh: The Saint Andrew Press, 1967).

Hamel, G., *Poverty and Charity in Roman Palestine, First Three Centuries C.E.*(Berkeley: University of California Press, 1990).

Hamm, D., *Luke 19:8 Once Again: Does Zacchaeus Defend or Resolve?"*, *JBL* 107(1988), 431-437.

Hands, A. R., *Charities and Social Aid in Greece and Rome*(London: Thames & Hudson, 1968).

Hanson, R. P. C., *The Acts*[New Clarendon Bible](Oxford: Clarendon Press, 1967).

Hawkin, D. J., "The Incomprehension of the Disciples in the Marcan Redaction, *JBL* 91(1972).

Heil, J. P., "Mark 14, 1-52: Narrative Structure and Reader-Response", *Bib* 71(1990), 305-332.

Heiligenthal, R., "Werke der Barmherzigkeit oder Almosen?", *NovT* 25 (1983), 289-301.

Heininger, B., *Metaphorik, Erzählstrudtur und szenischdramatische Gestaltung in den Sondergutgleichnissen bei Lukas*(Münster: Aschendorff, 1991).

Hendrickx, H., *The Parables of Jesus: Studies in the Synoptic Gospels*(London: Geoffrey Chapman, 1986).

Hengel, M., *Property and Fiches in the Early Church*(London: SCM, 1974).

_____, *The Charismatic Leader and his Followers*(Edinburgh: T & T Clark, 1981).

_____, *Between Jesus and Paul*(London: SCM, 1983).

_____, *Studies in the Gospel of Mark*(London: SCM, 1985).

Hill, H., *The Roman Middle Class in the Republican Class*(Oxford: Basil Blackwell, 1952).

Hooker, M. D., *The Message of Mark*(London: Epworth, 1983).

_____, *The Gospel according to St Mark*[Black's NTC](London: A & C Black, 1991).

Hoppe, L. J., *Being Poor*(Wilmington: Michael Glazier, 1987).

Horn, F. W., *Glaube und Handeln in der Theologie des Lukas*[GTA 26](Göttingen: Vandenhoeck & Ruprecht, 1983).

Houlden, J. L., *Ethics and the New Testament*(London: Mowbray, 1987).

Hunter, A. M., *The Gospel according to Saint Mark*(London: SCM, 1959).

_____, *Interpreting the Parables*(London: SCM, 1960).

Ireland, D. J., *Stewardship and the Kingdom of God*(Leiden: E. J. Brill, 1992).

Jaffee, M. S., *Mishnah's Theology of Tithing: A Study of Tractate Maaserot*(Chico, Calif.: Scholars Press, 1981).

Jeremias, J., "Sabbatjahr und neuetestamentliche Chronologie", *ZNW*

27(1928), 98-103.

―――, *The Parables of Jesus*(London: SCM, 1963).

―――, *The Eucharistic Words of Jesus*(London: SCM, 1966).

―――, *Jerusalem in the Time of Jesus*(London: SCM, 1969).

Johnson, L. T., *Literary Function of Possessions in Luke-Acts*(Missoula: Scholars Press, 1977).

―――, *Sharing Possessions: Mandate and Symbol of Faith*(Philadelphia: Fortress Press, 1981).

Johnson, S. E., "The Dead Sea Manual of Discipline and the Jerusalem Church of Acts", in *The Scrolls and the New Testament*(ed., by K. Stendahl[London: SCM, 1958]).

Jones, A. H. M., *The Greek City from Alexander to Justinian*(Oxford: Clarendon Press, 1940).

―――, *The Roman Economy*(Oxford: Basil Blackwell, 1974).

Juel, D., *Luke-Acts*(London: SCM, 1984).

Kähler, M., *The So-called Historical Jesus and the Historical Biblical Christ*(Philadelphia: Fortress, 1970).

Karris, R. J., "Poor and Rich: The Lukan Sitz im Leben", in *Perspectives on Luke-Acts*(ed., by C. H. Talbert[Edinburgh: T & T Clark, 1978]), 112-125.

―――, *Luke: Artist and Theologian*(New York: Paulist Press, 1985).

Keck, L., "Mark 3:7-12 and Mark's Christology", *JBL* 84(1965), 341-358.

Kelber, W. H., *The Kingdom of Mark: A New Place and a New Time* (Philadelphia: Westminster Press, 1977).

Kelly, J. N. D., *A Commentary on the Epistles of Peter and Jude* [Black's NTC], (London: A & C Black, 1969).

Kilpatrick, G. D., "*KYPIOΣ* in the Gospels", in *The Principles and Practice of N.T. Textual Criticism: Collected Essays of G.D. Kilpatrick*(ed., by J. K. Elliott[Leuven: University Press, 1990]), 213-222.

Kingsbury, J. D., "The Gospel of Mark in Current Research", *RelSRev* 5(1979), 101-107.

Kistemader, S. J., *The Parables of Jesus*(Grand Rapids: Baker, 1985).

Klauck, H. J., "Gütergemeinschaft in der klassischen Antike, in Qumran und im neuen Testament", *RevQ* 11(1982-4), 47-79.

Klein, H., *Barmherzigkeit gegenüber den Elenden und Geächteten*(Zürich: Neukirchener Verlag, 1987).

Kloppenborg, J., "The Dishonoured Master", *Bib* 70(1989), 474-495.

Knibb, M. A., *The Qumran Community*(Cambridge: University Press, 1987).

Konx, W. L., *The Sources of the Synoptic Gospels*(Cambridge: University Press, 1957).

Kodell, J., "Luke's Use of Laos, 'People', especially in the Jerusalem Narrative(Lk 19, 28-24, 53)", *CBQ* 31(1969), 327-343.

Krämer, M., *Das Rätsel der Parabel vom ungerechten Verwalter*(Zürich: Pas-Verlag, 1972).

Krodel, G. A., *Acts*[Augsburg Commentary on the NT](Minneapolis: Augsburg Publishing House, 1986).

Kuhn, K. G., "The Lord's Supper and the Communal Meal at Qumran", in *The Scrolls and the New Testament*(ed., by K. Stendahl[London: SCM, 1957]).

Kümmel, W. G., *Introduction to the New Testament*(London: SCM, 1972).

Lane, W. L., *The Gospel of Mark*[NICNT](Grand Rapids: Eerdmans, 1978).

Larfeld, W., *Griechische Epigraphik*(München: Beck, 1914).

Leaney, A. R. C., *The Rule of Qumran and its Meaning*(London: SCM, 1966).

──────, *The Letters of Peter and Jude*[Cambridge Bible Commentary](Cambridge: University Press, 1967).

Linnemann, E., *Parables of Jesus: Introduction and Exposition*(London: SPCK, 1982).

Loader, W., "Jesus and the Rogue in Luke 16, 1-8a: The Parable of the Unjust Steward", *RB* 96(1989), 518-532.

Lohfink, G., *Jesus and Community*(London: SCM, 1985).

Lüdemann, G., *Early Christianity according to the Traditions in Acts: A Commentary*(London: SCM, 1989).

MacMullen, R., *Enemies of the Roman Order*(Cambridge, Mass.: Harvard University Press, 1967).

──────, *Roman Social Relations*(New Haven: Yale University Press, 1974).

Maddox, R., *The Purpose of Luke-Acts*(Göttingen: Vandenhoeck & Ruprecht, 1982).

Manson, T. W., *The Sayings of Jesus*(London: SCM, 1957).

Manson, W., *The Gospel of Luke*[MNTC](London: Hodder & Stoughton, 1930).

Marshall, C. D., *Faith as a Theme in Mark's Narrative*(Cambridge: University Press, 1989).

Marshall, I. H., *The Origins of New Testament Christology*(Leicester: IVP, 1985).

─────, *Acts*[Tyndale NTC](Leicester: IVP, 1986).

─────, "Review of 'Community and Gospel in Luke-Acts'"(Written by P. F. Esler), *JTS* 39(1988), 564-566.

─────, *Commentary on Luke*[NIGTC](Exeter: Paternoster, 1989).

Martin, R. P., *Mark: Evangelist and Theologian*(Exeter: Paternoster, 1972).

Marxsen, W., *Introduction to the New Testament*(Oxford: Basil Blackwell, 1968).

─────, *Mark the Evangelist*(London: SCM, 1969).

Matera, F. J., *What are they saying about Mark?*(New York: Paullist, 1987).

─────, "The Incomprehension of the Disciples and Peter's Confession(Mark 6, 14-8, 30)", *Bib* 70(1989), 153-172.

McCormick, B. E., *The Social and Economic Background of Luke* (Ph.D. *Dissertation*, Oxford University: 1960).

McNeille, A. M., *An Introduction to the Study of the New Testament* (Oxford: Clarendon, 1927).

Mealand, D. L., "Community of Goods at Qumran", *TZ* 31(1975), 129-139.

─────, "Community of Goods and Utopian Allusions in Acts II-IV", *JTS* 28(1977), 96-99.

─────, *Poverty and Expectation in the Gospels*(London: SPCK,

1980).

Meeks, W. A., *The First Urban Christians* (New Haven: Yale University Press, 1983).

—————, *The Moral World of the First Christians* (London: SPCK, 1987).

Melbourne, B. L., *Slow to Understand: the Disciples in Synoptic Perspective* (Lanham: University Press of America, 1988).

Mendels, D., "Hellenistic Utopia and the Essenes", *HTR* 72(1979), 207-222.

Metzger, B. M., *A Textual Commentary on the Greek New Testament* (London: United Bible Societies, 1971).

Michel, O., "$οἰκονόμος$" *TDNT*, 5:149-152.

Milik, J. T., *Ten Years of Discovery in the Wilderness of Judea* (London: SCM, 1959).

Miller, W. D., "The Unjust Steward", *ExpTim* 15(1903-3), 332-4.

Morris, L., *The Gospel according to St. Luke* [Tyndale NTC] (Leicester: IVP, 1986).

Mosley, A. W., "Jesus' Audiences in the Gospels of St Mark and St Luke", *NTS* 10(1963-64), 139-49.

Mott, S. C., "The Power of Giving and Receiving: Reciprocity in Hellenistic Benevolence", in *Current Issues in Biblical and Patristic Interpretation-Studies in Honor of M. C. Tenney* (ed., by G. F. Hawthorne [Grands Rapids: Eerdmans, 1975]), 60-72.

Moule, C. F. D., *An Idiom Book of New Testament Greek* (Cambridge: University Press, 1953).

—————, *The Origin of Christology* (Cambridge: University Press,

1980).

Mowry, L., *The Dead Sea Scrolls and the Early Church*(Indiana: University of Notre Dame, 1966).

Moxnes, H., *The Economy of the Kingdom*(Philadelphia: Fortress Press, 1988).

Mussner, F., "$\kappa\alpha\theta\epsilon\xi\hat{\eta}s$ im Ludasprolog", in *Jesus und Paulus: Festschrift für W. G. Kümmel*(Göttingen, 1975), 253-255.

Neil, W., *The Acts of the Apostles*[NCB](London: Oliphants, 1973).

Nineham, D. E., (ed.), *Studies in the Gospels*(Oxford: Basil Blackwell, 1955).

─────, *Saint Mark*[The Pelican Gospel Commentaries](Harmondsworth: Penguin, 1963).

O'Hanlon, J., "The Story of Zacchaeus and the Lukan Ethic", *JSNT* 12 (1981), 2-26.

O'Toole, R. F., *The Unity of Luke's Theology*(Delaware: Michael Glazier, 1984).

Otto, A., *Die Sprichwörter und sprichwörtlichen Redensarten der Römer*(Leipzig: Teubner, 1890).

Parrott, D. M., "The Dishonest Steward(Luke 16.1-8a) and Luke's Special Parable Collection", *NTS* 37(1991), 499-515.

Pilgrim, W. E., *Good News to the Poor: Wealth and Poverty in Luke-Acts*(Minneapolis: Augsburg Publishing House, 1981).

Pleket, P. W., "Economic History of the Ancient World and Epigraphy: Some Introductory Remarks", *Akten des vi Internationalen Kongresses für Griechische und Lateinische Epigraphik*(München: Beck, 1972), 253-4.

Rickman, G., *The Corn Supply of Ancient Rome*(Oxford: Clarendon Press, 1980).

Plummer, A., *St. Luke*[ICC](Edinburgh: T & T Clark, 1922).

Pryke, E. J., "Beliefs and Practises of the Qumran Community", *CQR* 168(1967), 314-325.

Rabin, C., *Qumran Studies*(Oxford: University Press, 1957).

Ramsey, W. M., "On Mark iii 42", *ExpTim* 10(1898-99), 232-336.

Rawlinson, A. E. J., *The Gospel according to St. Mark*[Westminster Commentary](London: Methuen, 1960).

Reumann, J., "'Stewards of God'-Pre-Christian Religious Application of οἰκοόμος in Greek", JBL 72(1958), 339-49.

―――, "OIKONOMIA – Terms in Paul in comparison with Lucan *Heilsgeschichte*", *NTS* 13(1966), 147-67.

Ross, J. M., "The Young Man who fled Naked", *IBS* 13(1991), 170-174.

Rostovtzeff, M., *The Social and Economic History of the Roman Empire*, 2 vols. (Oxford: Clarendon Press, 1957).

Russell, D. S., *From Early Judaism to Early Church*(London: SCM, 1986).

Saller, R. P., *Personal Patronage under the Early Empire*(Cambridge: University Press, 1982).

―――, "Slavery and the Roman Family", in *Classical Slavery*(ed., by M. I. Finley[London: Frank Cass, 1987]), 65-87.

Sanders, E. P., *Jewish Law from Jesus to the Mishnah*(London: SCM, 1990).

Sanders, J. T., *Ethics in the New Testament*(London: SCM, 1986).

Schiffman, L. H., The *Eschatological Community of the Dead Sea Scrolls*(Atlanta: Ga Scholars Press, 1989).

Schlatter, A., *Das Evangelium des Lukas*(Stuttgart: Calwer, 1960).

Schmidt, T. E., *Hostility to Wealth in the Synoptic Gospels*(Sheffield: JSOT, 1987).

Schmithals, W., *Das Evangelium nach Lukas*(Zürich: Theolgoischer Verlag, 1980).

Schnackenburg, R., *The Moral Teaching of the New Testament*(London: Burns & Oates, 1982).

Schneider, G., "Die zwölf Apostel als Zeugen": Wesen, Ursprung und Funktion einer lukanischen Konzeption"(1970), in *Lukas, Theologie der Hielsgeschichte*(Könnigstein: Verlag Peter Hanstein, 1985).

_____, *Das Evangelium nach Lukas*, 2 vols. (Würzberg: Echter Verlag, 1977).

_____, "Zur Bedeutung von $\kappa\alpha\theta\epsilon\xi\hat{\eta}s$ im lukanischen Doppelwerk" (1977), in Lukas, *Theologie der Heilsgeschichte*(Könnigstein: Verlag Peter Hanstein, 1985).

Schottroff, L. & Stegemann, W., *Jesus and the Hope of the Poor*(New York: Orbis Books, 1986).

Schürer, E., *The History of the Jewish People in the Age of Jesus Christ*(Edinburgh: T & T Clark, 1979).

Schürmann, H., *Das Lukasevangelium*[HTKNT], Erster Teil, (Freiburg: Herder, 1969).

Schutz, F., *Der leidende Christus: Die angefochtene Gemeinde und das Christus Kerygma der lukanischen Schriften*(Stuttgart:

Schweizer, E., *Jesus*(London: SCM, 1971).
──────, *The Good News according to Mark*(London: SPCK, 1977).
──────, *Luke: A Challenge to Present Theology*(London: SPCK, 1982).
──────, *The Good News according to Luke*(London: SPCK, 1984).
──────, *Lordship and Discipleship*(London: SCM, 1986).
Scott, B. B., "A Master's Praise: Luke 16, 1-8a", *Bib* 64(1983), 173-188.
Seccombe, D. P., *Possessions and the Poor in Luke-Acts*(Linz: SUNT, 1982).
Segovia, F. F., (ed.) *Discipleship in the New Testament*(Philadelphia: Fortress Press, 1985).
Sjoberg. G., *The Preindustrial City*(Glencoe: Free Press, 1960).
Stählin, G., "$ἴσος/ἰσότης$" *TDNT*, 3:343-355.
Stambaugh, J. & Balch, D., *The Social World of the First Christians* (London: SPCK, 1986).
Stanton, G. N., *The Gospels and Jesus*(Oxford: University Press, 1989).
Stock, A., *Call to Discipleship*(Wilmington: Michael Glazier, 1982).
Strack, H. L. & Billerbeck, P., *Kommentar zum Neuen Teatament aus Talmud und Midrash*(München: Becksche, 1926).
Streeter, B. H., *The Four Gospels: A Study of Origins*(London: MacMillan & Co., 1953).
Sweetland, D. M., *Our Journey with Jesus: Discipleship according to Luke-Acts*(Collegeville: The Liturgical Book, 1990).
Swete, H. B., *The Gospel according to St Mark*(London: MacMillan

& Co., 1902).

Talbert, C. H., (ed.), *Perspectives on Luke-Acts*(Danville: Association of Baptist Professors of Religion, 1978).

―――, *Reading Luke: A Literary and Theological Commentary on the Third Gospel*(New York: Crossroad, 1982).

―――, "Discipleship in Luke-Acts", in *Discipleship in the New Testament*(ed., by F. F. Segovia[Philadelphia: Fortress Press, 1985).

Tannehill, R. C., "The Disciples in Mark: the Function of a Narrative Role", in *The Interpretation of Mark*(ed., by W. Telford [London: SPCK, 1985]), 134-157.

―――, *The Narrative Unity of Luke-Acts*, 2 vols. Philadelphia: Fortress, 1986).

Taylor, V., *Behind the Third Gospel*(Oxford: Clarendon Press, 1926).

―――, *The Gospel according to St. Mark*(London: MacMillan, 1952).

Theiβen, G., *The Social Setting of Pauline Christianity*(Philadelphia: Fortress Press, 1982).

―――, "Soziale Intergration und sakramentales Handeln", in *Studien zur Soziologie des Urchristentums*(Tübingen: J.C.B. Mohr, 1979), 290-317.

Thompson, B. H. P., *The Gospel according to Luke*[New Clarendon Bible](Oxford: Clarendon Press, 1979).

Tooley, W., "Stewards of God", *SJT* 19(1966), 74-86.

Topel, L. J., "On the Injustice of the Unjust Steward", *CBQ* 37(1975), 216-227.

Triantaphyllopoulos, J., 'PARAPRASIS', *Acta of the Fifth International Congress of Greek and Latin Epigraphy, Cambridge, 1967* (Oxford: Blackwell, 1971), 65-69.

Turner, N., "The Minor Verbal Agreements of Mt. and Lk. against Mk.", in *SE* I, 223-234.

Tyson, J., "The Blindness of the Disciples", *JBL* 80(1961), 261-268.

Van der Horst, D. W., "Hellenistic Parallels to Acts", *JSNT* 35(1989), 37-46.

van Unnik, W. C., "Die Motivierung der Feindesliebe in Lukas 6:32-35," *NovT* 8(1966), 284-300.83

Verhey, A., *The Great Reversal: Ethics and the New Testament* (Grand Rapids: Eerdmans, 1986).

Vermes, G., "Essenes-Therapeutae-Qumran", *Durham University Journal*, 21(1960), 97-115.

—————, "Essenes and History", *JJS* 32(1981).

—————, *The Dead Sea Scrolls in English*(London: Penguin Book, 1987).

—————, *The Dead Sea Scrolls: Qumran in Perspective*(London: SCM, 1988).

Vermes, G. & Goodman, M. D., *The Essenes according to the Classical Sources*(Sheffield: JSOT, 1989).

Via, D. O., *The Parables*(Philadelphia: Fortress Press, 1967).

Vincent, M. R., *Word Studies in the New Testament*(Wilmington: Associated Publishers and Authors, 1888).

Vögel, M., "Exegetische Erw gungen zum Verst ndnis des Begriffs $\kappa\alpha\theta\epsilon\xi\hat{\eta}s$ im lukanischen Prolog", *NTS* 20(1973/4), 289-299.

Vos, G., *The Self-Disclosure of Jesus*(Phillipsburg: Presbyterian and Reformed Publishing Co., 1978).

Wansbrough, H., "St. Luke and Christian Ideals in an Affluent Society", *TNB*, 49(1968), 582-587.

Warfield, B. B., *The Lord of Glory*(Grand Rapids: Baker, 1976).

Webster, D., "The Primary Stewardship", *ExpTim* 72(1960-61), 274-6.

Weeden, T. J., "The Heresy that necessitated Mark's Gospel", *ZNW* 59 (1969), 145-158.

_____, *Mark-Traditions in Conflict*(Philadelphia: Fortress, 1971).

Winter, B. W., "The Public Honouring of Christian Benefactors: Romans 13.3-4 and 1 Peter 2.14-15", *JSNT* 34(1988), 87-103.

_____, "Providentia for the Widows of 1 Timothy 5:3-16", *TynBul* 39(1988), 83-99.

_____, "Secular and Christian Responses to Corinthian Famines", *TynBul* 40(1989), 86-106.

Weinfeld, M., *The Organizational Pattern and the Penal Code of the Qumran Sect*(Göttingen: Vandenhoek & Ruprecht, 1986).

Wernberg-Moller, P., *The Manual of Discipline*(Leiden: E. J. Brill, 1957).

Westermann, W. L., *The Slave Systems of Greek and Roman Antiquity*(Philadelphia: The American Philosophical Society, 1955).

Wiedemann, T., *Greek and Roman Slavery*(London: Croom Helm, 1981).

Wiedemann, T. E. J., *Slavery*(Oxford: Clarendon Press, 1987).

White, R. E. O., *Luke's Case for Christianity*(London: The Bible Reading Fellowship, 1987).

Williams, F. E., "Is Almsgiving the Point of the "Unjust Steward"?, *JBL* 83(1964), 293-297.

Witherington, B., "On the Road with Mary Magdalene, Joanna, Susanna, and Other Disciples-Luke 8.1-3", *ZNW* 70(1979), 243-248.

..............., *Women in the Ministry of Jesus*(Cambridge: University Press, 1984).

Wood, C. T., "Luke xvi. 8", *ExpTim* 63(1951-2), 126.

Yamauchi, E., *The Stones and the Scriptures*(London: SCM, 1973).

(*) Abbreviations used in this study follow the rules set *by The Catholic Biblical Quarterly*, except a few cases, such as Lk-Luke, Mt-Matt, Mk-Mark and Ac-Acts.

(*) The Greek Bible used in this Thesis is *The Greek New Testament, edited by K.* Aland and M. Black, *et al*(London: United Bible Societies, 1975).

색 인

참조 색인

구 약

창세기		11:13	354f	잠언	
41:33	218f	13:3	354f	11:24	431f
41:39	218f	14:28-29	430, 430f	19:17	431f, 434
45:16	218f	15:4	351, 352,	22:9	431f
47:12-14	218f		372	28:27	431f
		15:7-8	235f, 431		
출애굽기		15:11	432	전도서	
2:22	235f	23:20-21	235f	11:1	431f
22:1	301f	24:17-18	430f		
22:21-27	430f	26:12	430	이사야	
23:10-11	430	26:12-15	430f	1:17	431f
		26:16	354f	1:23	431f
레위기		27:19	430f	10:2	431f
5:16	301f	30:2	354f	51:17	117f
19:18	296	30:6	354f	58:7	266
21:1-3	279f	30:10	354f	61:1	23
21:17-23	292f				
25:25-28	431	사무엘하		예레미야	
25:35-38	431	5:8	292f	5:28	431f
25:36-37	235f	12:6	301f		
25:39-55	431			에스겔	
		시편		22:7	431f
민수기		4:19	144f		
5:7	301f	11:6	117f	스가랴	
		94:6	431f	7:10	431f
신명기		105:21	218f	13:7	143
6:5	296, 354f	112:9	431f		
10:12	354f	141:2	345f	1 Esdras	
10:18-20	430f			8:23	154f

2 Esdras		12:8	433f	50:16	345f	
3:1	91f	12:9	433f			
3:28	91f	12:12	345f	Baruch		
				11:1	91f	
토비트		집회서		67:7	91f	
4:11	433f	3:30	433f			
7:9-12	337f	29:12	433f			

신 약

마태복음			308f	13:54-58	316	
2:16	177f	6:20	32, 43f,	14:2	177	
3:4	268		283	15:27	180f	
3:8	192f	6:24	177	16:12	97	
4:10	178	6:25-34	286	16:13	185f	
4:18-22	195	6:26	185f	17:18	177f	
5:1	317	6:32	185f	17:19	188f	
5:1-12	316, 317	7:1-2	283	17:20	188f	
5:1-7:29	184	7:2	270f	18:10	185f	
5:3	24	7:11	185f	18:19	185f	
5:3-10	294	7:21	185f	18:23	178f	
5:6	24	8:6	177	18:26	178f	
5:16	185f	8:8	177	18:27	178f	
5:38-48	308f	8:9	178f	18:28	178f	
5:39-42	269	8:13	177	18:32	178f	
5:40	267f, 269	9:25	126	18:35	185f	
5:42	44f, 269	10:17-18	98f	19:21	32, 43f	
5:45	185f	10:20	185f	19:22	73, 299,	
5:48	185f, 271	10:24	178f		300, 325f	
6:1	185f	10:25	176, 178f	19:23	224f, 300f	
6:4	185f	10:29	185f	19:25	224f	
6:6	185f	10:32	185f	19:29	100	
6:8	185f	10:33	185f	20:8	177	
6:9	185f	10:38	77f	20:20	126	
6:14	185f	11:27	185f	20:23	117f, 185f	
6:15	185f	12:18	177	20:25-28	200	
6:18	185f	12:50	185f	20:26	178f	
6:19-20	287	13:27	178f	20:27	178f	
6:19-21	214, 286,	13:28	178f	20:28	201	

21	192f	26:29	185f	3:33	161f
21:15	177f	26:33	124	4:2	183
21:18	192f	26:37	126	4:10	121, 123f,
21:33-46	200	26:39	185f		152, 152f
21:34	178f	26:42	185f	4:10-12	151
21:35	178f	26:51	178f	4:10-20	151f
21:36	178f	26:53	185f	4:11	151, 152
22:1-14	199, 200,	26:75	125	4:11-12	131f
	292, 322,	27:55	277f	4:13	123, 131
	323	28:16-20	128f	4:17	98, 132
22:3	178f			4:21	88
22:4	178f	마가복음		4:30-41	132
22:6	178f	1:1-8:21	107	4:33	152f
22:8	178f	1:6	268	4:33-35	151f
22:10	178f, 292f,	1:9-11	307	4:34	121, 123f
	308f	1:13	178	4:38	179
22:13	178f	1:14-15	107	4:40	123
23:11	178f	1:16-20	109, 130,	4:40-41	107
23:23	315f		195	4:41	123, 124,
23:25-26	308f	1:18	44f, 442		124f
23:26	43f, 282,	1:20	44f	5:9	88
	283, 283f	1:22	183	5:15	88, 124f
23:27	315f	1:27	183	5:33	124f
24:45	178f, 225f	1:31	178	5:35-47	122, 125
24:45-50	213	1:32-34	107	5:36	124f
24:46	178f	1:39	107	5:41	89
24:48	178f	2:6-7	107	6:1-6	316
24:49	207f, 227f	2:13-14	109, 130	6:3	161f
24:50	178f	2:14	44f	6:7-13	107, 130
24:51	219, 226	2:16	107	6:27	88
25:1-13	196	2:24	107	6:31-32	121
25:14	178f	3:1-6	107	6:35-44	132
25:14-30	251, 253f	3:13-19	107, 130	6:37	132
25:19	178f	3:14-15	109	6:48	89
25:21	178f	3:17	89, 162f	6:50	123, 124,
25:23	178f	3:19	131		124f
25:26	178f	3:22	178	6:51-52	123
25:30	178f, 189f	3:22-30	107	6:52	107, 132,
25:34	185f	3:31-35	151f		142

7:3-4	89	8:38	150f	10:23	224f, 300,
7:4	88	9:1	113f, 114f,		300f, 307
7:11	89		150f	10:24	224f
7:14	151f	9:2-8	125	10:28	130, 160f
7:17	121, 122,	9:5	179f, 183	10:28-30	110
	123f, 152f	9:9-13	151f	10:29	98f, 161f
7:17-18	107	9:11	152f	10:29-31	150f
7:17-23	151f	9:19	123, 142,	10:30	97, 100,
7:18	142, 145		145		116
7:18-19	123	9:28	121, 122,	10:32	117, 123,
7:28	179f		123f, 152f		124, 124f,
7:34	89	9:28-29	151f		142, 146
8:14-21	107, 131	9:30-10:31	111f	10:32-52	111f, 116
8:17-18	123	9:31	97	10:33	97
8:21	123, 142,	9:31-10:31	115	10:35-37	116
	145	9:32	123, 124,	10:35-45	124, 142
8:22-10:52	107, 111		124f, 142,	10:38	123
8:22	135		145	10:40	154f
8:22-26	107, 111	9:33-37	115, 124,	10:41	116
8:23-24	112		124f	10:42-44	117
8:27	96, 96f,	9:34	115	10:42-45	200
	107	9:35	178f	10:43	178f
8:27-30	147	9:38	179	10:44	178, 178f
8:27-31	111	9:38-41	115	10:45	97, 178,
8:27-33	151f	9:40	122		201
8:27-9:29	111f	10:2	442	10:46-52	107
8:31	97, 111f,	10:3-31	115	10:51	179f, 183
	114f, 145	10:9-13	110	10:52	117
8:31-33	117f	10:10	121, 122,	11	192f
8:32	112, 147		123f, 152f	11:1-16:8	107, 108,
8:32-33	123, 124,	10:10-12	151f		118
	142	10:12	89, 89f	11:12	192f
8:33	112, 112f,	10:13-16	115, 123,	11:15-18	192f
	113f		124, 124f	11:18	183
8:34	77f, 99,	10:17-22	110	11:21	183
	151f, 220f	10:21-22	110	11:23	188f
8:34-38	97	10:21	44f	11:25	185
8:34-9:1	117f	10:22	73, 299,	12:1	192f
8:35	98f, 116		300, 325f	12:1-12	200

12:2	178, 178f	14:31	124	1:4	60, 62
12:4	178, 178f	14:33	126	1:5-8	190
12:9	180f	14:33-42	122, 125	1:6	191f
12:14	88	14:36	89, 117f	1:9	191f
12:15	88	14:37	147	1:11	191f
12:38	183	14:45	183	1:15	191f
12:42	88	14:47	178, 178f	1:16	191f
12:43-44	151f	14:50	127, 128f, 142	1:17	191f
13	196f			1:23	178
13:2	93, 95f	14:51	128f	1:25	176, 191f
13:3	121, 122, 123f, 125	14:51-52	127	1:26-56	187
		14:53	128f	1:28	191f
13:3-37	150f	14:54	179	1:32	191f
13:9	98f, 100f, 178	14:58	95f	1:38	176, 191, 191f
		14:65	88, 179		
13:9-13	97-99	14:71	143	1:43	191f
13:12	98f, 110	14:72	125	1:45	191f
13:13	135f	15:15	88	1:46	191f
13:14	93-95	15:16	88	1:48	176, 191f
13:14-20	93	15:19	88	1:51-53	334f
13:17	315f	15:21	90	1:52	319f
13:34	178, 178f	15:22	89	1:53	297
13:35	89	15:34	89, 99	1:54	177, 191
13:35-37	196	15:39	88	1:58	191f
14:1	96f	15:41	178, 277f	1:66	191f
14:1-09	274f	15:42	89	1:68	191f
14:3	273	15:44	88	1:69	177, 191
14:3-09	164f	16:6-7	129, 131f	1:74	178
14:5	274	16:7	130, 131f	1:76	191f
14:6	38	16:7-8	108	2:2	178
14:7	130, 274	16:8	124f, 129, 129f	2:14	64f
14:8	131f, 273			2:22	191f
14:10-28	442		129f	2:22-40	187, 190, 191
14:12	89	16:9-20			
14:18	130			2:23	191f
14:21	315f	누가복음		2:24	75f, 191f
14:27	143	1-2	203	2:26	191, 191f
14:28	130, 131f	1:1-4	71, 82f	2:29	176, 177f, 191
14:30	130	1:2	179		
		1:3	56f		

참조 색인 **477**

2:32	64f	5:8		195	6:24-26	315-318,
2:37	178	5:10		162f		319f, 320,
2:38	191f	5:11		44f, 159f,		320f, 321,
2:39	191f			160, 160f,		334f
2:41	157			162f, 188f,	6:27	35
2:41-51	161			325f	6:27-28	269, 269f
2:43	177f	5:12		71f	6:27-35	308f
3:1	178	5:27		162f, 168,	6:27-36	270f
3:4-6	64f			189f	6:27-37	270
3:7-17	316	5:27-29		21f, 72,	6:27-38	269, 272,
3:10	44f, 265			162f, 172		437
3:10-11	73, 155f	5:27-30		30	6:27-7:1	36
3:10-14	265, 316,	5:28		44f, 160f,	6:29	36, 267f,
	317			162f		297f, 311
3:11	266, 311,	5:29		30, 162,	6:29-30	269f
	436f			275	6:30	44f, 269,
3:11-14	307	5:30		20		270, 311,
3:12	267	6		36		349
3:14	267	6:1		176	6:30-46	349f
4:8	178	6:2		157	6:31-33	269
4:18	23, 38,	6:4		176	6:32-35	269f, 272f
	74f, 76,	6:7		157	6:33	290f
	292, 294,	6:13		19, 20	6:34-35	270, 349
	318, 399f	6:13-16		162f	6:34-36	269
4:18-19	259f, 275f,	6:14		30, 162f	6:34-38	269
	316, 317,	6:17		17, 19, 20,	6:35	44f, 269,
	317f, 320,			36, 157,		270, 271,
	320f			316		291, 311
4:20	179	6:20		74f, 155f,	6:36	185, 271
4:25	79f			259, 297f	6:37	270f
4:25-27	64f	6:20-21		294	6:37-38	269f, 270f,
4:29	71f	6:20-23		24, 76,		283
4:31	71f			316, 317f,	6:38	44f, 246f,
4:32	183			318		270, 270f,
4:39	178	6:20-26		35, 36		311, 349,
4:43	71f	6:20-7:1		35		349f, 436f
5:1-11	162f, 195	6:22		34f	6:40	161
5:2	162f	6:24		297f, 334f	6:41	160f
5:5	175, 195	6:24-25		74f, 297	6:44	160f

7:1	155f		275, 277f,		195f
7:2	177f		311	9:36	157
7:2-5	345f	8:4-8	155f	9:38	268f
7:2-10	25	8:9	152	9:42	177f
7:3	177f	8:9-10	151	9:45	142, 145,
7:7	177	8:10	152		179
7:8	177f, 178	8:13	98	9:48	247
7:10	177f	8:14	383, 384f	9:49	175, 195f
7:11	71f	8:19-21	161	9:50	122f
7:12	71f, 345f	8:21	167f	9:51-19:27	303, 303f,
7:13	181f	8:24	175, 179,		308
7:19	181f		195f	9:54	64f, 279f
7:21	38	8:35	166, 166f	9:57-62	158f, 168
7:21-22	259f	8:39	166f	9:58	161
7:22	74f, 76,	8:41	178, 300f	9:59	276f
	292, 294,	8:41-48	25	9:61-62	169
	317f, 318,	8:45	175, 195f	9:62	159f
	399f	8:51	177f	10	160
7:30	273	8:54	177f	10:1	154, 169,
7:33-34	273	9	160		181f, 194
7:35	275	9:1	153, 157	10:1-14	154
7:36-50	31, 164f,	9:1-9	154	10:1-16	153
	272	9:3	155, 160,	10:1-17	153
7:36	165		163f, 276	10:4	155, 160,
7:37	71f	9:3-5	165		163f, 276
7:38	273	9:5	247	10:4-11	165
7:39	273	9:10	153, 157,	10:7	276
7:40	268f		223f	10:13	315f
7:41-43	273	9:11	225f	10:22	185
7:44-47	273	9:18	97	10:23	154
8:1	276	9:18-20	147	10:25	268f
8:1-3	21f, 25,	9:22	145	10:25-42	281f
	28, 40,	9:23	77, 77f,	10:26	154
	163, 165,		99, 170,	10:28	280
	172, 274,		220f	10:29	280
	275f	9:23-27	155, 155f	10:29-37	278
8:2-3	307, 308f	9:26	157	10:30	281
8:3	72, 177,	9:28	157	10:30-37	73, 307,
	178, 225f,	9:33	175, 179f,		308f, 349f

10:31	278	11:46	315f	12:22	155f, 223, 223f
10:32	278	11:47	315f		
10:33	64f	11:52	315f	12:22-32	213
10:33-35	44f	12	36, 155f, 214, 249, 250, 254, 256, 259, 261, 318, 384	12:22-32	286
10:34	160f			12:22-34	223f, 284, 286
10:34-35	279				
10:36	280			12:22-53	223
10:37	278, 280			12:24	223f
10:38-42	21f, 28, 40, 164f, 172, 194, 275			12:25	176, 223f
		12:1	17, 155f, 223, 223f, 224	12:27	223f
				12:28	223f, 226
				12:29	223f
10:39	165, 181f	12:1-12	36, 215	12:29-30	224f
10:40	176, 178, 194	12:13	155f, 223f, 224, 268f, 284, 327f	12:30	185, 223f
				12:31	223f
10:41	181f			12:32	185, 223, 223f
11:1-4	74f	12:13-15	213, 284		
11:1-11	303f	12:13-21	36, 73, 286, 307, 308f, 319f, 336	12:33	31, 39f, 43f, 73, 74f, 158f, 159f, 223f, 225f, 246f, 248, 287, 311, 337, 337f, 364f, 383, 384f, 436f
11:3	77, 77f				
11:9	349f				
11:13	240f				
11:15	178	12:13-24	215f		
11:21	225f	12:13-34	215f, 284, 286, 289, 308f		
11:28	167f				
11:29	157, 176				
11:29-32	155f	12:13-46	215, 215f		
11:29-36	155f	12:13-48	213		
11:37	165	12:13-49	222	12:33-34	213, 214f, 283, 286, 287f, 308f
11:37-41	308f	12:15	225f, 284, 285, 336		
11:39	181f				
11:40	283f	12:16	74f	12:34	196f, 223f
11:41	39f, 43f, 73, 74f, 158f, 282, 283, 311, 364f, 436f	12:16-21	213, 284	12:35	176, 196, 196f, 197, 223f
		12:17	336		
		12:17-19	285f		
		12:18	336	12:35-40	196, 197, 214, 215f, 220, 221
		12:19	336		
11:43	315f	12:21	285, 285f, 286, 287, 336, 337f		
11:44	315f			12:35-48	215f
11:45	268f			12:36	196, 223f

12:37	176, 177f, 178, 197, 223f	12:45-46 12:45-48	255 220f 190	14:12-35 14:13	290 308f 38, 44f, 74f, 246f, 290, 292, 292f, 294, 311, 317f, 318, 399f, 437	
12:37-38	190	12:46	177f, 219, 220, 220f, 221, 225, 226, 226f, 254, 260			
12:38	177f					
12:39	176					
12:39-40	221f					
12:40	196, 223f					
12:41	222, 224f	12:47	177f, 218			
12:41-46	214, 215f	12:47-48	215, 215f, 217, 227	14:13-14	247, 259f	
12:41-47	289			14:14	290, 324	
12:41-48	213, 443f	12:48	217, 288	14:15	293, 323	
12:42	156f, 176, 181f, 207, 216, 216f, 217, 218, 218f, 222, 225, 226f, 250, 260	12:49-53	215	14:15-24	289f	
		12:54	155f, 223f, 224	14:16	159f	
				14:16-20	246	
		12:58	178	14:16-24	73, 321, 323f	
		13:6-9	187, 192			
		13:6	192	14:17	177f	
		13:7	192	14:17-24	199, 319f	
12:42-43	218	13:8	192, 193	14:18	291f, 321, 322	
12:42-44	190	13:15	181f			
12:42-45	227	13:25	176	14:19	291f, 321, 322	
12:42-46	215f, 221f	13:25-30	323f			
12:42-48	48, 155f, 197, 207, 288	13:27	176	14:21	38, 44f, 74f, 176, 177f, 199f, 259f, 292f, 294, 308f, 317f, 318, 399f	
		13:52	176			
		14	326, 389			
12:43	177f, 217, 218, 260	14:1	73, 165, 178, 300f			
			289, 289f			
12:43-44	254	14:1-6	289			
12:43-48	221	14:1-24				
12:44	207, 218, 223f, 225, 225f, 227, 254, 260	14:7-11	289, 289f	14:21-23	437	
		14:12	73, 275, 290, 293, 315f	14:21-24	289	
				14:22	177f, 199f	
			246, 289f, 291, 291f, 293, 308f, 349f	14:23	177f, 199f, 291, 311	
12:45	177, 177f	14:12-14				
12:45	207f, 217, 218, 219, 219f, 220, 220f, 221,			14:24	293, 323	
				14:25-35	33, 155, 155f, 330f	
		14:12-24	73, 289,	14:26-33	168	

참조 색인 481

14:33	29, 40, 44f, 158f, 159f, 169, 171f, 225f, 436f	16:1-16	187, 208, 229, 307, 327, 331, 443f	16:12	242f, 249	
				16:13	176, 177, 244	
				16:14	244, 244f, 300f, 325f, 354f	
15:3-10	331	16:1-31	308f			
15:7	327	16:2-3	332	16:19	74f, 77, 77f, 295, 295f, 333, 333f	
15:8-10	75f	16:2	176, 190, 250, 254, 255, 260			
15:10	327					
15:11-32	187, 194, 308f, 326, 327	16:3	176, 250 291f	16:19-31	73, 246f, 295, 307, 308f, 319f, 333	
		16:3-7				
15:11-16:31	335	16:4	176, 241f, 250			
15:12	329					
15:13	328-330, 332f, 333	16:5-7	234	16:20	38, 74f, 75, 259f, 319	
		16:6	237f			
15:14	79f	16:7	237f			
15:15	200f	16:8	176, 230f, 231, 233, 235, 246, 250, 260, 332	16:20-21	259, 399f	
15:16	295f, 319f			16:20-22	74f	
15:17	79f			16:21	295f, 319, 332	
15:18	328, 329					
15:21	328, 329, 334			16:22	38, 74f	
		16:8-9	187, 231, 243	16:23	298	
15:22	177f, 194			16:25	296, 296f, 297, 297f, 334	
15:26	177, 194	16:8-13	231f, 241, 243f, 248			
15:29	177					
15:30	328, 329	16:9	231, 233, 237, 241f, 242, 242f, 246, 247, 248, 298, 345f, 436f	16:27-31	297f	
15:32	327			17:1	315f	
16	245, 254, 256, 259, 261, 318, 319, 384			17:1-4	188f	
				17:5	181f	
				17:5-6	188f	
				17:5-10	187, 188	
16:1	176, 225f, 240, 250, 260, 330-334, 333f	16:9-14	242f	17:6	181f, 188f	
		16:9-31	327	17:7	177f	
		16:10	254	17:7-10	188f, 197	
		16:10-11	257f	17:8	176, 197	
		16:10-12	244	17:9	177f	
16:1-2	248, 249	16:10-13	242f, 243, 243f	17:10	177f, 189f	
16:1-13	48, 73,			17:13	195f	

17:16	64f		188f, 224f	19:26	260
17:22	295f, 319f	18:29-30	297	19:28-24:53	156f
17:26-32	220f	18:31-34	146	19:29	303f
17:34-37	220f	18:34	142, 146	19:33	180f
18	318, 384	18:35	303f, 399f	19:37	20, 36,
18:1-8	220f	18:35-43	305, 325f		157, 303f
18:1-19:10	306f	18:41	179f	19:39	268f
18:6	181f, 240f	19	261, 318	19:41-44	95f
18:9-14	325f	19:1	189f, 303f	19:44	303f
18:9-19:10	304f	19:1-10	21f, 33,	19:45	303f
18:14	303f		40, 72, 73,	19:47	77f
18:15	303f		172, 306f,	20:9-18	155f, 200
18:18	178, 268f,		307, 308f	20:10	177f, 200
	325	19:1-27	308f	20:11	177f, 200
18:18-19:10	299	19:2	74f, 304f	20:13	200
18:18-23	304	19:5	166	20:14	200
18:18-27	319f	19:8	44f, 74f,	20:15	200
18:18-30	33, 73,		166, 181f,	20:16	200
	224f, 306f,		225f, 305,	20:20	178
	308f		310, 311	20:21	268f
18:19-19:10	304	19:9	167	20:24	176
18:22	44f, 74f,	19:11	220f, 256	20:28	268f
	168, 246f,	19:11-27	48, 199,	20:39	268f
	287f, 290f,		251, 443f	20:45	17
	310, 311,	19:12-17	208	20:50	177f
	436f	19:12-27	253f	21:1	74f
18:22-23	305, 383,	19:13	175, 177f,	21:3	74f
	384f		255f, 259,	21:7	268f
18:23	74f, 168,		260	21:12	178
	304f, 307,	19:15	177f, 260	21:12-19	**99**
	324, 325,	19:17	177f, 190,	21:18	**99**
	325f		254, 257f,	21:19	176
18:24	74f		260	21:23	315f
18:24-25	300, 305f,	19:19	190, 254,	21:37	303f
	325		260	22:11	176
18:24-30	305	19:21	255f	22:15	295f, 319f
18:26	168	19:22	177f, 255f	22:22	315f
18:27	305f	19:22-42	190	22:24	201f
18:28	160, 160f,	19:24	254, 260	22:24-27	197, 197f,

	200	9:20	268	2:44-45	356, 368,
22:25	176, 389	11:1-06	164f		371, 377
22:26	178	11:17-27	164f	2:45	287f, 352f,
22:27	178, 201	11:18	303f		362f, 374,
22:29	185	11:28-33	164f		379f, 383
22:32	143	11:39	164f	2:46	77f, 375,
22:33	125	11:48	95		380, 384f,
22:35-38	155	12:48	154f		388f, 389,
22:39	303f	13:20	154f		390
22:39-49	126	13:34	349f	2:47	77f, 346f,
22:45	146	19:23	267f		352f, 382,
22:46	147				389
22:50	177f	사도행전		3:1	429
22:53	77f	1:6-7	378	3:2	39f, 77f,
22:54-62	143f	1:7	160f		364f, 399f
22:61	181f	1:8	320, 320f,	3:3	39f, 364f
22:62	125		363	3:6	374
23:13	178, 300f	1:11	378	3:10	39f
23:35	178, 300f	1:14	275f	3:12	160f
23:49	143, 164,	1:15	157f, 362f	3:13	177f
	275f	1:16	144f	3:15	363
23:50	24, 72,	1:17	176, 358f	3:17	178f
	189f, 320f	1:19	160f	4:4	362f
23:50-54	21f, 28,	1:20	144f	4:5	178f
	167, 172	1:21	275f	4:8	178f
23:50-56	40	1:22	363	4:21	346f
23:54	164	1:25	160f	4:23	160f
24:3	181f	2:1-4	114f	4:24	176
24:10	164, 275f,	2:18	176, 191f	4:25	177f
	276	2:41	362f, 382	4:26	178f
24:20	178, 300f	2:41-47	76, 357f	4:27	177f
24:30	388f	2:42	384f, 387f,	4:30	177f
24:35	388f		388f	4:31	377, 382f
24:47	64f	2:42-47	343, 350,	4:31-35	76
24:49	185		444	4:32	21, 157f,
27:38	272f	2:43	352f, 377		160f, 225f,
		2:43-47	350		353, 354,
요한복음		2:44	353, 359,		359, 377
3:16-17	268		377	4:32-35	350, 356,

	368, 371, 444	6:1-6	429 277f	11:27-30 11:27-39	346, 378f 43
4:32-37	343, 350, 357f	6:2	157, 178f, 358f	11:28	79, 79f, 347
4:32-5:11	382	6:4	358f, 374	11:29	358f
4:33	377	6:6	157f	12:8	176
4:34	39, 352, 360f, 375-377, 382	6:7 7:7 7:10 7:11	350f 178f 178 79f	12:12 12:25 13:1	357, 375, 380 346f, 358f 72, 78f
4:34-35	287f, 352f, 374, 379f	7:27 7:35	178f 178f	13:2 13:2-4	178 361f
4:35	352f, 362f, 379, 383	7:42 8:26-39	178f 72	13:7 13:13	72 429
4:36-37	358, 360, 377	9:27 9:30	361f 157f	13:15 13:27	179f 178f
4:36-39	362f	9:31	350f	13:36	160f, 176
4:37	352f, 379	9:36	39f, 311, 344, 364f	13:43	361f
5:1	382		43, 344, 397f	13:46	361f
5:1-2	379f	9:36-43		13:50	361f
5:1-11	44, 357f, 360, 362f, 377	9:39 9:41	267f, 344 437	14:1 14:5 14:12	429 178f 178, 361f
5:1-16	357	10:1-48	43, 345	15	41
5:2	352f, 379	10:2	39f, 311, 345, 345f, 364f	15:2 15:12	361f 361f
5:3	352f			15:22	178, 361f
5:4	379f, 380, 383	10:4	39f, 345, 345f, 364f	15:26 15:35-39	361f 361f
5:12-16	350f			16:5	361f
5:13	152f, 346f	10:7	176	16:14-15	77f
5:14	157f, 382	10:22	345	16:19	397f
5:22	179f	10:31	39f, 345, 364f	17:11	178f 77f
5:26	179f		157f	17:12	72
5:42	375	11:1	78f	17:17	77f
6:1	157, 344, 352f, 357, 357f, 358f, 374, 383, 389-391,	11:19-27 11:22 11:24 11:24-30 11:26	361f 157f 361f 157, 157f	18:25 19:22 19:31 20:7	60f, 61 178f 72 387f, 388f

20:7-11	384f	2:18	60f	데살로니가전서		
20:7-12	344f	12:8	266f	2:3-5	95	
20:11	388f	13:3	413, 413f	2:8	266f	
20:12	177f	15:31	347f	4:8	154f	
20:24	358f	16:13	90	4:13	152f	
20:28	160f			5:6	152f	
20:33-35	348	고린도전서				
20:34	176	1:26-29	68	디모데전서		
20:35	43, 348, 349, 349f, 364f, 365, 436f	11:7-16	164f	2:10-15	164f	
		13:3	225f	5:3-16	344	
		14:19	60f, 61	6:18	413f	
		14:34	164f			
21:6	160f	16:15	347f	디도서		
21:19	358f			3:8	413f	
21:21	60f, 61	고린도후서				
21:24	61	8:4	347f, 358f	히브리서		
21:39	200f	8:13-14	360f	10:32-39	77f	
22:3	166	9:1	347f	10:34	225f	
23:5	178f	9:13	347f	13:16	413f	
24:14	178f					
24:17	39f, 346f, 364f	갈라디아서		야고보서		
		6:6	60f	4:45	247	
24:23	160f, 176	6:10	413f			
24:24	160f			베드로전서		
25:19	160f	에베소서		1:6	90f	
25:26	180f	4:28	266f, 349f, 413f	2:14	413, 413f	
26:2	178			3:6	180f	
26:7	178f	5:22	164f	3:13-17	90f	
26:16	179f	6:5	180f	4:12-19	90f	
26:25	56	6:9	180f	5:9	90f	
27	71			5:13	90	
27:23	178f	빌립보서				
27:35	387f, 388f	04:18	345f	요한계시록		
28:30	160f			12:6	95	
		골로새서		22:2	225f	
로마서		3:18	164f			
1:11	266f	3:22	180f			
2:10	413	4:1	180f			

저자 색인

Alexander, L.(알렉산더)   59f
Allen, W.C.(알렌)   84, 84f
Allison, D.C.   65f, 67f-68f
Anderson, H.(앤더슨)   88f, 98f, 112f-113f, 122f, 124f, 126f

Bailey, K.E.(베일리)   234f, 240f
Balch, D.(발쉬)   209f, 211f, 396f-397f, 408f, 415f, 417f, 424, 424f-425f
Baldry, H.C.   353f
Barclay, J.M.   210f
Barr, D.L.   190f
Barrow, R.H.   208f-211f
Baumeister, T.(바우마이스터)   98f, 100f, 111f-114f
Beall, T.S.   367f-368f, 370f, 385f
Beare, F.W.   90f-91f
Beavis, M.A.   134f
Beck, B.E.(베크)   16f, 77f, 152f, 156f, 159, 159f, 166f, 267f, 291f-292f, 294f, 330f, 332f, 346f, 349f
Belkin, S.   213f
Bengel, J.A.(벵겔)   163f-164f 223f, 226f, 258f, 345f-346f
Best, E.(베스트)   87f, 90f-92f, 96f, 98f, 101f, 105, 111f-114f, 119f, 121f, 131f, 134f, 136f
Beyer, H.W.(바이어)   61f, 358f
Bigg, C.(빅)   90f-91f
Black, C.C.(블랙)   102f-103f, 105
Black, M.(블랙)   322f, 372f, 386f
Blinzler   169f, 171f
Bolkestein, H.(볼케슈타인)   271f, 419f

Bornkamm, G.(보른캄)   109f, 169f, 171f
Bovon, F.(보봉)   15f, 60f, 62f, 146f, 159f-160f
Bradley, K.R.(브래들리)   209f-211f
Brandon, S.G.F.(브랜던)   92f
Braun, H.   372f
Brill, E.J.   16f, 50f, 164f, 377f
Brockmeyer, N.(브록마이어)   211f-212f, 212
Brooks, R.   430f-433f
Brown, R.E.(브라운)   92f, 190f
Brown, S.(브라운)   143f
Bruce, F.F.(브루스)   56f-57f, 311, 311f, 320f, 344, 344f-345f, 347f, 349f, 377f-378f, 382f
Brunt, P.A.(브런트)   395f-397f, 397, 399f
Bundy, W.E.   61f
Burney, C.F.(버니)   282f-283f
Burrows, M.   386f
Butler, B.C.   49f
Byrne, B.(번)   242f, 244, 244f-245f, 247f

Cadbury, H.J.(캐드베리)   71f-72f, 208f, 381
Caird, G.B.(캐어드)   57f-59f, 61f, 163f, 165f, 232f, 245f, 255f, 278f, 282f, 298f
Capper, B.J.(캐퍼)   376f, 379-383, 379f, 381f, 388f
Carson, D.A.   50f, 84f
Cassidy, R.J.   365f

Charles, R.H.　219f
Cone, O.　346f, 358f
Conzelmann, H.(콘첼만)　17, 17f, 303f, 318f, 345f, 349f, 351f-352f, 357f-358f, 361f, 379f, 388f
Countryman, L.W.(컨트리맨)　15f, 351f, 409f-410f
Cranfield, C.E.B.　88f, 90f-91f, 124f
Creed, J.M.(크리드)　50f, 57f, 61f, 99f, 122f, 147f, 152f, 188f-189f, 192f, 195f, 198f, 207f, 252f, 255f, 267f, 270f, 287f-289f, 292f, 294f, 300f, 305f, 317f-318f, 323f
Crossan, J.D.(크로싼)　234f, 252f-253f
Cullmann, O.　180f

Danker, F.W.(단커)　164f, 167f, 194f, 202f, 220f, 255f, 278f, 301f, 305f, 320f-321f, 323f, 332f, 337f, 407f, 409f, 412f
De Neeve, P.W.(드 니이브)　405f
De Ste. Croix, G.E.M.(드 생 크로아)　418f
Degenhardt, H.-J.(데겐하르트)　16-20, 16f-18f, 269f-270f, 276f, 287f-288f, 292f, 295f, 351f
Derrett, J.D.M.(데렛)　231-236, 231f-235f, 301f, 377, 377f, 382f, 384f
Dicharry, W.　134f
Dill, S.(딜)　395f-399f, 409f-411f, 416f, 419f, 423f-426f, 426
Dillon, R.J.　60f
Dodd, C.H.(도드)　197f, 216f-217f, 230f, 255f
Donahue, J.R.(도나휴)　15f-16f, 47, 47f
Drury, J.(드러리)　220f, 252f, 254f, 258, 258f, 337f
Dunn, J.D.G.　41f
Dupont, J.(듀퐁)　76f

Easton, B.S.　50f
Eisenstadt, S.N.(아이젠슈타트)　415, 415f-417f
Ellis, E.E.(엘리스)　50f, 78f, 99f, 146f, 161f, 163f, 166f, 188f-189f, 195f, 222f-233f, 252f-253f, 275f, 283f, 285f, 289f, 303f, 323f, 332f
Ernst, J.(에른스트)　164f, 217, 217f, 222f, 266f, 325f, 330f, 332f-335f, 337, 337f
Esler, P.F.(에슬러)　23f, 33f, 40, 40f-42f, 42, 43-45, 44f, 63, 64f, 72f, 74f, 76f, 79f, 220f, 300f, 358f, 366f, 395f, 400f, 410f, 424f, 426f
Evans, C.F.(에반스)　24f, 57f, 59f, 77f, 99f, 125f, 143f, 153f, 160f, 162f, 164f, 168f, 188f-189f, 192f, 197f, 201f, 207f-208f, 218f-219f, 226f, 252f, 255f, 268f-270f, 276f-278f, 280f, 283f-285f, 287f, 296f-300f, 305f, 323f, 325f, 328, 329f

Farmer, W.　50f
Farrar, A.　50f
Farrar, F.W.　247f
Fearghail, F.O.　59f, 61f
Findlay, J.A.(핀들리)　219f, 233f
Finley, M.I.(핀리)　177f, 210f, 396f, 399f, 408f, 423f
Firth, C.B.　231f-232f, 235f, 239f-240f
Fitzmyer, J.A.(피츠마이어)　16, 24f, 57f-58f, 61f-62f, 64f, 66f, 78f, 128f, 143f, 181f, 190f, 214, 215f, 222f-224f, 230f-231f, 231-236, 233f-235f, 239f, 252f-253f, 265f-266f, 268, 268f, 270f, 277f, 283f, 286f-287f, 292f-294f, 305f-307f, 315f-316f, 318f, 325f, 329f-331f, 333f-335f, 337f

Fleddermann, H.(플레더만)　127f-128f
Flender, H.(플렌더)　144f, 259, 259f
Fletcher, D.R.(플레처)　231f, 235f, 237f-239f, 243f
Förster, W.(푀르스터)　180f, 191f
Friedel, L.M.(프리들)　240f, 243f
Fujita, N.S.　387f

Gächter, P.(게흐터)　231f, 233f, 239f-240f, 242f, 245f
Garnsey, P.(간지)　401f, 403, 403f, 410f-411f, 411, 415, 415f-419f
Gärtner, B.(게트너)　370f, 385f-386f
Gaston, L.　50f
Geldenhuys, N.(겔덴하우스)　57f-58f, 60f-62f, 78f, 161f, 249f, 283f, 293f
Gibson, M.D.(깁슨)　233f, 239f
Giles, K.N.(자일스)　144f, 148, 148f, 152f, 156f
Gnilka, J.　146f
Gooding, D.　226f, 283f, 323f
Goodman, M.D.(굿맨)　370f-371f
Gordon, B.(고든)　164f-165f, 167f, 169f-170f
Goulder, M.D.(굴더)　50f, 192f, 220f, 222f, 274f, 283f, 306f, 325f, 330f
Grant, F.C.　89f
Grant, R.M.　351f
Grundmann, W.(그룬트만)　50f, 143f, 164f, 167f, 221f, 243f, 246f, 249f, 283f, 323f, 325f, 329-330, 329f-330f, 332f-334f, 337f
Gundry, R.H.(건드리)　64f, 97f
Guthrie, D.(거쓰리)　57f, 61f, 64f, 84f, 186f, 190f

Haacker, K.　37f
Haenchen, E.(핸첸)　144f, 345f, 347f, 351f-352f, 356f-358f, 375f, 378f-380f, 382f, 388f
Hahn, F.　179f-180f
Hamel, G.　416f, 430f
Hamm, D.　302f
Hands, A.R.(핸즈)　401f-409f, 408, 410f, 416f, 419f-421f, 421, 424f-425f
Hanson, R.P.C.(핸슨)　344f-345f, 348f, 388f
Harvey, A.E.　50f
Hawkin(호킨)　105
Hawthorne, G.F.　272f
Heil, J.P.(헤일)　127f-128f
Heiligenthal, R.(하일리겐탈)　364f
Heiniger, B.　229f
Hendrickx　330f, 331f, 337f
Hengel, M.(헹겔)　84-85, 84f-85f, 89f, 92f-93f, 93-95, 95f, 97f-98f, 101f, 119f, 150f, 351f, 358f, 372f, 378f, 388f
Hill, H.(힐)　398f
Hooker, M.D.　96f, 101f, 146f
Hoppe, L.J.　430f
Horn, F.W.(호른)　318f, 356f, 362f-363f, 363
Houlden, J.L.　77f
Hunter, A.M.(헌터)　117f, 230f, 255f, 323f, 327f

Ireland, D.J.(아일랜드)　16f, 230f, 243f, 248f-249f, 305f, 338f

Jaffee, M.S.　433f
Jeremias, J.(예레미아스)　197f, 222f, 230f, 233f, 236, 237f, 239f, 246f, 252f-253f, 255f, 258f, 285f, 291f-292f, 296f-297f, 319f, 323f, 327f-329f, 333f, 347f, 387f-389f, 430f-432f
Johnson, L.T.(존슨)　21-26, 21f, 24f,

144f, 155f, 222f, 318f, 322f, 329f, 351f, 353f-354f, 358f-359f
Johnson, S.E.(존슨)   361f
Jones, A.H.M.   72f, 396f-398f
Juel, D.   281f

Kähler, M.   96f
Karris, R.J.(카리스)   16f, 60f, 73f-77f, 76-77, 155f, 160f, 168f, 171f, 245f, 290, 290f, 306f, 318f, 337f
Keck(켁)   105
Kelber, W.H.   113f
Kelly, J.N.D.(켈리)   90f-91f
Kilpatrick, G.D.   177f, 181f
Kingsbury, J.D.(킹스베리)   103f
Kistemaker, S.J.   216f, 219f, 224f, 226f, 253f, 333f
Klauck, H.J.(클라우크)   351f-352f, 354f-356f, 356, 361f-362f, 375f
Klein, H.(클라인)   297f
Kloppenborg, J.(클로펜보르그)   230f, 234, 234f-236f, 236-237, 241f-242f, 242, 245f, 248f, 251f
Knibb, M.A.   368f, 377f, 386f
Knight, D.A.   15f
Krämer, M.(크레머)   230f
Krodel, G.A.(크로들)   345f, 347f, 349, 349f, 351f, 352f, 357f, 363f
Krodel, J.(크로들)   156f
Kuhn, K.G.(쿤)   388f
Kümmel, W.G.   78f, 84f, 129f, 131f

Lane, W.L.(레인)   84f, 90f-91f, 101f, 111f, 124f, 125f-126f, 128f
Larfeld, W.   412f
Laum(라움)   407f
Leaney, A.R.C.(리니)   91f, 368f, 376f, 378f, 383f, 386f
Linnemann, E.   279f, 327f-329f

Loader, W.(로우더)   230f-231f, 235f, 237f-239f, 242
Lohfink, G.(로핑크)   159f
Loisy, A.(로이지)   151f
Lüdemann(뤼데만)   345f, 347f

MacMullen, R.(맥뮬렌)   396f-398f, 400f-410f, 422f-423f
Maddox, R.   61f-62f, 64f
Manson, T.W.(맨슨)   207f
Manson, W.(맨슨)   61f, 78f, 223f, 231f, 245f, 252f, 293f, 295f, 316f
Marshall, C.D.(마샬)   92f, 102f-103f
Marshall, I.H.(마샬)   41f, 58f-59f, 61f-62f, 72f, 74f, 98f-99f, 146f-147f, 152f, 155f, 163f-164f, 169f, 171f, 181f, 200f, 218f-219f, 222f-224f, 232f, 243f, 249f, 252f, 255f, 265f-266f, 269f-270f, 274f, 277f, 283f, 288f, 292f, 300f-301f, 304f-305f, 331f, 312f, 316f-317f, 320f, 323, 323f-324f, 328f, 330f, 337f, 344f-345f, 348f-349f, 351f, 361f, 377f-378f, 382f, 388f
Martin, R.P.   84f, 88f, 90f, 92f, 97f
Marxsen, W.(마르크센)   78f, 85, 85f
Matera, F.J.   90f, 92f, 102f, 108f, 111f, 129f
McCormick, B.E.(맥코믹)   304f
McNeille, A.H.   78f, 84f
Mealand, D.L.(밀랜드)   15f, 245f, 297f, 334f-335f, 351f, 355f, 368f
Meeks, W.A.(믹스)   42, 68-71, 68f-70f, 75, 76f, 375f, 396f, 423f-426f
Meier, J.P.   92f
Melbourne, B.L.(멜본)   105, 130f, 147f
Mendels(멘델스)   368f
Metzger, B.M.   153f
Meye(메이)   105

Michel, O.   212f-213f, 216f
Milik, J.T.   368f, 370f
Miller, W.D.   233f
Mohr, J.C.B.   426f
Moo, D.J.   50f, 84f
Morris, L.   50f, 57f-58f, 61f, 64f, 84f, 146f, 160f, 163f-164f, 168f, 193f, 249f, 278f, 285f, 293f, 301f, 322f
Mosley, A.W.(모슬리)   121f, 151f-152f
Mott, S.C.   271f, 420f
Moule, C.F.D.   128f, 180f, 282f-283f
Mowry, L.(모우리)   377f-378f
Moxnes, H.(목스니스)   16f, 233f, 243f, 245f, 415f
Mussner, F.   60f

Neil, W.   320f, 349f, 360f
Nineham, D.E.(나인햄)   92f, 113f, 151f

O'Hanlon, J.(오핸런)   302f, 306f
O'Toole, R.F.   320f
Otto, A.   354f

Parrott, D.M.(패롯)   231f, 234f-236f, 235, 239f, 243f
Pesch, R.(페쉬)   349f
Pilgrim, W.E.(필그림)   26-31, 26f, 28f-29f, 159f, 161f-162f, 224f, 244f, 265f-267f, 270f, 279f, 282f, 284f-285f, 286, 287f, 297f, 301f, 303f, 304f, 318f, 320f, 338f, 349f-351f, 350, 358f, 360f, 365f, 375f, 377f, 382f, 384f
Pleket, P.W.   405f, 408f
Plummer, A.(플러머)   98f-99f, 143f, 145f, 147f, 153f, 155f, 163f, 165f, 188f-189f, 192f, 195f, 207f-208f, 219f, 226f, 239f, 245f, 247f, 249f, 252f-253f, 255f, 258f, 267f, 276f-277f, 280f, 285f-286f, 288f, 295f-298f, 322f, 325f, 335f, 337f
Pryke, E.J.   367f, 369f

Quell, G.(퀠)   180f, 191f

Rabin, C.   368f
Ramsey, W.M.   88f
Rawlinson, A.E.J.   84f, 88f, 92f, 111f, 113f, 128f
Reicke   303f
Reuman, J.   213f
Rickman, G.(릭맨)   402f, 404f-407f
Roniger, L.(로니거)   415, 415f-417f
Ross, J.M.(로스)   128f
Rostovtzeff, M.   409f, 411f
Russel, D.S.(러셀)   433f

Saller, R.P.(샐러)   210f, 212f, 415, 415f
Sanders, E.P.(샌더스)   280f, 430f, 433f
Schiffman, L.H.(쉬프만)   386, 386f-387f, 390f
Schlatter, A.(쉴라터)   335f
Schmidt, T.E.(쉬미트)   16f, 160f, 244f, 249f, 254f-255f, 283f, 292f-294f, 294, 335f
Schmithals, W.(쉬미탈스)   57f-58f, 61f, 76f, 192f, 215f, 222f, 225f, 230f, 275f, 323f, 325f, 330f
Schnackenburg, R.(쉬나켄부르크)   158f, 320f
Schneider, G.(쉬나이더)   37f, 60f, 66f, 171f
Schottroff, L.(쇼트로프)   28, 28f-29f, 34, 35f, 37, 37f, 39, 162f, 266, 267f, 274f, 288f, 297f, 300f-301f, 307f, 312f, 338f, 349f, 351f, 356f-360f, 363f
Schürer, E.   371f, 427f, 432f, 437f

Schürmann, H.   61f
Schütz, F.(쉬츠)   144f
Schweizer, E.(쉬바이쳐)   57f-59f,
    61f-62f, 78f, 105, 108f-110f, 118f,
    146f, 152f, 154, 161f, 164f-166f,
    188f, 192f, 220f-221f, 246f, 251f,
    255f, 268f, 270f, 279, 280f, 283f,
    292f, 296f, 300f-301f, 321f-323f
Scott, B.B.(스코트)   231f, 234f, 236f,
    239f-240f, 242
Seccombe, D.P.(세쿰)   32-34, 32f-33f,
    76f, 222f, 255f, 258f-259f, 284f,
    294f, 304f-305f, 326f
Sjoberg, G.   396f, 398f
Stählin, G.   359f
Stambaugh, J.(스탬보우)   209f, 211f,
    396f-397f, 408f, 415f, 417f, 424,
    424f-425f
Stanton, G.N.(스탠턴)   106, 106f
Stegemann, W.(쉬테게만)   28, 28f-29f,
    34, 35f, 37, 37f, 39, 162f, 266, 267f,
    274f, 288f, 297f, 300f-301f, 307f,
    312f, 338f, 349f, 351f, 356f-360f,
    363f
Stendahl, K.   361f, 388f
Stock, A.(스톡)   105, 111f, 113f, 128f
Streeter, B.H.   50f
Sweetland, D.M.   16f, 162f, 277f, 349f
Swete, H.B.   91f

Talbert, C.H.(탈버트)   16f, 51f, 157f,
    190f, 214f, 244f-245f, 249f, 269f-
    270f, 272f, 275f-277f, 280f-281f,
    285f-287f, 289f-290f, 318f, 332f
Tannehill, R.C.(태니힐)   51f, 105, 128f,
    131, 131f, 152f, 244f, 268f, 271f,
    273f, 275f, 277f, 279f, 283f, 286f-
    288f, 294f, 319f
Taylor, V.(테일러)   50f, 84f, 86f, 88f,
    90f-91f, 97f, 122f, 124f, 127f-128f
Theissen(타이센)   42, 68-71, 68f-70f,
    75, 76f, 80f, 375f
Thompson, B.H.P.   98f, 146f, 160f
Tooley, W.   213f
Topel, L.J.(토플)   230f-231f, 235f-239f,
    241f, 245f
Triantaphyllopoulos, J.   413f
Turner, N.   50f
Tyloch, W.(틸록)   372
Tyson, J.(타이슨)   105, 105f

Verhey, A.   297f
Vermes, G(버미스)   367f-371f, 370,
    427f-428f
Via, D.O.   231f
Vincent, M.R.   296f, 319f
Vögel, M.   60f
Vos, G.(보스)   179f, 181, 181f, 197f

Wansbrough, W.   171f
Warfield, B.B.   179f, 181f
Webster, D.   213f
Weeber   279f
Weeden, T.J.(위든)   105, 105f
Weinfeld, M.(바인펠트)   372-373, 373f,
    377f, 390f
Weiser(봐이저)   218f
Wellhausen(벨하우젠)   282f
Wentling, J.L.   190f
Wernberg-Moller, P.   376f
Westermann, W.L.   210f-211f
White, R.E.O.   55f-57f, 275f
Wiedermann, T.   208f-210f
Wiedmann, T.E.J.   177f
Williams, F.E.(윌리엄스)   240, 240f,
    243f, 245f-247f
Winter, B.W.(윈터)   411f, 413f-414f,
    418f, 420f

Witherington, B.(위더링턴)   163f-164f, 166f, 275f-278f
Wood, C.T.(우드)   231f, 233f

Yamauchi, E.   387f

van Unnik, W.C.(반 우니크)   271f-272f, 290f
van der Horst, D.W.   353f

누가 신학의 제자도와 청지기도

2012년 5월 4일 개정판 4쇄 발행

지은이 | 김경진
펴낸이 | 박영호
펴낸곳 | 도서출판 솔로몬

주소 | 서울시 동작구 사당 3동 207-3 신주빌딩 1층
전화 | 599-1482
팩스 | 592-2104
직영서점 | 596-5225

등록일 | 1990년 7월 31일
등록번호 | 제 16-24호

ⓒ 저자와의 협약 아래 인지는 생략되었습니다.
이 출판물은 저작권법에 의해 보호를 받는 저작물이므로
무단 전재와 무단 복제를 할 수 없습니다.

ISBN 89-8255-180-8
ISBN 978-89-8255-180-2